W9-AMR-631

ullstein

Das Buch

Nach dem Ende des Kalten Krieges und dem Zusammenbruch der Sowjetunion trat der Westen als Sieger der Geschichte auf. Nato-Osterweiterung, Balkankriege, Afghanistan-Einmarsch oder Irak-Feldzug – sie alle wurden ohne Rücksicht auf Russland oder andere nicht-westliche Mächte in Szene gesetzt. Peter Scholl-Latour hat diese Muskelspiele von Anfang an mit Skepsis beobachtet. Frühzeitig hat Deutschlands erfahrenster Kommentator des Weltgeschehens vor der Isolation Russlands, der Explosivität des Nahen Ostens, der Herausforderung durch China und der Überdehnung der westlichen Kräfte gewarnt. Auch die aktuellen Konflikte im Kaukasus, in Pakistan, im Iran oder im Osten hat er seit langem vorausgesehen. Eindringlich beschreibt er den Weg in einen neuen, diesmal multipolaren Kalten Krieg zwischen Washington und seinen europäischen Partnern auf der einen Seite, Moskau, Peking und der islamischen Welt auf der anderen. Diese Auseinandersetzung kann der Westen nur verlieren.

Wie immer zeichnen sich Peter Scholl-Latours Analysen durch profunde Kenntnis der geschilderten Länder und Kulturen sowie durch geradezu prophetische Urteilskraft aus. Zusammenhänge, die die Medien übersehen oder unterschlagen – hier werden sie deutlich.

Der Autor

Peter Scholl-Latour, geboren 1924 in Bochum. Promotion an der Sorbonne in Paris in den Sciences Politiques, Diplom an der Libanesischen Universität in Beirut in Arabistik und Islamkunde. Seitdem in vielfältigen Funktionen als Journalist und Publizist tätig, unter anderem als ARD-Korrespondent in Afrika und Indochina, als ARD- und ZDF-Studioleiter in Paris, als Programmdirektor des WDR-Fernsehens, als Chefredakteur und Herausgeber des STERN und als Vorstandsmitglied von Gruner + Jahr. Seine TV-Sendungen erreichen höchste Einschaltquoten, seine Bücher haben ihn zu Deutschlands erfolgreichstem Sachbuchautor gemacht.

Von Peter Scholl-Latour sind in unserem Hause
bereits erschienen:

Kampf dem Terror – Kampf dem Islam?
Koloss auf tönernen Füßen
Russland im Zangengriff
Weltmacht im Treibsand
Zwischen den Fronten
Die Angst des weißen Mannes (HC-Ausgabe)

Peter Scholl-Latour

Der Weg in den neuen Kalten Krieg

Eine Chronik

Ullstein

Besuchen Sie uns im Internet:
www.ullstein-taschenbuch.de

Umwelthinweis:
Dieses Buch wurde auf chlor- und säurefreiem Papier gedruckt.

Ungekürzte Ausgabe im Ullstein Taschenbuch
1. Auflage Oktober 2009
© Ullstein Buchverlage GmbH, Berlin 2008/Propyläen Verlag
Umschlaggestaltung: HildenDesign, München
(unter Verwendung einer Vorlage von Morian & Bayer-Eynck, Coesfeld)
Titelabbildung: Nina Mallmann, Porträt; corbis, Hintergrund
Lektorat: Cornelia Laqua
Satz: LVD GmbH, Berlin
Druck und Bindearbeiten: CPI – Ebner & Spiegel, Ulm
Printed in Germany
ISBN 978-3-548-37296-9

INHALT

DAS JAHR DES HAHNS – 2005

DAS JAHR DES HUNDES – 2006

DAS JAHR DES SCHWEINS – 2007

DAS JAHR DER RATTE – 2008

PROLOG

Zum »greisen König der Unken« hat mich einmal ein wohlgesinnter Kollege gekrönt. Ein solches Renommee sollte man pflegen, zumal wenn der Warner – wie die viel zitierte Cassandra beim Fall von Troja – mit seinen Voraussagen Recht behielt. Die übliche Kritik wird auch dieses Mal nicht ausbleiben, wenn ich ohne jede Emotion feststelle, dass wir in den »Kalten Krieg« zurückgefallen sind. Die Beschwichtigung von Politikern und von Publizisten, die sich daran gewöhnt haben, harte Realitäten zu leugnen oder schönzureden, bis das Unheil über sie hereinbricht, kann daran nichts ändern. Im Schwarzen Meer lagen sich auf dem Höhepunkt der Ossetien-Krise russische und amerikanische Flottenverbände gegenüber. Im September 2008 nahm eine von Moskau ausgesandte Armada, geschart um den Kreuzer »Peter der Große«, Kurs auf die Karibik und die Küste Venezuelas. Wenn das Pentagon in Ost-Polen ein Raketen-System aufbaut, das vom Kreml als Provokation, ja als Bedrohung aufgefasst wird, soll sich niemand wundern, wenn demnächst auf dem Boden von Belarus und jenes Oblast Kaliningrad, das einst Königsberg hieß, auch russische Lenkwaffen mit Nuklearsprengköpfen eingebunkert werden.

Gemessen an den Spannungen, die unsere gegenwärtige Situation einer enthemmten strategischen Globalisierung kennzeichnen, mag uns der »Kalte Krieg von gestern« – nachdem einmal der apokalyptische Höhepunkt der Kuba-Krise überwunden war – als eine relativ verlässliche Kohabitation von zwei konträren Machtsystemen erscheinen. Diese lieferten sich zwar in irgendwelchen entlegenen Gegenden Stellvertreterkriege – »war by proxies« –, aber gleichzeitig bewährte sich eine Übung der gegenseitigen Konsultation und Mitteilung, die gelegentlich an Komplizenschaft

11

grenzte. Im Schatten des Potenzials atomarer Vernichtung, über das die beiden Supermächte verfügten und das ein strategisches Patt erzwang, genossen die übrigen Staaten niederen Ranges ein beachtliches Maß an Sicherheit und Stabilität. Die Westeuropäer zumal konnten sich in Ruhe der Häufung ihres Wohlstandes widmen und sich auf mehr oder minder schnöde Weise jeder schicksalhaften Verantwortung entziehen.

Dieser Zustand hat sich von Grund auf geändert, seit die Sowjetunion in sich zusammenbrach und zehn Jahre später die Todesengel einer finsteren, weit verzweigten Verschwörung die Wahrzeichen des westlichen Kapitalismus in Manhattan selbstmörderisch zum Einsturz brachten. Der Kalte Krieg von heute verfügt nicht mehr über die angespannte Verlässlichkeit des bipolaren Antagonismus zwischen Washington und Moskau. Auch die kurze Übergangsphase einer ausschließlich amerikanischen Hegemonie und die damit verbundene Hoffnung auf eine »pax americana«, die sich nach dem siegreichen Abschluss des ersten Irak-Krieges »Desert Storm« unter George Bush senior einstellte, haben nur eine Dekade gedauert. Der Begriff »new cold war«, vor dessen Formulierung die meisten zurückscheuen, bezieht seine Berechtigung nicht allein aus dem Wiederaufleben der gewohnten Gegnerschaft zwischen den Vereinigten Staaten von Amerika und einem wieder erstehenden russischen Imperium. Dieser jetzige Kalte Krieg ist multipolar, besser gesagt, multilateral geworden, entzieht sich jedem Kalkül und jeder heimlichen Abstimmung.

Die neue Weltmacht China, die im Begriff steht, den Status quo im ostasiatisch-pazifischen Raum aus den Angeln zu heben, wäre ja noch einzuordnen in irgendeine Form von vorsorglicher Kooperation, die den Absturz in den Abgrund verhindert. Der scheidende amerikanische Präsident hat jedoch Feinde einer ganz anderen Kategorie auf den Plan gerufen und sieht sich mit einer Konspiration der »Kräfte des Bösen« konfrontiert, für die er den Ausdruck »Islamo-Faschismus« prägte. Unter dem vagen Sammelbegriff »Al Qaida« agieren seitdem bunt gescheckte Haufen von fanatischen Attentätern, die über den ganzen »Dar-ul-Islam« – von Marokko bis Indonesien – verstreut sind und in einer Masse von 1,3 Milliarden Koran-Gläubigen untertauchen können. Gegen diese kunterbunte Assoziation »teuflischer« Übeltäter, in die die Propaganda Washingtons so unterschiedliche und tödlich verfeindete Fraktionen wie die extremistisch-sunnitischen Wahhabiten Arabiens und die schiitischen Revolutionswächter der Islamischen Republik Iran einreiht, hat George W. Bush den weltumspannenden Kampf gegen den Terrorismus ausgerufen. Die zutreffende Feststellung Zbigniew Brzezinskis, des ehemaligen Sicherheitsberaters des US-Präsidenten Carter, dass man mit dem Wort »Terrorismus« keinen Gegner definieren kann, sondern eine Form der Kriegsführung, wie sie von Partisanen, Freischärlern oder Guerrilleros seit langem praktiziert wurde, hat wenig gefruchtet. Dass der Terror auch von durchaus ehrbaren Widerstandskämpfern angewandt wurde, passte nicht in die manichäischen Vorstellungen der neokonservativen Ideologen am Potomac.

Die Europäer, die Deutschen zumal, sollten zur Kenntnis nehmen, dass sie nicht nur in eine unheimliche und ständig expandierende Abart des »Kalten Krieges« zurückgeworfen wurden. Laut Völkerrecht und Artikel V des Atlantischen Bündnisvertrages, dessen Beistandsverpflichtung nach dem Horror-Effekt von »Nine Eleven« durch die westlichen Alliierten einstimmig in Kraft gesetzt wurde, sehen sie sich in einen regelrechten »heißen Krieg« verwickelt und sind weit davon entfernt, sich aus dessen unerbittlichen Zwängen zu lösen. Die westliche Staatengemeinschaft operiert »out of area« gegen ein bluttriefendes Gespenst, gegen eine Hydra mit tausend Köpfen, und wenn die Gefahr einer klassischen Niederlage auch ausgeschlossen bleibt, so erscheint jede Perspektive eines siegreichen Ausklangs dieser Kampagne illusorisch.

Im vorliegenden Buch handelt es sich um ein Kaleidoskop von Kommentaren, Fernsehdokumentationstexten, Reportagen und Interviews. Sie sind in chronologischer Reihenfolge und ohne jede nachträgliche Berichtigung abgedruckt. Die Abfolge dieser Beiträge umfasst den Zeitraum zwischen den Jahren 2001 und 2008. Am Anfang steht der zunächst brillant geführte Eroberungsfeldzug »Enduring Freedom« in Afghanistan, der im Lauf der Zeit zum heillosen Abnutzungskrieg, »war of attrition«, verkam. Die Serie endet mit der Wahl des neuen amerikanischen Präsidenten. Letztere findet vor dem Hintergrund einer zunehmenden Ratlosigkeit der US Army zwischen Mesopotamien und Hindukusch statt, während das Debakel von Wall Street den deutschen Finanzminister Peer Steinbrück zu der Feststellung veranlasste, die USA hätten ihren »Status als Supermacht des Welt-Finanzsystems eingebüßt«.

In der Zwischenzeit offenbart sich die Unzulänglichkeit der viel gerühmten Wertvorstellungen des Westens. Der hemmungslos spekulative Turbo-Kapitalismus liegt in Trümmern. Eine technisch extrem perfektionierte Militärmaschine wird durch die geschmeidige und einfallsreiche Partisanentaktik des sogenannten »asymmetrischen Kriegs« in Schach gehalten. Die Staatengemeinschaft des Westens muss sogar ihre Unfähigkeit eingestehen, ihrer Vorstellung vom demokratischen Pluralismus weltweit Geltung zu verschaffen. Wie viel verlockender klingt doch in weiten Regionen trotz der damit verbundenen Bevormundung die Doktrin vom »politischen Konsens«.

Der Sinn des sporadischen Rückblicks, den ich heute vorlege, lässt sich an der jüngsten Entwicklung im Kaukasus exemplifizieren. Die plötzliche Offensive der georgischen Armee gegen die abtrünnige autonome Republik Süd-Ossetien hat eine russische »Strafaktion« ausgelöst, mit deren Ausmaß niemand gerechnet hatte. Im Kreml und in breiten Schichten der russischen Bevölkerung wurde das Vabanquespiel des Georgiers Saakaschwili, sein Überfall auf die ossetischen Sympathisanten Russlands südlich des Kaukasus, als unerträgliche Provokation empfunden. Der Fall Ossetien symbolisiert einen bedrohlichen Wendepunkt und wird von Dmitri Medwedew, dem Präsidenten der Russischen Föderation, mit der Tragödie des 11. September 2001 gleichgesetzt, die Amerika zutiefst erschütterte und zur geballten militärischen Aktion veranlasste.

So unerwartet, wie manche das heute darstellen, wurde die jüngste kaukasische Krise übrigens nicht vom Zaun gebrochen. Im Herbst 1996, also zwölf Jahre vor den Kämpfen um Zchinwali, hatte ich unter dem Titel »Das Schlachtfeld der Zukunft – Zwischen Kaukasus und Pamir« einen Erlebnisbericht veröffentlicht, der damals als Schwarzmalerei bemängelt wurde. Deshalb erlaube ich mir, ein paar Impressionen zu zitieren, die sich mir im Frühjahr 1996 an Ort und Stelle aufgedrängt hatten und die heute wieder einen sehr aktuellen Klang gewinnen.

Süd-Ossetien im Rückspiegel

ZCHINWALI, IM FRÜHJAHR 1996

Um nach Zchinwali, dem Regierungssitz Süd-Ossetiens zu gelangen, bedurfte es einer Sondergenehmigung, die am besten bei der OSZE-Mission in Tiflis einzuholen war. Der örtliche Stab der Organisation für Sicherheit und Zusammenarbeit in Europa setzte sich aus Offizieren und Diplomaten verschiedenster Nationalität zusammen. Für meine Inspektionsfahrt hatte sich der deutsche Oberstleutnant Heino von Heimburg als freundlicher und kompetenter Begleiter zur Verfügung gestellt. In Zchinwali wurden die Behörden von meiner Ankunft verständigt. Von Tiflis bis Gori fährt man 60 Kilometer in westlicher Richtung. Dann knickt die Straße nach Norden ein, und nach einer Strecke von 15 Kilometern ist die Grenze Süd-Ossetiens erreicht. Alles spielt sich in einem »Taschentuch« ab. Bis zu den steilen Fels- und Gletschermassen des Kaukasus, der hier von dem weißen Kegel des mehr als 5000 Meter hohen Kasbek gekrönt wird, sind es allenfalls weitere 50 Kilometer Luftlinie.

In dieser Gegend wurde mit der vorherrschenden Zwergstaaterei nicht gespaßt. Eine Kontrollstation der früheren sowjetischen Verkehrspolizei war zum befestigten Bunker ausgebaut. Ein Panzerfahrzeug vom Typ BPR-70 war neben der Schranke und einer Barriere aus Sandsäcken aufgefahren. Hier hielten sich nur russische Soldaten auf. Über dem kleinen Fort wehte die russische Fahne.

Spannung war nicht vorhanden. Oberstleutnant von Heimburg trug Uniform, und wir wurden freundlich durchgewinkt. Vom Regierungssitz Zchinwali trennten uns jetzt nur noch ein paar hundert Meter. Das unansehnliche Städtchen, gut 30 000 Einwohner, ist in eine grüne Mulde gebettet. Warum es den »Swiadisten« – so nannte man die Anhänger des ersten Präsidenten der unabhängigen Republik Georgien, Swiad Gamsachurdia, der von den Sowjets jahrelang eingekerkert wurde und als glühender Nationalist die Autonomie Süd-Ossetiens wie auch Adschariens nicht anerkennen wollte – nicht gelungen war, diese wehrlos exponierte Ortschaft im ersten Anlauf zu erobern, bleibt eines der Geheimnisse der damaligen kaukasischen Kriegsführung. Immerhin waren Ende 1991 rund 3000 bewaffnete Georgier bis ins Zentrum vorgerückt. Die sporadischen Kämpfe zogen sich eineinhalb Jahre hin. Dann kam es im Juni 1992 unter russischem Druck zum Waffenstillstand, der im Frühjahr 1996 recht und schlecht andauerte.

Die Kuriosität dieser Vereinbarung, die es immerhin ein paar georgischen Dorfgemeinden mit rund 15000 Menschen erlaubte, der »ethnischen Säuberung« zu entgehen, bestand darin, dass eine dreifache Militärpräsenz ausgehandelt wurde. Ein ossetisches, ein russisches und ein georgisches Bataillon – jedes etwa 500 bis 600 Mann stark – wachten über einen verschwommenen Status quo. Die OSZE-Mission hatte sich bislang als Schiedsrichter und Überprüfungsapparat erstaunlich gut behauptet, registrierte Fehlverhalten der gegnerischen Kräfte, versuchte Kontakte herzustellen, ja inspizierte sogar die Gefängnisse. Wie lange die Russen die indiskreten Ausländer noch auf einem Gebiet dulden würden, das sie – mit voller Zustimmung der Osseten – als ihre exklusive Domäne betrachteten, blieb dahingestellt.

Der Präsident der Republik Süd-Ossetien, so lautet sein vollmundiger Titel, trug den Namen Ludwig Alexejewitsch Tschibirow. Zur Unterzeichnung eines neuen Memorandums war er gerade nach Moskau gereist. So wurde ich von Sergej Kochojew – laut Visitenkarte »Chairman of the Supreme Soviet Committee for Communication and Nationalities« in die komplizierten Lokalverhältnisse eingewiesen. Mit gutem Grund weigerten sich die Osseten, von den Georgiern assimiliert zu werden. Die Georgier bilden eine kaukasische Urrasse, die – ähnlich wie die Basken in den Pyrenäen – keiner anderen Völker- oder Sprachfamilie zugerechnet werden kann. Die Osseten hingegen sind iranischen, wie Kochojew beteuerte, indogermanischen Ursprungs. Ihre fernen Vorfahren seien die Alanen gewesen, deren Raub- und Eroberungszüge zur Zeit der Völkerwanderung sich im Gefolge der Goten und Wandalen bis nach Spanien und Nordafrika erstreckten. Die Osseten können wirklich nichts dafür, dass sie durch die Willkür der sowjetischen Nationalitätenpolitik in eine Nord- und eine Südkaukasische Autonome Region gespalten wurden, deren Trennungslinie der Kamm des Hochgebirges ist. Im nördlichen Teil hat der Verwaltungssitz Ordschonikidse wieder seinen alten zaristischen Namen Wladikawkas – Herrscher des Kaukasus – angenommen und ist Bestandteil der Russischen Föderation. Der Süden hingegen wurde gegen den Willen der Betroffenen der damaligen Sowjetrepublik Georgien zugeschlagen.

Kochojew, der wie viele seiner Landsleute mit dunkelblonden Haaren und grauen Augen durchaus europäisch wirkte, hatte mehrere Jahre als sowjetischer Offizier gedient. Aus seiner Sympathie für Russland machte er keinen Hehl, und in dieser Beziehung war er repräsentativ für die große Mehrheit seiner Stammesbrüder. Die überwiegend christlichen Osseten hatten schon im achtzehnten Jahrhundert beim Nahen der ersten Kosaken-Vorhuten rückhaltlos Partei für den Zaren ergriffen. In den endlosen Kaukasus-Kriegen hatten sie stets mit den aus Sankt Petersburg entsandten Militärgouverneuren paktiert, die Wladikawkas zum Bollwerk imperialer Expansion ausbauten. Der russische Dichter Michail Lermontow, der in der ersten Hälfte des neunzehnten Jahrhunderts als junger Offizier in diese raue, aber exaltierende Gebirgswelt abkommandiert wurde, hatte keine hohe Meinung von den allzu gefügigen Osseten. Er begeisterte sich hingegen für die kriegerische Unbeugsamkeit der Kabardiner und Tscherkessen. Zumindest seien diese muslimischen Krieger nicht dauernd besoffen wie ihre christlich-ossetischen Nachbarn, hat er damals geschrieben.

Etwa hundert Jahre später hat Swiad Gamsachurdia dieses iranische Zwergvolk mit extremer Verachtung gestraft. Es handele sich bei den Osseten um »Abfall der Geschichte«. An ihrer Treue zu Russland hielten die Osseten unverbrüchlich fest. »Wir sind jederzeit bereit, auf die Souveränität unserer Republik zu verzichten, wenn wir uns der Russischen Föderation anschließen und unsere Einheit mit Nord-Ossetien vollziehen können«, betonte Sergej Kochojew. Die Behörden von Zchinwali hatten ohnehin den Rubel als Währung beibehalten und den georgischen Lari abgelehnt. Sie lebten sogar mit einer Stunde Zeitverschiebung gegenüber Tiflis weiterhin nach dem Glockenschlag der Uhren des Kreml. Auch eine eigene Landesfahne hatten sie entworfen: Drei horizontale Streifen, weiß, rot und gelb. Ihre orthodoxe Kirche blieb natürlich dem russischen und nicht dem georgischen Patriarchen unterstellt.

Der »Beauftragte für Kommunikation und Nationalitäten« ließ keine verfrühten Hoffnungen auf Versöhnung aufkommen. Er zeigte mir die Zerstörungen, die durch georgischen Beschuss am Rande Zchinwalis entstanden waren. Die Zahl der Getöteten bezifferte er auf tausend. Sämtliche ossetischen Siedlungen im eigentlichen Georgien seien zwangsevakuiert worden. Massaker und Folterungen hätten stattgefunden. Immer noch würden Gräber mit ossetischen Leichen entdeckt. Hundert Dörfer seien systematisch von den Swiadisten vernichtet worden. All das klang sehr balkanisch.

Der deutsche Oberstleutnant drängte mich, mit der Inspektionstour zu beginnen. Er setzte sich an das Steuer des weißgestrichenen Landrovers mit dem weißen Wimpel der OSZE. Vor dem Aufbruch stellte er mir zwei zusätzliche Begleiter vor, einen Oberst der georgischen Streitkräfte und einen Oberstleutnant der ossetischen Armee. Beide Männer trugen die übliche gescheckte Tarnuniform sowjetischen Zuschnitts. Nur das Ärmelwappen und die Rangabzeichen unterschieden sich. Überraschend war das hohe Alter dieser militärischen Chargen. Der Georgier, der nach eigener Aussage als Professor für Strategie an irgendeiner Akademie in Tiflis unterrichtete, war schmächtig gewachsen und hatte die sechzig überschritten. Er wirkte zerbrechlich und wäre kaum noch als »kriegsverwendungsfähig« zu bezeichnen gewesen. Der süd-ossetische Oberstleutnant hingegen, ein breitgewachsener Koloss, war kaum jünger. Mühsam quälte er sich auf den Rücksitz unseres Wagens. Seine enorme Korpulenz hätte ihn im Ernstfall für jeden Kampfeinsatz disqualifiziert. Obwohl ich in dem seltsamen Trio mit Abstand der Senior war, erheiterte mich dieses Aufgebot soldatischer Vergreisung. Beide Offiziere erwiesen sich übrigens als höfliche und verträgliche Gefährten.

Es war ein strahlender Frühlingstag. Wir rumpelten über aufgewühlte Lehmpisten nach Norden. Jenseits des Dorfes Wanati drangen wir in endlose Obstplantagen ein. Hier entfaltete sich eine herrliche Farbensymphonie aus Rosa und Weiß. Der Himmel leuchtete tiefblau. Der nahe Horizont war durch die Kette des Kaukasus verstellt. Die Hütten der Einwohner waren erbärmlich, aber sie verschwanden in der üppigen Vegetation. Der georgische Oberst behauptete, das breite Massiv im Nordwesten sei der Elbrus, aber das konnte auf Grund der Entfernung nicht stimmen.

In Wanati entdeckte ich vor einer halb ausgebrannten Schule eine Büste Stalins mit zerschossener Nase. Dann passierten wir Dörfer, wo die rassisch gemischte Bevölkerung sich erbitterte Gefechte geliefert hatte. Ganze Häuserzeilen waren durch Direktbeschuss oder Brandstiftung systematisch vernichtet. Plötzlich fiel mir ein, warum mir dieser Ausflug so vertraut, diese Stimmung so bekannt vorkam. Zwei Jahre zuvor hatte ich in West-Slawonien den damals noch zur Serbischen Republik Krajina gehörenden Gebietsfetzen rund um Pakrac besucht. Dort war ich auf die gleichen Bilder gestoßen. Seit Ende der großen Ost-West-Konfrontation pflanzte sich die Vielzahl der Regionalkonflikte wie eine hoch infektiöse Epidemie weltweit fort. Die nackte Zerstörungslust, die kindisch-grausame Barbarei ähnelten sich überall.

Ganz ernst konnte man den ossetischen Partisanenkrieg »en miniature« dennoch nicht nehmen. Die Osseten sind auch vom militärischen Standpunkt aus die armen Verwandten in dieser martialischen Farce. Ihre isolierte Stellung im Vorgebirge war in einer Holzbaracke untergebracht. Mehr als acht Milizionäre, die nicht einmal Uniform trugen, konnte der örtliche Bandenführer uns nicht vorstellen. Die anderen waren mit Feldarbeiten beschäftigt, denn davon mussten sie leben. Ihr kümmerlicher Rubel-Sold war ihnen seit vier Monaten nicht ausbezahlt worden. Sie beteuerten dem schwergewichtigen Oberstleutnant ihrer »Armee«, dass sie zur Verteidigung bereit waren, aber dass es in diesem Sektor – abgesehen von gelegentlichem Viehdiebstahl – nichts zu vermelden gab. Die rustikalen Männer mit den vom harten Leben zerfurchten Gesichtern präsentierten uns ihre Waffen: ein paar alte Kalaschnikows und eine einzige Panzerfaust.

Bei dem georgischen Détachement, kaum drei Kilometer entfernt, fehlte es ebenfalls an jeglicher Disziplin. Ein Dutzend junger Soldaten, die immerhin Tarnuniform trugen, salutierten nicht einmal, als ihr weißhaariger Oberst aus Tiflis sich die erbärmliche Stube mit den Holzpritschen zeigen ließ. Sie öffneten auf Wunsch des deutschen OSZE-Beobachters bereitwillig ihre Waffenkammer. Auch sie warteten auf den längst fälligen Sold. Jeweils drei Monate lang müssten sie in diesem Außenposten verharren, so berichtete der Sergeant, der für die unrasierte Rotte verantwortlich war. Aber dann kam ein etwa vierzigjähriger Mann herbeigeeilt, offenbar in seiner Mittagsruhe gestört, und stellte sich als Hauptmann und verantwortlicher Befehlshaber vor. Über der gescheckten Hose trug er ein knallrotes T-Shirt. Im kurzen Gespräch schlug uns eine penetrante Alkoholwolke entgegen.

Letzter Abstecher – die Russen. Das unvermeidliche Panzerfahrzeug vom Typ B 234 stand neben den beiden Posten in Bereitschaft. Die Soldaten trugen Stahlhelme und kugelsichere Westen. Hier hatten wir es wenigstens mit einer halbwegs ansehnlichen Truppe zu tun. Der Eindruck verstärkte sich, als ein blonder Leutnant aus Sankt Petersburg, der uns mit stählernem Händedruck begrüßte, Meldung erstattete. Das Quartier war extrem primitiv, aber es herrschte Ordnung und Sauberkeit. Die Soldaten – es mochten zwei Dutzend sein – stammten aus den verschiedensten Teilen Russlands, von Murmansk bis zum Ural. Ich entdeckte keinen einzigen Asiaten. »Das Schlimmste ist die Langeweile«, sagte der zackige, blauäugige Leutnant. »Ansonsten kommen wir über die Runden.« Die meisten seiner Untergebenen nutzten die erzwungene Untätigkeit, um sich in der warmen Sonne zu bräunen.

Vor der Rückfahrt verabschiedeten wir uns in Zchinwali mit großer Herzlichkeit von dem georgischen und dem ossetischen Obristen. Ganz so harmlos, wie diese Erkundung vermuten ließ, war die Lage in Süd-Ossetien übrigens nicht. Hier hatten sich die russischen Streitkräfte eine sichere Domäne südlich der großen Gebirgsbarriere geschaffen. Seit die Republik Georgien durch den Bürgerkrieg in Abkhasien vom Norden abgeschnürt und die Grusinische Heerstraße, die in bedrohlicher Nähe des Unruheherdes Tschetschenien verläuft, auf Grund von Witterungseinwirkung und Lawinensturz kaum noch befahrbar war, blieb lediglich ein drei Kilometer langer Tunnel als sicherer Verbindungsweg zwischen Nord- und Süd-Ossetien, zwischen Zchinwali und Wladikawkas. Dieser unterirdische Weg wurde ausschließlich von russischem Militär benutzt, und seine Geheimnisse waren wohl gehütet. Die OSZE hatte hier keinen Zugang. Im Sommer 1991 war ich noch ohne sonderliche Schwierigkeiten auf der Grusinischen Heerstraße bis zum viel besungenen Kreuzpass gelangt. Vor solchen Exkursionen wurde nunmehr abgeraten.

An der alten Königsburg Mzcheta vorbei näherten wir uns wieder der Hauptstadt. Eine halb verwischte Inschrift fiel mir am Eingang von Tiflis auf: »Die Sowjetunion – Hort des Friedens«. Die Bauarbeiten an der Pipeline, die in amerikanischem Auftrag das georgische Transitland nutzen soll, um – unter Umgehung russischen und iranischen Territoriums – das Erdöl und das Erdgas Aserbeidschans und Zentralasiens vom Kaspischen Meer über Tiflis und Ost-Anatolien zum türkischen Mittelmeerhafen Ceyhan zu transportieren, waren bereits im Gange. In diesem Zusammenhang gewann die russische Militärpräsenz in Süd-Ossetien eine zusätzliche, bedrohliche Bedeutung. Nur ein paar Kilometer trennen das Städtchen Zchinwali vom Verlauf jener heiß umstrittenen Erdölleitung Baku-Tiflis-Ceyhan, BTC in der Abkürzung, die den Russen ein Dorn im Auge ist. Wenn es darauf ankäme, ließen sich aus engster Nachbarschaft beliebig Sabotageakte und Sprengungen inszenieren. Wie an fast allen Spannungsflächen zwischen Ost und West spielte auch in Georgien der gierige Zugriff auf das »Schwarze Gold« eine entscheidende Rolle in dem sich abzeichnenden Konflikt.

*

So viel zur Vorgeschichte des Zusammenpralls in Süd-Ossetien. Über den Hintergrund der im Sommer 2008 entbrannten Kämpfe lässt sich Folgendes berichten: Etwa 140 amerikanische Military-Advisors sind beauftragt, die gut gerüstete Armee Saakaschwilis zu beraten und auszubilden. Sehr erfolgreich waren sie wohl nicht, denn die Georgier haben – ganz anders als die todesmutigen Widerstandskämpfer Tschetscheniens – beim Nahen der russischen Panzerkolonnen fast ohne Gegenwehr das Weite gesucht. Die Instrukteure aus USA wussten zwangsläufig um die Vorbereitung des Überraschungsschlages ihrer Schützlinge gegen die süd-ossetische Enklave. Der in Tiflis ansässige CIA-Resident hat zweifellos darüber nach Langley berichtet. Offenbar ging der georgische Präsident davon aus, dass die Welt zum Zeitpunkt seiner Offensive durch die Olympiade von Peking voll abgelenkt wäre. Er wollte auch die kurze Phase nutzen, in der sein Gönner George W. Bush noch im Amt war.

Der amerikanische »Commander in Chief« wiederum hätte durch ein energisches Telefonat mit seinem georgischen Vasallen das törichte Abenteuer unterbinden können. Aber Bush spekulierte vermutlich darauf, dass das post-sowjetische Russland, das sich so oft hatte übertölpeln lassen, auch in diesem Fall stillhalten würde. Hinzu kam vielleicht das Kalkül, dass ein Prestige-Erfolg am Kaukasus und die damit verbundene Ausweitung der amerikanischen Einflusssphäre dem republikanischen Kandidaten John McCain, dem die Öffentlichkeit größere Kompetenz in strategischen Dingen zutraute als seinem Rivalen Barack Obama, zusätzliches Wählerpotenzial einbringen würde. Das Moskauer Duo Medwedew-Putin hat diese Planungen mit einem Schwerthieb durchkreuzt.

Schon richten sich die sorgenvollen Blicke der NATO auf die Flottenbasis Sewastopol auf der Halbinsel Krim. Der Kreml hat die zerstrittenen Politiker von Kiew wissen lassen, dass Russland nicht gewillt ist, diese beherrschende strategische Position am Schwarzen Meer dem Besitzanspruch der Ukraine auszuliefern. Neuerdings werden solche Warnungen aus Moskau wieder ernst genommen. Wer wagt da noch zu behaupten, von einem Rückfall in den »Kalten Krieg« könne keine Rede sein.

*

NB. In den folgenden Kapiteln habe ich die chronologische Aufreihung – wohl wissend, dass das europäische und das ostasiatische Neujahrsfest zeitlich nicht ganz übereinstimmen – mit den chinesischen Tierzeichen versehen, vom Jahr der Schlange bis zum Jahr der Ratte. Auf die astrologische Bedeutung dieser Symbolik will ich nicht eingehen, sondern lediglich einem Kulturkreis huldigen, dem im Zuge der unvermeidlichen und bis zum Überdruss zitierten Globalisierung eine eminente Bedeutung zukommt.

»Die Welt ist verrückt geworden«

INTERVIEW, 20. JANUAR 2008

FOCUS: Herr Scholl-Latour, lassen Sie uns über das Alter sprechen …

SCHOLL-LATOUR: Nur zu. Da habe ich keine Scheu. Wenn jemand sagt, ich sei 83, rufe ich ihn zur Ordnung und sage: Ich werde 84!

FOCUS: Bei unserem letzten Gespräch bekannten Sie sich zum Alterszorn. Hat dieser sich inzwischen verstärkt?

SCHOLL-LATOUR: Nein, ich habe erkannt: Wer alt ist, sollte nicht zu zornig auftreten. Zum Jupiter Tonans, dem Gott des Donners, fehlt mir auch die Statur. Hingegen pflege ich immer öfter eine grimmige Heiterkeit. Vor allem, wenn ich lese, wie besessen manche Altersgenossen vom Schreiben über den Tod sind. Ich habe zum Tod ein eher gelassen-brüderliches Verhältnis.

FOCUS: Der Schriftsteller Philip Roth sagt, er denke an den Tod, seit er 50 ist …

SCHOLL-LATOUR: Erst seit 50? Ich denke daran, seit ich Kind im Jesuiten-Internat war. Mein Verhältnis zum Tod ist neutral. Ich wünsche mir lediglich einen würdigen Tod. Wobei das eine individuelle Auslegung ist, heutzutage gibt es ja schon einen Verein für würdiges Sterben. Es gibt nichts, was nicht beworben wird.

FOCUS: Noch wirken Sie recht munter, haben im vergangenen Jahr noch mal fast den gesamten Globus bereist – von Russland, Nahost, China bis in die USA. Fühlen Sie sich überhaupt manchmal wie fast 84?

SCHOLL-LATOUR: Wie Willy Millowitsch mal sagte: »Wer über 50 ist, morgens wach wird, und es tut nirgends weh – der ist tot.« Demnach bin ich quicklebendig. Mit diesen Zipperlein kann ich leben. Ich mache Leibesübungen, 20 Liegestütze morgens, Sit-ups und – ganz wichtig – Kniebeugen.

FOCUS: Was ist das Positive am Alter?

SCHOLL-LATOUR: Man empfindet doch eine größere Ausgeglichenheit. In der Jugend ist man ja stärker von Unruhe getrieben. Allerdings geht im Alter natürlich der erotische Pep abhanden. Das ist schon bedauerlich.

FOCUS: Dabei waren Sie vor Ihrer Ehe mal berühmt als Charmeur »Peter Scholl-L'Amour«. Auch in Ihrem jüngsten Buch, *Zwischen den Fronten*, lassen Sie Freude durchblicken bei einer Begegnung mit der wohlgestalteten Frau eines fundamentalistischen US-Predigers …

SCHOLL-LATOUR: Mein Arzt sagt auch, dass mein Testosteronspiegel erstaunlich hoch sei. Aber ernsthaft: Darum geht es nicht wirklich.

FOCUS: Worum dann? Gibt es eine Art Glücksgewinn im Alter?

SCHOLL-LATOUR: Ich habe nie nach Glück gestrebt, eher nach Ausgewogenheit. Bei Bucherfolgen hat man mich häufig aufgefordert: Jetzt freu dich mal richtig! Doch wer sich über Erfolge sehr freut, droht bei Misserfolgen sehr deprimiert zu sein. Wirkliche – kurze – Glücksmomente hat man sowieso nicht im Beruf, sondern wohl eher mit Frauen. Aber es gibt Momente, wo ich mich recht zufrieden fühle. Zum Beispiel, wenn ich aus meiner Pariser Wohnung auf den Champ-de-Mars gucke.

FOCUS: Die 90-jährige Psychoanalytikerin Margarete Mitscherlich bedauert, im Alter entdecke man Charakterzüge an sich, die man lieber nicht kennen würde. Stimmen Sie zu?

SCHOLL-LATOUR: Nee, ich habe die glückliche Gabe, Unschönes zu verdrängen. Ich erlaube mir auch gezielte Wutausbrüche. Dafür entschuldige ich mich meist und sage: Das musste ich tun, so kriege ich kein Magengeschwür.

FOCUS: Die Rentenproblematik zählt zu den großen Themen der

Innenpolitik. Auch wenn Sie ein privilegierter Senior sind als Bestseller-Sachbuchautor – interessiert Sie das Sujet?

SCHOLL-LATOUR: Nein, in meiner Generation hat man das Thema nie diskutiert. Es war nach dem Krieg schon ein Privileg, überlebt zu haben. Und es gab das Gefühl, was ich jetzt für meine Rente anlege, geht später sowieso kaputt. Ich warne alle, die heute auf Sicherheit im Alter spekulieren. Nichts ist garantiert. Als junger Redakteur bin ich nach Vietnam aufgebrochen und war nicht mal versichert. Ich hätte ja ohne weiteres auf eine Mine laufen können. Andererseits hätte es mir auch passieren können, bis zur Rente mit 65 bei der *Saarbrücker Zeitung* zu bleiben.

FOCUS: Nehmen Sie denn trotz Ihres Status als hoch aktiver Senior irgendwelche Rentnervergünstigungen in Anspruch? Seniorenausweis? Kostenloses Busfahren?

SCHOLL-LATOUR: Ich weiß gar nicht, was mir alles zusteht. Bei der Bahn habe ich so einen Ausweis, aber das ist alles umständlich, all die Formulare! Befriedigend ist diese kleine Angestelltenrente – 500 Euro kriege ich jeden Monat. Dafür muss ich jedes Jahr zu einer Behörde gehen und bestätigen, dass ich noch lebe.

FOCUS: Zu den Debatten des Landes zählt die Überalterung der Gesellschaft. Führt diese nicht womöglich dazu, dass das Wort älterer Menschen wieder mehr Gewicht erhält? Sie bezeichnen sich selbst ja gern als »alten Störenfried« in politischen Talkshows …

SCHOLL-LATOUR: Ich spüre jeden Tag sogar auf der Straße, dass ich eine große Popularität genieße. Wenn die jungen Leute zur Minderheit werden, spielen die Alten ohnehin eine gewichtigere Rolle. Rein als Wählermasse. Aber ich werde mich nicht aktiv betätigen. Ich habe keine Lust, mich einem Veteranenclub anzuschließen wie den Grauen Panthern.

FOCUS: Dafür sind Sie ja auch zu selten im Land. Sie reisen ja meistens …

SCHOLL-LATOUR: Ich gehe selten zu gesellschaftlichen Veranstaltungen. Meist sage ich dann zu meiner Frau: »Das ist ja hier wie Draculas Ball, so viele alte Leute!« Dann sagt sie: »Pass mal auf – du bist der Älteste.«

FOCUS: Sie gaben immer lieber den Weltmann, statt sich für innerdeutsche Themen zu interessieren. Woher kommt's?

SCHOLL-LATOUR: Innenpolitik war mir vor allem ein Horror, als ich *Stern*-Chefredakteur war. Diese Themen heute wie der Mindestlohn sind ja überaus wichtig. Aber sie werden in erschreckend unintelligenten Debatten diskutiert.

FOCUS: Dabei verstehen Sie sich mit so manchem Politiker überraschend gut, wie neulich mit Gregor Gysi in einer Podiumsdebatte.

SCHOLL-LATOUR: Der ist ja auch sehr nett, er war in keinster Weise aggressiv. Ich bin auch mit Oskar Lafontaine befreundet. Ich treffe ihn manchmal zusammen mit Peter Gauweiler. Was Lafontaine aber mit seiner Linkspartei so treibt, beurteile ich lieber nicht. Der Politiker, vor dem ich nach wie vor großen Respekt habe, ist Helmut Schmidt.

FOCUS: … der im Übrigen auch vor dem neuen Rauchverbot nicht einknickt und in keine Talkshow geht, wenn er nicht rauchen darf.

SCHOLL-LATOUR: Ach, diese Bevormundung der Menschheit! Ich bin Nichtraucher, aber empfinde es als Entmündigung der Leute, dass sie nicht mehr rauchen dürfen. Bald gibt es sicher alkoholfreie Zonen. Die Politiker spinnen mehr und mehr. Die Welt ist verrückt geworden.

FOCUS: Beschäftigt Sie der Klimawandel?

SCHOLL-LATOUR: Sicher ist die Vermehrung des menschlich produzierten Drecks ungesund. Aber Klimawechsel gab es immer. Ich weiß nicht, was dieser UNO-Generalsekretär in der Antarktis entdeckt hat – ich war dort Anfang 2007 auf einem russischen Eisbrecher unterwegs, Wissenschaftler waren an Bord und stellten fest: Dort ist noch nie so viel Schnee gefallen, es findet eine gewaltige Gletscherbildung statt. Die Klimawandel-Hysterie erscheint mir manchmal als Ablenkung von wirklichen Problemen.

FOCUS: Wie erklären Sie sich dann diese kollektive Betroffenheit?

SCHOLL-LATOUR: Ich habe mein letztes Buch ja speziell unter dem Motto des Kampfes gegen Desinformation geschrieben. In den USA, in North Carolina, gibt es dafür sogar ein Institut im Regierungsauftrag. Ich kann mir vorstellen, dass es auch bei uns solche Steuer-apparate gibt. Das ist nicht illegitim. Aber wenn nicht der Feind, son-dern die eigene Bevölkerung getäuscht wird, ist es bedenklich.

FOCUS: Was Ihre TV-Auftritte betrifft, werden Sie, mit Verlaub, gern als alte Unke belächelt – Ihre Bücher sind allerdings Bestsel-ler-Garanten. Wie erklären Sie sich die Diskrepanz?

SCHOLL-LATOUR: Ich bin seit 25 Jahren der erfolgreichste Sach-buchautor. Es hat noch nie jemand versucht, eine Erklärung dafür zu finden. Es gab Kampagnen gegen mich, man warf mir Dilettan-tismus vor, Anti-Amerikanismus, dass ich den Islam verdamme – alles Quatsch. Die Orientalisten, die man gegen mich anführte, ha-ben sich in allem getäuscht. Das Bundesverteidigungsministerium steht vielleicht nicht auf meiner Seite – aber die Bundeswehrsolda-ten in Afghanistan lesen meine Bücher und stimmen mir zu. Und türkische oder arabische Taxifahrer lehnen es oft als Ehrensache ab, von mir Fahrgeld zu nehmen.

Aber wer mit Kritik nicht leben kann, sollte das Schreiben sein lassen. Immerhin monierte selbst der *Spiegel* neulich lediglich, dass ich mit 82 Jahren ein Hörgerät brauche. Dieser Redakteur soll mal abwarten, in welcher Verfassung er in diesem Alter sein wird.

FOCUS: Momentan stehen Sie nur auf Rang sechs der Bestseller-liste – grämt Sie das?

SCHOLL-LATOUR: Einen Schuss Eitelkeit hat man schon. Bei 90 000 jährlich veröffentlichten Büchern ist das aber ein sehr ho-noriger Platz. Von meinen 28 Büchern landeten nur vier nicht auf der Bestsellerliste. Erstaunlich ist für mich dort die Zunahme die-ser frommen Themen. Von Richard Dawkins bis Hape Kerkeling, für den ich im Übrigen große Sympathie hege.

FOCUS: 28 Bücher geschrieben, in zahllosen Talkshows die Welt erklärt – haben Sie sich denn auch mal getäuscht?

SCHOLL-LATOUR: Da fällt mir nichts ein.

FOCUS: Wo steht die Welt in zehn Jahren?

SCHOLL-LATOUR: Ich habe noch nie Kaffeesatz gelesen. Der dro-hende Krieg im Iran ist hoffentlich durch die Enthüllungen der Geheimdienste verhindert worden.

FOCUS: Sie fürchteten, dass Bush am Ende seiner Amtszeit im Iran zuschlägt?

SCHOLL-LATOUR: Es war eine große Befürchtung, dass er seinen Nachfolger darauf festnageln und Amerika dann auf den »Kampf gegen das Böse« fixiert würde. Bush ist ja in seinem Wahn völlig ehrlich. Es wäre besser, er besäße ein wenig Zynismus. Aber er glaubt ja fest an die göttliche Berufung.

FOCUS: Der Dollar-Verfall und die Überschuldung Amerikas wird auch unser Problem …

SCHOLL-LATOUR: Wenn ich nach China fahre oder nach Afrika, fällt mir auf, dass die dort lieber Euros als Dollars nehmen, das ist bezeichnend. Ich habe leider noch einige Tausend Dollar übrig von meinen Reisen. Die alle drei Tage an Wert verlieren.

FOCUS: Haben Sie Ihre Honorare denn an der gerade trudelnden Börse investiert?

SCHOLL-LATOUR: Keinen Cent. Ich bin kein Spieler. Ich spiele nicht mal Schach oder Skat.

FOCUS: Sie bevorzugen offenbar Immobilien in Berlin, Paris, an der Côte dAzur?

SCHOLL-LATOUR: Das ist ja fast Geheimnisverrat! Die sind alle zum persönlichen Gebrauch, nicht zur Spekulation angeschafft.

FOCUS: Am Ende Ihres neuen Buches und Ihrer Reise um die Welt erreichen Sie Ihre zweite Heimat Frankreich – Ihr Befund zur deutsch-französischen Lage?

SCHOLL-LATOUR: Seit Angela Merkel als mächtigste Frau der Welt gefeiert wurde, lässt das Sarkozy keine Ruhe mehr. Jetzt gibt es da wieder diesen Wettlauf um die Führungsmacht und um die Gunst Amerikas. Wenn der Euro funktioniert, wird Europa vielleicht ein wirtschaftlicher Raum. Politische Substanz erreicht Europa nur, wenn es eine feste deutsch-französische Allianz gibt.

FOCUS: Worüber plaudern Sie mit Angela Merkel, wenn Sie sie auf Galas treffen?

SCHOLL-LATOUR: Das hat sich nie richtig ergeben. Sie ist wohl ein misstrauischer Mensch. Das bringt das politische Leben mit sich.

FOCUS: Sie trafen Khomeini, Putin und Fidel Castro. Wen hätten Sie gern kennengelernt?

SCHOLL-LATOUR: Mao Zedong. Aber ich neige nicht zu kultischer Heroen-Verehrung.

FOCUS: Sie haben bis auf zwei alle UNO-Staaten der Welt bereist, sagten Sie neulich. Welche Flecke auf der Landkarte fehlen Ihnen noch?

SCHOLL-LATOUR: Nur Ost-Timor. In Bhutan war ich neulich schon.

FOCUS: Ist Ihnen das Reisen denn nie zu beschwerlich?

SCHOLL-LATOUR: Ich gönne es mir, wenn möglich, erster Klasse zu fliegen. Vor allem im Orient und in China wird man als Greis bevorzugt behandelt, wie ich mit Genugtuung feststelle.

FOCUS: Wann fahren Sie nach Ost-Timor?

SCHOLL-LATOUR: Ist schon gebucht. An meinem Geburtstag im März.

FOCUS: Und danach fangen Sie mit der Reise um die Welt wieder von vorne an?

SCHOLL-LATOUR: Ich werde weiter reisen, aber bin mir bewusst, dass die letzte große Reise nicht allzu lange auf sich warten lässt.

DAS JAHR DER SCHLANGE
2001

Das Krebsgeschwür

Mit jedem Tag des »weltweiten Krieges gegen den Terrorismus« stellt sich neue Ungewissheit ein. Der Zorn der Amerikaner ist verständlich und auch ihre grimmige Absicht, die angeblichen Zufluchtsburgen und die Befehlszentralen der unheimlichen Mordorganisation »Al Qaida« in Afghanistan zu zerschlagen.

Aber trifft man dabei überhaupt die richtigen Ziele? Wenn sich wirklich im Hindukusch das gefährliche Krebsgeschwür einer fundamentalistischen Verschwörung befinden sollte, dann droht mit seiner operativen Beseitigung die beschleunigte Streuung revolutionärer Metastasen. Und das im gesamten islamischen Siedlungsraum zwischen Atlantischem und Pazifischem Ozean – zwischen Senegal und den Philippinen. In diesem breiten Gürtel leben schätzungsweise 1,3 Milliarden Korangläubige, auch wenn nur ein Bruchteil von ihnen mit den Terroristen sympathisiert.

Welche strategischen Optionen bieten sich Präsident Bush überhaupt? Nehmen wir an, der Feldzug gegen das »Böse« verlaufe einigermaßen nach Plan. Dann würde es den vereinten Kräften der US Air Force und der überaus fragwürdigen afghanischen »Nordallianz« gelingen, Osama Bin Laden zur Strecke zu bringen und die beim Volk nicht sonderlich geschätzte Herrschaft der Taleban zu stürzen. Die in ebenem Gelände befindlichen Städte Mazar-e-Scharif, Herat oder Kandahar könnten erobert werden. Sogar die Hauptstadt Kabul dürfte den fanatischen »Koran-Schülern« entrissen werden. Aber was geschähe dann? Die Sowjet-Armee hatte sämtliche Ortschaften Afghanistans zwischen 1979 und 1989 besetzt, und trotzdem ging ihr auf den Steilhängen des Hindukusch buchstäblich die Puste aus.

Viel Zeit bleibt den US-Generälen nicht für ihre Terroristenjagd, denn spätestens in der zweiten Novemberwoche bricht ein grausamer Winter über Afghanistan herein. Das Land versinkt im Schnee, und die Kommando-Einsätze an Bord von Hubschraubern werden durch Nebel gelähmt. Der Krieg käme bis zum Frühjahr 2002 praktisch zum Erliegen und die amerikanischen Streitkräfte wären auf ihre Bomberflotte, auf Marschflugkörper und jene Wunderwaffen der Technik angewiesen, die bereits im Kosovo wenig ausrichten konnten und an Präzision zu wünschen übrig ließen. Eine lang andauernde Bombardierung afghanischer Ortschaften mit unvermeidlich hohen Verlusten bei der Zivilbevölkerung würde aller Voraussicht nach die brodelnde Unruhe im benachbarten Pakistan zur offenen Revolte gegen den mit Amerika paktierenden Militärdiktator Musharaf zum Explosionspunkt steigern. Pakistan ist seit langem das Sorgenkind der Region. In diesem Land leben 160 Millionen Muslime. Nicht nur Indien, auch Pakistan verfügt über Atomwaffen, und damit gewinnt dieser exotische Konflikt fast apokalyptische Dimensionen.

Die Islamische Republik Iran – unlängst von Washington noch als »Schurken-Staat« angeprangert – hat sich bereit erklärt, versprengten amerikanischen Soldaten Zuflucht auf ihrem Territorium zu gewähren. Das ist eine bemerkenswerte Konzession. Die Erben des Ayatollah Khomeini fühlen sich ohnehin so gut wie unverwundbar, obwohl sie noch keine Atombombe besitzen. Die dortigen Mullahs beobachten mit unverhohlener Schadenfreude, wie Amerika drauf und dran ist, sich in heimtückischem Gelände einem Abnutzungskrieg auszusetzen. Schließlich gibt es bereits einen großen Gewinner bei diesem recht stümperhaft begonnenen Krieg: Die Volksrepublik China findet sich nunmehr berechtigt, jede Aufwallung oppositioneller Kräfte gegen das autoritäre Regime von Peking als »Terrorismus« zu brandmarken.

Eine »unheilige Allianz« wurde da in der Hauptversammlung der

Vereinten Nationen unter dem Jubel törichter Kommentatoren aus der Taufe gehoben. Je tiefer sich Präsident Bush in diesen Feldzug gegen einen unfassbaren Gegner verstrickt, desto ungestörter können sich in Ostasien und am Pazifik neue imperiale Kräfte entfalten.

Afghanistan wirft weite Schatten

19. NOVEMBER 2001

Afghanistan wird uns noch manches Rätsel aufgeben. Wie ein Spuk sind die Taleban aus Kabul verschwunden. Ähnlich waren sie 1996 in die Hauptstadt eingerückt. Damals hatten die »Koranschüler« die Unterstützung Pakistans und die heimliche Gunst der Amerikaner genossen. Dieses Mal sind sie aus ihren Stellungen vor den Bomben der US Air Force geflüchtet.

Die Taleban haben viel militärische Unkenntnis an den Tag gelegt, als sie der vorrückenden Nordallianz und vor allem den Schlägen der amerikanischen Luftwaffe mit einem Stellungskrieg begegneten und sich in größeren Ortschaften festkrallen wollten. Solche Fehler hatte der Vietcong während des Indochinakrieges nie begangen. Er war der feindlichen Übermacht stets geschmeidig ausgewichen. Aber mit der Eroberung Kabuls und anderer Verwaltungshauptstädte ist die afghanische Frage längst nicht abgehakt. Washington hatte dem pakistanischen Militärdiktator Pervez Musharaf zugesagt, dass der Nordallianz, die sich überwiegend aus persischen Tadschiken, türkischen Usbeken und mongolischen Hazara zusammensetzt, nicht erlaubt werde, eigenmächtig in der weitgehend zerstörten Regierungszentrale die Macht an sich zu reißen. Vorher sollte die Bildung einer Koalitionsregierung mit dem wichtigsten Staatsvolk Afghanistans, den Paschtunen, stattfinden. Im Taumel ihres Erfolgs und zweifellos auch mit Billigung amerikanischer Kommandostellen, die sich diese reife Frucht nicht entgehen lassen wollten, ist es dennoch zum rasanten Durchmarsch der Nordallianz gekommen. Die Verstimmung in Islamabad dürfte groß sein.

Die Taleban, diese fanatische Islamistentruppe, deren Intoleranz mit den wahren Geboten des Koran nur partiell in Einklang steht, rekrutierte ihre Anhänger fast ausschließlich bei den Paschtunen. Es muss abgewartet werden, wie wirksam der Partisanenkampf in den Schluchten des Hindukusch, zu dem Mullah Mohammed Omar aufgerufen hat, sich verwirklichen lassen kann. Anderseits ist eine wie auch immer geartete Stabilisierung Afghanistans ohne aktive Beteiligung des Paschtunen-Volkes, dem auch der ehemalige König Mohammed Zaher Schah angehört, nicht vorstellbar. Da eine Einigung der Stammesführer, der Mullahs und deren Clans überaus fragwürdig bleibt, muss auch mit einem Bürgerkrieg gerechnet werden. Es sind allzu viele Blutfehden zu begleichen.

Um die islamischen Freiwilligen aus aller Welt, die sich unter Führung des Arabers Osama Bin Laden in der radikalen Kampforganisation Al Qaida zusammengeschlossen hatten, ist es schlecht bestellt. Zu den ersten Opfern des afghanischen Volkszorns zählten arabische Angehörige dieser grünen »Fremdenlegion«, die nunmehr für das Unheil und die Unterdrückung der vergangenen Jahre verantwortlich gemacht werden. Osama Bin Laden befindet sich angeblich in Begleitung des mysteriösen Mullah Omar auf der Flucht. Bin Laden und dessen Gefährten werden nun einer Hetzjagd ausgesetzt sein, die überwiegend von den amerikanischen »Special Forces« betrieben wird. Versucht dieser legendäre Terroristenführer in ein ihm freundlich gesinntes Land zu entweichen? Wird er von seinen Verfolgern gestellt und getötet? Wird er von seinen früheren afghanischen Verbündeten verraten, ja verkauft?

Die weiteren Pläne Bushs in seiner Kampagne gegen den Terrorismus sind wohl nur seiner engsten Umgebung bekannt. Die US-Diplomatie, so hört man, wird sich demnächst zu einer energischen Initiative zur Beilegung des Dauerkonfliktes im Heiligen Land aufraffen. Immer häufiger ist in Washington von einem souveränen »Palästinenserstaat« die Rede. Ob dem Nachfolger Bill Clintons bei dieser Regelung Erfolg beschieden sein kann, ist mehr als ungewiss. Andere Stimmen in Washington deuten an, dass der Irak Saddam Husseins für den nächsten Vernichtungsschlag der US-Streitkräfte auserkoren ist, nachdem der Diktator von Bagdad trotz seiner vernichtenden militärischen Niederlage im Jahr 1991 allen Disziplinierungsmaßnahmen der Supermacht erfolgreich getrotzt hat. Auch ein Schlag gegen Somalia ist möglich, wo die chaotische Situation Terroristen Zuflucht gewähren könnte. Der Afghanistankonflikt wirft weite Schatten.

Kein Ersatz für Arafat

17. DEZEMBER 2001

Muss Arafat beseitigt werden, nachdem man ihn für »irrelevant« erklärt hat? Die Frage wird in Israel oft gestellt. Dabei teilen sich die Geister, ob man den Präsidenten der palästinensischen Autonomiebehörde eventuell durch einen gezielten Raketenangriff aus dem Weg räumen oder ob man ihn ins Exil schicken sollte.

Das hätten die Israeli billiger haben können. Bevor die Verhandlungen über das Oslo-Abkommen in Gang kamen – nach dessen Abschluss der »Terrorist« Yassir Arafat immerhin mit dem Friedensnobelpreis ausgezeichnet wurde –, befand sich der alternde PLO-Chef weit weg vom Heiligen Land in der Verbannung in Tunis. Die Regierung Rabin hat diesen Untergrundkämpfer wieder in seine Heimat zurückgebracht, weil man in ihm wohl den einzig tauglichen Verhandlungspartner für den geplanten Kompromiss sah.

Wenn die zweite Intifada heute die Form einer bewaffneten Auseinandersetzung angenommen hat, so ist auch dies von den Israeli selbst verschuldet. Vor Oslo mussten sich die jugendlichen Aufrührer mit Steinen und primitiven Molotowcocktails begnügen. Erst das Oslo-Abkommen, das die Autonomiebehörde ins Leben rief, hat auch die Bewaffnung der palästinensischen Ordnungskräfte mit leichten Infanteriewaffen zugelassen, so dass die Araber bei ihren Scharmützeln mit den Israeli auf Schnellfeuergewehre und ein paar Granatwerfer zurückgreifen können. Die Polizeieinheiten Arafats und selbst seine Sondertruppe »Force 17« stellen zwar für die schweren Panzer und die Luftwaffe der Israeli keine ernst zu nehmende Gegenkraft dar, aber das Bewusstsein der Kämpfenden hat sich dadurch gewandelt.

Die Situation im Heiligen Land ist heute hochexplosiv und unerträglich. Selbst die Sympathisanten des Judenstaates in den USA nehmen allmählich Anstoß an der gezielten Hinrichtung palästinensischer Nationalisten durch israelische Hubschrauberraketen. Im Übrigen geht die Landbesetzung auf dem Westjordanufer weiter, und Gebietsfetzen, in denen Arafat das Sagen haben sollte, werden immer wieder durch israelische Inkursionen okkupiert. Einer wachsenden Zahl verzweifelter junger Palästinenser ist es gelungen, mit ihren selbst gebastelten Bomben die jüdische Bevölkerung zu terrorisieren. Dass sich so viele Kandidaten bereitfinden würden, das eigene Leben zu opfern, hätte kaum jemand erwartet.

Die Situation im Nahen Osten erscheint aussichtslos. Was gewänne Israel mit einer Ausschaltung Arafats? Ein französisches Sprichwort besagt, dass man nur das vernichten kann, was man auch ersetzt. Doch Ersatz für Arafat ist nicht in Sicht. Was würde es Ariel Sharon bringen, wenn er einen obskuren arabischen Kollaborateur in den Sattel hebt? Zwar leidet das Ansehen Arafats auch bei den eigenen Landsleuten und vor allem bei der Jugend an seinem permanenten Hang zum Taktieren und vor allem an der hemmungslosen Korruption, die sich in seiner Verwaltung eingenistet hat.

Aber jeder Nachfolger hätte es noch schwerer, die immer mächtiger werdenden Islamisten der Hamas-Bewegung zu besänftigen. Vermutlich wäre er sogar gezwungen, sich voll auf diese Extremisten auszurichten. Der offizielle Führer der Hamas-Organisation, Scheikh Yassin, ist ein gelähmter, schwer behinderter Mann, der zwar als Ikone verehrt wird, aber über wenig unmittelbare Befehlsgewalt verfügen dürfte.

Es sei denn, Ministerpräsident Sharon ziele auf die totale Vernichtung der Autonomiebehörde hin, ja er beabsichtige, wie manche amerikanischen Experten befürchten, für die Palästinenser in der Westbank die Lebensverhältnisse so unerträglich zu gestalten, dass sie in Massen die Flucht über den Jordan, in das benachbarte Königreich Jordanien, anträten.

Einen solchen »Transfer« kann sogar Präsident Bush nicht zulassen, der mit seiner Kampagne gegen den weltweiten Terrorismus Ariel Sharon fast unbegrenzte Handlungsfreiheit verschafft hat.

DAS JAHR DES PFERDES
2002

Vom Hindukusch nach Kaschmir

14. JANUAR 2002

Amerika hat erklärt, dass es sich nicht als Vermittler im Kaschmir-Konflikt zwischen Indien und Pakistan betätigen wolle. Eine Lösung für diesen Territorialstreit sei ohnehin nicht in Sicht. Ähnlich zurückhaltend hatte sich Präsident Bush anfänglich auch gegenüber der blutigen Eskalation im Heiligen Land verhalten, nachdem sein Vorgänger Bill Clinton so spektakulär bei seinen Bemühungen um eine Übereinkunft zwischen Arafat und Barak gescheitert war. In beiden Fällen werden die USA zur diplomatischen Intervention geradezu gezwungen. Man nimmt nicht ungestraft den Anspruch auf sich, die einzige globale Ordnungsmacht zu sein und den Krieg gegen den Terrorismus selbstherrlich zu führen.

Noch ist es an der Grenze zwischen Pakistan und Indien nur zu Scharmützeln gekommen. Aber jede Nacht beschießen sich dort die verfeindeten Armeen. Man muss die Truppen- und Materialkonzentration auf indischer Seite in Kaschmir persönlich beobachtet haben, um sich des Ernstes der Lage bewusst zu werden. Eine solche Zusammenballung steigert die Gefahr der kriegerischen Ausuferung, auch wenn beide Seiten beteuern, dass sie es nicht zum Äußersten kommen lassen wollen. Schließlich handelt es sich um zwei Atommächte.

In der Krisenprovinz Kaschmir bäumt sich eine muslimische Bevölkerungsmehrheit gegen die hinduistische Bevormundung der Regierung in Neu-Delhi auf. Mehr als eine halbe Million indischer Soldaten sind im Tal des Jhelum-Flusses rund um Srinagar konzentriert, um die dortigen Aufstandsbewegungen im Zaum zu halten. Jeden Tag kommt es zu Toten auf beiden Seiten. Der Streit um Kaschmir geht auf das Jahr 1947 zurück, als der britisch beherrschte Subkontinent in zwei verfeindete Staatswesen – Indien und Pakistan – auseinanderbrach. Inzwischen hat es drei Kriegsphasen, aber auch Perioden der Entspannung gegeben. Es ist bestimmt kein Zufall, dass die Aktionen islamistischer »Terroristen« in Kaschmir sich präzis zu dem Zeitpunkt erfolgreich intensivierten, als die afghanischen Mudschahidin die sowjetische Armee zum Rückzug aus dem Hindukusch gezwungen hatten. Von nun an standen islamische »Gotteskämpfer« auch zur Befreiung Kaschmirs zur Verfügung, und die Regierung von Delhi ist seitdem in einen zermürbenden Abnutzungskampf verwickelt.

Mit allen Mitteln versucht nun der indische Premier Vajpayee, der einem streng hinduistisch ausgerichteten Kabinett vorsteht, eine Relation zwischen dem religiösen Fanatismus der afghanischen Taleban und den muslimischen »Militants« von Kaschmir herzustellen, ja die Al Qaida-Organisation auch für die zunehmende Unsicherheit in seiner Nordregion verantwortlich zu machen. Was für Amerika der 11. September 2001, bedeutet für Indien der islamistische Überfall auf das Parlament von Neu-Delhi am 13. Dezember 2001, wo nur der Zufall ein Massaker unter den Abgeordneten verhinderte. Seitdem fordert Indien die USA auf, die gleiche Terroristenbekämpfung, die weltweit proklamiert wurde, auch den indischen Streitkräften zuzubilligen. Da die Attentäter über rückwärtige Basen in Pakistan verfügten, verlangt Neu-Delhi ein rigoroses Vorgehen des pakistanischen Militärdiktators Musharaf gegen die radikalen Islamisten im eigenen Land und die Auslieferung der Hauptverdächtigen.

Der Schatten des afghanischen Wirrwarrs lastet auf dem Subkontinent. Es gibt eben keine isolierten Konflikte mehr. Die Rücksichtnahme auf Indien, das mit einer Milliarde Menschen als »global player« regionalen Vormachtanspruch erhebt, ist für George W. Bush ein zwingendes Gebot, zumal Neu-Delhi als Gegengewicht zur erstarkenden Volksrepublik China benötigt werden könnte.

Eine systematische Erniedrigung des pakistanischen Staatswesens, das ganz auf den Islam gegründet ist, entspricht zwar den Wünschen gewisser US-Senatoren, würde jedoch die Position des gefügigen Partners Musharaf gefährden. Schon muss die pakistanische Armee die Grenze zu Afghanistan weitgehend von Truppen entblößen und erleichtert damit den Taleban- und Al Qaida-Führern die Flucht über die Grenze. Der »Kreuzzug« gegen den Terrorismus steckt noch voller Unwägbarkeiten.

Hat die NATO ausgedient?

11. FEBRUAR 2002

Zehn Jahre hat der Westen gebraucht, um zu entdecken, dass die NATO ihren Sinn verloren hat. Auch für die treuesten Atlantiker schrillten die Alarmglocken, als Präsident Bush ohne Konsultation seiner engsten Verbündeten die bevorstehenden Kriegsziele im Kampf gegen den Terrorismus bekannt gab – die »Achse des Bösen«: Irak, Iran und Nordkorea. Vorher war in Berlin schon Verwunderung aufgekommen, als vom Militärkontingent, das Deutschland den USA zur Verfügung gestellt hatte, die Marine-Einheiten an das Horn von Afrika und die Spürpanzer nach Kuweit beordert wurden. Die Ziele sind klar: Somalia und Irak. Davon war aber in der ersten Solidaritätsstimmung, die nach dem Attentat auf das World Trade Center von New York aufgekommen war, nie die Rede.

Man sollte die Atlantische Allianz nicht allzu früh zum alten Eisen werfen. Die Amerikaner gefallen sich zwar in einem selbstherrlichen Unilateralismus und betrachten ihre Verbündeten als Quantité négligeable. Aber beim derzeitigen desolaten Stand der europäischen Rüstung wäre schon ein Aufflackern neuer Konflikte auf dem Balkan ohne US-Unterstützung nicht zu bewältigen. In Washington und Brüssel war seit John F. Kennedy vom zweiten, dem europäischen Pfeiler der NATO viel die Rede. Ernst hatte es aber niemand damit gemeint, mit Ausnahme General de Gaulles, der in entscheidenden Krisen wie Kuba oder Berlin voll zu seinen Verpflichtungen stand, die Integration der Kommandostrukturen der NATO jedoch als Instrument alleiniger amerikanischer Kommando-Vollmacht ablehnte und bereits in den sechziger Jahren seine Distanzierung vollzog.

In Washington möchte man zu Recht stärkere europäische Bataillone sehen. Eine Verselbstständigung der EU auf militärischem Gebiet wird jedoch strikt abgelehnt. Eine eigene Luftwaffe ist für die Europäer nicht vorgesehen. Spionagesatelliten sollen weiterhin das exklusive Instrument amerikanischer Global-Erkundung bleiben. Vor allem eine hoch entwickelte elektronische Kommandozentrale, wie sie für die moderne Kriegsführung unentbehrlich ist, wird vom Pentagon den Europäern als unnötige Konkurrenz zum amerikanischen Potenzial, ja als Bündnisgefährdung strikt verweigert. Selbst Lord Robertson, der britische Generalsekretär der NATO, der dem amerikanischen Partner bisher jeden Willen erfüllte, äußerte dieser Tage die Befürchtung, dass in den Kriegen der Zukunft – die wohl »out of area«, also außerhalb des vereinbarten nordatlantischen Einsatzgebietes, ausgetragen würden – die Amerikaner die Bombardierung übernähmen und den Europäern die undankbare Rolle des Boden-Einsatzes überließen.

Sogar innerhalb der Berliner Koalition kommt allmählich Verstimmung darüber auf, dass die deutschen Einsatzkontingente in allen möglichen Weltgegenden verzettelt sind. Bundeskanzler Schröder, der allzu eilfertig seine »uneingeschränkte Solidarität« mit den USA verkündet hatte, vergisst offenbar, dass er in einem Nebensatz beteuerte, an eventuellen »Abenteuern« nicht partizipieren zu wollen. Nun ist er aber mittendrin im Abenteuer. Die deutschen Elitesoldaten üben in Afghanistan eine Stabilisierungsfunktion aus, die de facto eine bewaffnete Einmischung in fremde Angelegenheiten ist. Die Forschheit, mit der jetzt noch deutsche Marineflieger nach Kenia entsandt wurden, trägt die Züge eines »wilhelminisch« anmutenden Anspruchs, überall dabei zu sein. Mit dem entscheidenden Unterschied, dass das damalige Kaiserreich als stärkste Militärmacht des Kontinents galt. Der Punkt ist erreicht, wo die blinde Gefolgschaft Berlins im amerikanischen Krieg gegen den Terrorismus und die entwürdigende Unkenntnis, in der die Regierung Schröder-Fischer über die Absichten der Hegemonialmacht gelassen wird, eine gründliche Revision der Bündnisverpflichtungen erfordern. Nibelungentreue kann keine Außenpolitik und schon gar keine Strategie ersetzen.

Reise durch das Reich des Bösen

10. MÄRZ 2002

Wie ein Partisanenführer sieht dieser Mann wirklich nicht aus, schon gar nicht wie jene Kurdenkrieger mit weiten Pumphosen und Fransen-Turban, die sich stolz »Peschmerga« nennen, das heißt, »die den Tod nicht fürchten«. Dschalal Talabani, der Generalsekretär der Patriotischen Union Kurdistans (PUK), ist von Beruf Anwalt und könnte mit seinem soignierten grauen Schnurrbart auch ein südfranzösischer Notar sein. Ich habe ihn nicht in der menschenwimmelnden »Hauptstadt« Suleimaniyeh seiner autonomen Kurdenregion im Nordirak angetroffen, sondern musste bei Dunkelheit in die Gebirgsgegend jenseits von Dukan fahren, nicht weit von der türkischen und iranischen Grenze entfernt, wo er sich in einer großzügigen Residenz wohl besser geschützt fühlt.

Seit Jahrzehnten kämpft dieser Warlord an der Spitze seiner anfangs marxistisch orientierten Aufstandsbewegung gegen die Regierung von Bagdad, gegen Türken und Perser.

»Ich stelle Ihnen eine direkte und naive Frage«, beginne ich das nächtliche Gespräch. »Wird es zum Krieg kommen zwischen den USA und dem Irak?« Die Antwort ist ein eindeutiges Ja. Nur der Zeitpunkt der US-Offensive bleibe unbekannt, und niemand wisse in Bagdad, mit welchen strategischen Vorstellungen die Amerikaner zur Beseitigung des Diktators Saddam Hussein dieses Mal antreten würden. Die gleiche Überzeugung habe ich bei sämtlichen Irakern angetroffen, die ich diesbezüglich ansprach.

Ob sich denn – wie oft vermutet wird – die stets rebellischen Kurden des Nordirak, vergleichbar mit der Nordallianz von Afghanistan, den US-Streitkräften als Verbündete zur Verfügung stellen und auf Bagdad marschieren würden? »Wir sind keine Söldner«, entgegnet Talabani, »und man hüte sich, Mesopotamien mit dem Hindukusch zu vergleichen.« Für die Organisation oppositioneller Iraker, welche die CIA im Ausland finanziert, hat er nur Spott übrig. Die Kurden des Irak genössen weitgehende Autonomie, seit Saddam Hussein durch den Golfkrieg geschwächt wurde. Ihre totale Verselbstständigung würde jedoch die türkische Armee auf den Plan rufen, die nicht gewillt sei, an der Südgrenze Anatoliens ein unabhängiges Kurdistan zu dulden.

Die PUK Talabanis galt vorübergehend als Verbündeter des Iran. »Im Krieg zwischen USA und Irak wird Teheran sich neutral verhalten«, betont der Generalsekretär. Im Übrigen hätten die Mullahs alles Interesse daran, dass Saddam Hussein sich halte. Da der Iran von George W. Bush wie der Irak in die »Achse des Bösen« eingereiht wurde, bleibe Saddam ein vorzüglicher Blitzableiter. Doch die engen Beziehungen zu Teheran, die die PUK einst unterhielt, sind abgekühlt. Talabani weigert sich, den wahren Grund für die Entfremdung zu nennen, aber in den Straßen von Suleimaniyeh entdeckt man sehr bald, was ihn am persischen Gottesstaat am meisten beunruhigt. Obwohl die Kurden Sunniten und die Perser Schiiten sind, greift die schleichende Islamisierung auch auf die nördlichen Bergregionen des Irak über. In der breiten Bevölkerung ist koranische Rückbesinnung angesagt.

Im Umkreis von Suleimaniyeh habe ich vergeblich nach der einst typischen knallbunten Tracht der Kurdinnen Ausschau gehalten, die vom Schleier nicht viel hielten. Inzwischen tragen die meisten Frauen – wie übrigens im gesamten Irak – nicht nur das Kopftuch, sondern die körperverhüllende schwarze Abaya, die nur das Gesicht frei lässt. Auch der Bau zahlreicher neuer Moscheen ist ein deutliches Zeichen für aufkommende religiöse Inbrunst.

Auf dem Manövergelände bei Suleimaniyeh ist eine Kompanie Soldaten für uns angetreten. Mehr und mehr wird die Peschmerga-Kluft durch die weltweit übliche Tarnuniform ersetzt. Der Stabschef Simko Dizaii, der als ehemaliger Offizier der irakischen Armee zum General befördert wurde und gut Deutsch spricht, erklärt an der Karte die Position der Iraker, die ihm an der Demarkationslinie gegenüberstehen. Wir hatten deren Linien am Vortag passiert und nur drei leichte Artilleriestellungen entdeckt.

Ernst zu nehmen an diesem feindlichen Aufgebot seien lediglich 9000 Soldaten der Republikanischen Garde Saddam Husseins. Die Iraker seien auf Defensive eingerichtet. Sogar eine eigene Frauenmiliz führen uns die Kurden vor. Die Mädchen haben noch Schwierigkeiten mit dem Gleichschritt. Die Soldaten hingegen wirken drahtig und gut trainiert. Dadurch unterscheiden sie sich von den meisten irakischen Militärs, denen ich im ganzen Land begegnet bin. Sobald sie im Rang aufsteigen, stellt sich bei den Kriegern Saddams Leibesfülle und Kurzatmigkeit ein. Mit Ausnahme der »Republikanergarde« fehlt es dem Massenaufgebot des Bagdader Regimes an Disziplin und Kampfkraft. Woher die Kurden ihre Waffen erhielten, erkundige ich mich. »Ausschließlich aus Beständen der irakischen Armee«, erfahre ich, »einen Teil haben wir erbeutet, anderes Material wurde uns heimlich verhökert.«

Vom Exerzierfeld schweift der Blick über schneebedeckte Berge und grüne Matten. Das flache und heiße Mesopotamien scheint in dieser eisigen Luft unendlich weit entfernt. Die Landschaft hier erinnert an den Kaukasus. In den Gassen von Suleimaniyeh fällt mir die totale Abwesenheit jener zahllosen Porträts Saddam Husseins auf, die einen im übrigen Irak auf Schritt und Tritt verfolgen und geradezu zur Obsession werden. Dem Herrscher von Bagdad wird dort in allen erdenklichen Posen gehuldigt – als Soldat, als betender Muslim, als profunder Denker, als Beduine, als Freund der Armen, als Jäger mit Tirolerhut. Sein Bild blickt von jeder Hausfront und wird durch eine Legion Marmor- und Bronzestatuen ergänzt.

Der »Rais« muss irgendwie den Sinn für die Realität verloren haben, was sich auch im Bau immer neuer gigantischer Paläste babylonischen Zuschnitts äußert.

Der Schmuggel blüht bei den Kurden, und die Lieferungen aus dem UN-Programm »oil for food« haben sich im ganzen Irak positiv ausgewirkt, garantieren jedem Staatsbürger ein fast kostenloses Angebot an Grundnahrung, mit Ausnahme von Fleisch. Das Verteilungssystem auf Karten wird vom Regime Saddams vorzüglich organisiert und streng überwacht. Dramatischer Mangel besteht weiterhin bei der pharmazeutischen Versorgung, der durch die internationalen Sanktionen und den Verweis auf »double use«, auf eventuelle militärische Zweitverwendung der Chemikalien, verursacht wird.

Am Rande von Suleimaniyeh besichtige ich ein Flüchtlingslager. Die Baracken sind erbärmlich. Aber auf jedem Blechdach ist eine TV-Satellitenschüssel installiert, was im eigentlichen Irak unter schwerer Strafe verboten ist. Die Flüchtlinge kommen aus der nahen Erdöl-Stadt Kirkuk, deren ehemals überwiegend kurdische Bevölkerung nach Norden abgeschoben und durch arabische Zuwanderer ersetzt wird. Dem kurdischen Gebietsanspruch auf dieses reiche Petroleumrevier soll jeder Vorwand entzogen werden. Das Camp fröstelt unter grauem Sturmhimmel. Frauen huschen wie Raben über die Schlammpfade. Die grünen Kuppeln von zwei funkelnagelneuen Moscheen überragen diese Elendssiedlung wie eine Verheißung.

In Bagdad bin ich kurzfristig zu einem Interview mit Tariq Aziz geladen worden. Der stellvertretende Regierungschef gilt als zweiter Mann im Staat. Sein Büro befindet sich in einem eben vollendeten Regierungspalast mit prachtvoller Marmorfassade. Im Innern verunzieren neo-orientalische Kitschmöbel die feierlichen Säulenhallen.

Das letzte Mal hatte ich Tariq Aziz 1997 getroffen. Damals trug er einen eleganten europäischen Anzug. Jetzt hat er die grüne Uniform der engen Vertrauten Saddam Husseins angelegt. Der kleingewachsene Iraker mit dem klugen Intellektuellengesicht wirkt kein bisschen martialisch. Wir kommen schnell zur Sache. Auch Tariq Aziz glaubt an die Unvermeidlichkeit des Krieges. »Der amerikanische Präsident hat doch klar zugegeben, dass es ihm im Falle des Irak nicht um Bekämpfung des Terrorismus und letztlich auch nicht um die Kontrolle neuer Waffenbestände geht. Er will unter Missachtung unserer Souveränität das Regime des Präsidenten Saddam Hussein beseitigen und eine bewaffnete Opposition aufbauen, um einen Bürgerkrieg anzufachen.«

Der Texaner im Weißen Haus sei darauf aus, seine Weltherrschaft durch monopolistischen Zugriff auf das Petroleum zu etablieren. Die reichen Ölvorkommen des Irak gäben ihm ein zusätzliches Druckmittel gegen Europa, Russen und Chinesen in die Hand. Eines Tages würden die USA jedoch erkennen, dass ihr Feldzug gegen das »Böse« zu heilloser Verzettelung und zum Fehlschlag verurteilt sei. Dann könnten sie sich in aller Sicherheit hinter die schützende Weite des Atlantischen Ozeans zurückziehen. Die Europäer hingegen, die sich durch Washington gängeln ließen, seien durch die Geographie verurteilt, Nachbarn der Araber zu bleiben, und sollten sich von Bushs Politik der brutalen Herausforderung im eigenen Interesse distanzieren.

In den Führungsgremien der herrschenden Baath-Partei werden Verschwörungstheorien im Zusammenhang mit den jüngsten Hiobsbotschaften aus dem Heiligen Land kolportiert. Während Tariq Aziz mir vor fünf Jahren noch versichert hatte, die Iraker würden nicht palästinensischer sein wollen als die Palästinenser selbst, entwirft der für Außenpolitik zuständige Baath-Politiker Abdul Razik Haschemi düstere Visionen. Bislang seien die Araber es zwar gewohnt gewesen, dass die mächtige jüdische Lobby in den USA ihren Einfluss in der Orient-Diplomatie Washingtons geltend machte; aber spätestens seit dem jüngsten Präsidentenwechsel komme bei vielen Muslimen die Überzeugung auf, die Außenpolitik Washingtons werde unmittelbar aus Jerusalem diktiert.

Mit Talabani hatte ich über die Fähigkeit Saddams spekuliert, im Ernstfall Scud-Raketen mit Giftgas gegen Israel abzufeuern. »Vielleicht verfügt er über chemische Kampfstoffe und ein paar Trägerwaffen«, meinte der PUK-Generalsekretär, »aber der Irak muss wissen, dass Ariel Sharon dieses Mal unerbittliche Vergeltung üben würde.« Am Tigris spricht man von Neutronen-Bomben, die den »Zionisten« dafür zur Verfügung stünden.

In der Hauptstadt Bagdad mit ihren sechs Millionen Einwohnern ist trotz des bevorstehenden Waffengangs keine Panik zu spüren. Es stimmt natürlich traurig, dass die im Golfkrieg von 1991 zerstörten Tigris-Brücken, die vom Saddam-Regime in Rekordzeit repariert, ja verbreitert wurden, demnächst wieder Ziel von Bomben und Raketen sein könnten. Im Kreis guter irakischer Bekannter wird dazu resignierend gesagt, das Land befinde sich seit zwanzig Jahren im Krieg, erst gegen Iran, dann gegen die USA. Man habe sich an das Unheil beinahe gewöhnt.

Seit der Ausweisung der UN-Beobachter werden fast täglich aus 5000 Meter Höhe Radar- und Luftabwehrstellungen der irakischen Armee durch amerikanische und britische Piloten ins Visier genommen. Die permanente Bedrohung habe bei der Bevölkerung eine Flucht in die Religion und islamische Gottergebenheit bewirkt. Wenn es Bush wirklich gelingen sollte, Saddam Hussein zu liquidieren, so solle doch niemand glauben, dadurch würde der Demokratie im Zweistromland eine Chance geboten. Allenfalls ein unberechenbarer Militärdiktator würde temporär an seine Stelle treten. Am Ende könnte gerade jener kompromisslose kämpferische Islamismus der Gewinner sein, den die US-Propaganda ins Reich des Bösen verweist.

Tatsächlich ist Bagdad eine prüde, freudlose Stadt geworden. Selbst im früheren Vergnügungsviertel an der Arassat-Straße ist Alkoholausschank und -konsum streng verpönt. Die wenigen frivolen Mädchen ohne Kopftuch, die dort schäkern, die Söhne der Nomenklatura, die in ihren Luxuscabriolets eine Art Corso veranstalten, erscheinen wie Ausgeburten der Sünde.

Der chaldäische Patriarch von Babylon, Kardinal Raphael Badawi, dessen apostolische Kirche dem Papst untersteht und Tariq Aziz zu ihren Gläubigen zählt, blickt mit Sorge in die Zukunft. In die knallrote Soutane eines römischen Kirchenfürsten gewandet, bestätigt er mir in perfektem Französisch, dass die Christen des Irak unter Saddam Hussein – im Gegensatz zu so vielen mit dem Westen verbündeten Staaten des Orients – große Toleranz und Gleichberechtigung genössen. Dieser Zustand könne sich im Falle eines Regimewechsels schlagartig verschlechtern.

Die US-Luft- und Seestreitkräfte stehen berufenen westlichen Beobachtern zufolge in Bereitschaft, um durch ein pausenloses Bombardement sämtlicher militärischer und ziviler Kommandostellen, aller Elektrizitäts- und Förderungsanlagen den Irak ins »präindustrielle Zeitalter« zurückzuwerfen, wie US-Außenminister James Baker 1991 gedroht hatte. Bei meinen endlosen Fahrten durch die tellerflache, oft vegetationslose Landschaft Mesopotamiens zwischen Kirkuk und Basra habe ich nicht die geringste Chance für irakische Truppenkonzentrationen oder Raketenstellungen entdeckt, sich der angelsächsischen Luftaufklärung zu entziehen. Die Bodenoffensive, die dem Luftkrieg zwangsläufig folgen muss, stieße also auf minimalen Widerstand einer schutzlos ausgelieferten irakischen Armee. Aber welche Truppenstärke steht dem US-Präsidenten zur Verfügung, um einen Eroberungszug nach Bagdad zu vollenden, der 1991 durch den verfrühten Waffenstillstand seines Vaters versäumt wurde? Damals befehligte Bush senior eine halbe Million GIs und Zehntausende Alliierte, darunter viele Araber.

Dieses Mal sind in Kuweit, Oman oder Bahrein rund 30 000 Amerikaner und etwa ebenso viele Briten stationiert. Eine solche Zahl reicht nicht aus, um ein weit gestrecktes Land mit 25 Millionen Einwohnern niederzuwerfen und zu kontrollieren. Also wäre Washington auf lokale Verbündete, auf revoltierende Iraker oder putschende Militärs angewiesen. Doch das ist ein ungewisses Kalkül.

Der gesamte Süden Mesopotamiens ist fast ausschließlich von Schiiten bevölkert, die seit mehr als tausend Jahren von ihren sunnitischen Landsleuten unterdrückt oder massakriert wurden. Dabei bilden diese Schiiten mit einem Anteil von 65 Prozent die Mehrheit der irakischen Gesamtbevölkerung. Die Annahme der

Amerikaner jedoch, sie würden den US-Truppen zur Seite stehen, dürfte auf Selbsttäuschung beruhen.

Im Februar 1991 hatten sich die Schiiten des Südirak – von der US-Propaganda zur Revolte aufgerufen – zwar in Massen gegen Saddam erhoben. Sie hatten, kaum bewaffnet, das gesamte südliche Zweistromland mitsamt den heiligen Stätten Nedjef und Kerbela in ihre Hand gebracht. Doch völlig überraschend verfügte Bush senior nach nur hundert Stunden Bodenkampf die Feuereinstellung gegen die irakische Armee. Die aufsässigen Schiiten wurden, von Amerika im Stich gelassen, der schwer gerüsteten Elitetruppe Saddam Husseins, der Republikanergarde, ans Messer geliefert. Bei den verzweifelten Kämpfen, die in Gemetzel ausarteten, wurden von den rachsüchtigen Saddam-Anhängern sogar die Schreine der schiitischen Imame Ali und Hussein zerstört.

Aber Saddam hat in Rekordzeit unter gewaltigem Kostenaufwand die Heiligtümer der Schiiten bis ins letzte Detail in ursprünglicher Pracht wieder aufbauen lassen, so dass ich bei meinem Besuch keine Spur der Verwüstungen mehr entdecken kann. Allenfalls fehlt dem renovierten Prunk die ehrwürdige Patina. Zum Opferfest, zum 'Id-el-Adha, sind die schiitischen Gläubigen besonders zahlreich zu den Sarkophagen ihrer höchsten Märtyrer gepilgert. Die Gold- und Silberverschalungen, die farbigen Gips-Stuckaturen, die Kaskaden der Spiegelfacetten üben eine magische Wirkung aus. Die Betenden, so beobachte ich, sind in eine andere Welt entrückt, ihrer armseligen täglichen Existenz, ihrer permanenten Demütigung enthoben.

In der Hafenstadt Basra bewegt sich kaum eine Frau ohne die schwarze Abaya. Zum ersten und einzigen Mal wird das Kamerateam von einem Trupp Kinder und Jugendlicher belästigt und mit Steinen beworfen. Unsere irakischen Chauffeure haben plötzlich Pistolen aus ihrem Handschuhfach geholt, richten sie auf die Menge. Das wirkt. Von meinem Hotelzimmer blicke ich auf den Schatt-el-Arab. Die Islamische Republik Iran, der von Khomeini gegründete schiitische Gottesstaat, ist zum Greifen nahe. »Kerbela in scha'Allah – nach Kerbela, so Gott will«, schrien 1982 die persischen Revolutionswächter, als sie zum Gegenangriff auf den Irak antraten. Ihr Durchbruch durch die irakischen Linien bei Basra war fast gelungen, da gerieten sie in die mörderischen Giftschwaden der irakischen Artillerie und erstickten.

Am Ufer des Schatt-el-Arab hat Saddam Hussein seinen im Krieg gegen den Iran gefallenen hohen Offizieren 99 überlebensgroße Statuen aus Bronze errichten lassen, eine gespenstische Galerie. Die Standbilder der toten Krieger richten den anklagenden Finger auf das iranische Gegenufer, auf die Stadt Khorramschar, wo die Iraker 1982 ihre bitterste Niederlage erlitten. Die Kais dieses persischen Hafens habe ich in unvergesslicher Erinnerung. Zu Hunderten lagen dort die Leichen irakischer Soldaten verstreut und verfaulten in der Sonnenglut. Im Irak, wo Bush demnächst wohl die amerikanische Allmacht neu erproben möchte, erwartet ihn vielleicht ein schneller militärischer Sieg. Aber anschließend könnte sich der Abgrund eines unbezwingbaren Chaos auftun.

Die USA als Verlierer

8. April 2002

Im Konflikt um das Heilige Land gibt es nur Verlierer. Natürlich sind die Palästinenser am härtesten betroffen. Ihre Hoffnung auf einen eigenen Staat – so scheint es zumindest – ist in weite Ferne gerückt, seit der Regierungschef Israels, Ariel Sharon, sämtliche Gebäude und Einrichtungen der autonomen arabischen Verwaltung unter Beschuss genommen und weitgehend zerstört hat. Zudem ist ihr gewählter »Präsident«, Yassir Arafat, in seinem Zimmer von Ramallah bis auf Weiteres eingesperrt und durch die israelische Belagerung auf absolut ungewöhnliche Weise bedrängt.

Die Palästinenser haben seit der Offensive »Schutzwall« Verluste erlitten, die noch gar nicht beziffert sind. Und dennoch – man zögert, sie als die tatsächlichen Verlierer dieser gnadenlosen Verfolgung zu bezeichnen. Ihr Status, ihre Sicherheit, ihre persönliche Würde wurden spätestens seit Beginn der »Al-Aqsa-Intifada« so stark reduziert, dass sie am Ende gar nicht mehr viel zu verlieren hatten. Zudem zeichnet sich auf lange Sicht eine Revanche ab.

Weit tragischer stellt sich die Situation Israels dar. Was ist die Perspektive, die Ariel Sharon seinen Landsleuten bieten kann? Er kann den Palästinensern jede Form von Selbstverwaltung verweigern. Aber seinen Erzfeind Arafat, dem er nicht nur als Feind Israels, sondern als »Feind der freien Welt« zu einer weit übertriebenen Bedeutung verhilft, kann er nach den jüngsten amerikanischen Beschwichtigungsparolen kaum noch gefesselt in einen Hubschrauber setzen, um ihn ins Exil zu schicken.

Israel hat dem Untergrundkämpfer Arafat, der bei seinen Landsleuten unlängst noch stark umstritten war, zum Ruhm eines Märtyrers verholfen. Gleichzeitig löst die Aktion des israelischen Goliaths gegen den palästinensischen David eine weltweite Protestwelle aus. Die konsequente Ausweitung der jüdischen Siedlungen im West-Jordan-Gebiet, die sich seit Beginn des sogenannten »Friedensprozesses« verdoppelt hat, entwickelt sich letztlich zu einer Gefährdung des international anerkannten Besitzstandes Israels im Heiligen Land.

Aber der wirkliche Verlierer in diesem wahnwitzigen Schlagabtausch ist die Super-Weltmacht Amerika und insbesondere deren Präsident. Bush wird nicht müde, die Serie seiner künftigen Gegner aufzuzählen. In eine sogenannte »Achse des Bösen« reiht er so unterschiedliche Staaten wie Irak, Iran und Nordkorea ein. Aber auch Syrien, der Libanon, Libyen und Somalia befinden sich im Visier. George W. Bush hat dem irakischen Diktator Saddam Hussein zu verstehen gegeben, dass es den USA beim angekündigten Krieg gegen den Irak gar nicht so sehr um die Ausmerzung eines Terroristen-Netzes oder um die Vernichtung der dort vermuteten Massenvernichtungswaffen geht, sondern um den Sturz des Baath-Regimes. Saddam Hussein soll beseitigt werden – »dead or alive«, tot oder lebendig. Die Vorbereitungen zu dieser Kampagne sind in vollem Gange. Das Bombardement Bagdads aus der Luft kann jederzeit beginnen, aber wie der Bodenkrieg im Zweistromland geführt werden soll, erscheint heute äußerst dubios.

Zwar verharren die arabischen Staatschefs gegenüber dem Unheil, das über ihre palästinensischen Brüder hereingebrochen ist, in verächtlicher Untätigkeit, aber das Blutvergießen im Heiligen Land hat ein solches Ausmaß angenommen, dass die Vasallen Amerikas mit Rücksicht auf die eigene Bevölkerung den USA den gewünschten Beistand gegen den Irak verweigern müssen.

Washington hat Ariel Sharon bei seiner maßlosen Reaktion auf den palästinensischen Terrorismus freie Hand gelassen und bislang jede Vermittlung abgelehnt, ja verhindert. Das taktische Einlenken in letzter Minute ändert nichts daran, dass Amerika in den Augen der muslimischen Welt als Hauptverantwortlicher für die heutigen Kämpfe am Pranger steht und sein Feldzug gegen das Böse zur Gespensterjagd wird.

Was vom Kampf gegen den Terror übrig blieb

6. Mai 2002

Mehr als ein halbes Jahr ist seit dem 11. September 2001 verstrichen, und die gesamte Weltpolitik bleibt in seltsames Zwielicht getaucht. Einen Moment schien es, als würde der Terror der Islamisten sich wie die Metastasen einer schweren Krebserkrankung ausbreiten. Auch Deutschland glaubte schon, es gerate ins Visier einer religiös motivierten Verschwörung. Inzwischen hat sich herausgestellt, dass nicht die deutschen Touristen, die in der Synagoge der tunesischen Insel Djerba einem Attentat zum Opfer fielen, das eigentliche Ziel waren. Das jüdische Gebetshaus wurde wohl als Vergeltung für das harte Vorgehen Israels gegen die Palästinenser zerstört. Die politische Absicht hinter diesem Attentat richtete sich – vergleichbar mit dem mörderischen Überfall in Luxor, der so viele Schweizer traf – eher gegen die Diktatur des Staatschefs von Tunesien, General Ben Ali.

Dieser Despot herrscht, ähnlich wie Mubarak in Kairo, seit mehr als zwanzig Jahren über sein Land und lässt sich in periodischen Abständen durch manipulierte Wahlen bestätigen. Die Islamische Republik Pakistan, der bevorzugte neue Verbündete Amerikas, hat sich in diesen Tagen mit einem ähnlich skandalös gefälschten Plebiszit für General Musharaf in die Serie jener Regime eingereiht, die als verlässliche Stützen der »freien Welt« gefeiert und vor jeder internationalen Kritik geschützt sind, in Wirklichkeit jedoch allen Idealen von Demokratie und Meinungsfreiheit Hohn sprechen.

In Ermangelung Osama Bin Ladens sind die europäischen Sicherheitsdienste mit der Aufspürung immer neuer muslimischer Verschwörergruppen beschäftigt. So rühmte sich der deutsche Innenminister Schily unlängst der Aufdeckung eines gefährlichen palästinensischen Terrornetzes. Aber dann wurde es schnell still um diese Verhafteten, die teilweise bereits wieder freigelassen wurden. Zweifellos sollte in Deutschland eine Psychose terroristischer Bedrohung geschaffen werden, was der wachsenden Skepsis der Öffentlichkeit gegenüber den martialischen Proklamationen aus Washington entgegengewirkt und Argumente für den anlaufenden Wahlkampf zum Bundestag beschafft hätte.

Natürlich ist keineswegs auszuschließen, dass das deutsche Territorium besonders geeignet für konspirative Tätigkeit und die Installierung sogenannter »Schläfer« ist, aber der Bevölkerung und den Parteien wurde jetzt in Erfurt auf fürchterliche Weise vorgeführt, dass das »Böse« und die lauernde Mordlust auf dieser Welt nicht nur im Zeichen des islamischen Halbmonds gedeihen, sondern in den Abgründen der menschlichen Psyche schlummern. Der deutschen »Spaßgesellschaft« wurde im Gutenberg-Gymnasium von Erfurt klargemacht, dass der Tod nicht der apokalyptischen Reiter von Manhattan oder fehlgeleiteter koranischer Fanatiker bedarf, um seine finale Allgewalt über die Menschheit zu beweisen.

Die Bilanz des amerikanischen »war against the evil« wirkt nicht gerade begeisternd. Afghanistan droht wieder im Chaos der Stammesfehden zu versinken. In Fernost führen amerikanische »Special Forces« den Dschungelkampf gegen muslimische Partisanen auf den Süd-Philippinen. Das Pentagon erörtert den bevorstehenden Feldzug gegen den Irak. Doch diese Aktion wird durch die Eskalation der Gewalt im Heiligen Land diplomatisch und militärisch gelähmt. Ohne eine heimliche Solidarisierung des US-Präsidenten mit dem israelischen Regierungschef Sharon wären die Ereignisse in dieser Form kaum vorstellbar.

Die ganze Hilflosigkeit Europas lässt sich an der Präsenz deutscher Marineverbände am Horn von Afrika ablesen. Da wurde zwar einem deutschen Admiral das Kommando über die NATO-Flotte vor der Küste Somalias übertragen, aber gleich hinzugefügt, dass die Schiffe der US Navy von dieser Befehlsgewalt natürlich ausgeschlossen bleiben. Vielleicht kann Amerika es sich leisten, seine gewaltige Streitmacht rund um den Erdball zu verzetteln, die NATO wird diese geopolitische Strapazierung auf Dauer nicht verkraften.

Wie Pazifisten zu Falken werden

3. JUNI 2002

Von dieser letzten Reise Präsident George W. Bushs nach Europa wird Folgendes in Erinnerung bleiben: seine Unfähigkeit, dem Jetlag standzuhalten; seine Gewohnheit, um acht Uhr abends schlafen zu gehen, so dass ihm Staatsbankette, die sich bis Mitternacht ausdehnen, zu unerträglicher Belastung werden, und dass er in seinen Erklärungen häufig Yassir Arafat mit General Musharaf verwechselt. So hatte man sich einen harten texanischen Cowboy oder Sheriff eigentlich nicht vorgestellt.

Doch sehr viel wichtiger sind die strategisch-diplomatischen

Umwälzungen, die bei dieser Tournee zwischen Moskwa, Spree, Seine und Tiber deutlich wurden. Wirkliche Priorität genießt für das Weiße Haus nur noch der russische Präsident Wladimir Putin. Zwar ist der Nachfolgestaat der Sowjetunion nicht offiziell zum vollberechtigten Mitglied der NATO avanciert, aber in Fragen der Terrorbekämpfung und der Nichtverbreitung von Massenvernichtungswaffen sitzt Moskau praktisch mit gleichem Anspruch am Tisch. Da kann es Putin gleichgültig sein, dass die Atlantische Allianz sich nun über Polen und demnächst die baltischen Staaten weit nach Osten vorschiebt. Jede Erweiterung der NATO beinhaltet ja auch eine Schwächung, verstärkt die Abhängigkeit dieser Allianz-Struktur von der Supermacht USA.

Die Amerikaner fordern zu Recht von den Europäern, dass sie – vor allem die Deutschen – ihr lächerlich geringes Rüstungsbudget aufstocken. Aber um den »europäischen Pfeiler« der NATO ist es still geworden. Die militärische Erstarkung, die den Europäern so dringend anempfohlen wird, soll sich auf die geostrategischen Interessen der USA ausrichten. Es gehörte wirklich die totale strategische Inkompetenz der führenden deutschen Politiker aller demokratischen Parteien dazu, nach der notwendigen Solidarisierung mit den USA und der damit verbundenen Entsendung einer kleinen Elite-Einheit nach Afghanistan zusätzlich Soldaten der Bundeswehr nach Kuwait, nach Kenia, Usbekistan und an die somalische Küste zu verschicken.

Der Zusammenhang mit dem eigentlichen Bündnisauftrag ist hier kaum noch wahrzunehmen. Statt sich die für eine autonome Europa-Verteidigung unentbehrlichen Instrumentarien zuzulegen, fügen sich die deutschen Politiker den Wünschen ihres Hegemonen und stellen ihm das angeforderte »Fußvolk« für Einsätze in fernen Weltregionen zu Verfügung.

Wo schon die Beziehungen zu Moskau sich so prächtig entwickeln, erhebt sich die Frage, ob Berlin wohl auch eines Tages bereit sein wird, mit eigenen Grenadieren die russische Fernostprovinz am Ussuri gegen die chinesische Volksbefreiungsarmee zu verteidigen.

Nicht die Atlantische Allianz, die schicksalhafte Wertegemein-
schaft zwischen Amerika und Westeuropa, soll in Frage gestellt
werden, sondern die Organisation des Bündnisses, NATO genannt,
die dem Pentagon die letzte Entscheidung über Wohl und Wehe
der abendländischen Partner in die Hand gibt. Welchen Sinn macht
es, dass deutsche Fallschirmjäger zwischen Kabul und Bagram pa-
trouillieren, um eine afghanische Schein-Regierung abzuschirmen,
die auf wachsenden Widerstand stößt? Was soll die deutsche Marine andererseits vor Afrika? Als ob ein deutscher See-Offizier bei
der Kontrolle einer arabischen »Dhaw« den Unterschied machen
könnte zwischen einem Fischer oder Schmuggler und einem kon-
spirativen Agenten der zusehends mysteriösen Al Qaida?

Die Pazifisten von gestern, die in der jetzigen Berliner Regierung
den Ton angeben, scheinen immer mehr Spaß zu empfinden an militärischer Entfaltung. Damit stehen sie nicht allein. Bei dem von
Bush angekündigten Krieg gegen Saddam Hussein sind es die
Zivilisten der Administration, die zum Losschlagen drängen, während die Stabschefs der US-Streitkräfte – durch die Ereignisse auf
dem indischen Subkontinent alarmiert – vor mesopotamischen
Abenteuern dringend warnen.

Russlands Sorgen in Asien

9. Juni 2002

Durch seine westliche Zuwendung schuf Wladimir Putin breite
Sympathien in Europa. In Asien verliert er jedoch seine geostrategische Bedeutung zusehends.

Selten hat man Wladimir Putin so ernst, ja verbittert gesehen.
Wenn die Sicherheitskonferenz von 16 asiatischen Staaten im kasachischen Almaty Anfang des Monats auf eine von Moskau inspirierte Vermittlung im Kaschmir-Konflikt spekuliert hatte, so sind

diese Hoffnungen gründlich verflogen. Der indische Premier Atal Behari Vajpayee hat sich geweigert, mit seinem pakistanischen Widerpart Pervez Musharaf auch nur ein Wort zu wechseln. Dabei konnte sich der russische Präsident durchaus der Unterstützung Washingtons sicher sein. Statt des »great game«, des »großen Spiels« der Mächte, wie es Rudyard Kipling um 1900 zwischen Großbritannien und dem Zarenreich in dieser Region beschrieben hatte, herrscht seit dem amerikanischen Feldzug in Afghanistan eine enge Kooperation zwischen den beiden Hegemonialmächten des verflossenen Kalten Krieges. In Paris spricht man von einer »Heiligen Allianz«, in die sich Bush und Putin für ihren gemeinsamen Kampf gegen den weltweiten Terrorismus, anders gesagt, gegen den revolutionären Islamismus, zusammengefunden haben. In Almaty hat sich erwiesen, dass Russland dabei bestenfalls die Rolle des »brillant second« zufällt.

Eines ist festzuhalten: Das Ansehen Putins mag in Washington auf Grund seiner strategischen und wirtschaftlichen Konzessionen an den amerikanischen Partner in Zentralasien und im Kaukasus enorm gewachsen sein. Gleichzeitig verschafft ihm seine betont westliche Zuwendung breite Sympathien in Europa. Für die Menschenmassen Asiens hingegen büßt die riesige Russländische Föderation, die aber nur 140 Millionen Einwohner zählt, ihre geostrategische Bedeutung zusehends ein. Wer aus Afghanistan vertrieben wurde, wer mit den Tschetschenen nicht fertig wird, wer der US-Armee Stützpunkte in der eigenen Einflusszone einräumt und mit der wirtschaftlichen Dynamik Chinas nicht Schritt halten kann, läuft Gefahr, bei den Völkern Asiens das Gesicht zu verlieren. Denn diese respektieren nur die Macht.

Da hatte die Sowjetunion in ruhmreicheren Zeiten noch eine ganz andere Rolle gespielt. Während des zweiten Kaschmir-Krieges, der 1965 zwischen Indien und Pakistan in der Wüste von Rajastan ausgetragen und für beide Seiten zum Debakel wurde, hatte der damalige sowjetische Ministerpräsident Kossygin die verfeindeten Parteien nach Taschkent eingeladen und eine Beendigung der Feindseligkeiten durchgesetzt. Putin hat bisher nicht einmal den

Ansatz zur Beilegung eines Konfliktes gefunden, der durch die nukleare Komponente extrem bedenkliche Dimensionen annimmt. Wenn dennoch berechtigte Hoffnung besteht, dass die Schießerei in Kaschmir sich in Grenzen hält und der große Showdown vermieden wird, so wird das weit mehr an dem robusten Auftritt des US-Verteidigungsministers Donald Rumsfeld liegen, der in Delhi und Islamabad mit ganz anderer Überzeugungskraft als Putin die Muskeln spielen lassen kann.

In Almaty hat sich die eigentliche asiatische Großmacht, die Volksrepublik China, außerordentlich zurückgehalten. Dabei hält ja auch Peking einen Hochgebirgszipfel Kaschmirs von großer strategischer Bedeutung besetzt. Staatschef Jiang Zemin hat in Almaty die Rolle des »steinernen Gastes« gespielt. Denn er weiß nur zu gut, dass die »Heilige Allianz« zwischen Washington und Moskau – möglicherweise unter Einschluss Indiens – neben ihrer derzeitigen Stoßrichtung gegen den islamischen Fundamentalismus eines Tages auch das Reich der Mitte ins Visier nehmen dürfte, um dessen Expansion in Ostsibirien und im Westpazifik einen Riegel vorzuschieben. Ohne diskrete Hilfe aus Peking würde Pakistan heute weder über Atomwaffen noch brauchbare Raketen verfügen.

Der uferlose Kampf gegen das Böse

1. Juli 2002

Der Krieg gegen den Terror hat viele Fronten. Um die ganze Ausdehnung der Auseinandersetzung zu ermessen, in die Präsident George W. Bush sich eingelassen hat, sollte man zwei Randereignisse erwähnen. Einerseits lobte der amerikanische Geheimdienst die effiziente Zuarbeit der marokkanischen Behörden, die angeblich die Vereitelung islamistischer Sabotageakte gegen amerikanische und britische Schiffe in der Straße von Gibraltar erlaubt hat.

Andererseits meldet das Pentagon, dass am entgegengesetzten Ende der Welt, auf der südphilippinischen Halbinsel Zamboanga, einer der gefürchtetsten Terroristen der Abu-Sayyaf-Gruppe durch den Einsatz amerikanischer und philippinischer Sondereinheiten zur Strecke gebracht wurde. In beiden Fällen, so beteuert man in Washington, sei die Schaltzentrale der Al Qaida-Organisation für die Koordination zuständig gewesen und verfüge offenbar über die Gabe der Allgegenwärtigkeit.

Vielleicht entspricht es der psychologischen Kriegsführung, die Washington mit einem ungeheuren Aufwand an Information und Desinformation betreibt, die amerikanische Öffentlichkeit unter nervösen Druck zu setzen und somit die Fortsetzung eines uferlosen Krieges gegen das »Böse« weiterzuführen. Von Marokko wollen wir vorläufig absehen, denn die eruptiven Probleme dieser nordafrikanischen Monarchie werden uns noch früh genug aufschrecken. Was jedoch die Vorgänge auf den Philippinen betrifft, sollte man sie nicht aufbauschen, sondern auf ihre wahre Natur zurückführen.

Bei der »Abu Sayyaf-Gruppe«, die zum ersten Mal ins Rampenlicht der Medien trat, als sie eine Anzahl europäischer Touristen, darunter das publikumswirksame deutsche Ehepaar Wallert, entführt hatten, handelt es sich eindeutig um eine verbrecherische Bande, deren Schwerpunkt sich neuerdings auf der winzigen Insel Basilan befindet. Dass diese Kriminellen krampfhaft versuchen, sich den Anschein einer nationalreligiösen Befreiungsfront zu geben, sollte nicht über ihren wahren Charakter hinwegtäuschen. Wenn es eine muslimische Aufstandsbewegung auf den Südphilippinen gibt, so handelt es sich dabei um eine ganz andere Kategorie von Glaubenskämpfern.

Als die Vereinigten Staaten von Amerika sich des Philippinen-Archipels bemächtigten, warf das Auskommen mit der katholischen Mehrheitsbevölkerung des Nordens keine besonderen Schwierigkeiten auf, ja es fand eine Art Akkulturation statt. Die Minderheit der muslimischen »Moros« im Süden hingegen setzte sich gegen die US Marines des Generals Pershing mit eindrucksvollem Todesmut zur Wehr. Nach amerikanischen Angaben sollen damals 150 000 Aufständische den Tod gefunden haben, aber auch die Marines hatten sich blutige Köpfe geholt. Die unabhängige Republik von Manila, die nach 1945 ausgerufen wurde, war von Anfang an durch katholische Politiker beherrscht, die die massive Einwanderung ihrer christlichen Glaubensbrüder auf der überwiegend muslimischen Insel Mindanao begünstigten und durch systematischen Landraub sowie grausame Unterdrückung den Abwehrkampf der dortigen Muslime auslösten. Unter ihrem international geachteten Führer Nur Misuari wurden diese unterdrückten Korangläubigen sogar von linken Intellektuellen in Manila als »Freiheitshelden« gefeiert. Inzwischen ist aus der Gefolgschaft Misuaris die »Islamische Befreiungsfront« der Moros geworden. Sowohl in Manila als auch in Washington neigt man seitdem dazu, die berechtigten Forderungen nach Landrückgabe und Pflege der eigenen Kultur mit »Terrorismus« gleichzusetzen. In diesem Punkt dürften George W. Bush und die zierliche, aber unerbittliche Präsidentin der Philippinen, Gloria Macapagal Arroyo, die gleiche Linie steuern.

Special Forces aus den USA operieren seit dem 11. September 2001 aufs Engste mit der wenig kampftauglichen Armee der Philippinen zusammen. Diese anti-islamische Allianz gegen das »Böse« erlaubt es den USA, ihre gewaltige neue Flottenbasis »General Santos« auf Mindanao auszubauen. Der militärische Einsatz ist – abgesehen von der angeblichen Ausschaltung des Bandenführers Abu Subaya – nicht sonderlich erfolgreich. So konnte die Ermordung einer amerikanischen Geisel nicht verhindert werden. Die Mini-Kriegsschauplätze auf den Inseln Basilan und Jolo erweisen sich für die US-Strategie als harte Brocken. Ihre wirkliche Dimension kann man erst ermessen, wenn man die zunehmende Verflechtung der philippinischen »Moros« mit den sich in aller Stille formierenden islamischen Kampfbünden Indonesiens in Verbindung bringt. Dort leben 200 Millionen Muslime, die mit ihren benachbarten Glaubensbrüdern sympathisieren. In der brodelnden, riesigen Inselrepublik von Jakarta, wo Megawati Sukarnoputri, die unfähige Tochter des Staatsgründers, sich als ungeeignet erweist, mit den zentrifugalen Kräften ihres Archipels fertig zu werden, könnten die bislang isolierten Piratenüberfälle von Abu Sayyaf einen bedrohlichen Widerhall finden. Dazu bedarf es weder des Phantoms Osama Bin Laden noch seiner »Grünen Legion« Al Qaida.

Keine Überlebenschance für Saddam Hussein

29. Juli 2002

Mag sein, dass der Krieg Amerikas gegen den Irak bereits begonnen hat. Die US Air Force und britische Kampfflugzeuge haben ihre Angriffe gegen Flugabwehrstellungen der Iraker deutlich verstärkt. Bis zum Spätherbst könnte sich daraus die systematische Bombardierung der gesamten Infrastruktur des Irak entwickeln.

Die große Ungewissheit bleibt jedoch die Bodenoffensive, die am Ende unvermeidlich bleibt, um Saddam Hussein zu beseitigen. Die Liquidierung des Diktators von Bagdad, der Washington seit zwölf Jahren trotzt, ist ja das deklarierte Ziel des amerikanischen Präsidenten. Spätestens zu diesem Zeitpunkt würde die Atlantische Allianz auch einer schweren Belastungsprobe ausgesetzt. Es bleibt noch ungeklärt, ob George W. Bush mit einer Streitmacht von 250 000 Mann – wie seine Generale es ihm vorschlagen – auf Bagdad vorrücken will oder ob er, dem afghanischen Präzedenzfall folgend, nur kleine Kommandoeinheiten hinter die feindlichen Linien schicken wird.

Man hofft in Washington offenbar immer noch auf tatkräftige Unterstützung durch irakische Oppositionelle in Bagdad. Dabei unterschätzt man vermutlich die Effizienz der dortigen Sicherheitsdienste. Was eine eventuelle Nachfolge des irakischen Staatschefs betrifft, so herrscht weiterhin Ratlosigkeit. In London agiert seit Jahren ein sogenannter »Irakischer Nationalkongress«. Aber dessen Wortführer Ahmed Chalabi hat den Irak schon im Jahr 1958 fluchtartig verlassen, ist als Salonlöwe bekannt und wird in Jordanien wegen betrügerischer Geschäfte gesucht. Der andere Kandidat, der ehemalige Generalstabschef Khazraji, der sich mit Saddam überworfen hat und im Exil lebt, ist der verantwortliche Kommandeur, der seinerzeit die Zivilbevölkerung des Kurdenstädtchens Halabja durch Giftgas zu Tausenden hinmordete, und erscheint deshalb als wenig empfehlenswert.

Also möchte man wieder auf die Kurden des Nordirak zurückgreifen. Aber deren Führer Barzani und Talabani haben in ihren Regionen eine so weitgehende Autonomie gegenüber Bagdad erreicht, dass sie vor weiteren Aktionen zurückschrecken. Falls sie nämlich einen vollends souveränen Kurdenstaat proklamieren, müssen sie mit dem Einmarsch der türkischen Armee rechnen. Als unberechenbare Masse verharrt die schiitische Bevölkerung in Wartestellung. Bei ihrem Aufstand von 1991 sind die Schiiten vom Vater des jetzigen US-Präsidenten so gnadenlos im Stich gelassen, ja den Schergen Saddam Husseins ans Messer geliefert worden, dass ihre Wut auf die USA nicht geringer sein dürfte als ihr Hass gegen den Gewaltherrscher von Bagdad.

Wenn es zum »Showdown« kommt, weiß der »Rais« von Bagdad, dass die USA ihm keine Überlebenschance bieten. Er könnte also in extremis versuchen, die ihm noch zur Verfügung stehenden Bodenraketen – möglicherweise mit chemischen Kampfstoffen aufgeladen – in Richtung Israel und Tel Aviv abzufeuern. In diesem Falle dürfte der dortige Regierungschef Ariel Sharon, so munkelt man bereits, zum nuklearen Vergeltungsschlag gegen Bagdad ausholen. Sämtliche umliegenden arabischen Staaten könnten dann in einen Prozess chaotischer Umwälzung geraten.

Die Iraker haben im angekündigten Feldzug nicht die geringste Chance, den Amerikanern militärisch standzuhalten. Aber Bagdad ist eine Metropole von sechs Millionen Einwohnern, und die amerikanischen Militärs, die viel vorsichtiger und skeptischer sind als so manche Politiker Washingtons, warnen bereits vor verlustreichen Häuserkämpfen. Zudem müssten die Amerikaner zur Sicherung einer dauerhaften »Friedensordnung« auf unabsehbare Zeit in Mesopotamien bleiben. Wer fände in den US-Stäben nach der Afghanistan-Erfahrung wohl noch Gefallen an einer solchen Perspektive?

Nibelungentreue und Bündnispflichten

26. AUGUST 2002

Bundeskanzler Gerhard Schröder hatte nach dem 11. September die »uneingeschränkte Solidarität« der Deutschen mit Amerika – konkret gesagt mit George W. Bush – im Kampf gegen den weltweiten Terrorismus proklamiert. Das hätte er besser nicht getan. Nibelungentreue hatte in Germanien stets einen seltsamen Beigeschmack. Umso mehr hat Schröder jetzt mit der fast polemisch vorgetragenen Erklärung an die Adresse der USA, die Bundesrepublik sei für zusätzliche »Abenteuer« im Irak nicht zu haben, Erstaunen ausgelöst. Berlin, so sagte er, sei nicht gewillt, deutsche Soldaten nach Mesopotamien zu entsenden, und dieses Mal würde auch kein finanzieller Beitrag für den Feldzug gegen Saddam Hussein geleistet werden. Die erste Einschränkung wird die Amerikaner kaum berühren, denn sie sind es gewohnt, verbündete Streitkräfte allenfalls als marginale Hilfskontingente einzusetzen und unilateral zu handeln. Die Verweigerung eines finanziellen Beitrages dürfte hingegen dem Weißen Haus zu schaffen machen.

Vergessen wir nicht, dass beim ersten Golfkrieg der damalige Kanzler Helmut Kohl annähernd 14 Milliarden DM lockergemacht hatte, um in Ermangelung einer eigenen Truppenbeteiligung – die aufgrund der damaligen Wiedervereinigungsphase auch gar nicht möglich war – seinen Beitrag zur Zerschlagung des irakischen Übermuts zu erbringen. Wenn man bedenkt, dass etwa die gleiche Summe an Moskau gezahlt wurde, um den Abzug von einer halben Million Sowjetsoldaten aus der ehemaligen DDR zu erkaufen, ermisst man das Ausmaß der deutschen Kontribution zum amerikanischen Wehretat. Die Kosten des von Bush jr. angekündigten neuen Krieges gegen Bagdad wird Washington dieses Mal – da auch die japanischen und arabischen Subventionen wegfallen dürften – selbst aufbringen müssen, und das könnte bei der derzeitigen Budget-Lage in den USA schmerzlich sein.

Gerhard Schröder – das wirft ihm die deutsche Opposition zu Recht vor – hat offensichtlich aus wahltaktischen Gründen die Irak-Frage plötzlich hochgespielt. Er weiß um die Stimmung im Volk, und die ist mehrheitlich gegen jedes zusätzliche militärische Engagement der Bundesrepublik in dem »Phantomkrieg« gegen den Terrorismus eingestellt. So werden also bis zu den Bundestagswahlen im September die Meinungen sich an einem Thema erhitzen, das für innenpolitischen Streit nicht taugt. Was die Sache selbst betrifft – das sollten seine Gegenspieler in CDU und FDP nicht vergessen –, hat Gerhard Schröder tausendmal Recht. Es ist ja schon absurd und hat mit den realen Bündnisverpflichtungen nichts zu tun, dass 1400 deutsche Soldaten in der afghanischen Hauptstadt Kabul im Rahmen der ISAF über die Sicherheit des dortigen Staatschefs Hamed Karzai wachen. Karzai ist eine windige Erscheinung, er wird von seinen Landsleuten zunehmend als Marionette der Amerikaner empfunden. Ist die Bundeswehr am Hindukusch mit dem Auftrag des »nation building« beauftragt, wie gelegentlich behauptet wird, so sollte man von dieser tollkühnen Illusion schleunigst Abschied nehmen.

In Wirklichkeit ist Deutschland in den bevorstehenden Irakkrieg bereits involviert, und dafür zeichnet das Kabinett Schröder-Fischer verantwortlich. Im Scheichtum Kuweit wurden bei Ausbruch der Afghanistan-Aktion eine Anzahl deutscher »Fuchs«-Spürpanzer stationiert. Der damalige Verteidigungsminister Scharping hat die Medien in die Irre geführt, als er von einem Manöver sprach. Für jeden, der hören konnte, stand zu diesem Zeitpunkt bereits fest, dass George W. Bush den Sturz des despotischen Regimes von Bagdad und die Beseitigung Saddam Husseins beschlossen hatte. Die »Fuchs«-Panzer, die auf die Aufspürung von chemischen und bakteriologischen Kampfstoffen spezialisiert sind, waren von Anfang an dazu bestimmt, die von Kuweit nach Norden vorrückenden US-Bodentruppen absichernd zu begleiten. In diesem Falle würde sich jedoch die Bundesrepublik moralisch ins Unrecht setzen, wenn sie ihre Bereitschaft annullieren und die Panzer zurückbeordern würde. Verständlicherweise hätte das Pentagon wenig Verständnis dafür, wenn die Deutschen sich weigerten, die für amerikanische Soldaten entstehende Gefahr einer chemischen oder bakteriologischen Verseuchung mit den verfügbaren Mitteln zu verhindern.

Was jedoch den Kern der aufkommenden Debatte betrifft, so sollte Deutschland endlich aufhören, Vogel-Strauß-Politik zu betreiben, und sein Augenmerk auf die Gefahren richten, die sich durch die ständige Ausweitung des »Krieges gegen das Böse« auch für Europa abzeichnen.

Ein Leichnam herrscht über Afghanistan

23. SEPTEMBER 2002

Zu Jubelfeiern in Afghanistan besteht ein Jahr nach Beginn des amerikanischen Krieges gegen den Terrorismus kein Anlass. Die meisten Besucher dieses leidgeprüften Landes beschränken sich auf einen Kurzaufenthalt in der Hauptstadt Kabul. Die Situation dort ist alles andere als ermutigend. Schon das Straßenbild ist aufschlussreich. Die totale Vermummung durch die »Burka« ist weiterhin die landesübliche Frauentracht. Männer ohne Bart sind kaum anzutreffen.

Dazwischen bewegen sich unzählige afghanische Militärs – neuerdings in amerikanischen Tarnuniformen –, und niemand weiß, welcher Fraktion sie angehören. Die häufigen Autokontrollen werden so dilettantisch durchgeführt, dass eine Bombenfracht nur durch Zufall entdeckt würde. Mehr und mehr stellt sich die Frage, zu welchem Zweck die internationale Sicherheitstruppe ISAF, in der mehr und mehr deutsche Soldaten vertreten sind und die seit kurzem durch einen kompetenten türkischen General befehligt wird, mit etwa 4500 Mann ihre Patrouillen durchführt. Die Offiziere der Bundeswehr verweisen darauf, dass im Ernstfall nur knapp tausend Angehörige von ISAF für einen Kampfeinsatz in Frage kämen. Angesichts einer Stadtbevölkerung, die auf drei Millionen Menschen angeschwollen ist, bliebe bei Zwischenfällen nur der Rückzug auf die eigenen Basen am Stadtrand übrig.

Angeblich soll die bewaffnete Präsenz der »internationalen Gemeinschaft« die Stabilität des derzeitigen Regimes des Präsidenten Hamed Karzai abstützen und den vagen Prozess des »nation building«, den Aufbau einer afghanischen Nation, fördern. Diese Tätigkeit beschränkt sich auf die Ausbildung einer achtzigtausend Mann starken afghanischen Armee, die teilweise amerikanischen und französischen Instrukteuren übertragen wurde. Solange der Sold reicht, funktioniert dieses Training halbwegs, andernfalls laufen die afghanischen Vaterlandsverteidiger davon.

Das ganze Politspektakel von Kabul ist ein einziges Verwirrspiel. In der viel gepriesenen »Loya Jirga«, einer bunt gescheckten Versammlung von Stammesältesten, Mullahs und ein paar Intellektuellen, würde die massive Zustimmung der Delegierten für eine Präsidentschaft Karzais durch Aushändigung von Bargeld erreicht. Doch man hüte sich vor solchen Geschäften. »Einen Afghanen kann man nicht kaufen«, heißt es, »man kann ihn nur mieten.« So befindet sich Staatschef Karzai, der mit Hilfe der Amerikaner an die Stelle des kränkelnden Königs Mohammed Zaher Schah gedrängt wurde, in peinlicher Isolierung. Amerikanische Special Forces – nicht etwa Afghanen – stellen seine Leibgarde, und diesen Bodyguards gelang es mit Not in Kandahar, den Präsidenten vor den Kugeln der Attentäter zu retten.

Kabul wird von relativ wenig Zwischenfällen heimgesucht. Aber die Atmosphäre ist ungesund. Nicht der US-Vasall Hamed Karzai, der seit langem mit der texanischen Ölfirma Unocal zusammenarbeitet, verfügt in den regimetreuen Provinzen über Autorität, sondern allenfalls sein Verteidigungsminister, Marshall Fahim, ein bulliger Tadschike, der sich im endlosen Partisanenkrieg an der Seite des Nationalhelden Ahmed Schah Massud bewährt hatte. Massud wurde am 9. September 2001 ermordet. Seitdem beruft sich Marschall Fahim auf diese Leitfigur des Widerstandes. Der tote Massud wird von der Regierung zur sakralen Märtyrergestalt hochstilisiert. Sein schmales, energisches Antlitz blickt von unzähligen Plakaten auf Kabul herab. Ein Leichnam, so scheint es, herrscht heute über Afghanistan.

Dieser Kult, der sich am ersten Jahrestag der Ermordung zu einer gewaltigen Kundgebung steigerte, überbrückt jedoch keineswegs die tief eingefleischten ethnischen Gegensätze. Das traditionelle Volk Afghanistans, die Paschtunen, dem knapp die Hälfte der Bevölkerung angehört, dem der Ex-König entstammt und aus dem unlängst noch die Taleban ihre Krieger rekrutierten, ist heute – mit Ausnahme der Marionette Karzai – von den wichtigen Regierungsgeschäften ausgeschlossen. Die Tadschiken der Nordallianz haben das Sagen, und bei ihnen wiederum behaupten die Einwohner des Pandschir-Tals – eine Minderheit von schätzungsweise hunderttausend Menschen – die Schlüsselpositionen. Noch sind die Stammes- und Clankämpfe auf die Südostregionen beschränkt, wo die amerikanischen Kommandoeinheiten nach Resten der Taleban und nach versprengten Angehörigen von Al Qaida suchen. Ohne großen Erfolg übrigens. Schon fragt man sich, wer an die Spitze der benachteiligten Paschtunen-Stämme treten könnte. Immer häufiger wird der Name des Mudschahidin-Veteranen Gulbuddin Hekmatyar genannt, der den Kampf gegen Amerika auf seine Fahnen geschrieben hat und zum Heiligen Krieg rüstet.

Die Bomben von Bali

Vor allem den Australiern sollte der Anschlag gegen den Ferien- und Vergnügungsplatz Kuta auf der Insel Bali zu denken geben. Ob es sich um eine Aktion von Al Qaida handelt, wie die indonesische Regierung eilfertig verkünden ließ, ist extrem ungewiss. Die radikalen islamistischen Gruppen, die im Begriff stehen, den amerikanischen Krieg gegen den Terror durch eine weltweite Multiplizierung mörderischer Überfälle ad absurdum zu führen, müssten sehr töricht sein und würden sich einer relativ schnellen und gründlichen Vernichtung aussetzen, wenn sie sich dem Befehl einer gebieterischen Zentrale unterstellten.

In dem unübersichtlichen Archipel Indonesien mit seinen dreizehntausend Inseln gibt es genügend muslimische Kampftrupps, die aus eigener Initiative zu handeln befähigt sind. Die Vorstellung, Osama Bin Laden würde weiterhin eine effektive internationale Kommandofunktion ausüben, erscheint schon deshalb unglaubwürdig, weil jede elektronische Kommunikation dieses meistgesuchten Mannes der Welt den amerikanischen Diensten einen Hinweis auf seinen Aufenthalt und die Chance seiner Liquidierung bieten würde.

Gewiss gibt es brüderliche Kontakte zwischen den revolutionären Zellen des militanten Islam, aber überleben können sie nur, wenn sie in strikt abgeschotteten, kleinen Verschwörungszirkeln ihre Attentate vorbereiten. Vermutlich werden die westlichen Staaten noch von mancher schmerzlichen Überraschung heimgesucht. »Der Abgrund ruft den Abgrund herbei«, heißt es schon in den Psalmen der Bibel. Die sich abzeichnende amerikanische Offensive gegen den Irak Saddam Husseins dürfte das Signal setzen für eine Welle selbstmörderischer Einsätze.

Warum sind ausgerechnet die Australier zur Zielscheibe radikalislamischer Entrüstung geworden? Die Regierung von Canberra hatte sich als zuverlässigster Verbündeter der USA bewährt. Diese

Solidarität bestand schon zu Zeiten des Vietnam-Konflikts, und auch in Afghanistan befinden sich australische Spezialtruppen in vorderster Linie. In der Konfrontation mit Saddam Hussein hat Canberra sich ebenfalls mit der harten Linie George W. Bushs identifiziert. Doch die Indonesier haben noch ganz andere Gründe, den »Aussies« gram zu sein. Nachdem Washington und Canberra nach der Auflösung des portugiesischen Kolonialreichs im Jahr 1975 die Annexion Ost-Timors bereitwillig akzeptiert hatten, schlug die Stimmung nach 1990 radikal um, als mit der Auflösung der Sowjetunion von kommunistischer Weltrevolution nicht mehr die Rede sein konnte. Jetzt bestand keinerlei Befürchtung mehr, dass die Osthälfte Timors ein »südostasiatisches Kuba« werden würde.

General Suharto hatte plötzlich jeden Kredit im Westen verloren. Die UNO verabschiedete eine Interventionsresolution, die es einem Expeditionskorps australischer Blauhelme erlaubte, der indonesischen Okkupation ein Ende zu setzen und die Proklamation einer unabhängigen Separatrepublik Ost-Timor vorzubereiten.

Nicht nur viele indonesische Muslime fühlten sich durch diese fremde Einmischung zum Heiligen Krieg herausgefordert, auch das allmächtige Offizierskorps von Jakarta empfand die Rückgabe Ost-Timors als nationale Schmach. Erschwerend kommt hinzu, dass in den Hoheitsgewässern dieses neu gegründeten Mini-Staates reiche Petroleumvorkommen geortet wurden. Auch an dieser Außenposition des amerikanischen Kampfes gegen Terrorismus und Islamismus dürfte die Gier nach dem »Schwarzen Gold« eine wesentliche Rolle gespielt haben.

Jedenfalls ist in Südostasien eine verhängnisvolle Wende eingetreten. Die bis vor kurzem problemlos kooperierenden Nachbarstaaten Indonesien und Australien könnten eines Tages erbitterte Gegner werden. Die zweihundert Leichen von Bali sind die ersten Opfer. Die Macht Amerikas mag unermesslich sein, aber durch die globale Verzettelung und die Herausforderung eines »asymmetrischen Krieges« wird diese Hegemonialrolle stärker strapaziert als durch die Schlacht um Bagdad.

»Tot oder lebendig«

»Richte nie deine Waffe auf einen Mann, es sei denn, du tötest ihn«, so lautete einst eine Überlebensregel im Wilden Westen. Wenn es im Irak lediglich um die Kontrolle und Zerstörung von Massenvernichtungswaffen ginge, wäre die kritische Untersuchungsphase bis zum 21. Februar 2003 relativ leicht zu bewältigen. Natürlich wird Saddam Hussein zu täuschen und zu tarnen versuchen, aber mit dem jetzigen, extensiven Mandat für die Atomenergiebehörde und für UNMOVIC lässt sich zumindest verhindern, dass der Irak nennenswerte neue Arsenale anlegt. Der Diktator von Bagdad weiß, dass seine Paläste durchsucht werden und dass US-Präsident George W. Bush nur auf einen Zwischenfall wartet, um sein Kriegsszenario in Gang zu setzen.

Zumindest die angebliche Nuklearaufrüstung könnte im Keim erstickt werden. Die Fähigkeit, chemische oder bakteriologische Waffen zu produzieren, besteht auch in einer ganzen Reihe anderer Staaten, denen man nicht über den Weg trauen sollte. Das wirkliche Dilemma bei Amerikas »Feldzug gegen das Böse« ist die Person Saddam Hussein selbst. Bush und seine engsten Berater haben weltweit immer wieder verkündet, dass die eigentliche Strategie der USA in Mesopotamien auf die Beseitigung des Baath-Regimes und die Liquidierung des dortigen Staatschefs abzielt. Sollte diese Kernforderung nicht erfüllt werden – nachdem bereits Osama Bin Laden, den man »dead or alive« fangen wollte, seinen Verfolgern entkam –, würde das Prestige der USA irreparablen Schaden in der gesamten arabisch-islamischen Welt erleiden. Ein Überleben Saddam Husseins könnte den globalen Kampf gegen den Terror, dem sich die Hegemonialmacht USA verschrieben hat, ad absurdum führen.

Die wirkliche Gefahr für den Machthaber von Bagdad besteht nicht so sehr in der Präsenz internationaler Beobachter, von denen die meisten keine Amerikaner sind und amerikanischen Alleingängen entgegenwirken würden. Für das Pentagon und die CIA geht es im Wesentlichen darum, die Erkundung des feindlichen Territoriums für den geplanten Feldzug zu vervollständigen und eventuell – dank geheimer Kontakte zu Saddam-feindlichen Offiziersgruppen – den Sturz des Diktators auch ohne Krieg zu bewerkstelligen. Doch auf ähnliche Mutmaßungen, auf eine Revolte der »Republikanergarde«, hatte sich ja schon der Vater des heutigen US-Präsidenten verlassen, als er Anfang 1991 die alliierte Bodenoffensive nach hundert Stunden übereilt abbrechen ließ.

Saddam Hussein weiß, was ihm blüht. Immerhin hat er mit seiner Unterwerfungsbotschaft an den UN-Generalsekretär etwas Zeit gewonnen. Er wird versuchen, die unterschiedlichen Beurteilungen der Waffeninspektoren zu einer Fristverlängerung zu benutzen, bis im April 2003 die unerträgliche Wüstenhitze das amerikanische Vordringen erschweren würde. Vor allem liegt ihm daran, die kaum noch zu vermeidende militärische Konfrontation als einseitigen Aggressionsakt der USA darzustellen und damit zusätzliche Verwirrung in der Atlantischen Allianz zu stiften. Wie viel leichter wäre es für George W. Bush gewesen, wenn ihm aus Bagdad ein eindeutiges »Nein« entgegnet worden wäre. Stattdessen versuchen nunmehr die westlichen Diplomaten ein neunseitiges Pamphlet zu deuten, das zwar im Kern die irakische Kapitulation vor dem Weltsicherheitsrat enthält, im Wortlaut jedoch schroff und beleidigend klingt. Um die islamischen Massen zu beeindrucken, beginnt diese Botschaft mit einem Zitat des Koran und einer Weisung Allahs an Moses oder Musa, den die Muslime als großen Propheten verehren: »Gehe hin zu Pharao [gemeint ist Bush], denn er hat alle Gebote verletzt. Sprich behutsam mit ihm, denn vielleicht wird er doch noch meine Warnung begreifen und in Furcht erstarren.«

Unheimlicher Partner Türkei

16. DEZEMBER 2002

Wie sehr die Europäische Union zur Vasallenorganisation der Vereinigten Staaten von Amerika zu werden droht, lässt sich am diplomatischen Druck ermessen, mit dem die Bush-Administration die Aufnahme der Türkei in die Brüsseler Gemeinschaft zu erzwingen sucht. Washington ist am Vorabend der militärischen Aktion gegen den Irak extrem daran gelegen, die Regierung von Ankara auf ihre Seite zu ziehen. Die Stützpunkte Anatoliens sind unentbehrlich für die Mittelost-Strategie des Pentagon. Die Europäer waren vor der Ausweitung ihres Kontinents auf Kleinasien nicht gerade begeistert, würden sie so doch unmittelbare Nachbarn des explosiven Mesopotamien, der iranischen Mullahkratie und der kaukasischen Wirren. Doch ihre Einwände werden von den USA hemdsärmelig beiseite geschoben.

Die Haltung der europäischen Regierungen bei den Verhandlungen um die türkische Kandidatur war von Anfang an durch Heuchelei, Opportunismus und Ignoranz gekennzeichnet. Man verhinderte den Beitritt Ankaras unter Berufung auf mangelnde Respektierung der Menschenrechte, auf die ungelöste Kurdenfrage und den Streit um die Insel Zypern. In Wirklichkeit war diese Republik den meisten Europäern unheimlich und exotisch. Von Anfang an hätte man wissen müssen, dass die Türken – falls sie aufgenommen würden – mit den Deutschen die bevölkerungsreichste Nation des Kontinents darstellen und in absehbarer Zeit die Hundert-Millionen-Schwelle erreichen dürften. Schon heute beklagen sich viele Deutsche an ihren Stammtischen über die knapp drei Millionen Anatolier – viele davon haben inzwischen die deutsche Staatsangehörigkeit –, die in der Bundesrepublik heimisch geworden sind und dennoch von vielen als Fremdkörper empfunden werden.

Innerhalb der EU könnte die Türkei auf das freie Niederlassungsrecht ihrer Staatsbürger pochen. Die Wissenschaftler der renommierten Hochschulen von Ankara und Istanbul geben offen zu, dass die Öffnung der Grenzen eine Massenmigration aus Anatolien in Richtung Mitteleuropa auslösen würde, die sich schon in der ersten Phase auf zehn Millionen Menschen beziffern könnte. Ein ethnisch-religiöser Bürgerkriegszustand wäre nicht mehr auszuschließen, so diszipliniert und arbeitsam die Neueinwanderer sich auch verhalten mögen.

Mit seinem Drängen auf die türkische EU-Aufnahme verfolgt Washington natürlich noch andere Ziele. In den Augen der dortigen Führungsschicht ist der Krieg gegen den Terror ja zu einem Krieg gegen den militanten Islamismus geworden. Die kemalistisch geprägte Türkei hat als einziger muslimischer Staat die Trennung von Staat und Religion konsequent vollzogen und bekennt sich offiziell zum Laizismus. Aber zu Tausenden schießen neue prächtige Moscheen aus dem Boden. Als letztes Bollwerk hat die Armeeführung bislang darüber gewacht, dass islamische Parteien nicht die Regierung übernähmen. Die militärische Einflussnahme auf den Staat würde im Zuge einer europäisch orientierten Demokratisierung radikal beendet, und die Machtübernahme frommer Muslime im Parlament von Ankara stieße auf keinerlei Widerstand mehr.

Trotz plumper juristischer Tricks ist es den Militärs nicht gelungen, den Triumph der AKP oder Aufbaupartei zu verhindern, und es wird wenig nutzen, dass der charismatische Führer Recep Tayyep Erdoğan das Amt des Regierungschefs noch nicht übernehmen darf. Erdoğan, der sich als junger Bürgermeister von Istanbul außerordentlich bewährt hatte, gilt als gemäßigter, pragmatischer Politiker. Nicht nur der Türkei, sondern der gesamten islamischen Umma könnte er vielleicht den heiß ersehnten Weg der Modernisierung und religiösen Toleranz weisen. Deshalb verdient dieser Politiker volle Achtung der Europäer. Aber er steht auch als Symbol dafür, dass die Türkei nach achtzig Jahren Laizismus und Kemalismus in ihrem Wesen zutiefst islamisch geblieben ist, während der angebliche »Christen-Club« der Europäer sein religiöses Erbgut weitgehend über Bord geworfen hat.

DAS JAHR DES SCHAFS
2003

Der bedrohliche »Pygmäe« Nordkorea

Noch vor wenigen Wochen hatte Präsident Bush den nordkorea-nischen Diktator Kim Jong Il als »Pygmäen« verspottet. Aber heute ist dieser fernöstliche Despot ein weit gefährlicherer Heraus-forderer Amerikas als der irakische Erzfeind Saddam Hussein. In Nordkorea erweist sich, dass der Schlagkraft der USA Grenzen ge-setzt sind, sobald der potenzielle Gegner in der Lage ist, seinerseits ein eigenes Atompotenzial vorzuweisen, so bescheiden es auch sein mag. Es wirkt kurios, wenn George W. Bush plötzlich gegenüber Pjöngjang relativ versöhnliche Töne anschlägt.

Gewiss ist Saddam Hussein zuzutrauen, dass er chemische und biologische Waffen vor den Inspektoren der UNO zu verstecken sucht und dass ihm das sogar gelingt. Aber zum Bau einer Atom-bombe bedarf es umfangreicher Anlagen, die gar nicht zu tarnen wären. Die Behauptung Washingtons, die Liquidierung des Des-poten von Bagdad habe Vorrang, weil eine Patt-Situation koreani-scher Art in Mittelost vermieden werden soll, ist nicht stichhaltig: Das irakische Regime wäre zweifellos bereit, sich langfristigen Kontrollen der Vereinten Nationen zu unterwerfen.

Im Pentagon ist man zwar schon unter der Präsidentschaft Clin-tons von der Notwendigkeit ausgegangen, eventuell zwei Regional-kriege gleichzeitig zu bewältigen. Beim neuesten Rüstungsstand wäre George W. Bush dazu zweifellos in der Lage. Aber wenn schon das orientalische Umfeld Iraks sehr viel explosiver ist als der zen-tralasiatische Kriegsschauplatz Afghanistan, so muss die koreani-

sche Halbinsel den Planern in Washington als strategischer Albtraum erscheinen. Auch ohne Massenvernichtungswaffen ist Kim
Jong Il in der Lage, die nahe der Demarkationslinie gelegene süd-
koreanische Hauptstadt Seoul, eine riesige Agglomeration von elf
Millionen Menschen, in Schutt und Asche zu legen. Zudem hat
man es in Pjöngjang mit einem undurchsichtigen Tyrannen zu tun,
mit einer Art »Zombie«, an dessen paranoischen Reaktionen gemessen der Polit-Gangster Saddam Hussein bei all seiner Brutalität eine relativ kalkulierbare Figur abgibt.

Nachdem das Weiße Haus noch unlängst dem Unilateralismus
der amerikanischen »Super Power« huldigte, ist Präsident Bush in
Fernost um Konsultationen, ja um Vermittlung der dortigen Re-
gionalmächte bemüht. Er versucht, Russland, Japan und die Volksrepublik China für eine gemeinsame Demarche in Pjöngjang zu
mobilisieren. Aber wer möchte sich schon mit einem total milita-
risierten Staat anlegen, der über eine fanatisierte Armee mit einer
Million Soldaten verfügt?

Gewiss wird Wladimir Putin auch in Fernost dazu neigen, sich
mit seinem »Freund« Bush zu solidarisieren, aber Russland ist in
dieser entlegenen Region am Westpazifik kein sonderlich ernst zu
nehmender Faktor mehr. Die unendliche Weite der Taiga ist hier
kaum bevölkert und gegenüber den asiatischen Massen nicht zu
verteidigen.

Der Staat, auf den es in diesem Krisenszenario wirklich ankommt,
ist die Volksrepublik China. In Peking gibt man sich Washington
gegenüber versöhnlich, doch insgeheim dürften die Erben Mao Zedongs über den Gesichts- und Prestigeverlust der Supermacht USA
bei ihrem vorsichtigen Zickzackkurs gegenüber dem nordkoreanischen »Zwerg« tiefe Genugtuung empfinden. Die Beziehungen
zwischen Peking und Pjöngjang sind nicht ungetrübt. Nordkorea
bleibt jedoch für Jiang Zemin und Hu Jintao ein hervorragendes
Instrument, um die amerikanische Herrschaftsposition in der pazifischen Nachbarschaft des Reiches der Mitte zu erschüttern. Im
ersten Koreakrieg hatten die kaum bewaffneten Armeen Mao Zedongs 1951 die amerikanischen Streitkräfte von General MacAr-

thur zum überstürzten Rückzug auf die Demarkationslinie am 38. Breitengrad gezwungen. Dieser Fehlschlag bleibt auch im Pentagon unvergessen. Kurzum, George W. Bush dürfte längst bereut haben, Nordkorea neben Irak und Iran in seine »Achse des Bösen« eingereiht zu haben. Plötzlich offenbart sich die Hybris seines globalen Allmachtanspruchs.

Europa in selbstverschuldeter Ohnmacht

10. FEBRUAR 2003

Vizepräsident Cheney hat klar ausgedrückt, dass Amerika bei der angestrebten neuen Weltordnung das Hochkommen einer gleichwertigen Macht resolut verhindern wolle. Diese Deklaration richtet sich in erster Linie gegen die Volksrepublik China, obwohl man heute schon – angesichts des vorsichtigen Taktierens Washingtons gegenüber Nordkorea – an der hegemonialen Fähigkeit der USA in Fernost Zweifel anmelden darf.

Aber auch Europa ist offenbar von der Administration Bush ins Visier genommen. Jeder Versuch der Berliner oder Pariser Regierung, einen eigenen Standpunkt zu beziehen, wird als Verrat an der atlantischen Solidarität, als unbotmäßige Auflehnung angeprangert. Deutschland wird von US-Verteidigungsminister Rumsfeld sogar mit Libyen und Kuba verglichen. Törichter geht es wohl nicht.

In den deutschen Medien hat man nie einen Unterschied gemacht zwischen der Atlantischen Allianz, die für Europäer und Amerikaner unentbehrlich bleibt, und jener Organisation des Bündnisses, NATO genannt, die unter striktem amerikanischem Oberbefehl steht. Frankreich hat es dem grandiosen Eigensinn Charles de Gaulles zu verdanken, dass es sich – im Bündnis als verlässlicher Partner verharrend – der Bevormundung durch die USA entzog, den Umzug des NATO-Hauptquartiers nach Belgien durchsetzte und die Schließung sämtlicher US-Basen auf eigenem Territorium verfügte.

Für die Bundesrepublik Deutschland wäre eine solche Extratour während der Zeit des Kalten Krieges unvorstellbar und verhängnisvoll gewesen. Der westliche Teilstaat BRD bedurfte des Schutzes, des gewaltigen Nuklearpotenzials der USA, um einer eventuellen Sowjetoffensive eine glaubhafte Abschreckung entgegenzusetzen. Unter diesen Umständen machte der amerikanische Oberbefehl auch Sinn. Seit dem Verschwinden einer russischen Bedrohung hat die NATO ihren Zweck verloren.

Bundeskanzler Gerhard Schröder ist kein de Gaulle. Er verfügt weder über dessen überragende Statur noch über dessen visionäre Eingebung. Nachdem Schröder im September 2001 überschwänglich seine »uneingeschränkte Solidarität« mit den USA proklamierte, hat er sich im Bundestagswahlkampf 2002 von Amerika distanziert und jeder deutschen Beteiligung an der Niederwerfung Saddams eine dröhnende Absage erteilt. Sein opportunistisches und kurzfristiges Ziel hat Schröder damit erreicht. Er hat die Wahl knapp gewonnen. Aber dann blies ihm aus Washington ein Sturm der Entrüstung und Verachtung entgegen.

Gerhard Schröder, dem der Sinn für Geschichte abgeht, hatte ursprünglich beabsichtigt, den französischen Vorzugsverbündeten links liegen zu lassen und sich stattdessen beim Briten Tony Blair anzubiedern, der von seinen eigenen Landsleuten als »Pudel Amerikas« tituliert wird. In Washington hatte sich der Kanzler vergeblich um eine deutsche Sonderbegünstigung bemüht.

Erst nachdem das Weiße Haus Schröder nach dessen Irak-Eskapaden die Tür wies, besann er sich auf die für Deutschland unverzichtbare Schicksalsgemeinschaft mit Frankreich. Doch gegen die neue Erstarkung der deutsch-französischen Achse innerhalb einer Europäischen Union von 25 Mitgliedern wurde das Komplott der acht »amerikahörigen« Staaten der EU durch eine britisch-spanische Initiative geschmiedet.

Die logische Konsequenz daraus wäre wohl – unabhängig von NATO und EU – ein forcierter deutsch-französischer Zusammenschluss, vor allem mit dem Ziel der militärischen Verselbstständigung gegenüber Washington. Immerhin würde dieser »Karolinische Block« mit 140 Millionen über ebenso viele Menschen verfügen wie die riesige russische Föderation und über eine weit stärkere Wirtschaftskraft.

Was zur Realisierung eines solchen abendländischen Kraftaktes jedoch fehlt, ist die charismatische Figur einer überragenden Führungspersönlichkeit, und so droht Europa weiterhin im Mittelmaß, in selbstverschuldeter Ohnmacht zu verharren und als Vasall Amerikas ein eher klägliches Bild abzugeben.

Die 2. Front im Norden

9. MÄRZ 2003

Das Dorf Kalak besteht aus ein paar Hütten, die um eine große Tankstelle gruppiert sind. Hier verläuft die Demarkationslinie, die »zweite Front« im Norden des Irak und das Ende des Herrschaftsbereichs von Saddam Hussein. Jenseits des winzigen Flüsschens, das den anspruchsvollen Namen »Nahr el-Zab el-Kabir« trägt, beginnt das kurdische Autonomiegebiet des kampfbewährten Partisanenführers Massud Barzani. An dieser Stelle, so vermuten die Strategen von Bagdad, werden die amerikanischen Stoßkeile, von Arbil kommend, die große Provinzhauptstadt Mossul am Tigris umklammern und auf das Erdölrevier von Kirkuk vorstoßen, während die US Air Force die breite Autobahn nach Bagdad freibombt.

Die Graslandschaft ist Anfang März noch friedlich; die Berge von Irakisch-Kurdistan am Horizont von Schnee bedeckt. Die Brücke über den Zab-Fluss wird auf beiden Seiten sehr lässig bewacht, Verteidigungsstellungen sind überhaupt nicht zu entdecken. Allenfalls ein paar längliche Erdausschachtungen fallen auf, die unzureichenden Schutz für Panzer oder Artillerie böten. Vielleicht sind sie nur zur Täuschung des Angreifers ausgehoben worden. Die irakische Armee, so heißt es, lässt sich von serbischen Militärexperten beraten. Diese hatten bei der Bombardierung des Kosovo die amerikanischen Bomber durch ausgeklügelte Tarnung irregeführt. Dadurch konnte die 3. Jugoslawische Armee nach Abbruch des letzten Balkan-Krieges das Amselfeld ohne gravierende Verluste verlassen.

In Kalak ist kein Durchkommen zu jenem autonomen Kurdengebiet, wo sich bereits seit sieben Jahren kein einziger irakischer Soldat mehr aufhält. Es gibt also nicht den geringsten Berührungspunkt zwischen dem Irak Saddam Husseins und der Türkei.

Der Vorzugsverbündete der USA ist zum schmerzlichen Problem geworden, seit das Parlament von Ankara mit hauchdünner Mehrheit den in Bereitschaft stehenden 62 000 GIs den Transit durch türkisches Territorium in Richtung Irak verweigerte. Mag sein, dass diese Ablehnung, die sich auf die kriegsfeindliche Stimmung von 90 Prozent der Bevölkerung stützt, nach den Nachwahlen zum Parlament doch noch durch AKP-Parteichef Tayyip Erdoğan überwunden wird. Die überwiegend in Deutschland stationierten US-Soldaten warten ungeduldig auf ihren Air Bases auf den Abflugbefehl in Richtung Incirlik. Sollte die Türkei wider Erwarten bei ihrer Weigerung verharren, böten die im Nordirak auf kurdischem Territorium in aller Eile ausgebauten Feldflugplätze der US Air Force lediglich eine unbefriedigende Ersatzlösung für den geplanten massiven Transport von Truppen und Material.

Der stellvertretende Regierungschef des Irak, Tariq Aziz, hatte uns vor einem Jahr noch die Einreisegenehmigung in das Kurdengebiet von Suleimaniyeh gewährt. Dieses Mal musste er bedauernd ablehnen. »Wir wissen doch gar nicht, was sich im Norden außerhalb unserer Kontrolle alles abspielt«, sagte er. »Wir sind allenfalls darüber informiert, dass die CIA stark präsent ist und dass sich auch die US Special Forces dort eingenistet haben.« Sie befinden sich in misstrauischer Nachbarschaft zu jenen türkischen Armee-Elementen, die sich außerhalb der kurdischen Ortschaften im Gebirge aufhalten.

Zwangsläufig verlagert sich das Schwergewicht der geplanten amerikanischen Offensive in den Süden, wo die angelsächsischen Verbündeten im Scheichtum Kuwait mit zunehmender Frustration die Verzögerungen registrieren. Der Aufenthalt in der Wüste – bei nächtlicher Kälte sowie zunehmender Versandung von Personal und Gerät – zehrt an den Nerven. Der Aufbruch nach Norden würde von den US Marines fast als Erlösung empfunden. Erst am Donnerstag haben sie nach UN-Angaben mehrere Löcher in den Grenzzaun zwischen Kuweit und Irak geschnitten und damit die UN-Resolution, mit der nach dem Golfkrieg 1991 eine entmilitarisierte Zone zwischen den Ländern eingerichtet wurde, verletzt.

Der irakische Widerstand wird in diesem flachen Wüstengelände vermutlich noch kläglicher sein als im Norden. Nach Überschreiten der Grenze werden sich die Amerikaner in einem ausschließlich von Schiiten besiedelten Raum bewegen. Bekanntlich teilt sich die Bevölkerung des Irak in etwa 65 Prozent arabische Schiiten, knapp 20 Prozent arabische Sunniten und 15 Prozent überwiegend sunnitische Kurden auf. Die zutiefst religiöse Motivation der islamisch-arabischen Welt und damit die Bedeutung der schiitischen Frage wird im Westen sträflich heruntergespielt. Die wahre Heimat des schiitischen Glaubenszweiges des Islam befindet sich nun einmal in Mesopotamien. Die Schiiten, die »Partei Alis« oder »Schiat Ali«, die aus dem blutigen Nachfolgestreit nach dem Tod Mohammeds hervorging, ist seit ihrer Gründung stets unterdrückt und missachtet worden. Zuerst durch die sunnitischen Kalifen, dann durch die osmanischen Sultane, zuletzt durch die Baath-Partei Saddam Husseins. 1991 hatten sie sich, dem Aufruf George Bush seniors Folge leistend, gegen Bagdad erhoben und mit spärlicher Bewaffnung den ganzen Süden Iraks freigekämpft. Der überstürzte Waffenstillstand hatte die Schiiten damals der weit überlegenen »Republikanergarde« und den Kampfhubschraubern des Diktators von Bagdad preisgegeben. Bei allem Hass der »Partei Alis« gegen Saddam Hussein sollten sich die Amerikaner keine Illusion über das abgrundtiefe Misstrauen machen, mit dem die Schiiten seit diesem »Verrat« jede US-Initiative beobachten.

Voraussichtlich wird das US-Militär nach einem massiven Bombardement der irakischen Kommunikations- und Verteidigungssysteme im Süden blitzschnell die dortigen Petroleumfelder besetzen. Die Panzerdivisionen, durch die eigene Luftwaffe abgeschirmt, könnten im Eiltempo auf Bagdad zurollen. Am Ufer des Schatt-el-Arab wäre es jedoch ratsam, die US-Armee nicht in die Hafenstadt Basra mit ihren zwei Millionen Einwohnern einrücken zu lassen. Diese schiitische Hochburg bliebe für jede fremde Besatzung total unberechenbar. Die Soldaten von General Tommy Franks könnten auf der Autobahn in Richtung Norden den Krisenherd Basra ohne Schwierigkeit umgehen, wo unterdessen ein Aufstand bewaffneter Schiiten den Anhängern Husseins und den Strukturen seiner Baath-Partei ein blutiges Ende bereiten würde. Dort dürfte sich sogar ein schiitischer Teilstaat konstituieren, der fast zwangsläufig auf die Führungsgestalt des Exil-Politikers Ayatollah Mohammed Baqr-al-Hakim ausgerichtet wäre. Eine solche schiitische Theokratie würde den Vorstellungen Washingtons strikt zuwiderlaufen. Da auch die Hauptstadt Bagdad etwa zur Hälfte von Schiiten bevölkert ist, erweist sich die konfessionelle Frage als eigentlicher Prüfstein der amerikanischen Zukunftsplanung für das Zweistromland.

Mag sein, dass Saddam Hussein doch noch einem Komplott seiner Leibgarde zum Opfer fällt. Aber die Okkupation Bagdads bleibt ein fast unlösbares Problem für die amerikanischen Strategen. In einen verlustreichen Häuserkampf will General Franks sich nicht verwickeln lassen. Es ist vorstellbar, dass in den Gassen der Armeleute-Viertel von »Saddam-City« der verzweifelte Diktator auch chemische Kampfstoffe gegen die vorrückenden Amerikaner einsetzt. Sollten die USA darauf, wie gelegentlich in Washington verlautet, mit miniaturisierten Atomwaffen antworten, müsste Präsident George W. Bush mit einem weltweiten Entrüstungssturm rechnen.

Zu einer lang andauernden Belagerung der Sechs-Millionen-Metropole am Tigris reicht das Aufgebot der US-Streitkräfte zahlenmäßig kaum aus. Eine systematische Vernichtung von Wohnvierteln durch Artillerie und Flächenbombardements dürfte bei den Kriegsgegnern in den USA gewaltige Protestdemonstrationen auslösen. Was die Iraker selbst am meisten fürchten, ist natürlich die seit 1991 gesteigerte Vernichtungswirkung der amerikanischen Waffen, Bomben wie Raketen.

Aber den Menschen in Bagdad drängen sich noch andere Schreckensvisionen auf. Das Chaos des Krieges, der Zusammenbruch des etablierten Machtapparates könnte unkontrollierbare und kriminelle Elemente freisetzen. Der radikalisierte Mob würde zur Plünderung der bürgerlichen Viertel übergehen. Die Christen des Irak, überwiegend katholische Chaldäer, sehen sich der Gefahr von Pogromen und der Verwüstung ihrer Kirchen ausgesetzt. Am Ende stünde – ganz unabhängig vom Schicksal Saddam Husseins – der längst fällige Bürgerkrieg zwischen den bisher privilegierten Sunniten auf der einen, den stets diskriminierten Schiiten auf der anderen Seite, so hört man bei vielen irakischen Insidern. Schon der Imam Ali, der Gründer der »Schia«, so heißt es, habe vor seiner Ermordung dieses fürchterliche Blutbad für unsere Tage vorausgesagt. Mit den amerikanischen Vorstellungen von Friedensordnung und »nation building« in Mesopotamien lässt sich eine solche Prophezeiung gewiss nicht in Einklang bringen.

Saudi-Arabien im Fadenkreuz?

10. März 2003

Noch hat die amerikanische Offensive gegen den Irak nicht begonnen, aber schon fragen sich die Nachbarn Mesopotamiens, welcher muslimische Staat als Nächster ins Fadenkreuz der US-Strategie gerät. Präsident George W. Bush hat eindeutig zu verstehen gegeben, dass es für ihn nicht nur um die Beseitigung des Willkür-Regimes von Saddam Hussein geht. Die Neuordnung und »Demokratisierung« des besiegten Irak soll ein Zeichen setzen für die breit gefächerte Strukturreform der arabischen Welt, für eine »pax americana« im gesamten Orient, von der in erster Linie auch der Staat Israel profitieren würde.

Dass bei diesem Konzept eine erschreckende Unkenntnis der muslimischen Gesellschaft sichtbar wird, soweit es sich nicht um bewusste Irreführung der öffentlichen Meinung handelt, kann nicht genug betont werden. Wenn Amerika es ernst meinte mit der Durchsetzung freiheitlicher Prinzipien unter Verwirklichung der Menschenrechte zwischen Euphrat und Nil, hätte es damit ja längst bei seinen Klienten und Vasallen in Kairo, Riad oder Amman beginnen können.

Es wird dennoch durchgreifende Veränderungen geben in der gesamten Region, sobald das Problem Irak durch einen zumindest temporären Sieg der USA oberflächlich bereinigt erscheint. Dem stellvertretenden Regierungschef des Irak Tariq Aziz zufolge könnte eine totale Niederwerfung des Saddam-Regimes die übrigen arabischen Staaten so nachhaltig einschüchtern und gefügig machen, dass das angestrebte Erdölmonopol Washingtons im Umkreis des Persischen Golfs sich ohne Widerspruch durchsetzen ließe. Die großen Petroleum-Konzerne aus Texas würden dann die Förderungsraten und die Weltmarktpreise des »Schwarzen Goldes« autoritär bestimmen.

Doch wer weiß, wie sich der Irak nach der Beseitigung des Tyrannen entwickelt? Ob dort nicht an Stelle vorbildlicher parlamentarischer Institutionen eine chaotische Destabilisierung, ein andauernder Partisanenkrieg oder ein unerbittlicher Religionskrieg zwischen Sunniten und Schiiten aufkommen würde?

Zurzeit führt die Administration Bush gegenüber Saudi-Arabien eine recht versöhnliche Sprache. Das könnte sich abrupt ändern, wenn die US Air Force für die Bombardierung Mesopotamiens nicht mehr auf die dortigen Militärbasen angewiesen ist. Im Umkreis des Weißen Hauses vertiefen sich abgrundtiefes Misstrauen und heimliche Wut gegen die saudische Dynastie, die sich zwar als Geschäftspartner und sogar Komplize bei den USA anbiedert, unter der Decke jedoch viele islamistische Verschwörungszellen in aller Welt unterstützt. Das wahhabitische Königreich ist durch Doppelspiel und Heuchelei gekennzeichnet.

George W. Bush hat nicht vergessen, dass es sich bei den Terroristen des 11. September 2001 fast ausschließlich um Söhne begüterter saudischer Familien handelte. Die CIA wiederum dürfte längst herausgefunden haben, dass die wirkliche Konspiration, die zur damaligen Tragödie geführt hatte, weder in den Felshöhlen Afghanistans noch in Studentenbuden von Hamburg geschmiedet wurde. Allzu viele Fäden laufen in den Palästen und Koranschulen des wahhabitischen Königreichs zusammen.

Von gut informierten Experten ist zu erfahren, dass nach Beseitigung des Tyrannen von Bagdad ein Überraschungsschlag gegen das Haus El Saud geführt werden könnte. Luftlandeeinheiten würden die wichtigsten Erdölfelder im Umkreis von Dahran am Persischen Golf besetzen. Der riesige Wüstenstaat wäre zu einem ernsthaften Widerstand gar nicht in der Lage. Unter den 5000 Prinzen der saudischen Dynastie würden sich mit Sicherheit ein paar Dutzend Kollaborateure finden, die zu allen Konzessionen bereit wären, um sich an die Stelle des offiziellen Thronfolgers Abdullah zu drängen. Ein Zugriff auf die heiligen Stätten von Mekka und Medina bleibt den »ungläubigen« Amerikanern jedoch strikt versagt – sonst würde in der gesamten muslimischen Welt ein unvorstellbarer Aufruhr entstehen. Der vermeintlichen Allmacht George W. Bushs sind in der Heimat des Propheten enge sakrale Grenzen gesetzt.

Der Krieg beginnt

23. MÄRZ 2003

Ein paar Überraschungen haben die ersten Kriegstage im Irak immerhin beschert. So war der US-Nachrichtendienst CIA besser informiert als üblich, als er zur »Enthauptung« Saddam Husseins ausholte. Der Diktator von Bagdad ist den Raketen offenbar nur um Minuten entronnen. Aber auch die Iraker verhalten sich anders als erwartet. Wer die trostlose Sandebene des Hafens um Umm Kasr am Ausgang des Schatt-el-Arab kennt, kann sich nur wundern, dass dort überhaupt hinhaltender Widerstand gegen die ungeheure technische Übermacht der US-Armee geleistet wurde. Dieses kurze Aufbäumen der Iraker erinnert ein wenig an die polnische Verteidigung der Westerplatte bei Danzig gegen die weit überlegene Wehrmacht im Jahr 1939. Kaum jemand hätte den Irakern auch zugetraut, dass sie – in einer Geste verzweifelten Trotzes – noch ein paar Raketen in Richtung Kuweit abfeuern würden.

All das sind nur Episoden am Rande eines Feldzugs, der uns demnächst Bilder von Tausenden irakischen Gefangenen und Überläufern präsentieren wird. Die erwartete Begeisterung der Schiiten von Basra für die amerikanischen Befreier dürfte sich jedoch in Grenzen halten und allenfalls durch Spezialisten der psychologischen Kriegsführung für die Kamera inszeniert werden. Wer Saddam Hussein hasst, ist noch kein Freund der ungläubigen US-Invasoren. Wie erwartet, werden die Panzerdivisionen des Generals Tommy Franks bald vor den Toren Bagdads stehen. Die massive Bombardierung, die nunmehr begonnen hat – das muss man dem US-Kommando hoch anrechnen –, hat sich tatsächlich auf militärische oder politisch relevante Ziele beschränkt und die Zivilbevölkerung, so weit wie irgend möglich, verschont. Aber mit ohrenbetäubendem Lärm und Explosionsgewittern allein ist diese Bevölkerung wohl nicht ohne weiteres in Panik zu versetzen. Bei Tage nimmt das Leben am Tigris mit erstaunlicher Normalität seinen Lauf. Weiterhin bleibt Donald Rumsfeld – der viel zu viel über dieses heikle Thema redet – auf Geheimkontakte zu Kommandeuren der irakischen Republikanergarde angewiesen. Nur sie könnten bewirken, dass der Heine-Vers über einen fernen babylonischen Herrscher Aktualität gewinnt: »Belsazar ward in jener Nacht von seinen Knechten umgebracht.«

In dem Maße, wie die Schlacht um Bagdad die US-Armee zu einem rücksichtslosen Bombardement zwingen würde, dürfte sich die feindselige Stimmung der Volksmassen der arabischen Welt unweigerlich anheizen. Das artifizielle Königreich Jordanien, das neuerdings 7000 US-Soldaten als Plattform ihrer Kriegsführung in den westlichen Wüstengebieten des Irak dient, ruht nur noch auf den Bajonetten seiner Beduinentruppe. Deren Verlässlichkeit ist für den schlecht Arabisch sprechenden König Abdullah II. entscheidend.

Für die übrigen arabischen Despotien wie auch für Pakistan gilt die Regel, dass ein Sturz der proamerikanischen Diktatoren und Monarchen nicht durch Volksaufstand oder Errichtung von Barrikaden erreicht werden kann, sondern einzig und allein durch umstürzlerische Verschwörung beim Militär und bei den allmächtigen Geheimdiensten. So weit ist es wohl noch nicht.

Erstaunlich ruhig ist es bisher rund um Israel geblieben. Die Palästinenser haben die erwartete Terrorwelle nicht ausgelöst. Doch man hüte sich vor den irreführenden Aussagen des US-Präsidenten George W. Bush über einen künftigen Palästinenserstaat. Wer zur Ablösung Yassir Arafats auf einen wirklich repräsentativen Palästinenser zurückgreifen will, der kann sich mit dem blassen Taktierer Mahmud Abbas, alias Abu Mazen, nicht zufriedengeben. Er müsste wohl Marwan Barghuti aus dem Gefängnis entlassen. Die Ausweitung, besser gesagt die Fortsetzung des von Bush proklamierten weltweiten Feldzuges gegen das Böse könnte dennoch – sobald im Irak ein trügerischer Sieg erfochten ist – in unmittelbarer Nachbarschaft des Heiligen Landes erfolgen. Vieles deutet darauf hin, dass die schiitische Kampfbewegung Hizbullah im Libanon demnächst ins Visier der kombinierten israelisch-amerikanischen Strategie geraten wird. Seit diese hervorragend ausgebildeten Glaubenskrieger der »Partei Gottes« die israelische Elite-Armee zum Rückzug auf die Nordgrenze Galiläas zwangen, gelten sie in Jerusalem und Tel Aviv als bei weitem gefährlichster Gegner. Da die Hizbullah im Libanon theoretisch von der syrischen Ordnungsmacht kontrolliert werden müsste, in Wirklichkeit jedoch auf dem Umweg über Damaskus ihren Nachschub an modernen Waffen erhält, wird Washington auf den syrischen Präsidenten Baschar el Assad massiven

Druck ausüben, um auch ihn in die Gruppe der gefügigen Vasallen nach dem Muster des Ägypters Hosni Mubarak einzureihen. Der wirkliche Verbündete und Schicksalsgefährte der libanesischen Schiiten und ihres Führers, Scheikh Nasrallah, befindet sich jedoch in Teheran. Zu den persischen Mullahs und den iranischen Revolutionswächtern, den Pasdaran, unterhält die Hizbullah so brüderliche Beziehungen, dass ein militärisches Vorgehen im Südlibanon das Verhältnis Bushs zum Iran in eine offene Konfrontation pervertieren könnte. In dieser Stunde dürfte jedoch eine schiitische Achse, die von Herat in Westafghanistan bis zur südlibanesischen Hafenstadt Tyros am Mittelmeer reicht, durch die Zweckallianz mit den irakischen Schiiten ergänzt werden. Letztere werden als weitaus bedeutendste Bevölkerungsgruppe Mesopotamiens den demokratischen Anspruch auf Regierungsbeteiligung, ja Regierungsführung in Bagdad nach dem Sturz Saddams erheben.

Die fatale Expansion des globalen »Kampfes gegen den Terror«, auf den Washington sich eingelassen hat, wird eine ganze Serie von Regionalkonflikten heraufbeschwören. Wie lange kann sich der pakistanische General Pervez Musharaf in Pakistan noch behaupten, wo doch der angeblich treueste Verbündete der USA im Orient, die Türkische Republik, sich in einer bizarren Kombination von Kemalismus und Islamismus plötzlich weigert, auf die Rolle eines Satelliten der einzig verbliebenen Supermacht reduziert zu werden?

Im Irak droht eine Superintifada

5. Mai 2003

Wie ein Kartenhaus ist das arrogante Staatsgebilde Saddam Husseins zusammengefallen. Die amerikanischen Streitkräfte können sich zu Recht eines phänomenalen Blitzsieges rühmen, der nach den anfänglichen Pannen gar nicht selbstverständlich erschien. Am

Ende war es aber doch wieder ein moderner Indianerkrieg, und die arabischen »Rothäute« besaßen keine Chance.

Dem Irak waren durch die Auszehrung von zwei katastrophalen Feldzügen, durch endlose Sanktionen und Waffeninspektionen die letzten Zähne gezogen worden. In Washington hütet man sich, jene Erklärungen George W. Bushs zu wiederholen, die das Regime von Bagdad unlängst noch als akute Bedrohung der gesamten Menschheit hinstellten. An irgendeine Verbindung zu Al Qaida hatte ohnehin niemand geglaubt, und jetzt enthüllt sich sogar das Schreckgespenst der Massenvernichtungswaffen als gezielte Desinformation.

Im Zweistromland, in dieser Wiege menschlicher Kultur, deren vieltausendjährige Artefakte durch eine sträfliche, ja verdächtige Passivität der amerikanischen Eroberer wohl für immer verschwunden sind, machen sich Chaos und Anarchie breit. Noch redet der zum obersten Administrator ernannte amerikanische Ex-General Garner vom Aufbau einer irakischen Demokratie. Wer aber heute den verheißungsvollen »Domino-Effekt« der bürgerlichen Freiheiten erwähnt, der angeblich von Bagdad ausgehen sollte, steht entweder als Narr oder als Betrüger da. Statt einer Hinwendung zu einer westlich geprägten Form parlamentarischer Liberalität hat die Beseitigung der Saddam-Diktatur die lodernden Kräfte der islamischen Revolution freigesetzt.

Schon vor Anbruch der US-Offensive hatten die Bagdadi ihren ausländischen Bekannten anvertraut, dass sie natürlich die Bomben der US Air Force fürchteten. Aber mehr noch den Zusammenbruch der öffentlichen Ordnung, die Ausschreitungen hemmungsloser Banden von Plünderern und am Ende sogar den offenen Bürgerkrieg, der durch die konfessionellen Gegensätze zwischen den Sunniten und Schiiten angeheizt würde. Vor allem der schiitische Glaubenszweig des Islam hat sich mit einem erstaunlich disziplinierten Massenaufgebot durchgesetzt. In den heiligen Stätten Nedjef und Kerbela haben zwei Millionen Pilger eine religiöse Befreiungsfeier veranstaltet und den Amerikanern jede politische Einflussnahme verwehrt.

Noch gravierender ist der Umstand, dass in Bagdad die Schiiten die Hälfte der Einwohner stellen und zur Verhinderung von Plünderung und Übergriffen eigene sogenannte Sadr-Milizen aufgestellt wurden. Die sind offenbar bereit, einer einseitigen Regierungsgestaltung durch die Besatzungsmacht notfalls auch mit Gewalt entgegenzutreten.

Schon zeichnet sich beim US-Oberkommando die Tendenz ab, der sunnitisch-arabischen Minderheit den Vorzug zu geben und bei der Neuorganisation der Verwaltung – selbst in hohen Polizeirängen – auf die Baath-Partei, die Partei Saddam Husseins, zurückzugreifen.

Washington will die Gründung eines schiitischen Gottesstaates verhindern, wie ihn der verstorbene Ayatollah Khomeini im benachbarten Iran ausgerufen hatte. Die irakischen Anhänger der »Schiat Ali«, der »Partei Alis«, erklären sich bereit, unter Anleitung ihrer höchsten Geistlichen auf das demokratische Spiel einzugehen. In der Gewissheit, dass ein unverfälschtes Wahlergebnis ihnen den entscheidenden Einfluss an der künftigen Staatsspitze automatisch bescheren würde.

Unterdessen haben die blutigen Zwischenfälle in der Stadt Faluja nördlich von Bagdad bewiesen, dass sich auch unter den Sunniten jene islamisch-fundamentalistischen Kräfte regen, denen wohl nur Saddam Hussein mit systematischer Repression Herr werden konnte. Im Irak, so befürchten britische Kommandeure bereits, könnte sich eine Superintifada ankündigen, die sich den palästinensischen Widerstand zum Vorbild nähme.

Amerikas Kesseltreiben gegen Iran

Das Kesseltreiben gegen Teheran hat begonnen. Schon seit langem ist die Islamische Republik Iran der Bush-Administration in Washington ein Dorn im Auge. Dass das Halali allerdings so bald geblasen würde, hatten die wenigsten erwartet. Noch sind ja die beiden ersten Schlachtfelder im Feldzug gegen den internationalen, anders gesagt, den »islamischen« Terrorismus keineswegs bereinigt.

Nach dem trügerischen Blitzsieg gegen die afghanischen Taleban hat sich am Hindukusch ein Zustand der Stammesanarchie und latenter Aufsässigkeit entwickelt, der die Autorität des Präsidenten Karzai nicht einmal in der Hauptstadt Kabul gewährleistet. Was den Irak betrifft, so hat die brillante Kampagne des US-Generals Tommy Franks zwar die Metropole Bagdad wie eine faule Frucht zu Fall gebracht, aber das Schwerste steht noch bevor.

Sollte sich der amerikanische Statthalter Paul Bremer tatsächlich in den angekündigten Demokratisierungsprozess und das Wagnis eines international kontrollierten Urnengangs einlassen, dann würde die schiitische Bevölkerungsmehrheit mit Sicherheit die Parlamentsmehrheit davontragen. Wobei die geistlichen Führer der Schiiten beteuern, sie wollten am Tigris keinen strengen Gottesstaat ausrufen. Sicher ist, dass das von ihnen angestrebte Regime nicht den Vorstellungen der USA entspräche. Mag die schiitische Republik von Teheran sich zurückhalten, der Verdacht des Pentagon bleibt bestehen: eine Kräftekonstellation der Glaubensbrüder vom Indus bis zum Mittelmeer, von Pakistan bis zum Libanon.

Washington hat offiziell angekündigt, dass es einen Regimewechsel, also den politischen Umsturz, in Persien anstrebt. Die Methoden sind extrem »robust«. Schon hat die US Army einen Waffenstillstand und neuerdings wohl auch ein enges Bündnis mit den bewaffneten Exil-Iranern geschlossen, die den sogenannten »Volks-Mudschahidin« angehören. Es handelt sich um eine kuriose islamisch-marxistische Formation, die vom irakischen Diktator mit schwerem Gerät zu einer etwa zehntausend Mann starken Truppe hochgerüstet wurde und seit langem mit blutigen Attentaten gegen Teheran von sich reden macht. Die Amerikaner stört es anscheinend nicht im Geringsten, dass sie diese neuen Alliierten noch unlängst in die Kategorie verbrecherischer Organisationen eingereiht hatten. Im Iran selber werden die Mudschahidin-e-Khalq als Landesverräter verachtet.

Donald Rumsfeld wirft den Iranern vehement vor, sie hätten einer Vielzahl flüchtiger Al Qaida-Mitglieder Zuflucht geboten. Etwas plausibler klingt es, wenn die USA auf das Bestreben der iranischen Revolutionsgarden verweisen, so schnell wie möglich in den Besitz von Atomwaffen zu gelangen. Der Präzedenzfall Nordkoreas, das sich der Hypermacht USA in den Weg stellt, oder Pakistans, das die konventionell weit überlegenen Streitkräfte der Indischen Union in Schach hält, beweist allzu deutlich: Offenbar hilft nur noch der Besitz eines, wenn auch beschränkten Nukleararsenals, sich gegen die Erpressung und Unterjochung durch einen überlegenen Gegner zu behaupten.

Die jugendliche Bevölkerungsmehrheit der Perser ist zwar die Bevormundung durch die schiitischen Mullahs leid, liebäugelt teilweise sogar mit dem westlichen Lebensstil. Aber auch die liberale Fraktion Irans, die sich um den Staatspräsidenten Khatami schart, empfindet die Drohungen aus den USA als unerträglich.

Was nun die schiitischen Revolutionswächter, die Pasdaran, betrifft, so würden die schiitischen Eiferer des Iran unter Anrufung Allahs und seines Propheten den glorreichen Märtyrertod bereitwillig auf sich nehmen.

»Heia Safari« im Kongo

Beim Militäreinsatz der Europäischen Union im Ost-Kongo besteht kein Anlass, »Heia Safari« zu singen. Wer in Amerika von den »Euro-Feiglingen« redet, sollte bedenken, dass die überwiegend französische Truppe des Unternehmens »Artemis« im tückischen Savannen- und Dschungel-Krieg Afrikas ungleich schrecklicheren Gefahren ausgesetzt ist als die US Marines im Irak, die mit Hilfe hervorragender Technologie die demoralisierten Heerhaufen Saddam Husseins zu Paaren trieben.

Was aber verspricht sich Europa beziehungsweise vor allem Frankreich von diesem Unternehmen im »Herzen der Finsternis«? Was vermögen 1400 europäische Soldaten gegen die Krieger des Hema- oder Lengulengu-Stammes auszurichten, die im Umkreis von Bunia mit modernen Infanteriewaffen ein Gemetzel veranstalten, das nicht zu Unrecht mit dem Genozid von Ruanda verglichen wird?

1994 hatte der Völkermord mit dem Abschlachten einer halben Million Tutsi durch ihre Erbfeinde vom Volk der Hutu begonnen. Seitdem wurden etwa vier Millionen Afrikaner des Kongobeckens auf grauenhafte Weise umgebracht. Gerade das schändliche Versagen der viel gepriesenen »Völkergemeinschaft« im Fall Ruanda, die sich immer wieder erweisende Unfähigkeit der UN-Blauhelme, den schrecklichsten Massakern anders als in der Rolle passiver Zuschauer beizuwohnen, hat diesen »robusten« Auftrag an die EU motiviert. Hätte man sich vor zehn Jahren im Weltsicherheitsrat aufraffen können, ein Aufgebot von nur 5000 Elitesoldaten mit eindeutigem Schießbefehl nach Kigali zu entsenden, wäre zumindest das Ausmaß des Massakers erheblich reduziert worden.

Was ist das für eine »globalisierte« Gesellschaft, in der alle Menschen angeblich gleich sind, wenn der verbrecherische Mord an dreitausend New Yorkern im World Trade Center einen unbegrenzten Antiterror-Feldzug auslöst, das Abschlachten von Millionen Afrikanern hingegen von unseren Medien weitgehend ignoriert wird? ,

Es wäre illusorisch, sich von der Operation »Artemis« eine dauerhafte Befriedung Zentralafrikas zu versprechen. Es darf auch nicht verschwiegen werden, dass sich im Distrikt Ituri nicht nur die Republiken Uganda und Ruanda einen Stellvertreterkrieg um die Ausbeutung von Gold, Diamanten, Erdöl und vor allem um den Verkauf des unentbehrlichen Minerals Coltan liefern, auf das auch die militärische Elektronik angewiesen ist. Der substanzielle Profit dieser Raubzüge fließt heute wieder jenen internationalen Konzernen zu, die nicht nur belgisch-französische Interessen vertreten, sondern ebenso angelsächsische Ansprüche durchsetzen.

Man erwähne nur die Firmen-Namen Sonex oder Barrick Gold. Man denke auch an die im Juni 2000 erfolgte Weisung der Staatssekretärin im US-Außenministerium Susan Rice – nicht zu verwechseln mit Condoleezza –, die die Regierungen von Ruanda und Uganda aufforderte, die Lieferung von Coltan sofort wieder auf den vereinbarten Stand zu bringen, sonst müsse Washington seine Militär- und Wirtschaftshilfe einstellen.

Eine »Mission impossible« im Ost-Kongo? Immerhin ist es einem Bataillon britischer Royal Marines in Sierra Leone unter dem Beifall der einheimischen Bevölkerung gelungen, den schlimmsten Gräueln in dieser westafrikanischen Republik ein Ende zu setzen, nachdem ein Bataillon von Blauhelmen aus Sambia mitsamt seinen Panzerfahrzeugen vor den entfesselten Urwald-Banden kapituliert hatte. Und 3000 französische Paras und Legionäre dämmten an der Elfenbeinküste den gnadenlosen Bürgerkrieg zumindest ein, während gleichzeitig in der Nachbarrepublik Liberia französische Spezialkommandos die um ihr Leben fürchtenden Staatsangehörigen der USA und Europas per Hubschrauber auf rettende Schiffe evakuierten.

Deutschland wird sich an der europäischen Rettungsaktion von Bunia logistisch beteiligen. Dass deutsche Soldaten nicht im Kampfgebiet selbst eingesetzt werden, ist gut so. Denn Erfahrungen im tückischen Dschungelkampf hat die Bundeswehr bisher nicht sammeln können. Aber es sollte sich zumindest ein Trupp Elitesoldaten

1 Mit Ahmed Scheikh Yassin, dem Gründer und Führer der palästinensischen Hamas. Yassin wurde 2004 durch eine israelische Rakete getötet.

2 Mit Yassir Arafat ist eine Führungspersönlichkeit der Palästinenser verschwunden, für die man derzeit keinen Ersatz sieht.

3 Schon die grandiose und abweisende Landschaft Afghanistans hätte der NATO eine Warnung sein müssen.

4 Der inzwischen verstorbene letzte König von Afghanistan, Mohammed Zaher Schah (rechts), beim Gebet mit Präsident Karzai. Dieser verfügt in keiner Weise über ein vergleichbares Ansehen bei der Bevölkerung.

5 Das Volk der Tadschiken im Norden Afghanistans trauert immer noch seinem ermordeten Helden Ahmed Schah Massud nach.

6 Die blaue Moschee von Mazar-e-Scharif liegt zwar unweit der deutschen Militärbasis Marmal, wird aber aus Sicherheitsgründen von den Soldaten der Bundeswehr nicht besucht.

7 Saddam Hussein ist gestürzt. Aber sein Schatten liegt noch über dem Irak.

8 »Patriarch von Babylon«, so wurde Kardinal Raphael Bidawi von Bagdad genannt. Bis zu seinem Tod war er die letzte Säule der chaldäischen Christenheit.

9 Unter den engsten Mitarbeitern Saddam Husseins war der chaldäische Christ Tariq Aziz als stellvertretender Regierungschef der umgänglichste Gesprächspartner.

10 »Mission accomplished« proklamierte George W. Bush in der Pose des Siegers am 1. Mai 2003.

11 So sah die Wirklichkeit in Bagdad aus.

12 Vom Westen weiterhin ignoriert bleibt der Kongo, das unheimliche »Herz der Finsternis«.

13 Besuch bei den aufständischen Stämmen in den Sümpfen des Bahr-el-Gazal im Süd-Sudan.

14 Das Vermächtnis des Staatsgründers Atatürk, die Trennung von Staat und Religion, ist heute durch die Parlamentsmehrheit der islamistischen Partei AKP heftig in Frage gestellt.

15 Aber selbst bei jungen Frauen verfügt Regierungschef Erdoğan über eine beachtliche Anhängerschaft.

des KSK an Ort und Stelle mit solch exotischen Einsätzen vertraut machen, weil in absehbarer Zukunft im südlichen Afrika ähnliche Krisenherde aufflackern und die Intervention deutscher Einheiten erfordern könnten.

Gegen einen Kampfeinsatz der Bundeswehrsoldaten wurde in Berlin auch ins Feld geführt, man könne ihnen nicht zumuten, auf »Kindersoldaten« zu schießen. Als ob die Briten oder Franzosen keine Skrupel empfänden, wenn sie auf diese kleinen, von Drogen aufgeputschten »Killer-Monster« das Feuer eröffnen müssen. Aber was blieb den Royal Marines beim Überfall der »West Side Boys«, jener Kindersoldaten von Freetown in Sierra Leone, denn anderes übrig, als zu schießen? Auch Deutschland muss zur Kenntnis nehmen, dass wir in einem zunehmend unerbittlichen Zeitalter leben.

Angriffspläne gegen Iran

29. JUNI 2003

Die Zeichen stehen auf Sturm für Teheran. John Bolton, Staatssekretär im US-Verteidigungsministerium, hat wissen lassen, dass das militärische Eingreifen gegen die Islamische Republik Iran eine ernsthaft erwogene Option sei. George W. Bushs Sicherheitsberaterin Condoleezza Rice sagte, die USA würden allein handeln, wenn die Europäer nicht bereit seien, den Iran an der Entwicklung von Atomwaffen zu hindern. Ihnen liege aber nichts daran, die Frage der Nichtverbreitung von Atomwaffen jedes Mal nach dem Muster Iraks zu behandeln, schränkte sie ein. Nach Meinungsumfragen sprechen sich 56 Prozent der US-Bürger für einen Militärschlag aus, um die Entwicklung nuklearer Waffen durch das Mullah-Regime zu verhindern.

Neben dem Vorwurf, Al Qaida-Terroristen auf ihrem Staatsgebiet zu dulden, wirft Washington der schiitischen Geistlichkeit des

Iran vor, die Glaubensbrüder im Irak gegen den US-Verwalter Paul Bremer zu mobilisieren. Ob die schiitische Bevölkerungsmehrheit Mesopotamiens aber einer solchen Ermunterung von außen bedarf, ist keineswegs sicher.

Sowohl der Irak als auch der Iran erleben derzeit eine signifikante Entwicklung – allerdings in konträrer Richtung: Während im Iran die Studentenproteste deutlich machten, dass der schiitische Gottesstaat, so wie ihn Ajatollah Ruhollah Khomeini im Jahr 1979 gegründet hatte, infrage gestellt wird, vollzieht sich bei den schiitischen Massen im Irak eine schwärmerische Hinwendung zum islamischen Eiferertum.

Die Frage ist nun, ob die Unruhen im Irak sowie die anarchischen Zustände in Afghanistan überhaupt ein zügiges militärisches Vorgehen der USA gegen das Regime in Teheran erlauben. Die Risiken sind erheblich. Der Iran hat 70 Millionen Einwohner und verfügt über ein extrem schwieriges Terrain. Im Übrigen können die Studentenkundgebungen nicht darüber hinwegtäuschen, dass die Intellektuellen und das Bürgertum zwar mit dem westlichen Lebensstil liebäugeln, im Falle einer ausländischen Bedrohung sich jedoch mitsamt den Elite-Einheiten der iranischen Revolutionsgarden und dem dubiosen Aufgebot der Bassidschi-Volksmiliz zu erbittertem Widerstand zusammenschließen dürften. In Teheran würde der Kampf im Namen Allahs und der iranischen Nation aufgenommen und nicht im Dienste eines Diktators wie Saddam Hussein.

Wird Bush mit einem Militärschlag gegen Iran abwarten, bis er die nächste Präsidentschaftswahl gewonnen hat? In der Zwischenzeit, so fürchtet das US-Verteidigungsministerium, könnte die persische Atombombe fertiggestellt werden. Jedenfalls wird Staatspräsident Mohammed Khatami, dessen mangelndes Durchsetzungsvermögen gegen die konservativen Mullahs viele seiner Anhänger enttäuscht hat, unter gewaltigen Druck geraten. Die Freigabe des persischen Territoriums für uneingeschränkte Inspektionen durch die Atomenergie-Behörde IAEA würde in den Augen des iranischen Generalstabs einer demütigenden Sicherheitsgefährdung gleichkommen.

In Teheran rechnet man nicht mit einer massiven Invasion der US-Streitkräfte nach irakischem Modell. Vermutlich würde sich Washington auf die Vernichtung der vermeintlichen nuklearen Rüstungsanlagen konzentrieren und durch die Bombardierung der Erdöl-Verschiffungsanlagen das ökonomische Potenzial Persiens blockieren. Zusätzlich geht die iranische Führung davon aus, dass die US Navy die kleinen, aber strategisch wichtigen Inseln Abu Musa sowie Große und Kleine Tumb in der Straße von Hormuz besetzen könnte, die seinerzeit vom letzten Schah willkürlich unter persische Kontrolle gebracht wurden. Ob solche gezielten Zugriffe ausreichen, um den Iran in die Knie zu zwingen, oder ob sich dann in Persien lediglich Chaos und Fanatismus breitmachen würden, ist eine Frage, die auch die Verbündeten Amerikas intensiv erwägen sollten.

Enttäuschung in Kabul

13. Juli 2003

Das Lächeln der Afghanen ist erloschen. Auch die deutschen Patrouillen, die bei Tag und bei Nacht im Straßengewirr von Kabul ihre Runden ziehen, strahlen nicht mehr jene unbeschwerte Zuversicht aus, die sie noch im Herbst vergangenen Jahres zur Schau trugen. Ihre gepanzerten Fahrzeuge werden nicht länger vom gellenden »Thank you«-Geschrei der Kinder begleitet.

Die Veränderung der Stimmung ist nicht etwa auf das Selbstmordattentat an der Straße zum Flugplatz zurückzuführen, das am 7. Juni 2003 vier deutsche Soldaten aus dem Leben riss. Noch wird von den meisten Einheimischen die Präsenz der ISAF, der Internationalen Stabilisierungstruppe, als nützlicher Ordnungsfaktor empfunden. Doch das droht sich zu ändern.

Der Stimmungswechsel ist auch in dem Stützpunkt der Schutztruppe, einer öden Ansammlung von Containern und Baracken namens »Camp Warehouse« entlang der Straße nach Jalalabad zu spüren. Hier verrichten die deutschen Bundeswehrsoldaten einen gefährlichen und entsagungsvollen Dienst. Wer zur Patrouille abkommandiert wird, kann sich trotz der damit verbundenen Risiken privilegiert fühlen, denn die Angehörigen des umfangreichen Logistik- und Versorgungsapparates im Lager selbst haben in ihrer sechsmonatigen Dienstzeit keine Chance, auch nur einen Blick auf das schäbige, aber exotische Treiben von Kabul zu werfen.

Dennoch ist die Stimmung vorzüglich im Camp, wo in den dürftigen Entspannungsräumen »Wolfshöhle« oder »Treibsand« außer Bier kein Alkohol ausgeschenkt werden darf. Die Einsatzbereitschaft ist durch den Anschlag vom 7. Juni nicht beeinträchtigt worden. Unter dem Kommando des deutschen Generals Norbert van Heyst hat die Bundeswehr gemeinsam mit den Niederländern für eine begrenzte Zeit die Funktion der Führungsnation über ein militärisches Sammelsurium übernommen, das sich aus 29 Nationen zusammensetzt – von Kroatien bis Norwegen, von Litauen bis Albanien. Die Zusammenarbeit funktioniert indes reibungslos, und insbesondere das Verhältnis zwischen Deutschen und Holländern steht hier im Zeichen der Kameradschaft. Da die ISAF-Truppe bislang von den amerikanischen Streitkräften eindeutig getrennt operierte, ist in Afghanistan eine Vorahnung jener »Europa-Armee« sichtbar geworden, die eines Tages vielleicht doch noch zustande kommt.

Unterdessen gehen böse Ahnungen um in den Stäben von Kabul. Das Land am Hindukusch bleibt weiterhin durch Warlords und Feudalherren beherrscht, auf deren dubiose und kostspielige Kooperation das geringe amerikanische Aufgebot von bestenfalls 10 000 Soldaten immer stärker angewiesen ist. Wäre nicht die Quasi-Allmacht der US-Luftwaffe, würde die Situation der versprengten amerikanischen Elemente des Heeres und der Spezialkräfte in den Südost-Provinzen zunehmend aussichtslos erscheinen. Die gegnerischen Kräfte formieren sich langsam, aber unerbittlich, auch wenn ihr Waffenarsenal – vor allem ihr Bestand an Boden-Luft-Raketen – zurzeit noch bescheiden ist.

Patrouillen durchs nächtliche Kabul sind nicht ungefährlich. Die deutschen Soldaten schützen sich durch vermehrten Einsatz gepanzerter Fahrzeuge. Dennoch würde ein Beschuss mit Panzerfäusten vom Typ RPG-7, an denen kein Mangel besteht, fast unweigerlich zum Erfolg führen, und der Täter könnte im stockdunklen Gassengewirr spurlos untertauchen. Ob nach zwei oder drei solchen Überfällen das bisherige Patrouillensystem überhaupt aufrechterhalten würde, erscheint unwahrscheinlich, und die multinationale Truppe, ursprünglich zur Absicherung demokratischer Verhältnisse und zum Nationenaufbau in Kabul stationiert, wäre dann völlig isoliert in ihrem trostlosen »Warehouse«-Quartier.

Immer deutlicher wird der Widerspruch zwischen dem ursprünglichen Befriedungsauftrag der UN für ISAF und dem Eindruck, dass sich die internationale Schutztruppe heimlich und zwangsläufig zum integrierten Bestandteil des amerikanischen Feldzuges »Enduring Freedom« wandelt. Die Autonomie der multinationalen Brigade Kabul, die als Teil von ISAF erst unter britischem, dann türkischem und jetzt deutschem Oberbefehl von General Werner Freers gewahrt blieb, nimmt demnächst ein Ende, wenn die Bundeswehr ihre Führungsfunktion abgeben und ihre Beteiligung am Gesamtbestand von ISAF (5100 Soldaten) von derzeit rund 2300 auf 1500 Soldaten reduzieren wird. Ab dem 11. August übernimmt die NATO das Kommando der ISAF. Ein aufgestocktes kanadisches Kontingent wird dann die deutsche Lücke füllen und die Führung der internationalen Brigade übernehmen. Im Rahmen der NATO-Strukturen könnte das gesamte Unternehmen in die Verfügungsgewalt des mächtigen amerikanischen Verbündeten geraten. Für einen normalen Afghanen wäre der Unterschied zwischen der Stabilisierungsmission von ISAF und der sporadischen Partisanenbekämpfung, die weiterhin unter dem amerikanischen Kommando von »Enduring Freedom« stattfindet, kaum mehr wahrnehmbar. Letztere sollte – ortsansässigen Spöttern zufolge – in »Enduring Fight« umbenannt werden.

Dass viele Afghanen immer mehr Aversionen gegen die Amerikaner hegen, bestätigt eine tägliche Erkundungstour mit deutschen

Gebirgsjägern zu einer kahlen Hügelkette, wo ein lockeres System afghanischer Vorposten als äußerer Schutzschild für die Kabul-Brigade fungieren soll. Nach kurzem Suchen entdecken wir die einheimischen Verbündeten, die unter drei Tamarisken-Bäumen Schutz vor der Mittagsglut suchen. Es sind ziemlich wilde Gestalten, ehemalige Mudschahidin. Als Anführer stellt sich ein kleiner, stämmiger Mann mit eindrucksvollem Bart und wettergegerbtem Gesicht vor. Abdurrahman, wie wir ihn nennen wollen, ist ein tadschikischer Veteran des Befreiungskrieges gegen die Sowjetunion. »Wir mögen die Amerikaner nicht«, sagt er. »Die Amerikaner werden den Krieg in Afghanistan am Ende verlieren.«

Von Al Qaida hält Abdurrahman nicht viel, und die Taleban verfügen wohl auch nicht über eine zentrale Führung. Hingegen gewinne der frühere paschtunische Mudschahid, Gulbuddin Hekmatyar, Kommandeur der Hezb-e-Islami, ständig an Boden.

Auf dem Rückweg machen wir auf einem gelben Erdkegel Station, der eine vorzügliche Aussicht auf »Camp Warehouse« bietet. Wer die Höhen ringsum kontrollierte, könnte das weitflächige Ziel mit seinen Granatwerfern oder Raketen gar nicht verfehlen. Trotz aller Planung gibt es im Extremfall kein wirklich einleuchtendes »worst case scenario« für die Evakuierung der ISAF-Soldaten. Das versichern auch deutsche Heeresflieger am Flugplatz Kabul, dessen Rollbahn einem Rundumbeschuss ziemlich schutzlos preisgegeben ist.

Die Disziplin ist gut bei den Deutschen am Hindukusch. Aber jeder intelligente Soldat stellt sich die Frage, was diese unbegrenzte Präsenz im Herzland Asiens für Deutschland, für Europa bewirken soll. Die von den US-Stäben befürwortete Ausdehnung des deutschen Einsatzes auf die im iranischen Grenzgebiet gelegene Stadt Herat wird voraussichtlich an Problemen der Logistik scheitern. Stattdessen soll eine Hundertschaft der Bundeswehr symbolische Präsenz am Verkehrsknotenpunkt Scharikar beziehen.

Selbst wenn die ISAF ihre Präsenz weiterhin auf »Kabulistan« beschränkte, könnte ihr Auftrag ins Zwielicht geraten. Sie würde dort zum Schutz von Staatspräsident Hamed Karzai ausharren, der ohne seine amerikanischen Bodyguards längst ermordet worden wäre. Unterdessen sickern lokale Widerstandskräfte diskret in die Hauptstadt ein, während die Terrorkommandos von Al Qaida wohl längst die Höhlen des Hindukusch gegen neue Schlupfwinkel in Pakistan, Jemen, Saudi-Arabien oder Sudan eingetauscht haben dürften. Vor allem der Irak bietet ihnen ein neues, verlockendes Betätigungsfeld.

Zum Abschluss dann doch ein tröstliches Bild der Hoffnung: Auf der Heimfahrt zum Stützpunkt passieren wir ein Dorf, in dessen Straßen Dutzende junger Mädchen in schwarzer Einheitstracht laufen. Im Gegensatz zu den immer noch tief verschleierten Frauen von Kabul tragen sie einen weißen Schleier, der das Gesicht frei lässt. Es sind die Schülerinnen einer neu gegründeten Schule, und da fällt mir ein, dass der wilde Kämpe Abdurrahman beim Gespräch unter der Tamariske zwar die Schaffung eines islamischen Gottesstaates in Afghanistan gefordert hatte, aber auch den Bau von Unterrichtsstätten für die Töchter des Landes.

Hinrichtung in Mossul

28. Juli 2003

Der Tod der beiden Söhne Saddam Husseins glich einer Szene aus einem schlechten Westernfilm. Es besteht nicht der geringste Grund, diesen beiden Horrorfiguren – insbesondere der ältere Sohn Udai war ein krankhafter Killer und Folterer – auch nur eine Träne nachzuweinen. Präsident Bush – unisono mit seinem zunehmend erbärmlich wirkenden Trabanten Tony Blair – trompetet einen großen Sieg der Koalition in die Welt. Das weckt den zwingenden Verdacht, dass die erfolgreich abgeschlossene Hetzjagd auf zwei Politverbrecher dazu herhalten muss, von den skandalösen Irreführungen in Fragen Massenvernichtungswaffen abzulenken.

Die Skepsis zahlreicher Iraker über die Identität der vorgefundenen Leichen entspricht dem orientalischen Drang zur Legendenbildung und permanenten Verschwörungsvermutung. Aber wie kann US-General Sanchez erklären, dass zweihundert seiner Elitesoldaten sechs Stunden und den Einsatz von Hubschrauberraketen benötigten, um ein kleines Grüppchen von sieben Arabern niederzukämpfen? Nach der Umzingelung der stattlichen Villa, in der Saddams Söhne Udai – durch ein Attentat 1996 schwer behindert – und sein jüngerer Bruder Kusai, der als Nachfolger Saddams benannt war, Zuflucht gefunden hatten, wäre es doch logisch gewesen, dieser beiden Kronzeugen des Regimes habhaft zu werden und sie lebend zu fangen. Die Spezialtruppe, die zu ihrer Überwältigung eingesetzt war, hätte zu diesem Zweck eine zermürbende Hinhaltetaktik anwenden oder auch mit Betäubungsgasen arbeiten müssen. Jedenfalls hätten die beiden Söhne nicht nur über den Aufenthalt ihres Vaters, sondern auch über die Existenz der angeblich gehorteten Massenvernichtungswaffen Auskunft geben können. Die gehörten ja zum zentralen Argument der angelsächsischen Kriegsentscheidung.

Über kurz oder lang wird auch Saddam selbst seinen Häschern ausgeliefert sein. Die ausgesetzte Prämie, die den Denunzianten der Söhne angeblich bereits ausgehändigt wurde, ist in Höhe von 25 Millionen US-Dollar überaus verlockend. Ob die US-Sturmtruppen auch den Vater mit ihren Waffen zum Schweigen bringen werden, ehe er einem Gerichtshof vorgeführt wird? Die Türken hatten sich im Fall des kurdischen PKK-Führers Öcalan klüger verhalten. Sie hatten diesen Erzfeind in einer Blitzaktion entführt und vor den Augen der Weltöffentlichkeit, vor allem auch seiner enttäuschten kurdischen Anhänger, monatelang aussagen lassen, bis sein Prestige als unbezwingbarer Rebell zerstört war. Seitdem fristet Öcalan sein Häftlingsleben auf einer Insel im Marmarameer.

Präsident Bush wird vermutlich anders verfahren. Der entmachtete irakische Staatschef weiß allzu gut, dass ihm bei seiner Gefangennahme eine endlose Serie von Demütigungen bevorsteht. Die Vorgänge in Guantánamo werfen düstere Schatten. Wenn Saddam jedoch mit der Waffe in der Hand den Tod fände, dann würde dieser blutrünstige Tyrann in der Fantasie der arabischen Nationalisten nachträglich als Held hochstilisiert werden.

Schon glauben die Strategen Washingtons in ihrem Wunschdenken, der irakische Widerstand gegen die amerikanische Besatzung werde nach dem Tod Udais und Kusais abflauen und am Ende ganz erlöschen. Dabei geht man von der irrigen Vorstellung aus, dass es lediglich verzweifelte Anhänger der bislang herrschenden Baath-Partei waren, die den US-Patrouillen auflauerten. In der großen Mehrheit sind es aber arabische Nationalisten oder sunnitische Islamisten, die den harten Kern der »Résistance« bilden.

Noch hat die Bevölkerungsmehrheit der Schiiten – dem klugen Rat ihrer Geistlichen folgend – nicht zu Kalaschnikow und Panzerfaust gegriffen. Sollte jedoch ihr berechtigter politischer Führungsanspruch durch die amerikanische Protektoratsverwaltung in den Wind geschlagen werden, dann dürfte sich die gefährlichste Front von Attentätern gegen die weit verstreuten US-Soldaten formieren.

Afghanistan – so brenzlig ist es wirklich

18. August 2003

Es scheint also beschlossen zu sein, dass die Bundeswehr in Ausweitung ihres Stabilisierungsauftrages für Afghanistan – ISAF genannt –, der bislang auf Kabul begrenzt war, in naher Zukunft auch ein Kontingent von etwa 100 Mann in die nördliche Provinzhauptstadt Kundus entsenden wird. Eine ungefährliche Gegend ist diese Oasen-Ebene nicht. Der einzige Vorteil, der sich hier bietet, ist die Nähe der Republik Tadschikistan – nur 60 Kilometer Wegstrecke –, wo Russland immer noch mit der 201. Schützendivision präsent ist. Berlin täte gut daran, sich rechtzeitig mit Moskau in

Verbindung zu setzen, um eine eventuelle Evakuierung der Deutschen für das »worst-case scenario« zu vereinbaren.

Es mag extrem pessimistisch klingen, die bevorstehende Ablösung des in Kundus befindlichen »Provincial Reconstruction Teams« der US-Armee durch diese Bundeswehreinheit schon heute mit überstürzten Rückzugsperspektiven zu befrachten. Aber das Umfeld von Kundus ist nicht so harmlos, wie es manche deutsche Politiker, die neuerdings wieder jedem Wunsch des übermächtigen US-Alliierten mit vorauseilendem Gehorsam begegnen, gern darstellen möchten. Diese Nordregion, wo die Mehrheit der Einwohner aus Tadschiken und Usbeken sich 2001 bereitwillig der proamerikanischen Nordallianz zur Verfügung stellte, galt vor zwei Jahren noch als Hochburg der Taleban. In Kundus hatte der ominöse Mullah Omar – wo ist der eigentlich geblieben? – seinen Koranschülern einen törichten Durchhaltebefehl gegen die Operation »Enduring Freedom« erteilt. Die Taleban haben bei Kundus unter den Bombenteppichen der B52 ihre schwersten Verluste erlitten, bevor sie sich in die gebirgigen Stammeszonen verflüchtigten.

Die US-Spezialeinheiten hatten in dieser exponierten Stellung, wo weiterhin eine latente Widerstandsstimmung bei den Paschtunen vorherrscht, keine Verluste zu beklagen. Sie hatten ihr Camp zur Festung ausgebaut und die Patrouillen auf ein Minimum beschränkt. Vor allem erzielten die CIA-Beauftragten eine oberflächliche Befriedung, indem sie immer wieder die wankelmütigen Stammesfürsten oder Clan-Chefs mit klingender Münze bei der Stange hielten. Die Methode hatte sich ja schon im Herbst 2001 bewährt, als Bares in Höhe von 70 Millionen Dollar in der Umgebung von Mazar-e-Scharif ausgeworfen wurde. Die deutsche Truppe täte deshalb gut daran, neben einer kampftauglichen Ausrüstung auch ein paar mit 100-Dollar-Scheinen prall gefüllte Taschen auf ihre Expedition nach Kundus mitzunehmen, sollte aber bedenken, dass man Afghanen zwar mieten, aber nicht kaufen kann.

Bereits einmal hat eine deutsche Delegation nach einem geeigneten Einsatzort für ihr »Provincial Reconstruction Team« Ausschau gehalten. Die Stadt Herat wurde aus logistischen Gründen verworfen. Zwischen Herat und dem 600 Kilometer entfernten Kabul liegt unwegsames Gebirge, das über eine Verbindungsstraße im Süden in weitem Bogen umgangen werden muss. Der in Herat residierende tadschikische Feudalherr Ismail Khan hat zudem eine fremde Truppenpräsenz sehr deutlich abgelehnt. Er konnte mit Recht darauf verweisen, dass er sein Territorium besser im Griff hat und auch vernünftiger verwaltet, als der afghanische Staatschef Karzai das in seiner auf die Hauptstadt beschränkten Einflusszone »Kabulistan« vermag. Ein Ausflug nach Gardez in der Südostprovinz Paktia war insofern nützlich, als er den Beamten aus Berlin – die zuständigen Bundeswehr-Kommandeure wussten das längst – vor Augen führte, wie total unkontrolliert die von Paschtunen bevölkerte Südhälfte bleibt. Die Militäraktionen der USA von Tora-Bora oder das Umklammerungsunternehmen »Anaconda« waren dort ins Leere gestoßen.

Die deutsche Regierung und die deutsche Opposition werden sich an dem Tag, an dem die Verhältnisse am Hindukusch sich dramatisch verschlechtern werden, nicht damit herausreden können, sie seien nicht gewarnt worden. Von militärischer wie von nachrichtendienstlicher Seite liegen eindeutige Berichte vor, wonach der Partisanenkampf sich langsam, aber unaufhaltsam intensiviert. Dass die Kinder in Kabul – immer seltener übrigens – den deutschen Patrouillen zuwinken, dass jeder Dorfälteste beteuert, Deutsche und Afghanen seien als »arische Völker« miteinander verwandt, kann nicht darüber hinwegtäuschen, dass die ISAF-Brigade, die unlängst noch dem Einsatzführungskommando in Potsdam unterstellt war, seit Ankunft kanadischer Verstärkungen nunmehr der NATO zugeordnet ist. Damit verwischen die Grenzen zwischen dem US-Feldzug »Enduring Freedom« und dem ursprünglichen UNO-Auftrag der »Stabilization Force«.

Das Selbstmordattentat auf einen Bundeswehrbus am 7. Juni muss als Signal verstanden werden. Die Partisanen – seien es nun Taleban, versprengte Al Qaida-Desperados oder die sich verstärkende Mudschahidin-Fraktion des Taleban-Gegners Hekmatyar, mit dem man längst hätte Kontakt aufnehmen müssen – sind unzureichend bewaffnet, verfügen jedoch über eine beachtliche Zahl von RPG-7-Panzerfäusten. Eines Tages könnten diese Geräte den Dingo- und Fuchs-Fahrzeugen der Bundeswehr bei ihren nächtlichen Rundfahrten in Kabul zum Verhängnis werden. Drei solcher Überfälle, und die multinationale Brigade wäre in ihrer hoffnungslos exponierten Mulde des »Camp Warehouse« rundum eingekesselt.

Die Kampfmoral der deutschen Truppe ist zwar vorzüglich, aber zu Recht mehren sich die Fragen nach dem Sinn ihres gefährlichen Einsatzes in Zentralasien. Deutschland wird eben nicht am Hindukusch verteidigt. Von der ISAF-Brigade – nunmehr Instrument der auch bei den Afghanen zunehmend verpönten Globalstrategie der USA – erwartet man, dass sie eigene Verluste in Kauf nimmt zum Schutz eines fragwürdigen Regimes. Die über das ganze Land verstreuten multinationalen »Reconstruction Teams« sollen im kommenden Jahr auch an Ort und Stelle die Abhaltung »demokratischer Wahlen« gewährleisten. Angesichts der abbröckelnden Sicherheitslage, der ererbten Stammesstrukturen, der zutiefst islamisch geprägten Mentalität der Bevölkerung mutet dieser »Stimmzettel-Fetischismus« wie eine jener Irreführungen an, an die wir uns seit dem Feldzug »Iraqi Freedom« leider gewöhnen mussten.

Der ISAF-Brigade und den deutschen Soldaten in Afghanistan bleibt zu wünschen, dass sie aus der Operation »Enduring Freedom«, deren finales Scheitern programmiert ist, rechtzeitig und ohne nennenswerte Verluste den Rückzug in Richtung Heimat antreten oder in ein sinnvolleres Einsatzgebiet verlegt werden, womit um Gottes willen nicht der Irak gemeint ist.

Entführung in der Sahara

Die Geiselaffäre in der Sahara gibt auch nach ihrem halbwegs glücklichen Abschluss manches Rätsel auf. Die Freischärler der »Salafistischen Bewegung für Predigt und Kampf« hatten bislang nur selten von sich reden gemacht. Wie diese Rebellengruppe, die bestenfalls über ein paar hundert Partisanen verfügen dürfte, sich in der menschenfeindlichen Wüstenumgebung immer wieder der Hetzjagd der algerischen Armee entziehen konnte, werden die befreiten Touristen andeuten können.

Der Begriff »Salafiya«, der immer häufiger bei den heute weltweit agierenden islamischen Aufstandstruppen auftaucht, war lange vor Osama Bin Laden und den afghanischen Taleban geläufig. Diese religiöse Erweckungsbewegung will zu den reinen, strengen Ursprüngen der Religion und zur strikten Beachtung der koranischen Vorschriften zurückfinden. Sie strebt einen Gottesstaat an und richtet ihren Fluch gegen all jene Regime der islamischen Staatenwelt, die sich durch westliche Einflüsse, durch sektiererische Verirrungen oder schändliche Sündhaftigkeit vom rechten Weg Allahs abbringen ließen. Die in der Umgebung des Tassili-Gebirges gekidnappten Europäer haben bestätigt, dass es sich bei ihren Entführern um »gottesfürchtige« Männer handelte. Es waren keine nomadisierenden Tuareg oder Tubu, sondern rein arabische Algerier aus den fruchtbaren Nordprovinzen, die sich in der unerbittlichen Mineralwelt des Hoggar fast ebenso fremd fühlen mussten wie die Abenteuertouristen, die sich dort recht mutwillig der Gefahr ausgesetzt hatten.

Während des langen französischen Algerienkrieges, der von 1954 bis 1962 dauerte, hatte der Aufstand der Nationalen Befreiungsfront niemals auf die öden Weiten der Sahara übergegriffen. Aber diese Einsamkeit hatte in allen abrahamitischen Religionen stets die visionäre Gabe der Propheten und Heiligen beflügelt. Die Verschleppung von europäischen Abenteuer-Urlaubern wird dem »Salafistischen« Kampfbund, dem angeblich als militärischer Führer ein gewisser Abderrazik-el-Para, ein ehemaliger Unteroffizier der algerischen Fallschirmjäger, vorsteht, keinen entscheidenden Durchbruch bescheren. Auf Dauer werden sich diese »Mudschahidin« nicht in der trostlosen Umgebung der Oase Tessalit behaupten können. Die Militärjunta von Algier wird alles in Bewegung setzen, um diese Gegner ihres Willkürregimes auszumerzen. Die erpressten Geldsummen, die aus dem Haushalt der deutschen Regierung den Rebellen auf Umwegen zugeflossen sind, reichen nur in bescheidenem Maße aus, um ihre Verproviantierung und die Beschaffung zusätzlicher Waffen zu finanzieren. Im Wesentlichen ging es ihnen wohl darum, die westlich-christliche Welt darauf aufmerksam zu machen, dass der heilige Krieg auch in Afrika um sich greift und dass nicht einmal die Sand- und Felsbarriere der Sahara dessen Ausweitung nach Süden verhindern kann.

Die amerikanischen Planer des Pentagon sollten diese räuberisch anmutende Episode als Warnsignal verstehen. Indem die Administration Bush den Eindruck erweckte, dass ihr globaler Krieg gegen den Terror und das »Böse« sich vornehmlich gegen alle Erscheinungen des »revolutionären Islamismus« richtet, setzt sie sich der Gefahr aus, demnächst – überwiegend in der Sahelzone zwischen Senegal und Somalia – auch im Schwarzen Erdteil den Anschlägen der »Gotteskrieger« ausgeliefert zu sein. Noch verlässt sich Washington in Liberia auf die schwarzen Hilfstruppen der riesigen Föderation Nigeria. Die USA verdrängen damit die Tatsache, dass die nördlichen, von Muslimen bevölkerten Teilstaaten dieses afrikanischen Giganten die koranische Gesetzgebung bereits eingeführt haben, und dass die von dort stammenden Militärs das Rückgrat der nigerianischen Streitkräfte bilden. Sie berufen sich gern auf den streitbaren schwarzen Sklaven Bilal, der der hoch verehrte erste Muezzin des Propheten Mohammed war.

Die Mutter aller Lügen

Zweifellos ist es zu früh, von einem Niedergang der amerikanischen Allmacht zu sprechen, aber das Irak-Engagement hat deutliche Schwächen des US-Militärsystems aufgezeigt. In der Luft und auf dem Meer sind die USA die unbesiegbare Hyperpower, doch zu Lande sind die Unzulänglichkeiten eklatant. Die Zahl der amerikanischen Kampfbrigaden des Heeres, jener Großverbände, die zur Intervention in Übersee taugen, wird auf 33 beziffert. 16 davon sind im Irak eingesetzt, fünf weitere widmen sich anderen Übersee-Aufgaben. Dazu muss ein unentbehrliches Rotationspotenzial gezählt werden, so dass bestenfalls drei zusätzliche Kampfbrigaden zur Zeit verfügbar sind. Die Behauptung, die USA könnten gleichzeitig zwei oder drei Regionalkriege bewältigen, trifft also nicht zu.

Im Irak bleibt die »guerilla warfare«, wie der US-Oberkommandierende General Abizeid den Widerstand mit erfreulicher Offenheit nennt, im Wesentlichen auf das »sunnitische Dreieck« begrenzt, grob gezeichnet der Raum zwischen Bagdad, Faluja und Tikrit. Doch man soll nicht annehmen, es handle sich bei diesen Freischärlern nur um verbissene Anhänger Saddam Husseins. Sunnitische Fundamentalisten und arabische Nationalisten bilden den Kern dieser Widerstandsbewegung, der durch eine Vielzahl muslimischer Freiwilliger aus der ganzen arabischen Welt verstärkt wird.

Die eigentliche Prüfung steht den US-Streitkräften jedoch noch bevor. 65 Prozent der irakischen Bevölkerung bekennen sich zum schiitischen Glaubenszweig, wenn man die Kurden abzieht, sind das 80 Prozent der dort lebenden Araber. Diese Schiiten haben sich bislang auf Weisung ihrer höchsten Geistlichen zurückgehalten.

Offenbar wollen die maßgeblichen Ayatollahs die Amerikaner beim Wort nehmen und das Wagnis der Demokratie, das heißt freier und kontrollierter Wahlen, eingehen, weil sie sicher sind, dass ihnen dann aufgrund ihrer Überzahl automatisch die Regierungsgewalt zufiele und sie in der Lage wären, einen schiitischen Gottesstaat auszurufen – der sich allerdings nicht unbedingt auf das Modell des Ayatollah Khomeini richten muss. Schon rumort es unter den Schiiten, wie das jüngste Attentat auf den Ayatollah Hakim in der heiligen Stadt Nedjef andeutet. Die ungeduldigen Heißsporne, die der frevlerischen Präsenz amerikanischer, ungläubiger Truppen in der Nähe ihrer höchsten Heiligtümer gewaltsam ein Ende setzen möchten und die sich um den jungen Scheikh Muqtada-es-Sadr gruppieren, warten auf ihre Stunde. Dann wären die Amerikaner mit einer gnadenlosen »Super-Intifada« konfrontiert und einem Aufgebot an Selbstmordkandidaten, an »Märtyrern«, wie es bei den Sunniten nicht vorhanden ist.

Bemerkenswert sind die Bemühungen der USA, nach den unbefriedigenden Erfahrungen, die sie mit ihren Freunden im »Neuen Europa« gemacht haben, nunmehr neben Indern, Pakistanern und anderen Hilfsvölkern auch das »Alte Europa« – Deutschland und Frankreich – militärisch in ihr mesopotamisches Abenteuer einzubinden. Die Unterordnung dieses Experimentes unter die Führung der Vereinten Nationen, wie es so manchem deutschen Politiker vorschwebt, würde allerdings keine Vorteile bringen, da die UNO aufgrund der jahrelangen Sanktionspolitik und ihrer robusten Suche nach Massenvernichtungswaffen im Irak als Instrument Washingtons angesehen wird. Auch eine Unterstellung westeuropäischer Verbände unter die NATO würde an der US-Führung im strategischen und politischen Bereich nichts ändern. Bezeichnend ist der Wille Washingtons, der angestrebten europäischen Einsatztruppe von 60 000 Mann, die autonom operiert hätte, die »NATO Response Force« entgegenzusetzen, die nach Ansicht des amerikanischen Kolumnisten William Pfaff eine »sich selbst finanzierende Fremdenlegion im Dienste Amerikas« wäre.

Vor ähnlichen Problemen steht Deutschland bereits in Afghanistan, wo die multinationale Kabul-Brigade dem europäischen Kommando in Potsdam entzogen und jüngst der NATO, das heißt US-Planung, unterstellt wurde – auch wenn nominell ein deutscher General an der Spitze von ISAF steht. Damit wird die Differenzierung zwischen dem offensiven Unternehmen »Enduring Freedom«

und der Stabilisationsfunktion aufgehoben, die die Kabul-Brigade ursprünglich ausüben sollte. Die Ausweitung des deutschen Auftrages in Richtung Kundus, die offenbar schon von Berlin akzeptiert wurde, könnte zu zusätzlichen Verlusten bei der Bundeswehr führen.

Allerdings gewinnt das Argument des Bundesverteidigungsministers, die vier deutschen Soldaten, die beim Bus-Attentat am 7. Juni in Kabul umgekommen sind, dürften nicht umsonst gestorben sein, nicht dadurch an Glaubwürdigkeit, dass sich die Zahl getöteter Bundeswehrsoldaten weiter erhöht. Der Provinzialismus der deutschen Politik, der sich an das Wunschdenken von »humanitären Militäreinsätzen« klammert, ist leider in der Opposition fast noch stärker vertreten als in den Regierungsparteien. Insgesamt gesehen sollten die Europäer sich bewusst sein, dass – nachdem Saddam Hussein den Golfkrieg von 1991 großmäulig die »Mutter aller Schlachten« genannt hatte – der jetzige Kampf um das Zweistromland als »Mutter aller Lügen« in die Geschichte eingeht.

Schiitische Märtyrer

31. AUGUST 2003

Schlimmer konnte der Frevel nicht sein. Die Moschee des Imam Ali in Nedjef, in der der Gründer des schiitischen Glaubenszweiges und Schwiegersohn des Propheten Mohammed, Ali Ibn Abi Talib, bestattet ist, gilt als der heiligste Pilgerort einer religiösen Gemeinschaft, die im gesamten Irak 65 Prozent der Bevölkerung ausmacht. Die Tatsache, dass dieser Mordanschlag, der professionell durch Fernsteuerung ausgelöst wurde und bei dem weit über 100 Menschen den Tod fanden, unmittelbar nach dem Freitagsgebet stattfand, steigert die Gotteslästerung ins Unermessliche.

Unter den Opfern befindet sich auch der Großayatollah Mohammed Bakr-al-Hakim, der als Mardja-al-Taqlid – als »Quelle der Nachahmung« – von zahllosen Gläubigen verehrt wurde. Seine Familie war unter Saddam Hussein weitgehend ausgerottet worden. Erst nach 23-jährigem Exil war er unter dem Jubel seiner Gefolgschaft aus dem iranischen Exil heimgekehrt. Da Baqr-al-Hakim der schiitischen Bewegung SCIRI (Höchster Rat der Islamischen Revolution) vorstand, klafft seit dem Mord an diesem »Ayatollah Uzma« ein politisches Vakuum, das die eifernde, zutiefst traumatisierte »Schiat Ali« in den Bürgerkrieg und in einen hemmungslosen Partisanenkampf gegen die amerikanische Besatzung hineinreißen könnte.

Für die Politik und Militärpräsenz der USA im Irak kommt das Massaker von Nedjef einer Katastrophe gleich. Zwar unterhielt Mohammed Baqr-al-Hakim weiterhin engste Beziehungen zum Mullah-Regime von Teheran wie auch zu der kampferprobten Hizbullah des Libanon, er galt sogar als Verfechter eines islamischen Gottesstaates. Doch zeichnete er sich ebenfalls durch Klugheit und Mäßigung aus.

Die SCIRI-Bewegung spekulierte darauf, dass den Amerikanern am Ende nichts anders übrig bliebe, als unter internationaler Aufsicht freie und demokratische Wahlen im Irak auszuschreiben. In diesem Fall war sich die schiitische Bevölkerungsmehrheit ihres Sieges gewiss. So sehr hatte der Ayatollah al-Hakim sich auf diese unblutige Regierungsbildung ausgerichtet und Toleranz gegenüber allen anderen ethnischen und konfessionellen Gruppen gepredigt, dass er bei den schiitischen Heißspornen in den Verdacht geriet, dem Beraterstab um den US-Verwalter Paul Bremer zu viele Konzessionen gemacht zu haben. Die jüngsten Anschläge auf britische Soldaten im Umkreis der schiitischen Hafenstadt Basra deuteten auf wachsende Ungeduld der Eiferer hin.

Vor Beginn der amerikanischen Offensive hatten die Einwohner von Bagdad relativ offen über ihre Ängste gesprochen. Gewiss fürchteten sie die vernichtende Wirkung der amerikanischen Präzisionswaffen, aber mehr noch die Entfesselung eines plündernden Mobs und vor allem den Ausbruch eines konfessionellen Bürgerkrieges zwischen Sunniten und Schiiten. Sollte der bislang vermiedene Religionskonflikt ausbrechen, versänke der Irak vollends im Chaos. Der bewaffnete Widerstand hat bislang vor allem im sogenannten »sunnitischen Dreieck« zwischen Bagdad, Tikrit und Faluja stattgefunden. Die Heckenschützen, die den GIs auflauerten, waren wohl nur zu einem geringen Teil Anhänger des Saddam-Regimes. Mehrheitlich handelte es sich bei diesen Freischärlern um irakische Nationalisten, um sunnitische Fundamentalisten und um jene Freiwilligen aus den arabischen Nachbarstaaten, die sich früher in den afghanischen Trainingslagern von Al Qaida sammelten und nunmehr im Irak ein ideales Manövrierfeld für ihren antiamerikanischen Dschihad gefunden haben. Vor allem aus Saudi-Arabien sollen Tausende dieser Mudschahidin eingetroffen sein.

Aus Saudi-Arabien sollen auch zwei der vier mutmaßlichen Attentäter von Nedjef kommen, die gestern gefasst wurden. Die beiden anderen sollen irakische Anhänger von Ex-Staatschef Saddam Hussein sein und aus Basra stammen. »Sie haben zugegeben, Drahtzieher der Explosion zu sein«, sagte der Gouverneur von Nedjef, Haidar Mehdi Mattar. Nach Ansicht des Schiiten Ahmed Chalabi, proamerikanisches Mitglied des provisorischen Regierungsrats von Bagdad, haben die im Untergrund operierenden Mitglieder der Baath-Partei Saddam Husseins das Ziel, totales Chaos zu stiften und die Schiiten in den Abnutzungskrieg gegen die US-Streitkräfte zu treiben.

Die Schiiten des Irak, die zum ekstatischen Märtyrerkult neigen, dürften künftig für die US-Besatzung eine weit gefährlichere Bedrohung darstellen als die sunnitischen »Mudschahidin«. Schon im Mittelalter hatte sich diese islamische Glaubensrichtung durch ihre Bereitschaft zum Selbstmordattentat hervorgetan. Die USA sind im Irak vollends in den Treibsand einer religiösen Aufwallung geraten. Aber die Einbeziehung der Vereinten Nationen, die vor allem von den Deutschen dringend gefordert wird, würde geringe Entlastung bringen, da in Mesopotamien die UN auf Grund ihrer unerbittlichen Sanktionspolitik als der verlängerte Arm Washingtons betrachtet werden. In Ermangelung eigener ausreichender

Bodentruppen wird Präsident George W. Bush deshalb mit äußerstem Druck versuchen, die bislang geschmähten »Feiglinge des alten Europa« – unter UN-Flagge, aber unter Kommando eines amerikanischen Generals – einzubeziehen. Die tragische Krisensituation im Zweistromland ist für die Europäer weit bedenklicher als das unsinnige militärische Engagement am Hindukusch. Berlin und Paris werden darauf achten müssen, dass sie – bei einem Einsatz, dem sie sich vielleicht auf Dauer nicht verweigern können – nicht zu bloßen Handlangern Washingtons werden.

Terror und Chaos

28. OKTOBER 2003

Allmählich entsteht in Bagdad der Eindruck, die amerikanischen Besatzer seien in die Situation von Belagerten geraten. Es ist nicht die Rede davon, dass ein GI sich in eine Caféstube begibt oder sich von seiner Waffe, seinem Helm und seiner kugelsicheren Weste trennt. Im Übrigen sind sämtliche offiziellen Gebäude durch gewaltige Betonmauern abgeschirmt.

Der amerikanische Botschafter Paul Bremer, der in Wirklichkeit die Funktion eines Prokonsuls ausübt, hat sich in den zentralen Palast Saddam Husseins zurückgezogen. Aber dessen aufwändiges Sicherheitssystem reichte ihm bei weitem nicht. Heute ist diese Residenz zu einer wahren Festung ausgebaut.

Laut offiziellen Schätzungen finden etwa 30 Anschläge pro Tag gegen Einrichtungen der »Koalition« statt. Nur die wenigsten davon fordern Opfer, aber die tödliche Bedrohung ist allgegenwärtig. Die Betonmauern, die inzwischen ganz Bagdad verunstalten, bieten zwar relativen Schutz gegen Selbstmordattentate von Autofahrern, die ihre Fahrzeuge mit Sprengstoff gefüllt haben. Aber seit dem Anschlag auf das Hotel Raschid, das fast so gut geschützt war wie das Hauptquartier, müssen die amerikanischen Stäbe auch mit Raketenbeschuss rechnen. Granatwerfer sind längst im Einsatz gewesen.

Auf meiner Fahrt nach Kufa, das neben der heiligen Stadt Nedjef gelegen ist, wurde ich Augenzeuge eines Sprengstoffanschlags auf einen kleinen amerikanischen Konvoi. Die Bombe war am Straßenrand versteckt, drückte die rechte Seitenwand des Humvee ein, und zwei amerikanische Soldaten fanden den Tod. Sie wurden umgehend von Hubschraubern abtransportiert. Das Ganze wirkte fast wie ein Verkehrsunfall. Die unbeteiligte arabische Menge, die überwiegend schiitisch war, verfiel glücklicherweise nicht in jenes Freudengeschrei, das in solchen Fällen im sogenannten sunnitischen Dreieck häufig angestimmt wird.

Zurzeit konzentrieren sich die Terroraktionen, die auch vor den Einrichtungen der Vereinten Nationen und des Internationalen Roten Kreuzes nicht zurückschrecken, im Wesentlichen auf den Norden des Irak. Das Kurdengebiet galt bislang als das einzige Territorium, in dem die Amerikaner als Freunde und Befreier empfangen wurden. Das könnte sich jedoch ändern, wenn – wie angekündigt – 10 000 türkische Soldaten im Irak einrücken. Diese Soldaten der Republik von Ankara sollen zwar außerhalb der kurdischen Siedlungszone stationiert werden, aber zwangsläufig müssen sie im umstrittenen Grenzgebiet ihre Nachschublager errichten, und sie haben schon angekündigt, dass sie auch im Irak die Verfolgung der PKK aufnehmen wollen, die in Ostanatolien einen jahrelangen Partisanenkrieg gegen die türkischen Streitkräfte durchgehalten hat. Mit dem Engagement Ankaras könnte Washington sich also auch die positive Haltung der Kurden verscherzen, die sich wieder einmal verraten fühlen.

Bei den Attentaten, die durchschnittlich ein oder zwei US-Soldaten das Leben kosten und die vor allem unter den mit den US-Streitkräften kollaborierenden irakischen Polizisten hohe Opfer fordern, müssen zwei Kategorien unterschieden werden. Den Selbstmordattentätern sollte man im Allgemeinen eine religiöse, eine islamische Motivation gegen die ungläubigen Eindringlinge unterstellen. Bei den technisch perfektionierten Anschlägen, die durch Fernzündung ausgelöst werden, dürften jedoch mehrheitlich die arabischen Nationalisten und eventuell auch Angehörige der aufgelösten Baath-Partei verantwortlich zeichnen.

Im Rückblick kann man sagen, dass sich die Amerikaner, denen die irakische Bevölkerung beim Einzug in Bagdad a priori nicht feindselig gegenüberstand, sämtliche Sympathien durch ihr extrem ungeschicktes, oft brutales Auftreten und die Missachtung der islamischen Sitten verscherzt haben. Im Gegensatz dazu haben die Briten, die ich in Basra, dem großen Hafen am Schatt-el-Arab im äußersten Süden Mesopotamiens, aufsuchte, in den vergangenen sechs Wochen keine Verluste zu beklagen gehabt.

Ich begleitete die Soldaten des Lancashire-Regiments auf ihrer Patrouille in den dortigen Elendsvierteln und musste ihnen eine gewisse Bewunderung zollen. Sie trugen keine Helme, sondern das schwarze Barett, um nicht allzu martialisch zu wirken. Ihre Sicherungsmaßnahmen waren in Nordirland eingeübt worden. Wie die Iraker selbst zugeben, die dieser früheren Mandatsmacht ja nicht besonders freundlich gesonnen sind, verfügen eben die Briten über die Erfahrung einer alten Imperialmacht und über Eigenschaften im Umgang mit der einheimischen Bevölkerung, die die Amerikaner möglicherweise nie erwerben werden.

Im Gegensatz zu den amerikanischen Informationsstellen, die sich ausländischen Journalisten gegenüber total abkapseln oder lediglich unbrauchbare Informationen von sich geben, sind die Engländer extrem mitteilungsfreudig. Sie geben insbesondere zu, dass die Elektrizitätsmasten und die Ölpipelines überwiegend von kriminellen Elementen zerstört werden, so dass das Petroleum in endlosen Konvois von Tankwagen nach Norden transportiert werden muss. Der prekären Situation auch im Süden des Landes sind sich die Briten allerdings voll bewusst. »The honeymoon is over!«, lautet ihr skeptischer Kommentar.

Das schwierigste Problem steht den Amerikanern noch bevor. Bislang hat sich der Glaubenszweig der Schiiten den Amerikanern gegenüber zwar in keiner Weise kooperativ, aber passiv und abwartend verhalten. Attentate fanden bei ihnen nicht statt. Das entspricht dem klugen Kalkül, das insbesondere von dem ermordeten Ayatollah Baqr-al-Hakim angestellt wurde, wonach den Schiiten automatisch die Mehrheit im Parlament und der Auftrag zur Regierungsbildung zufallen würde, falls die Amerikaner mit ihren demokratischen Prinzipien und dem Selbstbestimmungsrecht der Völker Ernst machen würden.

Der Verdacht verstärkt sich jedoch inzwischen, dass Paul Bremer im Auftrag Washingtons alles versuchen wird, um eine Machtergreifung der Schiiten zu verhindern. In diesem Falle befürchtet nämlich die Bush-Administration, dass ein islamischer Gottesstaat in Bagdad ausgerufen werden könnte, und im Pentagon geht wohl das Gespenst des Ayatollah Khomeini um. Falls jedoch die US-Besatzung fortfahren sollte, den geplanten Verfassungsentwurf zu manipulieren und die Marionetten-Mannschaft des »Gouverning Council«, der von ihr willkürlich selektiert wurde, aufzuwerten, würde es vermutlich gerade bei den Schiiten zu einer gewaltigen Explosion kommen. Der Kult der Märtyrer, die Tradition der Selbstaufopferung, ist bei den Schiiten viel tiefer verwurzelt als bei den Sunniten. Als Führer eines massiven Aufstandes zeichnet sich bereits die Figur des jungen Scheikh Muqtada-es-Sadr ab, der zwar nicht über die höheren Weihen der schiitischen Hierarchie verfügt, aber die Elendsmassen vor allem im schiitischen Stadtviertel Sadr-City, wo zwei Millionen Menschen zusammengepfercht leben, zu einem beispiellosen Ausbruch des Zorns aufwiegeln könnte.

Ihre wirkliche Chance haben die Amerikaner verspielt, als sie nach dem Zusammenbruch des Regimes Saddam Husseins die irakische Armee auflösten und sich dieses potenziellen Ordnungselements beraubten. Heute sind es mehrheitlich wohl die ratlosen Elemente dieser ehemaligen Soldaten, die ihre kriegerische Erfahrung gegen die Besatzer einsetzen.

»Nachrichtendienst ist Herrendienst«

Die gezielte Ermordung von sieben Angehörigen des spanischen Geheimdienstes südlich von Bagdad wirft die Frage nach der Bedeutung der Spionage in Zeiten des asymmetrischen Krieges auf. Die Tätigkeit der »spooks«, der Männer des Schattens, muss völlig neu bewertet werden. In Deutschland sollte man nicht länger von »Schlapphüten«, in Frankreich von »Barbouzes« sprechen. Bei den Briten hatte dieses zweitälteste Gewerbe der Welt ohnehin stets hohes Ansehen genossen. Die Spionage war dort zum Exklusivsport einer intellektuellen und gesellschaftlichen Elite geworden. So mancher renommierte Buchautor Englands kann sich seiner früheren Undercover-Aktivität rühmen. Spätestens der jüngste Irak-Feldzug hat jene deutschen Politiker zutiefst blamiert – es befinden sich amtierende Minister darunter –, die nach Ende des Kalten Krieges die Auflösung des BND gefordert hatten.

Ein exzellenter Agent hinter den feindlichen Linien kann wichtiger sein als ein ganzes B-52-Geschwader. Das hat der Ablauf von »Iraqi Freedom« vorgeführt. Es gilt eben nicht nur, das vom Oberkommando vorgegebene Objekt mit äußerster Präzision zu vernichten, sondern es muss auch das richtige Ziel sein, das ins Visier genommen wird. Die »smart bomb« der Luftwaffe ist wertlos ohne den »smart guy« am Boden.

Die amerikanische Central Intelligence Agency (CIA) hat endlich entdeckt, dass die perfektioniertesten Instrumente elektronischer Überwachung wenig nutzen, wenn es an landes- und sprachkundigen Spezialisten vor Ort mangelt. Das Erfolgsrezept heißt deshalb »humint« (human intelligence). Die Unentbehrlichkeit des Bundesnachrichtendienstes ist in Berlin offenbar erkannt worden. In besonderen Krisenfällen wird es in Zukunft nötig sein, die isoliert operierenden Agenten durch Kommando-Spezial-Kräfte (KSK) zu ergänzen, die für blitzschnelle Kampf- und Sabotage-Einsätze trainiert sind. Andererseits hüte man sich davor – wie

Afghanistan lehrt –, lokal angeheuerten Gehilfen über den Weg zu trauen.

Die haarsträubenden Fehleinschätzungen, die sich in letzter Zeit die CIA, aber auch der britische MI-6 und sogar der legendäre israelische Mossad leisteten, sind längst nicht immer auf professionelle Unzulänglichkeit zurückzuführen. Extrem negativ wirkte sich bei der Auswertung und Analyse der Informationen über den Irak aus, dass die verantwortlichen Direktoren – statt ein wirklichkeitsgetreues, also düsteres Bild zu entwerfen – den Wünschen und Pressionen ihrer jeweiligen Regierungen entgegenkamen und Gefälligkeitsberichte ablieferten. Es hätte wirklich nicht der Enthüllungen des unglückseligen Waffenexperten David Kelly bedurft, um Tony Blair von seiner Behauptung abzubringen, Saddam Hussein könne binnen einer Dreiviertelstunde die westliche Welt massiv bedrohen. Der Überbringer schlimmer Nachrichten muss den Mut haben, als lästiger Mahner und Spielverderber aufzutreten. Im Übrigen sollte man sich an eine alte preußische Maxime erinnern: »Nachrichtendienst ist Herrendienst.«

Das Fell des Bären

15. DEZEMBER 2003

Der amerikanische Präsident hat in einer unerklärlichen Laune seine Bündnispartner vor den Kopf gestoßen. All diejenigen, die sich aus guten Gründen an der Operation »Iraqi Freedom« nicht beteiligen wollten, ließ er wissen, dass sie am Aufbaugeschäft im Zweistromland nicht beteiligt sind und keinerlei Zugang zu den dortigen Ausschreibungen erhalten würden. Während dieser feierlichen Erklärung verhielt sich seine Sicherheitsberaterin Condoleezza Rice wie eine düstere Rachegöttin im Hintergrund.

Die betroffenen Staaten – auch Russland und Kanada gehören

dazu – sollten diese Kraftsprüche mit Gelassenheit hinnehmen. Angeblich orientieren sich die Neo-Konservativen, die in der Bush-Administration das Sagen haben, am Beispiel des Präsidenten Theodore Roosevelt, der sich vor etwa hundert Jahren durch seinen Krieg gegen Spanien hervorgetan und Kuba zu einer »Kolonie« der USA gemacht hatte.

Aber Theodore Roosevelt – nicht zu verwechseln mit seinem Namensvetter Franklin Delano – handelte nach dem Prinzip »Sprich leise und führe einen dicken Stock mit dir!« Von »leisen Reden« kann bei George W. Bush jedoch nicht die Rede sein. Auf dem Flugzeugträger »Abraham Lincoln« war er in theatralischer Pose unter der peinlich irreführenden Devise aufgetreten: »Mission erfüllt.« Was den »dicken Stock« betrifft, über den das Pentagon in fast unvorstellbarer Qualität und Quantität seiner Waffen verfügt, so ist es doch bei den jüngsten Feldzügen in Afghanistan und im Irak im Wesentlichen bei einem spektakulären, aber recht erfolglosen Herumfuchteln geblieben.

Für die Partner Amerikas, die mit den rhetorischen Ausfällen des Weißen Hauses leben können und müssen, hat sich durch die faktische Boykott-Verhängung wenig geändert. Von Anfang an hätte jedermann wissen müssen, dass es der derzeitigen Führung der USA im Orient wesentlich um die Expansion ihrer wirtschaftlichen Interessensphäre und deren Konsolidierung geht. Nur ein paar Narren in Berlin wollten sich in der Hoffnung wiegen, ihnen werde ein Teil der wirtschaftlichen Sanierung zwischen Basra und Mossul zufallen. Nicht einmal die Briten, deren Premierminister Tony Blair jede Weisung des Weißen Hauses mit vorauseilendem Gehorsam befolgte, sind bei der Verteilung der »Beute« in nennenswerter Form berücksichtigt worden.

Das Fell des Bären war ja längst verteilt, ehe der Feldzug begann. Der gewaltige texanische Konzern Halliburton, dessen Chef noch unlängst der jetzige Vizepräsident Dick Cheney war, hatte sich ein Quasi-Monopol über die wirtschaftlichen Ressourcen des Irak, vor allem die Petroleumproduktion, zusichern lassen. Neben dieser Mutterfirma trat die Filiale Kellogg auf den Plan, um jedes übrige

Geschäft, bis zu Nahrungsbelieferung und Hemdenwaschen, an sich zu reißen. Für die großen Bauvorhaben hatte Bechtel Inc. sämtliche Optionen längst an Land gezogen.

Den Unternehmern der von George W. Bush mit Sanktionen belegten »Unwilligen« hätte es vermutlich an Technikern und Experten gefehlt, die bei der derzeit herrschenden Anarchie im Irak ihre Haut zu Markte getragen hätten. Für die wichtigsten amerikanischen Projekte und für die Sicherheit der zivilen Besatzungsbehörden wurde in Ermangelung ausreichender eigener Truppen auf eine Reihe privater Söldner-Firmen zurückgegriffen. Damit wird jedoch einem hemmungslos ausufernden Kapitalismus ein Instrument zur Verfügung gestellt, das allen bisherigen Vorstellungen des Völkerrechts Hohn spricht. Im Irak ist vor allem die Agentur Global Security mit dieser Aufgabe betraut worden. Ihren wagemutigen Profis zahlt man einen täglichen Sold von fünfhundert US-Dollar.

Noch ist nicht aller Tage Abend. Die Stunde könnte sehr bald schlagen, da George W. Bush, der sich im Treibsand seines unbegrenzten Phantom-Krieges verirrt hat, neue Optionen wahrnehmen muss.

DAS JAHR DES AFFEN
2004

Vom Bösewicht zum Liebling
des Westens

12. JANUAR 2004

Der Feldzug im Irak habe sich doch gelohnt, hört man neuerdings aus Washington. Zwar sei die US Army in einen Partisanenkrieg verwickelt, aber der Weiterverbreitung von Massenvernichtungswaffen in sogenannten Schurkenstaaten sei ein Riegel vorgeschoben worden, seit Saddam Hussein sich unter so schmählichen Umständen habe ergeben müssen. Ähnliche Übeltäter müssten jetzt um ihr eigenes Überleben fürchten, und die ersten Früchte dieser Einschüchterung ließen sich doch schon ablesen.

Der flagranteste Fall, der vor allem vom britischen Premierminister zelebriert wird, ist die »Kapitulation« des libyschen Staatschefs Oberst Qadhafi. Nach langen Verhandlungen hat dieser Diktator sich bereit erklärt, seine geheimen Fabriken und Rüstungslaboratorien den Inspektoren der Internationalen Atomenergie-Agentur zum Zweck der Vernichtung zu öffnen. Als Gegenleistung dafür erwartet der starke Mann von Tripolis die Aufhebung der gegen sein Land verhängten Sanktionen und die Garantie seines Überlebens an der Spitze des Staates.

Muammar el Qadhafi ist im Westen weit überschätzt worden. Er war nie ein großer arabischer Volksheld, als der er gern gegolten hätte. Ein paar einfältige Sensationsreporter konnte er mit seinen theatralischen Beduinenauftritten beeindrucken. In den übrigen Staaten der arabisch-islamischen Welt wurde dieser unberechenbare Paranoiker als »Mahbul«, als »Verrückter«, bezeichnet. Mit seiner kindischen Freude an immer neuen Kostümierungen wurde er zum »orientalischen Michael Jackson« der Politik. Qadhafi mag für seine Untertanen ein weniger blutrünstig veranlagter Despot sein, als Saddam Hussein es war. Aber harmlos ist dieser Autokrat nicht. Im Gegensatz zum Tyrannen von Bagdad, der die eigene Bevölkerung drangsalierte und zahllose Morde im Inland befahl, sich aber niemals als internationaler Terrorist betätigt hat. Qadhafi hingegen hat Verschwörer, Attentäter, Aufständische und Bombenleger weltweit unterstützt – von Nordirland bis zu den südlichen Philippinen.

Er trägt offiziell die Verantwortung für die Sprengung einer amerikanischen Verkehrsmaschine über der schottischen Ortschaft Lockerbie und für den Absturz einer Air-France-Maschine in der Sahara. Mit Milliardensummen hat er sich freigekauft, und so versucht er auch heute, wo eine vorbeugende Aktion gegen seine vermeintliche Nuklearrüstung zu erwarten war, die Gunst seiner angelsächsischen Ankläger zu gewinnen, indem er sich ihren Forderungen beugt. Natürlich hat der amerikanische Desinformationsapparat alles Interesse daran, die Dinge so darzustellen, als hätte die libysche Atomwaffe kurz vor ihrer Vollendung gestanden. Der sachkundige Vorsitzende der Internationalen Atom-Kontroll-Agentur, Mohammed el-Baradei, hat hingegen festgestellt, dass das ganze Gerede um libysche Massenvernichtungswaffen weit übertrieben wurde und dass die dortige Nuklearforschung noch in den Kinderschuhen steckt.

Angeblich sollte der Krieg im Irak dazu dienen, die arabische Welt von ihren verbrecherischen Tyrannen zu befreien und auch im »Dar-ul-Islam« die Begriffe westlicher Demokratie heimisch zu machen. Stattdessen gewährt man Qadhafi Straffreiheit. Tony Blair entblödet sich nicht, seine staatsmännische Vernunft zu loben, und das alles für das Linsengericht einer fiktiven Massenvernichtung und – was in diesem Spiel entscheidend ist – für die Ausbeutungsgarantie der reichen tripolitanischen Erdölfelder.

Was nun den Iran betrifft, wo der freundliche Empfang der amerikanischen Helfer nach der Erdbebenkatastrophe von Bam gezeigt hat, dass die USA in der islamischen Welt Sympathien gewinnen können, wenn sie sich nur darum bemühen, so kann der dortige Präsident Khatami ein Zusatzprotokoll getrost unterschreiben, das der UNO weitgehende Kontrollmöglichkeiten einräumt. Ob die Inspektoren eine komplette Übersicht erlangen, ist zweifelhaft, nachdem selbst die allgegenwärtige CIA die Nuklearrüstung Pakistans zu spät entdeckte und im Irak von einer apokalyptischen Bedrohung der Menschheit faselte, für die nicht der geringste Beweis existiert.

Für Teheran wäre der Erwerb einer atomaren Abschreckung nützlich, ja notwendig, solange das Pentagon die Mullahs der Islamischen Republik Iran mit Krieg bedrohte und sie von George W. Bush in die »Achse des Bösen« eingereiht wurden. Nach dem Beweis der militärischen Verwundbarkeit der US Army im Irak verflüchtigt sich jedoch die Gefahr eines unmittelbaren amerikanischen Angriffs gegen Iran. Da erwies es sich für Präsident Khatami als vorteilhafter, durch Konzessionen an die Inspektoren der UNO eine Verständigung zumindest mit den »alten Europäern« anzustreben, die im Falle einer strikten Verweigerung zur Solidarität mit dem übermächtigen Verbündeten USA gedrängt würden. Bliebe noch die nordkoreanische Atomrüstung Kim Jong Ils zu erwähnen. Aber dort tappen selbst die schlauen Chinesen im Dunkeln.

Keine Blauhelme für Bagdad

9. FEBRUAR 2004

Wer hätte gedacht, dass die Vereinten Nationen, die von der Bush-Administration als »irrelevant« erklärt wurden, im Vorfeld der amerikanischen Präsidentschaftswahlen plötzlich wieder zu hohen Ehren kommen würden? Der US-Zivilverwalter für den besetzten Irak, Paul Bremer, hat den Canossa-Gang zu Generalsekretär Kofi

Annan angetreten. Aus der Umgebung des Weißen Hauses ist plötzlich zu hören, dass die UNO doch über unvergleichliche Erfahrung bei der Wiederherstellung von normalen Verhältnissen in kriegsverwüsteten Ländern sowie bei der Organisation und der Kontrolle demokratischer Wahlen verfüge.

Die Genugtuung, die Kofi Annan bei dieser Kehrtwendung empfindet, dürfte nicht ungetrübt sein. Noch bevor er eine nennenswerte Zahl von UN-Mitarbeitern nach Bagdad schicken wird, verlangt er, dass für deren Sicherheit gesorgt wird. Nach dem fürchterlichen Mordanschlag, der die Vertretung der Weltorganisation am Tigris getroffen hatte, sind solche Befürchtungen keineswegs unbegründet oder gar ein Ausdruck von Feigheit. Die US Army ist ja nicht in der Lage, ihre eigenen Soldaten und vor allem die mit Amerika kollaborierenden irakischen Polizisten oder Behörden vor unaufhörlichen Sprengstoffattentaten zu schützen. Hinzu kommt, dass die UNO bei der Masse der Iraker verhasst bleibt. In ihrem Namen wurden ja die unerbittlichen Sanktionen gegen das Regime Saddam Husseins verhängt, die dem Diktator selbst und dessen Umgebung wenig anhaben konnten, unter der Bevölkerung jedoch, vor allem unter den Kleinkindern, zahllose Opfer forderten.

Kofi Annan hat bereits zu verstehen gegeben, dass für ihn ein militärischer Einsatz der Blauhelme nicht in Frage komme. Dieses Konglomerat von Söldnereinheiten aus diversen unterentwickelten Ländern Afrikas und Asiens wurde immer wieder mit zutiefst enttäuschendem Resultat angeheuert. Es wäre der extrem kritischen Situation in Mesopotamien in keiner Weise gewachsen. Inzwischen hat sich ebenfalls erwiesen, dass die von George W. Bush hoch gepriesene »Koalition der Willigen« – ob es sich nun um Polen, Ukrainer, Bulgaren oder um Spanier und Italiener handelt – ein unzureichendes Instrument der Befriedung oder gar der Partisanenbekämpfung ist. Bewährt haben sich lediglich die Briten in ihrem südlichen Sektor um Basra.

Als tatsächlich wirksame Interventionspartner kommen zusätzlich nur noch die Franzosen in Frage sowie die deutsche Bundeswehr. Amerika ist also – so grotesk das klingen mag – auf die Zusammenarbeit mit dem viel geschmähten »alten Europa« angewiesen. Inzwischen sollte man in Paris – und mit einiger Verspätung auch in Berlin – wahrnehmen, dass das Schicksal Europas nicht am Hindukusch, also in Afghanistan, entschieden wird, dass hingegen das drohende Chaos, das sich vom Irak auf weitere Staaten des Mittleren und Nahen Ostens ausweiten könnte, die Zukunft Europas unmittelbar belastet.

Gleichzeitig wird der Bundesrepublik allmählich bewusst – an der Seine ist diese Erkenntnis längst gereift –, dass eine Truppenentsendung nach dem üblichen NATO-Muster, das heißt unter amerikanischem Oberbefehl, die eigenen Soldaten zu extrem gefährdeten Statisten degradieren und die Bereinigung der im Orient anstehenden Probleme in keiner Weise voranbringen würde. Die unerbittliche Prüfung steht dort ja noch bevor. Offenbar ist Washington zurzeit nicht gewillt, den »alten Europäern« eine selbstständige Kommandostruktur und politische Mitentscheidung einzuräumen. Wenn das so bliebe, würden Deutsche und Franzosen besser zu Hause bleiben.

Wenn es jedoch zu einem Sinneswandel im Weißen Hause käme, dann müsste das demokratische Prinzip, auf das der Westen sich immer wieder beruft, auch in Mesopotamien voll zur Anwendung kommen. Die verlustreiche Explosion von Arbil in Kurdistan hat gezeigt, dass keine Region des Irak mehr vor dem Terror geschützt ist. Sollte Washington fortfahren, die schiitische Bevölkerungsmehrheit durch Manipulation oder gar Betrug von der ihr zustehenden Regierungsbildung auszuschließen, wäre ohnehin das Schlimmste zu befürchten. Am Ende müssen nun einmal die irakischen Wähler nach dem Prinzip »Ein Mann, eine Stimme« darüber entscheiden, ob sie in einem islamischen Gottesstaat leben wollen oder nicht.

»Das amerikanische Gewissen«

Ob John Kerry den amtierenden George W. Bush bei den Präsidentschaftswahlen schlagen kann, ist noch keineswegs gewiss. Experten zufolge wird die Wirtschaftslage in den USA den Ausschlag geben. An diesen schnöden Argumenten der Ökonomie gemessen spielen offenbar die Särge gefallener amerikanischer Soldaten, die täglich aus dem Irak eintreffen, eine geringere Rolle. Paradoxerweise sind es die Extremisten der islamischen »Gotteskrieger«, die sich eine Wiederwahl Bushs wünschen. Mit diesem Dilettanten im Weißen Haus, so behaupten sie, hätten sie die besseren Karten innerhalb der sich aufheizenden islamischen »Umma«.

Die US-Administration tut ein Übriges, um die amerikanische Position zu schwächen. Die schrecklichen Explosionen in Kerbela und Bagdad haben der Welt vor Augen geführt, dass die USA sich im Irak in einem unberechenbaren Treibsand verirrten. Da klingt auch schon aus dem Weißen Haus die Ankündigung eines grandiosen Projektes. Es trägt den Namen »Broader Middle East« – größerer Mittlerer Osten. Damit ist eine global angelegte amerikanische Aktion – diplomatischer, militärischer und wirtschaftlicher Natur – gemeint, die das immense Territorium zwischen Marokko im Westen und Pakistan im Osten einer strikt koordinierten Strategie unterwerfen und im westlichen Sinne verändern soll. In Washington täte man gut daran, sich an den französischen Generalresidenten in Marokko, Marschall Lyautey, zu erinnern, der bereits im frühen 20. Jahrhundert den Satz prägte: »Wenn der große muslimische Trommler sein Instrument zum Dröhnen bringt, vibriert die ganze islamische Welt zwischen Atlas und Hindukusch.« Bisher waren die diversen Mudschahidin, die von der US-Propaganda willkürlich unter der Rubrik »Al Qaida« zusammengefasst wurden, in Wirklichkeit in regionale Fraktionen aufgespalten, die auf ihre operative Eigenständigkeit bedacht blieben. Das neue Projekt »Broader Middle East« jedoch droht unter den Feinden der USA jene

Vereinheitlichung der »Gotteskrieger« zu bewirken, die ihnen bislang gefehlt hatte.

Amerika befindet sich heute im Irak bereits wieder in einer Situation, wie sie Präsident Lyndon B. Johnson nach der Neujahrsoffensive des Vietcong im Februar 1968 in Südvietnam zur Kenntnis nehmen musste. Gewiss, die US Army war auch damals nicht zu besiegen, aber die Perspektive einer befriedigenden politischen Lösung war endgültig abhanden gekommen. Johnson hatte damals erklärt, dass er für eine zusätzliche Präsidentschaftskandidatur nicht zur Verfügung stehe. Bush wird eine ähnliche Nachgiebigkeit weit von sich weisen und mit allen Mitteln versuchen, seinen demokratischen Rivalen John Kerry aus dem Feld zu schlagen. Eine Schlammschlacht dürfte bald einsetzen, die sich auf die gewaltigen Finanzmittel der republikanischen Partei und des ihr nahestehenden Kapitals stützen kann.

Wir stehen erst am Anfang. Der Gouverneur von Massachusetts wird vorläufig nur durch erfundene Sexskandale und gefälschte Fotos bedrängt. John Kerry kommt dabei entscheidend zugute, dass er im Vietnamkrieg, dessen Sinnlosigkeit er bald einsehen sollte, seine soldatische Pflicht mit Bravour und mehreren Verwundungen erfüllt hatte, während der Superpatriot Bush sich in der Heimat vor dem Fronteinsatz drückte.

Das Spiel ist noch offen. Aber eines hat die Kandidatur des Demokraten Kerry immerhin schon bewirkt: Die USA, die Gefahr liefen, in die pseudopatriotische Intoleranz der 50er-Jahre zurückzufallen, haben offenbar jenen Wesenszug wiederentdeckt, den der berühmte Kolumnist Walter Lippmann seinerzeit »das amerikanische Gewissen« nannte. Schon weht ein Wind des Widerspruchs und der Kritik durch die transatlantische Medienwelt, die durch die Einschüchterungsmethoden der »Neo-Konservativen« in einen betrüblichen Konformismus der Berichterstattung gedrängt worden war. Seitdem besteht die Hoffnung auf größere Objektivität bei der Schilderung des »Krieges gegen den Terror« und – was Europa betrifft – auf eine geringere Gefügigkeit gegenüber den Desinformationen aus Washington, die in den deutschen Gazetten besonders starken Widerhall fanden.

Der Preis der Torheit

Die Außenpolitik der Atlantischen Allianz schlingert in diesen Wochen wie ein »trunkenes Schiff«. Ihr liegt kein großer Entwurf mehr zugrunde, seit das grandiose Projekt George W. Bushs als gescheitert angesehen werden muss: Er wollte durch die Befriedung und die »Demokratisierung« Afghanistans und des Irak die gesamte islamische Welt auf einen von Washington vorgeschriebenen Kurs bringen. Bis zum November 2004, bis zur Wahl des amerikanischen Präsidenten, werden die Vereinigten Staaten prioritär mit internen Schachzügen, Intrigen und Verleumdungskampagnen beschäftigt sein. Die mit so viel Elan vorgetragenen Pazifizierungs- und Militäroperationen – ob sie nun »Enduring Freedom«, »Iraqi Freedom« oder, im Hinblick auf Palästina, lediglich »Road Map« genannt wurden – müssen sich den Winkelzügen der US-Wahlstrategie unterordnen.

Das »Heilige Land« bietet wohl das tragischste Beispiel für diesen Zustand internationaler Lähmung. Wer hatte nur in Jerusalem oder Washington glauben können, die »Liquidierung« des gelähmten Scheikh Ahmed Yassin, des Gründers der islamischen Kampforganisation Hamas, durch die Rakete eines israelischen Hubschraubers könne die dortige arabische Bevölkerung, die ohnehin am Rand der Verzweiflung lebt, einschüchtern oder gar zur Aufgabe ihrer »Intifada« zwingen? Das Gegenteil scheint der Fall zu sein, denn der Nachfolger Yassins, ein bärtiger Eiferer namens Abdulaziz Rantisi, hat in seiner ersten Ansprache nicht nur die Zionisten verflucht, sondern den US-Präsidenten als »Feind Gottes« bezeichnet. »Bush-'adu Allah!«, tönt es aus Gaza. Da die palästinensischen Attentäter durch die gewaltige Schutzmauer, die rund um Israel errichtet wird, wohl zusehends behindert werden, muss man befürchten, dass sich die Vergeltungs- und Terrorakte der Extremisten in Zukunft überwiegend gegen jüdische Einrichtungen in allen Weltgegenden richten werden.

Was nun den Irak betrifft, so ist die dortige Situation total blockiert. Die Dreiteilung des Landes, die der amerikanische Prokonsul Paul Bremer vorübergehend erwog – Kurden im Norden, Sunniten im Zentrum, Schiiten im Süden – erweist sich als Prokrustesbett. Ein quasi unabhängiges Kurdistan in Nordirak würde die türkische Armee auf den Plan rufen. Und eine säuberliche Trennung zwischen Sunniten und Schiiten wird durch die Tatsache verbaut, dass die Hauptstadt Bagdad zu fast gleichen Teilen von Angehörigen beider islamischer Glaubenszweige bevölkert ist. Schon gehen Experten davon aus, dass die Bush-Administration nur noch eine provisorische Stabilisierung an Euphrat und Tigris anstrebt und nach den amerikanischen Novemberwahlen dem breiten irakischen Volkswillen nachgeben, das heißt, die militärische Räumung ins Auge fassen wird. Die grausigen jüngsten Ereignisse in Faluja, einer Stadt in der mesopotamischen Ebene, die über keinerlei natürliche Verteidigungsmöglichkeit verfügt, verweisen darauf, dass die Position der US Army im »sunnitischen Dreieck« weiter abbröckelt.

Schließlich Afghanistan. Die »Geber-Konferenz« von Berlin, wo die Politiker der rot-grünen Koalition, Schröder und Fischer, sich wohl einbildeten, in die Fußstapfen des »ehrlichen Maklers« Otto von Bismarck treten zu können, zeichnete sich durch ein seltenes Ausmaß an Verlogenheit und törichtem Wunschdenken aus. Die zweitausend deutschen Soldaten, die ohne Plan und Sinn in den Hindukusch verschickt wurden und die die reale Situation täglich vor Augen haben, dürften über dieses Palaver besonders schockiert sein. Begreift denn niemand in Berlin und Washington, dass am Ende des Afghanistan-Abenteuers sich bereits der Zerfall Pakistans abzeichnet? Die Bomben, die neuerdings in der nördlichen Nachbarrepublik Usbekistan, dem unentbehrlichen Versorgungszugang der NATO-Brigade von Kabul, explodieren, sollten ein zusätzliches Warnsignal setzen.

»Wir sind doch keine Idioten!«

23. April 2004

Die breite Öffentlichkeit in Amerika und Europa hat lange gebraucht, ehe sie sich der traurigen Realität im Irak bewusst geworden ist. Dabei ist mit dem jetzigen Grad der Auseinandersetzung noch nicht einmal jener Höhepunkt erreicht, der den Amerikanern bei Fortsetzung ihrer planlosen Politik im Irak vermutlich noch bevorsteht: der Großaufstand aller Schiiten im Lande. Maßnahmen wie der amerikanische Tot-oder-lebendig-Steckbrief gegen Muqtada-es-Sadr oder die Absage beziehungsweise Verschiebung der angekündigten freien Wahlen sind Zündstoff für einen allgemeinen schiitischen Aufstand. Sollte US-General Ricardo Sanchez obendrein beschließen, mit Panzern in den heiligen Stätten Nedjef und Kerbala einzurücken, könnte das die Explosion auslösen.

Was die amerikanischen Maßnahmen tatsächlich bewirken, wird klar, wenn man bedenkt, dass zum Beispiel es-Sadr, der zuvor selbst bei der Mehrheit der Schiiten höchst umstritten war, durch die Reaktion der Amerikaner in den Augen seiner Landsleute enorm an Statur gewonnen hat, fast vergleichbar mit dem Phänomen Osama Bin Laden.

Derzeit macht erneut das Wort von Amerikas »zweitem Vietnam« die Runde. In vieler Hinsicht ist dieser Vergleich allzu simpel. Ähnlich wie in Ostasien aber könnten die USA, ohne eine einzige militärische Niederlage zu erleiden, mit ihrer Unternehmung im Irak total scheitern.

Welchen Einfluss das Irak-Engagement auf die US-Präsidentschaftswahlen haben wird, ist noch unklar. Bislang sagen die Experten, die Wahlen würden nicht auf dem Gebiet der Außenpolitik entschieden. Aber auch ein Präsident Kerry könnte nicht einfach seine Truppen abziehen. Selbst er wird ein Arrangement treffen müssen, das für die USA zwangsläufig unbefriedigend wäre. Der Ruf nach Einbeziehung von UNO und NATO würde unter Kerry lauter werden. Die Gefahr ist real, dass sich Deutschland doch noch in diesen Konflikt verwickeln lässt, zumal wenn es 2006 zu einem Regierungswechsel in Berlin käme.

Spanien holt derzeit seine Truppen heim. Dem neuen Ministerpräsidenten Zapatero wird vorgeworfen, dem Terror nachgegeben zu haben. Die wirkliche Situation wird jedoch durch ein Wahlkampfplakat illustriert. Mit Bezug auf die bewusste Irreführung der Öffentlichkeit durch seinen Amtsvorgänger Aznar stand dort zu lesen: »Wir sind doch keine Idioten!« Ähnliches könnten auch die übrigen Europäer ihren Regierungen vorhalten, sollten diese die gezielte Irreführung durch die Bush-Administration widerspruchslos hinnehmen.

»Kampf gegen den Terror« – man mag die Parole kaum noch hören! Offenbar wurde immer noch nicht begriffen, dass der Terror eine Form der Kriegsführung ist: Der Westen hat es mit einer umfassenden islamischen Revolution zu tun, die sich des Terrors – der Waffe der Schwachen – bedient. Schon aufgrund ihrer geographischen Lage müssen die Europäer dazu übergehen, ihre Verteidigung selbstständig zu organisieren. Mit moralischer Empörung und starken Sprüchen ist es da nicht getan.

Die Lähmung der Vereinten Nationen

3. Mai 2004

Den Namen Lakhdar Brahimi wird man sich merken müssen. Dieser Algerier, der einen wesentlichen Teil seines Lebens als Diplomat seines Landes verbrachte, vorübergehend sogar als Außenminister fungierte, hat als Bevollmächtigter der Vereinten Nationen die schwere Aufgabe auf sich genommen, nach einem Ausweg aus dem irakischen Desaster zu suchen. In ähnlicher Mission ist er bisher in Afghanistan tätig gewesen, wobei ihm allerdings vorgehalten werden kann, dass seine Bemühung um eine Pazifizierung des

Konflikts am Hindukusch von keinerlei Erfolg gekrönt war. Der trügerische Schein einer Pseudo-Demokratie in Kabul, der durch den zunehmenden Abfall weiter Landesteile von der fiktiven Zentralautorität des Präsidenten Karzai begleitet wird, wurde in den westlichen Kanzleien zwar durch propagandistische Irreführung vorgespiegelt, doch jederzeit kann sich Afghanistan mit einem chaotischen Ausbruch der Gewalt wieder in die Schlagzeilen drängen. Bemerkenswert an der programmatischen Rede, die Lakhdar Brahimi vor dem Weltsicherheitsrat über seine Mission in Bagdad hielt, war die ungeschminkte Offenheit, mit der er die unerträglichen Zustände im Zweistromland anprangerte. Der von den Amerikanern eingesetzte und einseitig nominierte Regierungsrat soll am 30. Juni – am Tag also, an dem die irakische Republik mit mehr Souveränitätsrechten ausgestattet wird – durch eine völlig neue Mannschaft ausgewiesener einheimischer Technokraten und angesehener Volksvertreter abgelöst werden. Wie diese integren, von der breiten irakischen Masse akzeptierten Regenten selektiert werden, dafür hat natürlich auch der UNO-Bevollmächtigte kein überzeugendes Konzept. Immerhin erweist sich der Algerier als der zurzeit bestqualifizierte Hoffnungsträger. Im Gegensatz zum bisherigen Prokonsul der USA, Paul Bremer, ist er mit der Mentalität der Araber vertraut, spricht ihre Sprache und durchschaut ihre Intrigen.

Da Brahimi die Amerikaner rundheraus aufgefordert hat, auf politische Manipulationen der von der schiitischen Bevölkerungsmehrheit und ihren Ayatollahs nachdrücklich geforderten Parlamentswahlen zu verzichten und den Irakern auch weitgehende militärische Kompetenz zuzugestehen, ist der UN-Emissär bereits auf heftigen Widerstand im Pentagon gestoßen. Verteidigungsminister Donald Rumsfeld und sein engster Berater, Paul Wolfowitz, hatten ja zu Beginn des Irak-Abenteuers die schillernde Defraudantengestalt des Exil-Irakers Ahmed Chalabi als neuen Staatschef nach Saddam Hussein in den Sattel heben wollen. Von diesem Günstling Washingtons will Lakhdar Brahimi nichts wissen. Schon droht auch ein Konflikt mit der US-Generalität vor Ort, die überhaupt nicht daran denkt, auch nur ein Quäntchen ihrer strategischen Zuständigkeit an irakische Offiziere zu delegieren. Nicht nur in der Bush-Administration zeichnet sich bereits die Tendenz ab, den selbstbewussten Alleingang des Algeriers zu hintertreiben. Auch aus Israel ist Protest laut geworden gegen diesen internationalen Beamten, der es wagte, Kritik an den gezielten »Liquidierungen« von Hamas-Führern und an der fortschreitenden jüdischen Besiedlung des Westjordan-Ufers zu üben.

Die Vereinten Nationen steuern an Euphrat und Tigris schwersten Gewittern entgegen. Auf humanitärem Gebiet hat sich die Weltorganisation häufig als kompetent erwiesen. Ihre Blauhelme haben hier und dort verfeindete Parteien auf Distanz gehalten, und das Glashaus von Manhattan war immer wieder die Kulisse diskreter und fruchtbarer Kontakte.

Doch als bewaffnete Friedensstifter hat sich die UNO stets als untaugliches Instrument erwiesen – es sei denn, sie operierte wie im Koreakrieg und im ersten Golffeldzug unter direktem amerikanischen Kommando. Mit Blauhelmkontingenten aus Bangladesch, Sambia, Nigeria und anderen Entwicklungsländern ist nun einmal kein Staat zu machen. Im irakischen Hexenkessel wären diese kampfuntauglichen Haufen vollends fehl am Platz.

So könnte am Ende wieder der Ruf nach den traditionellen Kontinentalmächten Europas laut werden. Washington wird alles daransetzen, die unlängst noch geschmähten Deutschen und Franzosen in die vorderste Linie zu bugsieren und wieder einmal die NATO als Werkzeug amerikanischer Weltgeltung einzusetzen. Auf Paris und Berlin kommen schwere Entscheidungen zu.

Die Pforten der Hölle

Die Debatte über die Folter – ihre totale Ächtung oder ihre Anwendung in Extremfällen – wird uns von nun an so lange begleiten, wie der »Krieg gegen den Terrorismus« andauert, das heißt auf unbegrenzte Zeit. Besonders schockierend klingt dieses Thema, wenn es in den deutschen Medien zweideutig berührt wird. Während die Verhörmethoden der Gestapo zur Hitler-Zeit noch unaufhörlich thematisiert werden, sollte zumindest in diesem Punkt ein gewisses Tabu respektiert werden.

Die Welt ist in die Phase des »asymmetrischen Krieges« eingetreten. Damit bezeichnet man die Konfrontation einer hochgerüsteten, übermächtigen Staatsmacht mit kleinen Gruppen von Aufständischen und Revolutionären, die man je nach Situation und persönlicher Einstellung als Terroristen und fanatische Massenmörder oder als Widerstandskämpfer und freiheitliche Partisanen bezeichnen kann. Der Terrorismus war seit Menschengedenken die Waffe der Schwachen, und er hat wahrhaftig nicht mit »Nine-Eleven« begonnen.

»War Wilhelm Tell ein patriotischer Held oder ein Terrorist?«, wurde ich unlängst von einem Schweizer Militärfahrer auf der Strecke nach Küssnacht scherzhaft gefragt. Die Mittel und Methoden der bewaffneten Auflehnung haben sich natürlich im Laufe der Jahrhunderte ebenso verändert wie die Instrumente der Repression. Die »Assassinen« des Alten vom Berge, die zur Zeit der Kreuzzüge den Orient und vor allem die muslimischen Herrscher heimsuchten und serienweise ermordeten, bedienten sich bei ihren Suizid-Attentaten des Dolches. In Manhattans Wolkenkratzer hingegen krachten hochmoderne Verkehrsflugzeuge. Morgen wird es den unheimlichen Verschwörergruppen vielleicht gelingen, durch die Verbreitung radioaktiver Substanzen Entsetzen und Panik auszulösen.

Machen wir uns nichts vor! Auch bei der Bekämpfung von gewalttätigen Untergrundkämpfern seit dem Zweiten Weltkrieg ist immer wieder die Tortur eingesetzt worden, um Geständnisse zu erzwingen. Das galt für die Amerikaner während der Operation Phoenix im Vietnam-Feldzug, für die Franzosen in Algerien, für die Briten bei ihrer Jagd auf die IRA, für die Israeli in den Palästinensergebieten. Was nun die diktatorisch regierten Länder unserer »Brave New World« betrifft – das ist trotz gelegentlicher demokratischer Fassade immer noch die Mehrheit der in der UN-Vollversammlung vertretenen 190 Staaten –, so überbieten sie sich bei der Niederkämpfung von Oppositionellen in den fürchterlichsten Methoden mit dem Ziel der Geständniserpressung.

Was an den Menschenrechtsverletzungen im Irak zutiefst schockiert, ist die Tatsache, dass sie von der führenden Supermacht praktiziert wurden, die im ganzen Orient ein leuchtendes Signal der Freiheit und Menschenwürde errichten wollte. Im Massengefängnis von Abu Ghraib wurde zweifellos unter Befehl der US Army weniger willkürlich getötet als unter Saddam Hussein.

Aber ist das der Maßstab für die neue, strahlende Ordnung, die Washington den Irakern versprochen hatte? Zudem: Für fromme Muslime ist Demütigung schlimmer als Brutalität. Mögen Saddam Hussein und fast alle islamisch-arabischen Despoten auch auf entsetzliche Methoden der Verstümmelung und Qual ihrer Feinde zurückgegriffen haben, wohl nirgendwo ist es zu solchen perversen und sadistischen Porno-Inszenierungen gekommen. Sie wären vermutlich niemals bekannt geworden, hätten nicht die amerikanischen Militärpolizisten selbst jene abscheulichen Gruselszenen mit elektronischer Kamera festgehalten, um sie als Souvenir mit nach Hause zu bringen.

Natürlich wird sich auch in Zukunft die Frage stellen: Wie bringe ich einen Attentäter zum Sprechen, der eine Bombe in einer friedlichen Menschenansammlung deponiert hat und allein in der Lage wäre, durch seinen Hinweis das Massaker zu verhindern? Sogar der französische Humanist Albert Camus hatte geschrieben: »Wenn ich die Wahl habe zwischen meiner Mutter und der Gerechtigkeit, würde ich der Rettung meiner Mutter den Vorzug geben.« Die extremen Einzelfälle sind umstritten und sollen es bleiben. An der Bush-Administation bleibt jedoch der Vorwurf haften, dass sie mit der Schaffung eines rechtlosen Raums auf Guantánamo und den entsetzlichen Folgen dieses Willküraktes sowie der Aufstellung einer ganzen Liste von »erlaubten« Folterungen die Pforten der Hölle geöffnet hat.

Defätisten im »alten Europa«

28. Juni 2004

Istanbul ist ein ominöser Ort für die diesjährige Gipfeltagung der NATO. Nirgendwo wird einem die Vergänglichkeit der Macht so nachdrücklich vor Augen geführt wie in dieser Riesenmetropole am Bosporus, wo das byzantinische Reich nach tausendjährigem Bestand dem Ansturm des türkischen Sultans Mehmet II. erlag und über der Hagia Sophia im Jahr 1453 das Kreuz durch den Halbmond ersetzt wurde. In Konstantinopel zerbrach auch am Ende des Ersten Weltkrieges das Osmanische Reich, das vorübergehend von den Toren Wiens bis zur Südküste Arabiens, von Mesopotamien bis Algerien geherrscht hatte. 1924 wurde hier der letzte Kalif der islamischen Umma von Atatürk ins Exil geschickt.

Zwei kontroverse Themen stehen dieser Tage in Istanbul zur Debatte: der Irak und Afghanistan. Da wird es den Deutschen wenig nützen, wenn sie ihren amerikanischen Verbündeten durch verstärkte militärische Präsenz am Hindukusch die Abwesenheit von Bundeswehrsoldaten zwischen Bagdad und Basra plausibel machen wollen. Es steht ja innerhalb der Allianz viel mehr zur Debatte als die zunehmend aussichtslose Situation auf diesen beiden Kriegsschauplätzen. Tatsache ist, dass seit Ende des Kalten Krieges die strategischen Interessen Amerikas und Europas langsam, aber unaufhaltsam auseinanderdriften. Die Bush-Administration kann den widerborstigen Deutschen und Franzosen nur eine Koalition der »Willigen« von sechzehn NATO-Mitgliedern vorführen, ein Sammelsurium von meist nur symbolischen Kontingenten, die – mit Ausnahme der Briten – keine ernsthafte kämpferische Bedeutung besitzen.

Der neue niederländische Generalsekretär der NATO, Jaap de Hoop Scheffer, der als Vertrauensmann Washingtons gilt, warnt zu Recht vor der Diskrepanz zwischen den immer weiter ausschweifenden Zielsetzungen seiner Organisation einerseits und deren kläglichem Mangel an Soldaten und Material andererseits. Die *New York Times* nimmt resigniert zur Kenntnis, dass in den meisten Ländern der Allianz das bislang statische Verteidigungskonzept der NATO gegen die sowjetische Bedrohung in einem fest umrissenen geographischen Rahmen neuerdings von einem universalen Interventionskonzept abgelöst wird – durch die Rolle eines »global cop«, eines globalen Polizisten, im unbegrenzten Phantom-Krieg gegen den Terrorismus.

Die »alten Europäer« sollten nicht als Defätisten und Beschwichtiger abgestempelt werden, wenn sie angesichts einer brodelnden, unberechenbaren Masse von 1,3 Milliarden Menschen koranischen Glaubens in ihrer unmittelbaren Nachbarschaft ganz andere geopolitische und strategische Vorstellungen entwickeln als die weit abgelegenen Amerikaner. Im Mittelmeerraum und auf dem Balkan überlappen sich bereits die konträren Kulturkreise, während Amerika durch die Weiten des Ozeans geschützt ist. Das Massaker von Madrid – unabhängig von der Zahl der Opfer – ist ein schrecklicheres Warnsignal als die Vernichtung des World Trade Centers von New York. Das Nordatlantische Bündnis sollte für die Europäer, aber auch für die Amerikaner weiterhin eine unentbehrliche Schicksals- und Zivilisationsgemeinschaft bleiben. Die USA haben plötzlich entdeckt, dass sie – bei aller technologischen Allmacht ihrer Streitkräfte – ohne die Solidarität der »alten Europäer« recht isoliert auf der internationalen Bühne gestikulieren.

Die Europäische Union ihrerseits ist auf Grund ihrer internen Spaltung und der überstürzten Ausweitung auf 25 Mitglieder zur

141

Lähmung, zur militärischen Bedeutungslosigkeit verurteilt. Dies gilt, solange wie sie nicht die Energie aufbringt, durch koordinierte Aufrüstung zumindest der Kernstaaten des Kontinents ein Eigengewicht zu entfalten, das die NATO als Organisationsform mitsamt ihren amerikanischen Kommandostrukturen überflüssig machen würde. »Wir sind doch in Afghanistan im Auftrag der freien Welt als Hüter der Ordnung, als Friedensstifter tätig«, tönt es aus Berlin, und niemand will an der Spree die Vorboten des Orkans erkennen, der sich am Hindukusch zusammenbraut, und dass es dort eines Tages um das nackte Überleben der in Zentralasien versprengten deutschen Soldaten gehen könnte.

Die Mauer im Heiligen Land

26. JULI 2004

Die Mauer, mit der Israel sich gegen die palästinensischen Terroristen schützen will, ist längst nicht fertig. Ihr weiterer Verlauf, der weit in das arabische Autonomiegelände hineinstoßen dürfte, wird den Streit um dieses Bauwerk noch verschärfen, Aber schon weist die Regierung Sharon darauf hin, dass die Errichtung dieses »Abwehrzauns«, der über weite Strecken die Form eines acht Meter hohen Beton-Ungetüms hat, die Zahl der Selbstmordattentate drastisch reduziert habe. Man könne in Tel Aviv und Jerusalem wieder in relativer Sicherheit leben.

Der Preis ist hoch, den Israel für diese Vorteile bezahlt. Gewiss, die Verurteilung der »Mauer im Heiligen Land« durch den Internationalen Gerichtshof hat keine verbindliche Kraft, und das Votum der Vollversammlung der Vereinten Nationen kann durch das US-Veto blockiert werden, Aber man betrachte das Zahlenverhältnis bei der Abstimmung in der UNO. 150 Staaten haben Israel verurteilt, zehn haben sich der Stimme enthalten und nur sechs haben sich mit dem Judenstaat solidarisiert. Wie nicht anders zu erwarten, haben sämtliche islamischen UN-Mitglieder wie ein Mann gegen den Mauerbau votiert.

Doch dieses Mal haben sich auch die oft zerstrittenen 25 EU-Staaten ohne Ausnahme auf die Seite der Palästinenser geschlagen. Gutgeheißen wurde der Mauerbau nur von den USA, Australien, den Marshall-Inseln, Mikronesien und Palau. Letztere drei sind winzige Atolle im Pazifik, die auf Gedeih und Verderb an Amerika gebunden sind. Nun könnte Ariel Sharon auf die Koalition seiner Kritiker mit dem Wort Kaiser Willhelms II. reagieren: »Viel Feind, viel Ehr«. Aber es sind ja gar nicht die Feinde Israels, die sich diesem gigantischen Bauwerk verweigern. Aus Jerusalem wird Frankreich als Zentrum des neuen Antisemitismus gebrandmarkt. Die dort lebenden 600 000 Juden werden zur Abwanderung ins »Land der Väter« aufgefordert, ungeachtet der Tatsache, dass Jacques Chirac als erster französischer Staatschef die schändliche Beteiligung der Vichy-Regierung an den Judendeportationen im Zweiten Weltkrieg in schärfster Form gegeißelt hat.

Mag sein, dass die Mauer eine Weile lang die Attentatswelle deutlich reduziert. Aber die Geschichte lehrt, dass ähnliche massive Defensivkonstruktionen keinen dauerhaften Gewinn brachten. Man denke nur an die Maginot-Linie, die 1940 von den Panzerdivisionen Guderians überrollt wurde, an den deutschen Atlantikwall, der die alliierte Invasion nicht ernsthaft blockierte. Sogar die Chinesische Mauer, ein architektonisches Weltwunder, hat weder Mongolen noch Mandschu aufgehalten. Sie besaß von Anfang an symbolische Bedeutung. Noch bedenklicher wird es für Israel, wenn sich der Blick auf die ungeheuerlichen Festungswerke richtet, die die Kreuzritter einst im Heiligen Land bis tief nach Syrien und Jordanien hinein auftürmten, um dem Ansturm der islamischen Heerscharen zu widerstehen. Dadurch wurde der Sultan Saladin nicht gehindert, das Grab Christi in Jerusalem den christlichen Eroberern zu entreißen.

Hat man im Kabinett Sharon bedacht, dass der Schutzzaun zwar die Palästinenser bis auf Weiteres auf Distanz hält, den jüdischen

Staat seinerseits jedoch von seinem gesamten orientalischen Umfeld isoliert? Ganz bestimmt entspricht diese Festungsmentalität
nicht den zionistischen Idealen Theodor Herzls, der den Judenstaat
als aktiven Motor der Modernisierung und der Entwicklung für die
angrenzenden arabischen Nachbarländer konzipierte. Jenseits der
Mauer könne sich der von der »Road map« geplante Palästinenserstaat formieren, wird behauptet. Aber welches Territorium bleibt
für eine solche Konstruktion denn noch übrig, wenn der Gazastreifen von der Westbank weiterhin strikt abgespalten ist, wenn die biblischen Landschaften von Judäa und Samaria durch jüdische Siedlungen und deren exklusive Verbindungswege mehrfach unterteilt
bleiben und das westliche Jordan-Ufer von der israelischen Armee
durch eine undurchdringliche Sperrzone aus elektrisch geladenen
Drahtgeflechten und Minengürteln abgeriegelt ist?

Was nun den Aufruhr in Gaza betrifft, der sich weit mehr gegen
die Korruption der palästinensischen Fatah-Politiker als gegen die
immer noch unentbehrliche Symbolfigur Yassir Arafat richtet, so
sollten sich Israelis und Amerikaner jetzt schon bewusst sein, dass
am Ende dort nicht der von ihnen begünstigte und beeinflusste
Sicherheitschef Mohammed Dahlan das Sagen hat, sondern jene
islamischen Kampfbünde, die in grimmiger Verzweiflung auf ihre
Stunde warten.

Propagandakampagne gegen Sudan

23. AUGUST 2004

Es herrscht schreckliche Not im Sudan. Die Westprovinz Darfur,
die an die Republik Tschad grenzt, sieht sich den mörderischen
Raubzügen berittener Milizen ausgeliefert, die man als »Janjawid«
bezeichnet. Die Zahl der Ermordeten wird auf 200 000, manchmal
auch mehr beziffert. Hunderttausend Menschen sind in dieser

Sahelzone auf der Flucht. Die »internationale Völkergemeinschaft«, wie der vage Begriff lautet, hat Hilfsaktionen eingeleitet. In Amerika redet man von Völkermord und fordert Sanktionen, ja militärisches Eingreifen gegen die Regierung des Generals Omar Bashir in der sudanesischen Hauptstadt Khartum. All das klingt plausibel und würde Sinn machen, wenn sich bei näherem Zusehen nicht ernüchternde Fragen aufdrängten.

Gewiss, die Massaker in Darfur und die Gefahr eines Massensterbens durch Hunger, die inzwischen allerdings durch Lieferungen der karitativen Organisationen weitgehend gebannt sein dürfte, schreien zum Himmel. Aber wo waren die Vereinten Nationen und die anderen Mächte, als im vergangenen Jahrzehnt mehr als vier Millionen Menschen in dem riesigen Kongo-Becken und in Ruanda abgeschlachtet oder in den Tod getrieben wurden? Der Bürger- und Stammeskrieg im Sudan ist – Gott sei es geklagt – kein neues Phänomen. Seit dem Ende der britischen Kolonisation, genau gesagt seit 1956, haben dort die blutigen Fehden nie aufgehört, die auf ethnische oder religiöse Gegensätze, teilweise aber auch auf reine Mord- und Raublust zurückzuführen sind. Jedes Jahr in der Trockenzeit, wenn das Sumpfgebiet des Bahr-el-Ghazal den Razzien der nomadisierenden Reiterstämme festen Boden verschafft, fallen sie über ihre sesshaften und wehrlosen Nachbarn her. Es ist der uralte Konflikt zwischen Viehzüchtern und Agrarbauern, und die Situation hat sich dramatisch verschärft, seit sich die Sahara auf Kosten der mageren Weidegründe ausweitet.

Entgegen einer weit verbreiteten These handelt es sich im Sudan nicht primär um den Konflikt zwischen den Muslimen des Nordens und den Christen oder Animisten des Südens, zumal sich in der Provinz Darfur sämtliche Einwohner zur Lehre des Propheten Mohammed bekennen. Es ist auch falsch, in dieser Region, wo alle Ethnien überwiegend negroid und schwarzhäutig sind, von einer rassischen Unterdrückung durch arabische Eroberer zu sprechen. Zudem verfügt die Regierung von Khartum, die seit Jahrzehnten einen aussichtslosen Krieg gegen die Separatisten des Südens – zumal gegen die Befreiungsarmee des Generals Garang – führt, gar nicht über ausreichende Truppen und Material, um in Darfur wirkungsvoll zu intervenieren.

Amerika steht in der vordersten Front einer Kampagne, die darauf hinzielt, das islamisch orientierte Regime des Generals Bashir zu Fall zu bringen. Der Staatschef des Sudan, der früher einmal enge Beziehungen zu Osama Bin Laden unterhielt, hat sich vom religiösen Extremismus inzwischen distanziert und den prominenten Prediger des heiligen Kriegs, den Korangelehrten Hassan el Turabi, unter Hausarrest gestellt. Doch die Bush-Administration hat bei ihrem Feldzug gegen den Terror und gegen den revolutionären Islamismus längst den Sudan ins Visier genommen. In der ganzen Sahelzone, die durchgehend muslimisch ist, sind US Special Forces zwischen Senegal, Mali und der südalgerischen Sahara schon dabei, auf die versprengten Mudschahidin Jagd zu machen. Dabei unterschätzen sie offenbar die Gefahr, dass sich in diesem Steppengürtel ein Flächenbrand des Fanatismus entfaltet, der auf die Kompaktmasse der Haussa-Muslime von Nord-Nigeria übergreifen könnte.

Warum hat denn kürzlich der Sudan eine so überragende Bedeutung erlangt? Die Skeptiker oder die Zyniker vermuten, dass die Konzentration der Medien auf das dortige Elend im US-Wahlkampf von den Rückschlägen der Bush-Administration im Irak ablenken soll. Vor allem aber sind die großen Petroleum-Konzerne in Sudan und Tschad fündig geworden. Der Wettstreit um die Ausbeutung des »Schwarzen Goldes« ist dort längst entbrannt, und für Amerika kommt erschwerend hinzu, dass die Volksrepublik China hier als aktiver Rivale bereits im Rennen liegt.

Besser mit Kerry, einfacher mit Bush?

Noch ist alles ungewiss im amerikanischen Wahlkampf, und niemand möchte sich auf eine Prognose festlegen. In Europa – so haben Umfragen ergeben – neigen etwa drei Viertel der Bevölkerung dem demokratischen Kandidaten John F. Kerry zu. In politischen Kreisen des alten Kontinents würde man jedoch die Bestätigung George W. Bushs in seinem Amt keineswegs als Katastrophe betrachten. Vielleicht – so meinen Politiker in Berlin und Paris – würde, so paradox es klingt, manches sogar leichter sein in den transatlantischen Beziehungen.

John F. Kerry betont immer wieder, dass er die Atlantische Allianz aktivieren, den Vereinten Nationen hohe neue Bedeutung verschaffen und die traditionell engsten Verbündeten – jenseits der »special relations« mit Großbritannien sind das Frankreich und Deutschland – durch ein neues Vertrauensverhältnis an die USA binden möchte. Aber in »old Europe« ist man keineswegs erpicht darauf, im Namen einer verstärkten Solidarität und einer vertieften Freundschaft in die Pflicht genommen zu werden und, im Auftrag Amerikas, zusätzliche Lasten aufgebürdet zu bekommen, die am Ende doch der westlichen Führungsmacht, der »indispensable nation«, wie die Außenministerin Bill Clintons, Madeleine Albright, sagte, zugute kämen.

So, wie sich Bush junior gegenüber Deutschen und Franzosen aufgeführt hat, wird es niemandem schwerfallen, zusätzliche Forderungen aus dem Weißen Haus nach größeren militärischen und finanziellen Leistungen mit einem glatten »Nein« zu beantworten. Wenn Donald Rumsfeld dem »alten Europa« seinerzeit das hoffnungsvolle »neue Europa« – gemeint waren unter anderem Rumänien und Albanien – als Vorbild entgegenhielt, dann soll er sich doch in Bukarest und Tirana weiterhin auf jene »Koalition der Willigen« stützen, die sich in den Partisanenkämpfen des Irak als höchst untaugliches Instrument erwies.

Die nationale Sicherheitsberaterin Condoleezza Rice hatte sich auf dem Höhepunkt des Streits im Weltsicherheitsrat über die angebliche Häufung von Massenvernichtungswaffen durch Saddam Hussein zu der Äußerung verstiegen: »Wir werden Deutschland ignorieren, und wir werden Frankreich bestrafen – we shall punish France.« Inzwischen sind die Töne moderater geworden in Washington, aber die dortigen Oppositionspolitiker betonen ausländischen Gästen gegenüber wohl zu Recht, dass die Bush-Administration angesichts des Fiaskos von Bagdad sich zwar einer gemäßigteren Sprache befleißigt, dass sich deren Grundeinstellung jedoch in keiner Weise verändert habe.

Vielleicht ist es ja sogar besser für die USA, dass die Kritik an dieser dünkelhaften Selbstisolation, an der Arroganz der Macht, die durch die militärischen Rückschläge täglich relativiert wird, auch in das tiefe Bewusstsein der amerikanischen Bevölkerung einsickert, dass eine »Katharsis«, eine psychologische Umkehr, stattfindet. Ein solcher Vorgang würde sich aller Voraussicht nach vollziehen, wenn George W. Bush wieder vier Jahre an der Macht bliebe und seine Vabanque-Politik auf Iran oder Nordkorea ausweiten sollte. Die Suppe, die er seinen Landsleuten eingebrockt hat, soll er nun auch selber auslöffeln. Erst dann wäre die atlantische Führungsmacht wieder in der rechten Geistesverfassung und würde ihre Verbündeten nicht länger als Vasallen behandeln.

Wie steht es nun in der arabisch-islamischen Welt? Die Wut der islamischen Extremisten wird durch die Person George W. Bushs angeheizt. Er verkörpert für den ganzen Islam jene »Kräfte des Bösen«, die er selbst in seiner religiösen Exaltiertheit immer wieder zu bekämpfen vorgibt. Die Person Bush ist für »Gotteskrieger« das beste Argument, um die Massen auf ihre Seite zu bringen. Ein neu gewählter Präsident Kerry, der – wie er ankündigte – immerhin den Dialog mit den vernünftigen Kräften des Islamismus suchen will, eignet sich weit weniger für eine totale Verdammung. Als Feindbild der islamischen Revolution müsste er von deren Propagandisten erst noch aufgebaut werden.

Was kommt nach Yassir Arafat?

8. November 2004

Noch ist nicht gewiss, ob Yassir Arafat aus dem Leben geschieden ist oder ob sein Koma-Zustand durch medizinische Bemühung künstlich verlängert wird. Aber seine politische Rolle ist ausgespielt. Da stellt sich – nicht nur bei den trauernden Palästinensern, sondern auch auf dem internationalen Parkett – die plötzliche Erkenntnis ein, dass dieser unermüdliche Revolutionär und Untergrundkämpfer beinahe unentbehrlich geworden war. In Israel hatte man seit langem mit dem Gedanken gespielt, ihn physisch auszuschalten. Stattdessen hielt man ihn drei Jahre lang in seiner zerschossenen Höhle, in der »Muqataa« von Ramallah, gefangen und entzog ihm damit jede konkrete Einwirkungsmöglichkeit auf die unheilvolle Entwicklung im Heiligen Land. Aber heute geht auch zwischen Jerusalem und Tel Aviv die Frage um, mit wem man denn verhandeln könnte, falls eines Tages wieder an irgendeiner Friedenslösung gebastelt werden müsste. Yassir Arafat hat das Alter von 75 Jahren erreicht, und auch für ihn gilt der Spruch Clemenceaus, dass »die Friedhöfe der Welt mit Menschen gefüllt sind, die sich unentbehrlich vorkamen«.

Der Führer der Palästinensischen Befreiungsfront war eine Erscheinung ganz besonderer Art. Er war kleingewachsen, und die Natur hatte ihn nicht mit Schönheit verwöhnt. Er war kein guter Redner und strömte keinerlei Charisma aus. Dennoch war dieser ehemalige Ingenieur, der einen Teil seiner Jugend in Ägypten verbracht hatte, zur Symbolfigur des palästinensischen Widerstandes geworden, hatte Dutzende von Attentaten und Verschwörungen überlebt und sich in Verhandlungen stets als schwieriger Partner erwiesen. Er hat in einem Umfeld des Terrors gelebt, und der Terror war auch seine Waffe, wenn es darauf ankam. Er verfügte über List, Verschlagenheit und Mut. Aber all das erklärt nicht das Wunder Arafat.

Selbst der Vorwurf der Korruption, der Veruntreuung riesiger Summen, den viele Palästinenser der PLO-Führung und der alten

Garde der sogenannten »Tunesier« zu Recht zum Vorwurf machen, blieb an Arafat oder »Abu Ammar«, wie er im Jargon seiner »Fatah« hieß, nicht hängen. Man sah ihm am Ende sogar die Ehe mit einer arabischen Christin nach, die sich durch luxuriösen Lebensstil im fernen Paris hervortat. Es waren die Israeli, die dem Märtyrerkult um Arafat wieder neuen Auftrieb gaben, als sie ihn in Ramallah unter Hausarrest stellten und in den Verdacht gerieten, ihm nach dem Leben zu trachten.

Ein ebenbürtiger Nachfolger wird nicht zu finden sein. Die alte Garde der PLO ist zerschlissen und beim Volk unbeliebt. Diese Männer der ersten Stunde sind zum Anachronismus geworden, denn im tiefsten Herzen sind sie arabische Nationalisten geblieben und haben sich dem rigoros islamistischen Aufbegehren, wie es etwa durch die Kampfbünde von Hamas oder Dschihad Islami verkörpert wird, verweigert. Selbst Arafat, der als frommer Muslim gilt, hatte bis zuletzt ein überwiegend säkulares Staatsprojekt für Palästina ins Auge gefasst. Er hat keinen Nachfolger aufgebaut, aber ein solcher Versuch wäre ohnehin zum Scheitern verurteilt gewesen. In dieser Stunde der Ratlosigkeit und der Trauer haben die diversen palästinensischen Parteien, die über kurz oder lang einen neuen Wahlkampf führen und – was wichtiger ist – in unerbittlichem Machtkampf ihre neue Führungselite selektieren müssen, einen internen Pakt geschlossen. Sie wollen dem israelischen Ministerpräsidenten Ariel Sharon und dem wiedergewählten US-Präsidenten Bush gegenüber eine geschlossene Front bilden. Schon spekuliert man darüber, dass die radikal islamische Bewegung Hamas zumindest im Gazastreifen über die größte Anhängerschaft verfügt. Aber ihre bedeutendsten Repräsentanten, zumal der gelähmte Prediger Sheikh Yassin, sind durch israelische Raketen liquidiert worden. Bliebe noch der hochangesehene Führer der »Aqsa-Brigaden«, Marwan Barghouti, der der Fatah-Organisation Arafats nahestand. Er würde die Gunst der Wähler genießen, weil er – ebenso wenig wie die Hamas – nicht im Ruf der Bestechlichkeit steht.

Wie auch immer die Würfel rollen, es bleibt die Frage bestehen, ob den engen Freunden Bush und Sharon überhaupt an der Schaffung eines palästinensischen Staates ernsthaft gelegen ist, ob der geplante Abzug der jüdischen Siedler aus Gaza nicht durch eine verstärkte israelische Präsenz auf dem Westjordanufer kompensiert werden soll. Auch für George W. Bush hat es etwas Schicksalhaftes, dass in der Stunde seines Wahltriumphes jener arabische Widerpart verschwindet, den er systematisch ignoriert und verfemt hatte; denn die blutige Tragödie im Heiligen Land bleibt weiterhin im Zentrum jener verzweifelten amerikanischen Bemühung, im Nahen und Mittleren Osten eine neue, von Washington inspirierte Ordnung zu schaffen.

Der »liebe Führer« von Nordkorea

6. Dezember 2004

Vom Paektu-Berg, mit 2750 Metern die höchste vulkanische Erhebung der koreanischen Halbinsel, schweift der Blick auf die unendliche Weite der Mandschurei. Die Grenze zu China verläuft präzis durch die Mitte des smaragdgrünen Chonji-Sees, der die Tiefe des Kraters ausfüllt. Paektu ist normalerweise westlichen Ausländern nicht zugänglich. Die Gegend ist mit ihrer Legende aus grauer Vorzeit und dem Politmärchen der Gegenwart Teil jenes undurchdringlichen Geheimnisses, in das sich die Demokratische Volksrepublik Korea so beharrlich einhüllt.

In der Umgebung des Paektu-Berges hat nicht nur ein ferner Sagenheld durch seine Vermählung mit einer Bärin die koreanische Rasse geschaffen. In dieser Gegend hat auch – etwas für das Nordkorea von heute sehr viel Wichtigeres – in den späten dreißiger Jahren des vergangenen Jahrhunderts der Partisanenführer Kim Il Sung mit seiner kleinen Truppe gegen die Soldaten des Tenno gekämpft, ehe er nach der Niederwerfung Japans und mit Zustimmung Stalins zum »gottähnlichen« Herrscher, zum »Großen Führer« seines kommunistischen Teilstaates aufstieg. In einem kleinen

Blockhaus dieser fast unberührten Taiga-Region ist angeblich auch sein Sohn und Nachfolger, der »Liebe Führer« Kim Jong Il, zur Welt gekommen, obwohl alles darauf hindeutet, dass dessen wirklicher Geburtsort die russische Garnisonsstadt Chabarowsk am Amur ist.

Was mir bei der relativ ausführlichen Rundfahrt, die uns gestattet wurde, auffiel, war eine Vielzahl stattlicher Villen, die immer wieder zwischen den Bäumen auftauchten. Offenbar hat sich die hohe Nomenklatura aus Partei und Armee in unmittelbarer Nähe der chinesischen Grenze eine privilegierte Zone geschaffen, die mit dem abgrundtiefen Elend, das weiterhin große Teile des Landes heimsucht, krass kontrastiert. Nur wenige Kilometer von unserer Besichtigungsroute entfernt ereignete sich unlängst jene ungeheure Explosion, die noch manches Rätsel aufgibt.

Die gespenstische Atmosphäre der Hauptstadt Pjöngjang, weit im Süden gelegen, ist oft beschrieben worden. Die exakt geplante Aufreihung von riesigen Wohnsilos und Repräsentationsbauten wirkt durchaus eindrucksvoll, aber auch zutiefst beklemmend. Wenn bei einer Wintertemperatur von minus 30 Grad Elektrizität und Wasser in den Wohnungen ausfallen, wird das Leben in den schwindelhohen Etagen unerträglich. Die weiß uniformierten Polizistinnen mit der großen Tellermütze an den Kreuzungen viel zu breiter Alleen scheinen sich über jeden brüchigen Lastwagen zu freuen, der an ihnen vorbeirattert. Selbst die Fahrräder sind hier selten und altertümlich. Blockwarte wachen darüber, dass in sämtlichen Wohnungen die Bilder von Kim-Vater und Kim-Sohn einen Ehrenplatz einnehmen. Zudem wird die Staatsangehörigkeit eines jeden Nordkoreaners durch das obligatorische Tragen einer Anstecknadel mit dem Porträt des als »Sonne« verehrten Staatsgründers ausgewiesen.

Natürlich habe ich im Außenministerium die Frage nach dem Stand der nordkoreanischen Atomrüstung gestellt. Die bedächtigen Herren der Kommission für Abrüstung und Frieden – die Terminologie Orwells ist ihnen geläufig – erwiderten kurz und höflich, dass sie sich zu diesem Thema nicht äußern wollten. Westlichen

Botschaften hingegen wurde zu verstehen gegeben, dass Nordkorea über einen nuklearen Deterrent verfüge, ja gelegentlich wurde sogar der Besitz von Atombomben offen zugegeben.

Das Rätsel bleibt ungeklärt, aber angesichts des Versagens des amerikanischen Nachrichtendienstes beim Aufspüren der pakistanischen Urananreicherung und deren jüngsten Fehlbeurteilungen aus dem Irak muss davon ausgegangen werden, dass sich die wahre nukleare Schmiede Nordkoreas nicht in dem allgemein bekannten Kraftwerk von Yongbyon befindet, sondern in Stollen und Gewölben, die in die fantastische Felslandschaft des »verbotenen Dreiecks« gesprengt wurden. Wenn schon die Rolltreppen der U-Bahn den Fahrgast in eine Tiefe von 150 Metern befördern, dürften die geheimen Produktionsstätten viel weiter in den Untergrund gebohrt sein, um der Durchschlagskraft amerikanischer »Bunker Buster« zu entgehen.

Für die Tatsache, dass Nordkorea perfektionierte Mittelstreckenraketen vom Typ Taepodong baut, die in eine Vielzahl von Staaten exportiert werden, und gleichzeitig bei der Nuklearforschung offenbar weit vorangekommen ist, gibt es nur eine mögliche Erklärung: Es müssen zwei streng getrennte, absolut gegensätzliche Industriezweige existieren. Der eine ist hermetisch abgeschirmt und wurde in einem unglaublichen Kraftakt auf den Stand modernster Technik gebracht. Der andere hingegen ist dem totalen Zusammenbruch anheimgefallen. Die Stahlwerke und Fabrikanlagen sind ähnlich verwahrlost und unproduktiv wie einst im Albanien Enver Hodschas. Selbst die Bergwerke, die wertvolle Edelerze fördern könnten, sind »abgesoffen«. Für die Instandsetzung fehlen die Mittel.

Die Landwirtschaft, die Kim Il Sung einst mit 30 000 Traktoren zu einem Vorbild sozialistischer Bodennutzung gestalten wollte, ist kaum in der Lage, die Bevölkerung von 22 Millionen Menschen kümmerlich zu ernähren. Es geht noch das Gespenst der Hungersnot der neunziger Jahre um, bei der zwei Millionen Menschen umgekommen sein sollen. All diese Fehlentwicklungen lassen sich nur durch die maßlose Paranoia des »Großen Führers« Kim Il Sung erklären, der sich bei seinen Besichtigungen der Provinzen durch Potemkinsche Dörfer blenden ließ.

Sein Sohn, Kim Jong Il, hat inzwischen eine extrem zögerliche Liberalisierung zugelassen. So tauchen auf dem Land bescheidene freie Bauernmärkte auf. In Pjöngjang wurde sogar das Handelszentrum Tongil eröffnet, wo die wenigen Bevorzugten der Führungsschicht, die in Euro zahlen können, auch aufwändige Import- und Luxusgüter erwerben. Der »Liebe Führer« hat eine spürbare Steigerung der Ernteerträge und – in den rauen Klimazonen – den massiven Anbau von Kartoffeln angeordnet. Einen wirklichen Wandel zum Guten hat er damit längst nicht bewirkt. Das Land bleibt für seine Grundversorgung an Nahrung und an Energie auf das Wohlwollen der Volksrepublik China angewiesen. Vor dem ideologischen Umbruch im Kreml war die Sowjetunion und nicht die historisch belastete Volksrepublik China der bevorzugte Partner Pjöngjangs.

Es lohnt sich, den Schriftstellerverband von Pjöngjang aufzusuchen. Die dortigen Kulturfunktionäre mögen in ihrer trübseligen Nachdenklichkeit manchen ihrer Kollegen der westlichen Pen-Clubs ähneln. Ideologisch sind sie jedoch unerbittlich auf die Juche-Philosophie fixiert, die der geniale »Große Führer« in ein paar tausend ledergebundenen Bänden definierte. Der Begriff Juche lässt sich mit »Herr seiner selbst sein« übersetzen und beinhaltet ein drakonisches »Führerprinzip«. Juche predigt jene ideologische und ökonomische Autarkie, die Nordkorea so spektakulär in den Ruin getrieben hat. Neben den Juche-Geist, so erfahre ich bei den Literatur-Zensoren, ist unmittelbar nach dem Tode Kim Il Sungs im Jahr 1995 eine zusätzliche imperative Doktrin getreten. »Songgul« heißt diese Heilslehre und verankert die absolute Priorität der Streitkräfte und der militärischen Rüstung in allen Dingen. Kein Buchautor hat eine Veröffentlichungschance, wenn er Songgul nicht zu seinem zentralen Thema macht.

Eine Million Soldaten stehen in Nordkorea unter Waffen, und angeblich werden 30 Prozent des Staatshaushalts für die Rüstung ausgeworfen. Doch schon stoßen wir auf ein neues Geheimnis;

denn die Soldaten, denen ich zwischen Nord- und Südgrenze begegnete, tragen ärmliche Uniformen sowjetischen Zuschnitts, wirken nicht sonderlich gut genährt und haben als Waffe allenfalls die Kalaschnikow oder AK-47 am Gurt, alte Modelle zumal, die oft angerostet sind. Das gewaltige Kriegsarsenal, das angeblich angehäuft wurde, ist wie vom Erdboden verschluckt und wird auch bei den großen Paraden nicht mehr vorgeführt. Längs der Strecke von rund 1500 Kilometern, die ich zurücklegte, habe ich keinen einzigen Panzer, keine einzige Haubitze gesichtet. Auf der Fahrt von Kaesong zum Hafen Haeju in unmittelbarer Nähe der Demarkationslinie mussten wir allerdings eine Sperrzone meiden, einen Bogen nach Norden schlagen, weil in diesem Sektor wohl jene unglaubliche Ballung nordkoreanischer Artillerie eingebunkert ist, die im Extremfall die südliche Hauptstadt Seoul in ein Ruinenfeld verwandeln soll. Die US Air Force benötigt immerhin zwei Stunden für eine angemessene Gegenaktion, und in dieser Zwischenpause wäre diese Zehn-Millionen-Stadt der Verwüstung anheimgegeben.

Die Baracke von Panmunjon, wo der Waffenstillstand von 1953 verbissen ausgehandelt wurde, ist mir aus der späten Phase des Koreakrieges bekannt. Ich befand mich damals natürlich auf der amerikanischen Seite, was ich meinen nordkoreanischen Begleitern freimütig berichte. Meine Chronik stößt auf keinerlei Unmut oder Argwohn, sondern auf großes Interesse. Bei diesen kurzen Kontakten mit nordkoreanischen Offizieren in Panmunjon konzentriert sich deren Interesse auf die Kriegsführung der USA im Irak, weil sich auch daraus Rückschlüsse für die eigene Strategie ableiten lassen.

Die Beziehungen zu der nahen Republik von Seoul sind neuerdings wieder auf dem Gefrierpunkt angelangt. Von »Sonnenscheinpolitik« kann nicht mehr die Rede sein, und in hohen Regierungsstellen werden die südkoreanischen Regierungschefs, ob sie nun Kim Dae Jung oder Roh Moo Hyun heißen, wieder als Komplizen Washingtons geschmäht. Beim Gedankenaustausch mit hohen Repräsentanten des Regimes in Pjöngjang muss auf die Nuancen geachtet werden. So erfährt man nebenbei, dass bei den multilateralen Verhandlungen über die Entnuklearisierung der Halbinsel die Beauftragten Putins dem Standpunkt Nordkoreas mehr Unterstützung gewähren als die Erben Mao Zedongs. Das im Westen oft zitierte Argument, die Existenz nordkoreanischer Atombomben würde automatisch zur nuklearen Aufrüstung Japans führen, wird hier, wie übrigens auch im Außenministerium von Peking, mit der Bemerkung vom Tisch gefegt, dass Tokio die heimliche Herstellung von Kernwaffen längst bewältigt und von einem Tag zum anderen über dieses Potenzial auch offiziell verfügen könne. Beunruhigender wirken sich hingegen die atomaren Labortests aus, die von Seoul unter der Decke vorgenommen wurden.

Heute ist man unendlich weit entfernt von jener hoffnungsvollen Stimmung, die die Reise Madeleine Albrights im Herbst 2000 begleitete. Die Unversöhnlichkeit Pjöngjangs wurde zusätzlich angeheizt, seit Präsident Bush mit üppig finanzierten Propagandaaktionen den Sturz des Regimes zu betreiben scheint und den nordkoreanischen Asylanten Aufnahme in den USA gewährt.

Dennoch gehen erfahrene Beobachter davon aus, dass in Nordostasien die wirkliche Entscheidung über Krieg und Frieden in Peking gefällt wird. Bei aller Irritation, ja Verärgerung, die im »Zhongnanhai« über die Unberechenbarkeit des »Lieben Führers« Kim Jong Il aufkommt, wird dort der Status quo wohl als das kleinere Übel empfunden.

Wie stark die Position Kim Jong Ils tatsächlich ist und in welchem Umfang sich dieser gegenüber den rivalisierenden Militärclans durchzusetzen vermag, bleibt das Thema diplomatischer Spekulationen. Die chinesischen Experten neigen dazu, dem verschrobenen Erben einen recht hohen Stellenwert beizumessen. Andere sehen in ihm nur den kleinsten gemeinsamen Nenner, auf den sich die hohe Generalität mit ausgeprägtem Selbsterhaltungstrieb geeinigt hat.

Was nun die Kampfmoral der aufgeblähten, riesigen Heeresverbände betrifft, so soll man sich durch die spektakulären Fluchtversuche nordkoreanischer Dissidenten nicht beirren lassen. Eine

50 Jahre dauernde Gehirnwäsche und Zwangsisolierung hat bei der Masse der einfachen Soldaten vermutlich eine Todesbereitschaft gezüchtet, die durch die schreckliche Misere des nordkoreanischen Alltags kaum beeinträchtigt wird.

Eines ist sicher, der erstarkte chinesische Drache wird es nicht dulden, dass unmittelbar vor seiner mandschurischen Schwelle ein politischer Erdrutsch stattfindet oder dass sich eine profunde Einflussnahme Washingtons oder gar Tokios dort vollzöge.

Wer vom Paektu-Berg abweichend dem Lauf des Yalu nach Westen folgt, sollte sich an jenen Winter 1950 auf 1951 erinnern, als die kaum bewaffneten Massenheere der eben gegründeten Volksrepublik Mao Zedongs zum Klang von Büffelhörnern bei Temperaturen von minus 30 bis 40 Grad in »human waves« gegen die voreilig zur Grenze Chinas vorgepreschten US-Divisionen des Generals Mac-Arthur vorstießen und sie unter grauenhaften eigenen Verlusten auf die heutige Demarkationslinie nahe dem 38. Breitengrad zurückwarfen.

DAS JAHR DES HAHNS
2005

»Wenn ich deiner vergesse, Jerusalem«

10. JANUAR 2005

Wie gern würde man in den Chor jener einstimmen, die mit der Wahl des PLO-Chefs Mahmud Abbas zum Präsidenten der palästinensischen Autonomie-Verwaltung einen Durchbruch zur Versöhnlichkeit, Vernunft und am Ende vielleicht zum Frieden im Heiligen Land erhoffen. Aber der Nachfolger Yassir Arafats wird es nicht leicht haben, aus dem Schatten seines charismatischen Vorgängers herauszutreten. Auch wenn Abu Ammar, wie Arafat sich im Untergrund nennen ließ, weder ein großer Feldherr noch ein großer Staatsmann war, so wird er doch bei allen Beratungen, bei allen Verhandlungen der Zukunft wie ein »steinerner Gast« zugegen sein. Mahmud Abbas alias Abu Mazen trat bei seinen Wahlkundgebungen stets vor riesigen Plakaten auf, die den verstorbenen Arafat wie einen Übervater porträtierten. Die wirkliche innenpolitische Entscheidung im Westjordanland und im Gazastreifen wird überdies erst gefällt werden, wenn im Frühsommer das palästinensische Parlament neu bestimmt wird und die Sammelbewegung PLO in Konkurrenz zur militanten islamistischen Bewegung Hamas stehen dürfte.

Für seine Landsleute stellt Mahmud Abbas lediglich eine Verlegenheitslösung dar. Der Führer der Fatah-Brigaden, Marwan Barghuti, der sich im Gegensatz zum Bürokraten und Taktierer Abu Mazen als engagierter Kämpfer hervorgetan hat, wäre in den Augen zumindest der jungen Palästinenser ein weit glaubwürdigerer Vertreter ihrer Interessen gewesen. Aber Barghuti ist gleich fünfmal durch die Israeli zu lebenslänglichem Gefängnis verurteilt. Für Ministerpräsident Ariel Sharon käme ein solcher Gesprächspartner gar nicht in Frage.

In Mahmud Abbas glaubten Amerikaner und Israeli, aber auch die stets in Euphorie schwelgenden Medien die Chance des historischen Kompromisses und einer Neubelebung der sogenannten »Road Map« zu sehen. Der alte Fuchs ist zweifellos in vielen Punkten bereit, dem Druck Washingtons nachzugeben. Er fordert die PLO inklusive Fatah zur Einstellung der seit vier Jahren andauernden Intifada auf und ist ein Befürworter der Gewaltlosigkeit. Umso überraschter war man in Jerusalem, als er in seinen öffentlichen Ansprachen auf eine Linie einschwenkte, die mit den Forderungen Arafats fast identisch und für die jüdische Seite inakzeptabel ist. Da geht es für die PLO nicht nur um die Räumung des Gazastreifens durch die dort befindlichen Siedler – was Sharon im eigenen israelischen Interesse bereits angeordnet hat –, sondern um die Wiederherstellung der sogenannten »grünen Linie«, der bis 1967 international anerkannten Grenze zwischen israelischen und palästinensischen Territorien.

Natürlich soll laut Abu Mazen Ostjerusalem die Hauptstadt des künftigen Palästinenserstaates sein. Völlig unerträglich ist für die israelische Öffentlichkeit das Festhalten am Anspruch seiner vertriebenen oder geflüchteten Landsleute auf Rückkehr in ihre früheren Wohngebiete. Mag sein, dass dieser Katalog entfaltet wurde, um das Misstrauen der palästinensischen Wählerschaft zu beschwichtigen, aber nach seiner Bestätigung als oberste Autorität in jenen Autonomiegebieten, die seit Oslo wie ein Chagrin-Leder geschrumpft sind, wird Mahmud Abbas nicht ohne fatalen Gesichtsverlust davon abrücken können. Nach einem blutigen Zwischenfall im Gazastreifen sprach er sogar vom »zionistischen Feind«, und da dürften in der Umgebung Sharons sämtliche Alarmsignale aufgeflammt sein.

Wie kann man sich eine erträgliche Zukunft im Heiligen Land überhaupt noch vorstellen? Nach der geplanten Zwangsumsiedlung der jüdischen Kolonisten aus Gaza wird dieser winzige, hoffnungslos übervölkerte Gebietszipfel, der von allen Seiten – auch vom Meer – einer strikten israelischen Blockade unterworfen bleibt, in keiner Weise lebensfähig sein. In den Stäben von Tel Aviv muss davon ausgegangen werden, dass ohne Präsenz israelischer Truppen der Waffenschmuggel aus Ägypten kaum zu unterbinden wäre und dass die Kämpfer von Hamas oder Dschihad Islami dann über weit wirksamere Waffen verfügen werden als heute.

Wenn schon die Verdrängung der siebentausend jüdischen Kolonisten aus dem Gazagebiet der Regierung Sharons in der Knesset so unsagbare Schwierigkeiten bereitet, wie würden dann erst die überzeugten Zionisten und die Orthodoxen reagieren, wenn eine Rücknahme ihrer Präsenz aus Judäa und Samaria zur Debatte stünde, aus jenem Herzland der biblischen Verheißung, wo sich inzwischen knapp 250 000 Juden heimisch fühlen. Für den Staat der Palästinenser, den Präsident George W. Bush seit seiner Wiederwahl als Ziel der US-Politik definiert, bleibt – selbst unter den Prämissen von Oslo – nur ein Flickenteppich übrig, der von mehreren rein israelisch überwachten Verkehrsachsen in Richtung Jordan durchzogen würde. Gerade die Autonomie-Enklaven der Westbank müssen aus israelischer Sicht einer besonders scharfen Kontrolle unterworfen bleiben, denn nicht auf alle Zeit wird sich die undurchdringliche Sperrzone aufrechterhalten lassen, die die Städte Hebron, Nablus, Jenin oder Jericho von ihren arabischen Brüdern jenseits des Jordan abriegelt. Vor allem an der Stadt Davids, die die Muslime El Quds, die Heilige, nennen, scheiden sich die Geister. Nicht nur für die ultraorthodoxen Juden gilt das Prophetenwort: »Wenn ich deiner vergesse, oh Jerusalem, dann soll mir die rechte Hand verdorren.«

Ein Amerikaner in Europa

28. Februar 2005

Ein Triumphzug ist die Europa-Reise von George W. Bush nun wirklich nicht gewesen, auch wenn ein paar deutsche Politiker das so darstellen. Zunächst einmal stimmte der ungeheure Sicherheitsaufwand bedenklich. Demonstrierte der mächtigste Mann der Welt wirkliche Stärke, als er vor seiner Ankunft die Umgebung von Mainz in eine belagerte Festung verwandeln ließ und den größten Flugplatz Europas in Frankfurt praktisch lahmlegte? Bedarf der »Leader« der »freien Welt« eines solchen Schutzes, oder schwingt da Unsicherheit und Panik mit?

Gewiss, der Präsident der USA sollte mit erprobten Polizeimethoden vor Attentaten und Selbstmordanschlägen geschützt werden. Aber was bedeutet schon eine Sympathie-Werbung in einem anderen Kontinent, wenn die Bürger dort ihren hohen Gast nur auf dem Bildschirm zu Gesicht bekommen? Als Bill Clinton zu einem Weltwirtschaftsgipfel die Stadt Köln aufsuchte, war er zwar von Bodyguards umgeben, aber er hat auch zahlreiche Hände von einfachen Leuten schütteln können, die ihn freundlich begrüßten. Darüber hinaus besteht eine schockierende Diskrepanz zwischen der Betriebsamkeit der US-Sicherheitsbehörden zur Abschirmung ihres »Commander in Chief« und der Leichtfertigkeit, mit der der gleiche Oberbefehlshaber seine Soldaten ins Feuer der irakischen Aufständischen schickt. Manche amerikanische Staatschefs sind Opfer von Mördern geworden, aber deren Untaten fanden stets auf amerikanischem Boden und nicht im Ausland statt. Würde verträgt sich schlecht mit dem Anschein von Furcht.

Natürlich könnte es die »alten Europäer« zutiefst befriedigen, dass die Deutschen – laut Condoleezza Rice – nicht mehr »ignoriert« und die Franzosen nicht mehr »bestraft« werden sollen. Aber die konsequente Haltung der beiden Kernstaaten des Abendlandes hat sich ausgezahlt. Von Unilateralismus ist in Washington nicht mehr die Rede – in Ostasien wurde bei den Verhandlungen über die

Nuklearrüstung Nordkoreas ohnehin von Anfang an multilateral agiert –, und die neuen Freundschaftsbeteuerungen des unlängst noch unnahbaren Präsidenten überschlugen sich geradezu.

In der Politik sollte man nicht nachtragend sein und sich ehrlich darüber freuen, dass zwischen den beiden Ufern des Atlantiks wieder Höflichkeit und Gesprächsbereitschaft hergestellt sind. George W. Bush ist in Brüssel auch nicht nach Canossa gegangen, sondern hat – bei aller verbalen Konzilianz – den eigenen Standpunkt beibehalten.

Über den Vorschlag von Bundeskanzler Schröder, die NATO mit einem echten Beratungsgremium auszustatten, ist diskutiert worden. So unentbehrlich die Nordatlantische Allianz für die Europäer und – wie wir jetzt sehen – auch für die Amerikaner bleibt, so erscheint doch ihre konkrete Struktur, ihre stets von einem US-General befehligte Organisation, NATO genannt, der neuen Weltlage in keiner Weise mehr angepasst. Die Schwäche der Europa-Union wird darin liegen, dass ein halbwegs gleichberechtigtes Gespräch mit Washington über strategische Planung durch ihre maßlose Expansion keinen gemeinsamen Standpunkt zulässt und dass Amerika, das sich bislang auf den britischen Vorzugsverbündeten in Brüssel als »Trojanisches Pferd« verließ, im Osten des alten Kontinents auf eine ganze Serie von Staaten zählen kann, die sich auf Washington und nicht auf die zögerlichen Signale Brüssels ausrichten werden. Mehr denn je stellt sich die Notwendigkeit eines europäischen »harten Kerns«. Wenn es nach Bush ginge, so kann man seiner Europa-Tournee entnehmen, soll eine parallele Ausweitung von NATO und EU auf die Ukraine und Weißrussland – wenn der dortige Diktator Lukaschenko erst einmal gestürzt ist – sowie auch Georgien und, wer weiß, Aserbeidschan angestrebt werden. Es klingt schon absurd genug, dass der deutsche Verteidigungsminister behauptet, Deutschland werde »am Hindukusch verteidigt«. Könnte etwa auch am Ende die gewaltige Kontinentalmasse Russlands, das der »wiedergeborene Christ« Bush so gern zu seinem Konzept von Freiheit und Demokratie bekehren möchte, in diese Doppelkonstruktion einbezogen werden? Sollen dann deutsche

Soldaten die russische Fernost-Provinz am Amur und Ussuri gegen eventuelle Expansionsgelüste der Volksrepublik China abschirmen? Es wird in den kommenden Wochen zwischen Washington und den »alten Europäern« noch genügend Friktionen über Iran, Irak, Palästina, Syrien, Afghanistan und andere Regionalkonflikte geben, als dass man sich über die freundlichen Töne der bombastisch aufgezogenen Medienshow des US-Präsidenten voreilig freuen dürfte. Eines erscheint jedoch sicher: Allein schafft Amerika es nicht mehr, seine hegemoniale Rolle weltweit auszuüben.

Die neuen Emire von Zentralasien

4. April 2005

Wer redete früher von Kirgisien oder Kirgistan? Nicht mal über die Schreibweise war man sich einig. Aber dieses kleine zentralasiatische Land aus der Konkursmasse der früheren Sowjetunion macht heute Schlagzeilen. Man sollte die Ereignisse dort nicht überbewerten. Bei einem Aufruhr im Süden war ein Schneeballeffekt entstanden. Schon sah sich auch die Hauptstadt Bischkek der Zerstörungswut und der Plünderungswelle des kirgisischen Staatsvolkes ausgesetzt, das auf diese Weise gegen die Korruption und den Machtmissbrauch des Präsidenten Askar Akajew protestierte.

Dabei hatte der Akademiker Akajew im Westen bislang als relativ gemäßigter Staatschef einen weit besseren Ruf genossen als die Präsidenten der übrigen zentralasiatischen Republiken, die sich mit einem Schlag aus moskauhörigen kommunistischen Parteifunktionären in orientalische Despoten verwandelt hatten. Das Dilemma in Kirgistan besteht heute darin, dass die Nachfolger des gestürzten Akajew in ihrem tyrannischen Gehabe und ihrer Bestechlichkeit dem nach Russland geflüchteten Staatsoberhaupt in nichts nachstehen dürften und vor kurzem noch seine engsten Mitarbeiter waren.

Die Bedeutung der Vorgänge in Kirgisien ist nicht in diesen internen Querelen zu suchen; und die »Revolution« von Bischkek lässt sich kaum mit den Regimewechseln vergleichen, die sich in jüngster Vergangenheit in Georgien oder in der Ukraine vollzogen, obwohl auch diese »Triumphe der Demokratie« sehr bald vom Erzübel der Autokratie und der Korruption eingeholt werden könnten. Es ist die strategische Lage, die Kirgistan so interessant macht. Das Land grenzt an die Volksrepublik China, die mit Misstrauen beobachtet, dass nicht nur die Russen dort weiterhin einen wichtigen Militärstützpunkt unterhalten, was bei der früheren sowjetischen Bindung noch verständlich wäre, sondern auch die Amerikaner am Rande der Hauptstadt Kirgisiens eine eigene Basis zum Bollwerk ausgebaut haben.

Offiziell dient die US-Präsenz dazu, den Nachschub der NATO-Truppen in Afghanistan sicherzustellen. In Wirklichkeit eignen sich diese Basen jedoch als vorzügliche Horchposten in unmittelbarer Nähe jener westchinesischen Regionen, über die man in Washington unzureichend informiert ist. In Moskau muss Wladimir Putin, der mit eiserner Faust die aufsässige Autonome Republik Tschetschenien im Kaukasus umklammert und infolge der Brutalität seiner Intervention seinen guten Ruf aufs Spiel setzt, der Revolte in Kirgistan mit bösen Ahnungen entgegenblicken. Das relativ menschenleere Steppenland Kasachstan ist mit Kirgisien ethnisch aufs Engste verwandt. Der dortige Präsident Nasarbajew, ein Schwager des gestürzten Akajew, ist mindestens ebenso unpopulär. Aber er verfügt in seinem endlosen Territorium, das sich bis zum Kaspischen Meer erstreckt, über immens reiche Erdölvorkommen – von Erdgas ganz zu schweigen – und wird von den texanischen Ölgiganten in ihr expandierendes Petroleum-Imperium einbezogen. Schon die Vertreibung des georgischen Präsidenten Schewardnadse aus Tiflis hat zur Folge gehabt, dass die USA das »Schwarze Gold« aus dem kaspischen Raum an Russland vorbei durch eine neue Pipeline in die Türkei umleiten können.

Noch ist es zu früh, bei den oberflächlich islamisierten Kirgisen und Kasachen von religiöser Wiedererstarkung zu sprechen. Diese

Steppenvölker sind noch zutiefst im Schamanismus verhaftet. Aber die Usbeken, die den südlichen Teil Kirgistans bevölkern, erreichen bei Osch bereits jenes Fergana-Tal, das als Brutstätte radikaler islamischer Aufstandsbewegungen gilt. Der Präsident Usbekistans, Islam Karimow, hat zwar bislang mit blutiger Repression die »Mudschahidin« in Schach gehalten, aber deren Verzweigungen reichen bis ins nahe Afghanistan hinein. Die Amerikaner sind dabei, sich die Russen zu Feinden zu machen, obwohl sie mit Moskau in eine gemeinsame Abwehrhaltung gegen den revolutionären Islam und die neue Weltmacht China gedrängt werden. Wenn es um Erdöl geht, stellt Washington anscheinend alle anderen Überlegungen zurück.

Dabei ist man sich in der westlichen Allianz offenbar gar nicht bewusst, wie prekär die Situation in Afghanistan bleibt, wo unkontrollierbare NGOs inzwischen eine zwielichtige Rolle spielen, wo der vielgepriesene Präsident Karzai verspottet wird und wo die Warlords weiterhin das Sagen haben. Afghanistan ist in mancher Beziehung gefährlicher als ein »failed state«, ein missglückter Staat: Es ist als weitaus größter Heroinlieferant der Welt zur Zentrale einer unglaublichen Drogenkriminalität geworden. Deren verheerende Verseuchung wirkt sich vielleicht weltweit schlimmer aus als die Herrschaft der grausamen und fanatischen »Koranschüler«, der Taleban von einst.

Zähneknirschen auf dem Kontinent

2. Mai 2005

Bemerkenswert war's schon, dass der deutsche Bundeskanzler Gerhard Schröder in Begleitung seiner Minister nach Paris reiste, um dort – Seite an Seite mit dem Partner Jacques Chirac – die Franzosen aufzufordern, bei der Abstimmung über die europäische Verfassung mit einem massiven Ja zu antworten. Vor gar nicht langer Zeit wäre eine solche Einmischung Germaniens in die politischen Entscheidungen Frankreichs auf wütenden Protest und glatte Verweigerung gestoßen. Aber die Dinge haben sich tatsächlich verändert in Europa, und die beiden »Erbfeinde« beiderseits des Rheins sind sich wohl sehr nahe gekommen. Zur Stunde ist es höchst ungewiss, wie das für Ende Mai anberaumte Referendum ausgehen wird. Der französische Staatschef war unnötig und unvorsichtig vorgeprescht, denn im Parlament wäre ihm eine proeuropäische Mehrheit gewiss gewesen. Schon einmal hatte Chirac sich über die Stimmung seiner Mitbürger gründlich getäuscht, als er vor etlichen Jahren eine vorgenommene Legislativ-Wahl veranstaltete und damit vorübergehend den Sozialisten zum Sieg verhalf. Beim bevorstehenden Plebiszit gehen die Meinungsumfragen davon aus, dass die von Giscard d'Estaing entworfene, allzu ausführliche und für den gewöhnlichen Bürger kaum verständliche Verfassung von einer Mehrheit der Stimmberechtigten abgelehnt wird. Diese negative Einstellung der Franzosen wird durch den sich steigernden Überdruss an der Regierungsführung des Staatsoberhauptes und vor allem seines Premierministers Raffarin zusätzlich und vielleicht entscheidend belastet.

Sollte die Fünfte Republik diese »constitution européenne« verwerfen, wird es auf dem ganzen Kontinent vermutlich Heulen und Zähneknirschen geben. Vor allem die Deutschen werden die Beleidigten und Düpierten spielen. Dabei sollten sie jedoch bedenken, dass – wenn in der Bundesrepublik eine ähnliche Volksbefragung stattfände wie in Frankreich – das negative Ergebnis von vornherein sicher wäre. Ähnliches ließe sich über eine ganze Serie europäischer Mitgliedstaaten prognostizieren. Es gibt ja immerhin plausible Gründe, dem Verfassungsvertrag mit einiger Skepsis zu begegnen. Die Europäer befürchten nicht zu Unrecht eine wachsende, undurchsichtige Einflussnahme anonymer Finanzkräfte in Brüssel, die jetzt schon der Wirtschaft den Vorrang bei allen politischen Entscheidungen einräumen möchten. Bedenklich stimmt vor allem die Aufblähung der Europäischen Union, die heute bereits

25 Mitglieder zählt, demnächst etwa 30, und somit weitgehend un-
regierbar geworden ist. Wer hatte denn die »Citoyens« des alten
Kontinents befragt oder konsultiert, als neben der Osterweiterung
mit Polen, Tschechien und Ungarn, denen man schwerlich einen
Beitritt verweigern konnte, plötzlich eine exzessive Ausweitung, ein
»Overstretch«, wie die Amerikaner sagen, zustande kam? Jetzt drängen sich nicht nur Rumänen und Bulgaren vor den Toren der Brüsseler Gemeinschaft, sondern die Türkei pocht auf die Erfüllung
leichtfertiger Versprechungen der Vergangenheit. Die »Orange
Revolution« der Ukraine ihrerseits ist mit solcher Begeisterung gefeiert worden, dass auch Kiew seine Anwärterschaft anmeldet. Seit
George W. Bush das Willkür-Regime des Präsidenten Lukaschenko
in Weißrussland als einen »Vorposten der Tyrannei« bezeichnete
und mit allen Mitteln versucht, in Minsk einen ähnlichen demokratischen und proamerikanischen Umbruch wie in Kiew einzuleiten,
muss auch Weißrussland als Kandidat ins Auge gefasst werden.

Eines ist sicher: Je mehr die EU sich geographisch verzerrt, desto
entscheidungsunfähiger und schwächer wird sie. Die wirtschaftlichen Konsequenzen für die ursprünglichen Gründungsmitglieder
sind noch gar nicht abzusehen, und der zurzeit künstlich angeheizte
Optimismus der westlichen Geschäftemacher dürfte sich bald ver-
flüchtigen. Nur ganz selten wurde übrigens zur Kenntnis genommen, dass bei sämtlichen neu aufgenommenen Staaten – bis hin zu
Estland, das an die Tore von St. Petersburg heranreicht – in einer
ersten Phase die Verankerung in der Atlantischen Allianz und in der
NATO vollzogen wurde und dass der Anschluss an Europa erst anschließend erfolgte. Deutlicher konnte nicht demonstriert werden,
dass die USA die wirklich treibende Kraft bei diesem »Drang nach
Osten« sind. Infolgedessen kann man sich darauf verlassen, dass in
Osteuropa die Weisungen Washingtons mehr Gewicht haben werden als die Wünsche Brüssels. Ein Nein zur Verfassung würde eine
radikale Kursänderung nach sich ziehen. Am Ende stünde vielleicht
jene Freihandelszone, von der die Briten ohnehin träumen, sowie
eine gemeinsame Eurozone für jene, die dazu bereit und befähigt
sind. Was die selbstständige Außen- und Verteidigungspolitik

Europas betrifft, so müsste sich das Schwergewicht auf die karolingischen Keimstaaten reduzieren, und diese sollten Ernst machen mit der Schaffung einer Regionalmacht, die ohne globale Hybris dem Kontinent wieder Eigengewicht und Würde verleihen könnte.

Das »Mädchen« und die hohe Politik

30. Mai 2005

Nach menschlichem Ermessen wird im kommenden Herbst die Bundesrepublik Deutschland von einer Frau regiert werden. Das klingt ungewöhnlich genug. Da es aber um die Person Angela Merkel geht, mehren sich die Schockwirkungen in der Öffentlichkeit. Die evangelische Pfarrerstochter aus der ehemaligen DDR, die Helmut Kohl ihren Aufstieg in die hohe Politik verdankt, von ihm liebevoll »das Mädchen« genannt wurde, hat ihre Parteifreunde zum ersten Mal wirklich überrascht, als sie sich anlässlich des Spendenskandals, in den der Altkanzler verwickelt war, als »weiblicher Brutus« betätigte und seine Ernennung zum Ehrenvorsitzenden der CDU verhinderte. Seitdem hat sie systematisch und trickreich eine ganze Serie potenzieller Rivalen – sei es nun Schäuble oder Merz – aus dem Weg geräumt und auch die widerspenstigen Bayern der CSU das Fürchten gelehrt.

Wer Angela Merkel wirklich ist, bleibt selbst dem inneren Führungskreis ihrer Partei weitgehend unbekannt. Sie ist eine »Frau ohne Eigenschaften« oder – wie es ein Kommentator im Hinblick auf ihre DDR-Jugend beschreibt – eine Politikerin, »die aus der Kälte kam«. Ihr Privatleben hat sie hermetisch abgeschirmt, was man in Zeiten eines ungehemmten Exhibitionismus durchaus positiv bewerten sollte. Aber auch ihre politischen Absichten bewegen sich in einer Nebelzone, der immer noch die Geheimnistuerei der Deutschen Demokratischen Republik anhaftet. Vermutlich wächst man nicht ungestraft in einer Umgebung auf, wo der angeblich treueste Freund als Spitzel des Staatssicherheitsdienstes entlarvt wird. Eine Protestantin aus dem Osten, die über keine nennenswerte Hausmacht verfügt, hat sich also an die Spitze der mächtigsten Partei, der Partei Konrad Adenauers, durchgedrängt. Ihre Gegner sagen, sie habe sich schonungslos »hochintrigiert«, und niemand weiß so recht, ob sie den Kurs des »rheinischen Kapitalismus« wieder aufzunehmen gedenkt, der in Wirklichkeit durch die katholische Soziallehre geprägt war, oder ob sie sich als ultraliberale deutsche Version einer Maggie Thatcher offenbaren wird, die den Gewerkschaften unerbittlich den Kampf ansagte und einem wirtschaftlichen Neo-Liberalismus huldigte, der sich – in Verkennung der ökonomischen Realitäten jenseits des Atlantiks – auf ein ungehemmtes amerikanisches Marktmodell ausrichten möchte.

Noch größer sind die Ungewissheiten auf dem Gebiet der Europa- und Außenpolitik. Verständlicherweise würde eine CDU-FDP-Koalition sich bemühen, das miserable deutsche Verhältnis zur Bush-Administration in Washington aufzubessern. Die Gefahr besteht jedoch, dass die neue Regierung Merkel mit einem FDP-Außenminister im Weißen Haus einen Canossa-Gang antreten wird und – ähnlich wie Tony Blair in Großbritannien – in die Rolle eines gefügigen Vasallen der USA zurückfällt. In dieser Hinsicht ist jedoch Vorsicht geboten. Weder die führenden Politiker der sich anbahnenden neuen Berliner Koalition noch die deutschen Medien sind sich offenbar bewusst, wie tief das Ansehen des Präsidenten Bush und seiner erratischen Weltstrategie bei der breiten Bevölkerung gesunken ist. Wenn es lediglich um Außenpolitik ginge und nicht um die fünf Millionen Arbeitslosen, um geringe Produktivität, um das Fiasko der Agenda 2010 und von Hartz IV, liefe Gerhard Schröder geringe Gefahr, im kommenden September aus dem Sattel gekippt zu werden.

Ist es nicht bemerkenswert, dass zwar die Wählerschaft von Nordrhein-Westfalen den Sozialdemokraten eine schmerzliche Abfuhr erteilte, dass der Wahlsieg der CDU unter Führung Merkels im kommenden September so gut wie sicher ist, der jetzige

Bundeskanzler Gerhard Schröder jedoch in der persönlichen Einschätzung des deutschen Durchschnittsbürgers deutlich populärer bleibt als seine blasse Herausforderin aus der Uckermark, die weder über Redetalent noch über die für die Meinungsforscher so wichtige »Körpersprache« verfügt. Indem Schröder den Entschluss traf, der Misere Deutschlands und seiner eigenen Partei durch eine vorgezogene Neuwahl andere Perspektiven zu bieten, hat dieser Niedersachse viel Ansehen zurückgewonnen. Das wird nicht ausreichen, um der SPD noch einmal eine Regierungschance zu bescheren. Noch ist ja in keiner Weise erwiesen, ob die schwarz-gelbe Generation mit einem radikalen »New Deal« den Ausweg aus der sich verschärfenden Wirtschaftskrise findet, die man recht unbefriedigend als Globalisierungsfolge beschreibt, die in Wirklichkeit jedoch auch der Kapitulation der Staatsgewalt vor exorbitanten Wirtschaftsinteressen entspricht. Sollte eine Regierung Merkel sich zudem im Gefolge Amerikas in die kriegerischen Wirren des Orients hineinreißen lassen, würde ihr geringes Prestige schnell dahinschmelzen.

Brüssels Drang nach Osten

27. Juni 2005

Es steht schlecht um Europa, zumindest um das Europa, das sich die Brüsseler Sachwalter unseres Kontinents vorgestellt hatten. Dennoch könnte sich die Krise als heilsam erweisen, die durch die Ablehnung der EU-Verfassung durch Franzosen und Holländer entstanden ist. Der französische Staatschef Chirac hatte gleich zwei unverzeihliche Fehleinschätzungen kumuliert: Ohne zwingenden Grund hatte er ein Referendum angeordnet, wo er doch im Parlament über eine bequeme Mehrheit zugunsten der »Constitution européenne« verfügt hätte. Zusätzlich hatte er, gemeinsam mit seinem deutschen Partner Gerhard Schröder, für die Aufnahme der

171

Türkei in die Europäische Union plädiert. Beide hätten wissen müssen, dass sich ihre jeweiligen Völker mit erdrückender Mehrheit gegen eine solche Ausweitung ihrer Staaten bis an die Grenzen des Irak widersetzen.

Die Einwohner des »alten Europa« sind die bürokratische Einmischung Brüssels in die trivialsten Vorgänge ihres täglichen Lebens offensichtlich leid. Mit Fug und Recht kann man von einem »Drang nach Osten« sprechen, der engstens gekoppelt ist mit dem amerikanischen Verlangen nach einer Ausweitung der NATO in Richtung Kiew, Minsk, Tiflis. In den deutschen Medien sind die üblichen Stimmen gekränkter »Betroffenheit« laut geworden. Dabei sollte man sich in Berlin bewusst sein, dass die Bundesbürger – wären sie zu einem demokratischen Volksentscheid aufgerufen worden – der EU-Verfassung eine weit gründlichere Abfuhr erteilt hätten als ihre Nachbarn westlich des Rheins. Schon erhebt sich das Wehklagen über den angeblichen Kursverfall des Euro gegenüber der amerikanischen Leitwährung. Kaum jemand scheint sich daran zu erinnern, welche Kassandrarufe der Wirtschaftsgurus laut wurden, als der Euro unlängst zu einem unerwarteten Höhenflug ansetzte und sich um die Schwelle von 1,40 US-Dollar bewegte.

In Wirklichkeit geht es um mehr. Es geht um die Zielsetzung der europäischen Einigung. In Osteuropa sind mit einem Schlag zehn neue Mitgliedstaaten der Union beigetreten, und deren Augenmerk ist aufgrund der immer noch bestehenden Furcht vor dem übermächtigen russischen Nachbarn stärker auf Washington ausgerichtet als auf Brüssel. Die Bush-Administration hat anlässlich des Irak-Krieges durch die rüpelhafte Brüskierung des »alten Europa« und ihre Bevorzugung der »neuen Europäer«, die sie in die »Koalition der Willigen« und ihren Feldzug gegen Mesopotamien einspannen konnte, nachhaltig dazu beigetragen, die erweiterte EU zu spalten. Dabei konnte sich Washington voll und ganz auf den britischen Komplizen verlassen. Von Anfang an hatte London versucht, jeden organischen Zusammenschluss des Kontinents zu hintertreiben und stattdessen das schwammige Gebilde einer europäischen »Handelszone« zu fördern. Tony Blair, der in seiner unterwürfigen Solidarisierung mit der Kriegspolitik Amerikas so weit gegangen war, von der Fähigkeit Saddam Husseins zu schwafeln, binnen 45 Minuten die westlichen Staaten mit Massenvernichtungswaffen heimzusuchen, erwies sich auch bei dem Versuch des »alten Europa«, gegenüber dem transatlantischen Verbündeten ein wachsendes Maß diplomatischer und strategischer Selbstständigkeit zu gewinnen, als heimlicher Agent der USA.

Kein Wunder, dass die Konferenz von Brüssel, die nach der Ablehnung der EU-Verfassung die entstandene Spaltung recht und schlecht überbrücken sollte, eine zusätzliche Konfrontation heraufbeschwor. Vordergründig ging es zwischen Franzosen und Briten um Agrarsubventionen, von denen vor allem Frankreich profitiert, und um Finanzzuschüsse, die seinerzeit der britischen Regierung Thatcher zähneknirschend gewährt wurden. Dahinter profilierte sich jedoch ein alter historischer Gegensatz. Mag in den Augen der Deutschen Frankreich lange Zeit als »Erbfeind« gegolten haben, für die Franzosen war das »perfide Albion« seit Entstehen der beiden Nationen der permanente Gegner. Noch im neunzehnten Jahrhundert argumentierten die Pariser Historiker, dass der wichtigste Krieg, den Frankreich je geführt hatte, der endlose Krieg gegen England gewesen sei. Selbst die »Entente cordiale«, die 1904 zwischen Paris und London als Folge der Großmannssucht Wilhelms II. zustande kam, sollte diesen Zustand tiefen Argwohns und instinktiver Ablehnung nur kurzfristig verwischen.

Europa droht in diesen Tagen von den Schatten seiner unseligen Vergangenheit eingeholt zu werden, aber gerade die renitente Haltung der Niederlande sollte den trotzigen Spruch Wilhelms von Oranien ins Gedächtnis rufen: »Es ist nicht wichtig, Hoffnung zu hegen, um Großes zu unternehmen – und es ist auch nicht nötig, Erfolge vorzuweisen, um an einem großen Projekt festzuhalten.«

Die neuen Assassinen

25. JULI 2005

Eine präzise Statistik liegt nicht vor, aber die Zahl der Selbstmord-attentäter, die sich zum Ruhme Allahs und des Islam in die Luft sprengen, muss hoch in die Hunderte gehen. Die Zahl der Kandidaten dieser extremen Form des Martyriums reißt nicht ab. Nicht nur die westlichen Ungläubigen betrachten das sakrale Horrorszenario mit Staunen und Entsetzen. Auch die meisten frommen Muslime reagieren mit Ratlosigkeit.

Der Koran gebietet zwar immer wieder den »Dschihad« zur Verteidigung des Glaubens. »Denen gehört das Paradies, die auf dem Weg Allahs kämpfen, die töten und getötet werden«, heißt es dort wörtlich. Aber von einer Aufforderung zum Suizid ist in der Offenbarung Mohammeds keine Spur zu finden.

Als Präzedenzfall können allenfalls die »Haschischin« oder »Assassinen« erwähnt werden, die im 12. und 13. Jahrhundert der unerbittlichen Weisung des »Alten vom Berge« folgten. Eine Vielzahl von Herrschern des Orients – seien sie nun christliche Kreuzritter oder muslimische Kalifen und Emire – hatten diese Fanatiker unter Aufopferung ihres Lebens mit dem Dolch umgebracht. Die Haschischin, deren letzte Banden erst durch die Mongolenhorden Tamerlans ausgerottet wurden, waren schiitische Ismailiten und galten als ketzerische Außenseiter. Heute hingegen handelt es sich bei den arabischen »Schuhada«, die sich den Dynamitgürtel um den Leib schnallen, fast ausschließlich um Angehörige der sunnitischen Hauptrichtung des Islam, zu der sich rund 85 Prozent der Gläubigen bekennen. Lediglich im Jahr 1983, als Militärkontingente des Atlantischen Bündnisses den Libanon befrieden sollten, hatten sich schiitische »Gotteskrieger« der Hizbullah bereitgefunden, ihre mit Sprengstoff beladenen Lastwagen mit verheerender Wirkung in die Unterkünfte amerikanischer Marines und französischer Paras zu steuern.

Zur geläufigen Praxis wurde das Selbstmordattentat erst bei den Palästinensern der Kampfbünde »Hamas« und »Dschihad Islami«.

Diesen arabischen Sunniten wurde von den Psychologen unterstellt, dass ihnen die erbärmliche Existenz auf Erden, die von täglichen Demütigungen und der erdrückenden Überlegenheit der israelischen Besatzungsmacht geprägt war, nicht mehr lebenswert erschien, dass sie in den »Gärten Allahs«, in den Freuden des Paradieses einen strahlenden Ausweg suchten. Die Effizienz dieser lebenden Bomben wird vom israelischen Generalstab relativ hoch eingeschätzt und sogar mit der Wirkung moderner Kampfflugzeuge vom Typ F-16 verglichen. Jedenfalls steht das Morgenland und die gesamte »globalisierte« Menschheit einer bislang unbekannten Methodik des »asymmetrischen Krieges« gegenüber. Das Schwergewicht der Aktion hat sich längst in den Irak verlagert, aber seitdem ist dieser düstere Todestrieb noch unerklärbarer geworden, zumal er dort zu einem Konfessionskrieg zwischen Sunniten und Schiiten auszuarten beginnt. Die Blutspur zieht sich zudem von den indonesischen Stränden Balis bis zu den Schächten der Londoner U-Bahn, ohne dass eine zentrale Lenkung zu identifizieren wäre.

Zwar wird die Organisation Al Qaida immer wieder erwähnt, aber mit Gewissheit ist Osama Bin Laden in seinem Höhlenversteck von Waziristan nicht mehr in der Lage, die Vielzahl von Grüppchen zu koordinieren, denen er die grausame Richtung vorgegeben hatte. Bei den Selbstmordattentätern handelt es sich übrigens nicht um primitive Hinterwäldler oder ignorante Schafhirten. Gerade die Tragödie von London hat bewiesen, dass sich die Todesfreiwilligen mehrheitlich unter jugendlichen Intellektuellen der dritten Einwanderergeneration rekrutieren, die in komfortablen Verhältnissen lebten, von Geburt an die Staatsangehörigkeit des Gastlandes besaßen und gemäß dem Trugschluss einer törichten »Multikulti-Ideologie« als integrierte Bürger galten.

Die mörderischen Explosionen von Madrid und London – in Paris hatte es schon vor zehn Jahren eine ähnliche Serie von Anschlägen gegeben, die von Algeriern mit französischem Pass durchgeführt wurden – verweisen darauf, dass die Staaten Europas, die in unmittelbarer Nachbarschaft, ja in Osmose zur islamischen Welt leben und Millionen Korangläubigen Arbeit und Zuflucht gewährt haben, offenbar viel gravierender durch dieses makabre Aufbegehren des kämpferischen Islamismus bedroht sind als die Vereinigten Staaten von Amerika, die durch die Weite der Ozeane vom Siedlungsgürtel der islamischen »Umma« getrennt sind. Die Vernichtung des World Trade Center könnte ein spektakulärer Einzelfall bleiben, es sei denn, die Todesengel Allahs verfügten demnächst über chemische, bakteriologische oder nukleare Substanzen. Dann dürfte die bisherige Disziplin der bedrohten Massen in helle Panik umschlagen. Die Pforten eines Infernos täten sich auf.

Mehr Resignation als Begeisterung

22. AUGUST 2005

So hatte man sich die deutsche Einheit wahrhaftig nicht vorgestellt. In Ost und West hatten die Nachbarn schon befürchtet, es würde im Herzen Europas ein massiver germanischer Block entstehen, eine Art »Viertes Reich«, das bei aller Friedfertigkeit die Zukunft des Kontinents überschatten würde. Aber spätestens seit Beginn der Kampagne zur vorgezogenen Bundestagswahl, die Bundeskanzler Schröder aus einer Situation der Ratlosigkeit losgetreten hat, offenbart sich zwischen Rhein und Oder ein seltsamer Prozess regionaler, ja kultureller Entzweiung. Der bayrische Ministerpräsident Stoiber hat die Stimmung vieler »Wessis« auf den Nenner gebracht, als er darauf verwies, dass die ungeheuerlichen Summen, die für die Sanierung und den misslungenen Wirtschaftsaufschwung der ehemaligen DDR aufgebracht wurden, jeden anderen Staat, der nicht über das solide Finanzpolster der Bundesrepublik West verfügt, in den Bankrott getrieben hätten. Es sind jenseits der Elbe tatsächlich »blühende Landschaften« entstanden, wie Helmut Kohl es versprochen hatte, aber eine nennenswerte Ernte wurde dort bislang nicht eingefahren.

16 Acht Meter hoch ist die Mauer, mit der Israel sich in kritischen Grenzzonen gegen die Palästinenser zu schützen sucht. Aber Raketen kann dieses Bollwerk nicht aufhalten.

17 Durch den Chonji-See verläuft die Grenze der Demokratischen Volksrepublik Nordkorea zum chinesischen Reich der Mitte.

18 Der Personenkult, der in Nordkorea den verstorbenen kommunistischen Übervater Kim Il Sung und seinen Sohn Kim Jong Il umgibt, ist grotesk, wie dieses Wandbild zeigt.

19 Bei den Versammlungen der asiatischen Staatschefs (hier im kasachischen Almaty) geht es um Erdöl und den Einfluss Amerikas.

20 In die Steppe von Kasachstan hat der dort herrschende »Emir« Nasarbajew unter ungeheuren Kosten eine futuristische Traumstadt gezaubert.

21 Hat sich die Situation im Irak wirklich beruhigt? Oder verbreitet Washington nur Zweckoptimismus?

22 Der radikale Schiitenführer Muqtada-es-Sadr genießt große Zustimmung bei der armen Bevölkerung des Irak. Seine Mehdi-Armee steht Gewehr bei Fuß.

23 Großayatollah Ali-el-Sistani wird weit über den Irak hinaus als eine der höchsten
schiitischen Autoritäten, als »Quelle der Nachahmung« verehrt.

24 Die grüne Fahne des Islam weht über Gaza und symbolisiert den Sieg der Hamas über die PLO-Präsidentschaft von Mahmud Abbas.

25 Die israelische Libanon-Offensive im Sommer 2006 scheiterte am Widerstand der schiitischen Gotteskrieger der Hizbullah.

26 Die Präsenz von fünf Millionen meist algerischen Muslimen in Frankreich und deren soziale Nöte sorgen für Unruhe und Randale.

27 Man kann nur hoffen, dass die deutsch-französische Herzlichkeit so eng ist wie auf diesem Foto.

28 Im Schwarzen Meer liegen sich neuerdings die russische Flotte und die US Navy argwöhnisch gegenüber.

29 Nicht alle Ukrainer sind für den Beitritt ihres Landes zur NATO. Proteste in Kiew, am Ort der früheren Orange-Revolution.

Die aufwändige Rehabilitierung der »neuen Bundesländer« erscheint vielen Besuchern aus dem Westen als verschwenderisches kosmetisches Lifting. Viel gravierender ist jedoch die Tatsache, dass die psychologische Kluft zwischen Ost und West nicht verringert, sondern vertieft wurde. Stoiber hat unter Applaus seiner bajuwarischen Landsleute verkündet, dass das Schicksal Deutschlands nicht an eine Minderheit von »Frustrierten« ausgeliefert werden dürfe. Damit meint er die in Ostdeutschland erstaunlich starke Partei des Demokratischen Sozialismus (PDS), die die Nachfolge der früheren Kommunisten angetreten hat. Der ökonomischen Misere und der gravierenden Arbeitslosigkeit, die vor allem die neuen Bundesländer Brandenburg, Mecklenburg und Sachsen-Anhalt heimsuchen, hielt er als leuchtendes Beispiel den Freistaat Bayern entgegen, der sich von einer unterentwickelten Agrarregion zum Spitzenreiter deutscher Technologie und Prosperität aufschwang. Den Nachfolgegebieten Preußens, wo man einst auf die südlichen und überwiegend katholischen Reichsteile mit Arroganz herabblickte, wird jetzt heimgezahlt, dass man einst in Berlin spöttelte, der Bayer sei »der Übergang des Österreichers zum Menschen«. In Preußen, so betont man heute in München, habe die Befreiung der Landbevölkerung aus der Leibeigenschaft der Junker doch erst als Folge der napoleonischen Eroberung stattgefunden.

Was nun den Ausgang der Bundestagswahl betrifft, so ist der mit Sicherheit erwartete Wahlsieg der Christdemokraten durch ein gänzlich neues Phänomen in Frage gestellt. Der sozialdemokratische Kanzler Schröder hatte sich aufgrund steigender Arbeitslosigkeit und verheerender Haushaltsdefizite von den Idealen seiner Partei abgewandt. Das Übermaß staatlicher Fürsorge, das Deutschland seinen Bürgern und auch den zahllosen Neuzuwanderern gewährte, war nicht mehr finanzierbar. Ausgerechnet die traditionelle Arbeiterpartei SPD verlegte sich auf Methoden, die dem angelsächsischen Neoliberalismus nahekamen. Da ist es kein Wunder, dass es der ostdeutschen PDS endlich gelang, auch im Westen Anklang zu finden und sich mit einer dortigen Splittergruppe zur gesamtdeutschen Linkspartei auszuweiten. Als Schmied und Herold dieser neuen Allianz stand der umtriebige Saarländer Lafontaine zur Verfügung, der sich als Finanzminister mit Gerhard Schröder tödlich verfeindet hatte und der nun mit beachtlicher rhetorischer Begabung zu einer Rückkehr zum »wahren Sozialismus« trommelt. Von dieser Linkspartei, die laut Umfrage vorübergehend auf 12 Prozent der Wahlabsichten geschnellt war, hängt es ab, ob die CDU-Chefin Angela Merkel ihr Kabinett mit der liberalen FDP zusammenstellen kann oder ob sie gezwungen wäre – unter Ausschaltung Gerhard Schröders natürlich –, eine große Koalition mit den Sozialdemokraten einzugehen.

Noch ist die Entscheidung nicht gefallen. Die Stimmung der Wähler ist labil, und die wenigsten können einen gravierenden Unterschied zwischen den politischen Absichten der neuerdings kapitalfreundlichen Sozialdemokraten und den spärlichen Reformvorschlägen der Christdemokraten entdecken, die bei aller Neigung zur freien Marktwirtschaft auf die kleinen Leute und vor allem auf die wachsende Zahl der Rentner Rücksicht nehmen müssen. Die begegnen nämlich allen liberalen Experimenten mit Argwohn. Gerhard Schröder hatte die letzte Wahl im Jahr 2002 mit seiner strikten Distanzierung von den USA gewonnen, als George W. Bush sich anschickte, gegen Saddam Hussein zu Felde zu ziehen. Diesmal bringt er die Islamische Republik Iran ins Spiel, die sich amerikanischen Drohungen ausgesetzt sieht, und schon hat er die unentwegten »Atlantiker« im Umkreis Angela Merkels gezwungen, ebenfalls jede militärische Option gegen Teheran zu verwerfen. In diesen taktischen Spielchen erschöpft sich heute die deutsche Außenpolitik, und dem voraussichtlichen Wahlsieg der vorpommerschen Pfarrerstochter Merkel blickt die Bevölkerung mit mehr Resignation als Begeisterung entgegen.

Die Büchse der Pandora

Die neue Verfassung des Irak, auf die oberflächliche Kommentatoren so große Hoffnungen gesetzt hatten, erweist sich als Büchse der Pandora. Der Abnutzungskampf gegen die amerikanische Besatzung wird neuerdings überschattet durch einen konfessionell motivierten Bürgerkrieg zwischen Sunniten und Schiiten. Mehr denn je bieten die Straßen Bagdads ein Bild grauenhaften Mordens, und die Frage lässt sich kaum beantworten, wie die Terrororganisation des jordanischen Psychopathen Abu Musab al-Zarqawi es fertigbringt, immer neue Selbstmordkandidaten zu rekrutieren, die unter der schiitischen Bevölkerung der Hauptstadt wahllose Massaker veranstalten.

Zwei akute Gründe können für die Verschärfung dieser blutigen Konfrontation angeführt werden. Die neue Verfassung des Irak ist verabschiedet worden, und sie versetzt die bislang allmächtige Glaubensgemeinschaft der sunnitischen Araber in eine Schwächeposition zwischen der schiitischen Bevölkerungsmehrheit und den Kurden der Nordregion. Letztere sind zwar Sunniten, aber sie weisen keinerlei ethnische Gemeinsamkeit mit den Arabern auf. In den vergangenen Jahren konnten sie eine an staatliche Unabhängigkeit grenzende Autonomie ausbauen. Da zudem der Erdölreichtum Mesopotamiens im schiitischen Siedlungsgebiet des Südens und im kurdischen Revier von Kirkuk sprudelt, befürchten die Sunniten, die praktisch seit Gründung der islamischen Herrschaft über das Zweistromland stets eine politisch beherrschende Rolle spielten, dass sie auch wirtschaftlich ins Hintertreffen geraten.

Kaum jemand hatte damit gerechnet, dass die sunnitischen Stämme und Sippen, die nur 20 Prozent der Gesamtbevölkerung bilden und vor allem im Dreieck zwischen Bagdad, Mossul und Ramadi stark vertreten sind, zu dem blindwütigen Amoklauf befähigt wären, dem die amerikanischen Okkupanten wie hilflose Zauberlehrlinge gegenüberstehen. Anlass für das Aufkommen der Gewalt

war die vom US-Hauptquartier geführte Offensive, die sich unlängst gegen sunnitische Positionen längs der syrischen Grenze mit
dem Schwerpunkt El Ataf richtete und offensichtlich hohe »Kollateralschäden«, das heißt Verluste unter der dortigen Zivilbevölkerung, verursachte. Unterstützt wurden die US-Marines bei dieser Aktion durch neu aufgestellte Einheiten der irakischen Armee
und Nationalgarde. Diese in Eile zusammengeschusterten Briga-
den, deren Kampfwert gering ist, setzen sich im Wesentlichen aus
schiitischen Freiwilligen zusammen, die sich darauf vorbereiten,
am Tage des unvermeidlichen amerikanischen Truppenabzugs die
reale Macht zwischen Bagdad und Basra an sich zu reißen. Erschwerend kommt hinzu, dass sich auch die kampferprobten Kur-
den-Krieger am Oberlauf des Euphrat mit beachtlicher Effizienz
beteiligt haben.

Bei den sunnitischen Desperados, die sich jeder Form von Föde-
ralismus im künftigen irakischen Staat widersetzen und die bislang
als Einzige den Abwehrkampf gegen die US-Besatzung führten, geben die radikalen Islamisten den Ton an, die man etwas pauschal als
Angehörige von Al Qaida und Anhänger Osama Bin Ladens bezeichnet. Aber auch viele Anhänger des verflossenen Baath-Regimes
von Saddam Hussein befinden sich im bewaffneten Widerstand, zumal das Ansehen des gestürzten Diktators aufgrund der blutigen
Anarchie, die sich des Irak nach 2003 bemächtigte, wieder etwas
aufpoliert wurde. Die Kurden hingegen betrachten sich als Verbündete Amerikas, und die Schiiten, die sich auf ihre parlamentarische
Mehrheit stützen können, verharren in argwöhnischer Passivität.

Die Zukunft wirft fürchterliche Schatten voraus. Die Verfassung
kann noch durch Volksabstimmung abgelehnt werden, und dann
begänne der ganze Wahlzirkus von Neuem. Die Türkei kann es auf
Dauer nicht hinnehmen, dass an ihrer anatolischen Südostflanke
ein quasi-souveräner Kurdenstaat entsteht. Schon häufen sich die
Attentate der Aufstandsbewegung der PKK in der Republik Atatürks. Die Mullahs von Teheran ihrerseits haben sich bislang auf
bemerkenswerte Weise zurückgehalten. Aber der irakische Regierungschef und Arzt Ibrahim el Jaaffari, ein Mullah in Zivil, wie man

dort sagt, pflegt enge Verbindungen zu Teheran und muss Rücksicht nehmen auf die schiitischen Badr-Brigaden und die »Armee des Mehdi«, die jederzeit den regulären Streitkräften den Rang ablaufen könnten.

Das Ziel ist klar abgesteckt: Am Ende der jetzigen Entwicklung stände eine schiitisch orientierte islamische Republik. In der großen südlichen Hafenstadt Basra setzen sich bereits die Anhänger des jungen religiösen Feuerkopfes Muqtada-es-Sadr durch, der aus seiner Bewunderung für die islamische Erweckergestalt Persiens, den Ayatollah Khomeini, kein Hehl macht.

Washington muss im Orient einen bodenlosen Fehlschlag registrieren. Wenn Präsident Bush die Atlantische Allianz zu drastischen Maßnahmen gegen die Nuklearproduktion Irans aufbringt, sollte er bedenken, dass dadurch die Lage im Irak vollends unhaltbar würde. Eine Katastrophe träte ein, und der Kampf zwischen Sunniten und Schiiten würde auf eine ganze Serie von Nachbarstaaten übergreifen, falls eine zu forsche Strategie den hartgesottenen neuen Präsidenten Irans, den ehemaligen Revolutionswächter Ahmadinejad, zur Ausrufung des heiligen Kriegs veranlasst.

Europäische Affenschlacht

17. Oktober 2005

Er wolle an einer »Affenschlacht – une bataille de singes« nicht teilnehmen, soll Charles de Gaulle im Januar 1946 gesagt haben, als er sich aus der aktiven Politik für die Dauer von zwölf Jahren zurückzog und »dem Gift und den Wonnen« des parlamentarischen Ränkespiels den Rücken kehrte. Gerhard Schröder lässt sich gewiss nicht mit der Kommandeursgestalt des »Befreiers Frankreichs« vergleichen, aber seine letzten Abschiedsworte an die Metallarbeiter, als er seine proletarische Herkunft betonte, klangen dennoch eindrucksvoll: »Ich weiß, wo ich herkomme«, beteuerte der scheidende Kanzler, »und ich weiß, wo ich hingehöre.« Ansonsten spielt sich in Berlin ein betrübliches Possenspiel ab, und die Geduld, mit der die Öffentlichkeit bislang dieses überwiegend persönlich geprägte Schachspiel um Posten und Ministersessel einer problematischen großen Koalition ertragen hat, stellt dem demokratischen Grundempfinden Deutschlands ein gutes Zeugnis aus. Aber die politische Klasse sollte dieses entwürdigende Spiel nicht auf die Spitze treiben.

Im vergangenen Wahlkampf hätte auffallen müssen, dass Außenpolitik und Verteidigung praktisch ausgeblendet waren. Im Zeichen einer vielgerühmten, aber zutiefst bedenklichen Globalisierung huldigte man in Berlin einem beklagenswerten Provinzialismus. Dabei liegt auf der Hand, dass alle Sozialsysteme, Bildungsförderungen oder Steuerumschichtungen auf Sand gebaut wären, wenn es zu wirklich bedrohlichen Krisen in der Nachbarschaft Europas käme. Der Preis für Erdöl, der in die Höhe schnellt, der Massenansturm von Afrikanern auf die spanische Exklave Melilla verweisen auf die wirklichen Gefahren der Zukunft, denen die Europäer im Hinblick auf ihre Energieversorgung und auf die demographische Überflutung ausgesetzt sind.

Bezeichnend war die Tatsache, dass die Sozialdemokraten sich schwertaten, in den eigenen Reihen einen qualifizierten Außenminister zu finden. Fast hätte man auf EU-Kommissar Günther Verheugen zurückgegriffen, der die Hauptverantwortung für die maßlose Erweiterung Europas nach Osten trägt und sich als Anwalt des Türkei-Beitritts hervorgetan hatte. Gerhard Schröder hat sich zweifellos vergaloppiert, als er seine letzte Auslandsreise als Kanzler in Richtung Ankara antrat, um dort mit dem türkischen Regierungschef Erdoğan und in Gesellschaft von demonstrativ verschleierten Frauen das islamische Fastenfest Ramadan zu feiern. Wann hatte man den Kanzler je in einer christlichen Kirche gesehen? Angesichts des Hickhacks der deutschen Parteien und ihres beschämenden Personenschachers wird es zusehends schwierig, den Staaten der sogenannten Dritten Welt, den Entwicklungsländern in

Afrika und Asien, die europäische Form der Demokratie als ideales Regierungsmodell anzubieten, ja aufzudrängen. In Deutschland werden sich die Dinge wohl recht und schlecht wieder einpendeln, aber in den rückständigen Regionen unseres Erdballs würde ein solcher Wirrwarr in Bürgerkrieg ausarten.

Der Westen sollte sich bewusst sein, dass in Ostasien nicht nur neue Machtzentren entstehen, sondern auch zugkräftige Systeme straffer politischer Führung, gekoppelt mit staatlich begünstigter, aber auch regulierter Marktwirtschaft, die sich nach Südkorea, Taiwan, Singapur neuerdings vor allem in Peking und Hanoi als werbende Experimente bewähren. Dieser »aufgeklärte Despotismus« im konfuzianischen Raum hat – wie das desaströse Beispiel der Philippinen zeigt – weit positivere Perspektiven für Fortschritt, Technologie und Wohlstand der Massen zu bieten als die Nachäffung amerikanischer Lebensformen, die am Ende nur einer begüterten Oligarchie zugute kommt.

Der letzte Beschluss des sich auflösenden deutschen Bundestages der rot-grünen Koalition betraf die Erhöhung der deutschen Truppenpräsenz in Afghanistan auf 3000 Mann und deren geographische Verzettelung. Darin waren sich Christdemokraten und Sozialdemokraten in vergleichbarer Unterwürfigkeit gegenüber der Bush-Administration und ohne Rücksicht auf die Sicherheit der eigenen Soldaten einig. Von einer Erhöhung des Verteidigungsbudgets der Bundeswehr – prozentual das niedrigste in Europa – war hingegen nicht die Rede. Gewiss, die Bekämpfung der Arbeitslosigkeit soll vorrangig und mit aller Energie angepackt werden, aber im Zeichen der Globalisierung und der Vergötzung des »freien Marktes« besitzt Deutschland wenig Chancen, der Konkurrenz der neuen Weltmacht China standzuhalten. Die deutschen Politiker fordern vehement die Entwicklung industrieller Innovationen. Aber schon hat man den Eindruck, dass die wirklich bahnbrechenden Erfindungen und technischen Neuerungen im Fernen Osten stattfinden, wo die Japaner den Deutschen bei der Entwicklung von Benzinersatz weit voraus sind und die Chinesen sich anschicken, Menschen zum Mond zu schicken.

Gleichgewicht des Schreckens

Damit hat Irans Präsident Mahmud Ahmadinejad wohl nicht gerechnet. Seine jüngsten Äußerungen zum Thema Israel, der Judenstaat gehöre von der Landkarte gestrichen, haben nicht nur im Ausland heftige Kritik hervorgerufen, sondern nun sogar im eigenen Land: Solche Parolen manövrierten Iran in die Isolation, kritisierte ausgerechnet Ahmadinejads Vorgänger Mohammed Khatami. Dabei hat sich Khatami einst selbst inhaltlich ähnlich geäußert. Damals hat man das hierzulande kaum zur Kenntnis genommen, zum einen, weil Khatami als Gemäßigter aus Überzeugung galt, zum anderen, weil die Frage der atomaren Bewaffnung, die als einziges iranisches Machtmittel das Potenzial hätte, eine solche Drohung wahr zu machen, noch nicht akut war. Freilich hätte sich Ahmadinejad denken können, dass die Äußerung in diesem Tonfall, aus seinem Munde und vor diesem Hintergrund eine ganz andere Aufmerksamkeit erregen würde. Doch Ahmadinejad ist ein »Überzeugungstäter« und ohne außenpolitische Erfahrung. Vor allem aber war seine Botschaft, die im Ausland so viel Aufmerksamkeit gefunden hat, eigentlich ans Inland gerichtet. Ahmadinejad – tiefreligiös, aber antiklerikal – verkörpert nämlich jenen alten sozialrevolutionären Geist der islamischen Revolution von 1978, der sich in Iran unter dem etablierten Regime der Mullahs über die Jahre beinahe völlig verflüchtigt hat. Wie Khomeini setzt er auf das Entfachen der revolutionären Flamme und den Appell an die Mustazafin, die Enterbten und Entrechteten. Ob er damit reüssieren kann, ist die Frage, da ein großer Teil der iranischen Jugend unter der islamischen Oberfläche inzwischen hedonistisch ausgerichtet ist.

Wie bedroht ist also Israel und damit der relative Friede im Nahen Osten wirklich? Sosehr die Rhetorik gegen Israel in Iran zum guten Ton gehört, die tatsächliche Sympathie für die Palästinenser ist trotz gegenteiliger Beteuerungen sehr gering. Zwischen ihnen steht der Konflikt zwischen Schiiten und Sunniten. Andererseits, so unangenehm uns die Vorstellung eines atomar gerüsteten Iran sein mag, ist es den Persern wohl nicht zu vermitteln, dass ihre Todfeinde solche Waffen besitzen dürfen, sie selbst aber nicht. Zumal der gemeine Mann auf den Straßen Teherans ehrlichen Herzens daran glaubt, dass es sich um reine Instrumente der Abschreckung handelt. Dass die Sorgen Teherans nicht ganz unbegründet sind, beweist nicht zuletzt die Tatsache, dass der US-Kongress jedes Jahr ein Budget bewilligt, um mit Hilfe von Exil-Iranern einen Umsturz ins Werk zu setzen. Man kann gewiss sein, dass – natürlich verdeckt – auch die CIA in Teheran stets mitmischt. Der israelische Militärhistoriker Martin van Creveld brachte es unlängst auf den Punkt, als er zu bedenken gab: »Wäre ich Perser, müsste ich doch verrückt sein, mir nicht auch Atomwaffen zuzulegen!« Letztlich sind aber all diese Fragen irrelevant, denn ohne einen Krieg gegen den Iran zu entfesseln und die Irak-Katastrophe damit in vergrößertem Maßstab zu wiederholen, wird der Westen das Atomprogramm des Iran langfristig kaum unterbinden können. Dieses findet vermutlich in tiefen Felsstollen der iranischen Berge statt und wäre damit unerreichbar auch für die hoch spezialisierten Waffen der US-Luftwaffe.

Die brennenden Vorstädte von Paris

14. November 2005

Die Vermutung lag nahe, es würde sich bei den landesweiten Krawallen und Verwüstungen, die die französischen Vorstädte heimgesucht haben und die im Wesentlichen durch jugendliche Nordafrikaner verursacht wurden, um eine Art »Intifada«, ein islamisches Aufbegehren gegen eine ihnen fremde und verhasste Ordnung, handeln. Aber die Wirklichkeit ist banaler. Blinder Vandalismus entwurzelter Maghrebiner der dritten Generation, kriminelle Instinkte, Verzweiflung an der sozialen Lage und gelegentlich auch die geheimen Netzwerke der Drogenhändler arbeiteten bei diesem Aufruhr Hand in Hand.

So haben sich denn auch die Franzosen mit einer Vielzahl verantwortungsbewusster Migranten – zu 75 Prozent – gegen diese blindwütigen Randalierer gewehrt. Es wurden ja in den Banlieues die Autos der kleinen Leute, oft aus Afrika zugewandert, angezündet. Die Schulen und Versammlungszentren, die in Flammen aufgingen, sollten vor allem den dunkelhäutigen Kindern der Einwanderer zugute kommen. Diese heute so grauenhaft und unmenschlich wirkenden Wohnsilos, die rund um Paris, Marseille und Lyon während der Sechziger- und Siebzigerjahre in schwindelnde Höhe gezogen wurden, waren damals – das sollte man nicht vergessen – als Fortschritt gefeiert worden gegenüber den vermoderten Elendsquartieren der frühen Industrialisierung. Denken wir nur an die »Cité du Soleil« des Stararchitekten Le Corbusier in Marseille, deren bescheidener Komfort für Alt- und Neubürger der unteren Schichten seinerzeit in höchsten Tönen gelobt wurde.

Heute steht Frankreich vor einem städteplanerischen Scherbenhaufen, und die zugeströmten Gastarbeiter aus den »Kanister-Siedlungen« des Maghreb und der Sahelzone brachten keinerlei Voraussetzungen mit für den pfleglichen Umgang mit dieser für sie neuen und modernen Umgebung. Dazu kamen die Arbeitslosigkeit und ein sich langsam anheizender Rassismus beider Seiten, der Alteingesessenen und der Neuankömmlinge. Diese Spannungen hatte es in geringerem Maße auch im vergangenen Jahrhundert gegeben, als eine starke Wanderung von Italienern, Polen und am Ende von etwa zwei Millionen Portugiesen stattfand. Bei diesen europäischen Völkerschaften christlicher Konfession fand jedoch in erstaunlich kurzer Zeit eine erfolgreiche Integration, ja sogar eine perfekte Assimilation statt.

Wenn die Kluft jedoch unüberbrückbar erscheint und sich zu solchen Exzessen steigert, muss die Unversöhnlichkeit letztendlich darin begründet sein, dass hier zwei unterschiedliche Kulturkreise aufeinanderstoßen, die nur sehr partiell zu vereinbaren oder gar zu harmonisieren wären. Die Schwarzafrikaner aus Mali und Senegal sind ebenso wie die Araber und Kabylen des Atlas Angehörige der islamischen Gemeinschaft, der »Umma«, selbst wenn die große Mehrzahl der jugendlichen Rabauken der Lehre und den Vorschriften des Korans weitgehend entfremdet wurde. Die meisten Katholiken Frankreichs sind ja ebenfalls nur sehr laue Christen oder bezeichnen sich oft als Agnostiker. Doch im Unterbewusstsein dauert die religiöse und gesellschaftliche Diskrepanz fort. Hinzu kommt bei den Algeriern, die die große Masse der Unzufriedenen stellen, die des Arabischen nicht mächtig sind und nur Französisch sprechen, eine tragische Entwurzelung. Die französische Fremdherrschaft über Nordafrika, die 120 Jahre dauerte, hat dort tiefe Spuren hinterlassen. Während sich die in Deutschland ansässigen Türken, auch wenn sie inzwischen einen deutschen Pass besitzen, stolz auf ihren nationalen Ursprung berufen und sich der Größe des Osmanischen Reiches bewusst bleiben, fehlt den Algeriern ein geschichtlich begründetes Nationalgefühl. Ihr Hass richtet sich ja nicht nur gegen die französische Republik, sondern auch gegen die brutale Militär-Junta, die seit der Erringung der Unabhängigkeit die wirkliche Macht in Algier ausübt.

Mit wem können die französischen Behörden verhandeln, um die trostlose Situation wieder halbwegs in den Griff zu bekommen? Innenminister Sarkozy trifft sich vor allem mit den offiziellen Repräsentanten und Imamen der Moscheen und islamischen Verbände. Aber diese allzu geschmeidigen Korangelehrten – ein strukturierter Klerus existiert im sunnitischen Islam nicht – werden von den jungen Aufrührern fast ausnahmslos abgelehnt, gelten sie doch als Kollaborateure der Fünften Republik oder – was noch gravierender ist – als Agenten des Repressionsregimes von Algier. Dennoch deuten manche Zeichen darauf hin, dass die Situation auf einen wachsenden Einfluss der koranischen Frömmigkeit gerade bei den verzweifelten Jugendlichen hinausläuft. Die neuen Prediger des Islam, die bereits während der Unruhen durch ihre exotische Tracht und ihre religionskonformen Bärte auffielen, verurteilen die aufgeflammte Kriminalität, jeden Drogenhandel und Drogenkonsum, die Zerstörung fremden Eigentums im Namen der strengen koranischen Tugenden, denen sie anhängen. Sie sind »Fundamentalisten«, wie man im Westen sagt, und versuchen nach bewährtem Rezept über soziale Fürsorge und das Zusammengehen mit den Armen breiten Einfluss auf die Massen zu gewinnen. Am Ende könnten scharf abgegrenzte muslimische Gemeinschaften entstehen, die die westliche Sittenlosigkeit, aber auch die westliche Form der Demokratie strikt ablehnen und darauf hinzielen würden, innerhalb der »République une et indivisible« eine in sich geschlossene Sonderkultur gemäß den Vorschriften des Propheten Mohammed zu schmieden. »Der Islam ist die Lösung – el Islam hua el hall«, dieser Weg der koranischen Rückbesinnung könnte am Ende auch in Frankreich Zulauf gewinnen.

Verhörmethode »Waterboarding«

12. DEZEMBER 2005

Wenn die Bush-Administration in Washington geglaubt hatte, in der Person der neuen deutschen Kanzlerin eine gefügigere Partnerin gefunden zu haben, könnte sie bitter enttäuscht werden. Offenbar hat Angela Merkel hinzugelernt, seit sie nach Ausbruch der Operation »Iraqi Freedom« das Weiße Haus wissen ließ, sie würde sich in Fragen der Allianz loyaler verhalten als Gerhard Schröder. Der Besuch der US-Außenministerin Condoleezza Rice in Berlin hat ein frostiges Klima hinterlassen. Bei der Interpretation der jeweiligen Aussagen über die skandalöse Entführung und Inhaftierung des deutschen Staatsbürgers Khaled el-Masri wäre es fast zum Eklat gekommen. Es hat lange gedauert, bis die Bundesrepublik Deutschland sich bewusst wurde, dass sie von Washington nicht wie ein souveräner Staat behandelt wird. Da haben zahllose Flüge und Zwischenlandungen des Geheimdienstes CIA in Deutschland stattgefunden, und der Verdacht verhärtet sich heute, dass Terrorverdächtige auf diese Weise in ihre Folterkeller transportiert wurden. Der engste Stab des Präsidenten George W. Bush hat ganz offiziell gegen sogenannte »gesetzlose Kombattanten«, d. h. Partisanen und Untergrundkämpfer, Methoden gebilligt, die als »Tortur« bezeichnet werden müssen. Das sogenannte »Waterboarding«, der simulierte Ertränkungstod von Häftlingen, wurde auch schon von der Gestapo praktiziert, um Geständnisse zu erpressen, und wurde vom französischen Widerstand als »la baignoire« gefürchtet.

Auch die Geiselnahme der deutschen Archäologin Susanne Osthoff in der Umgebung der irakischen Stadt Mossul hat auf die deutschen Medien und die deutsche Öffentlichkeit wie ein Schock gewirkt, nachdem man sich bereits angewöhnt hatte, den Krieg im Mittleren Osten zu verdrängen und dessen auch für die Bundesrepublik zutiefst bedrohliche Folgen aus dem Wahlkampf völlig zu verbannen. Jetzt fragt man sich in Berlin, ob die Deutschen auch weiterhin einen positiven Sonderstatus bei den islamischen Revolutionären genießen können, wie das bisher offenbar der Fall war. Die permanenten Zwischenlandungen amerikanischer Transport- und Kampfflugzeuge auf deutschen Basen werden von den Insurgenten des Irak als aktive Kriegsbeteiligung gewertet. Vor allem scheint man sich bei den »Dschihadisten« darüber zu erregen, dass in den Golf-Emiraten regierungstreue Sicherheitskräfte, Pioniere und Fahrer des Irak von deutschen Militärinstrukteuren auch im Nahkampf ausgebildet werden.

Die Erweiterung des deutschen Verantwortungsbereichs in Afghanistan, die Aufstockung des dort befindlichen Bundeswehrkontingents auf 3000 Mann sowie die unvermeidliche Verquickung des amerikanischen Kampfeinsatzes »Enduring Freedom« gegen Taleban und Al Qaida mit dem Stabilisierungsauftrag der ISAF-Truppe wird unweigerlich dazu führen, dass die bislang in Afghanistan hoch geschätzten Deutschen als Handlanger eines amerikanischen Hasardspiels am Hindukusch erscheinen, zumal die politische Manipulation dieses Feldzuges ausschließlich in den Händen von US-Bevollmächtigten liegt. Wie soll auch ein gewöhnlicher Afghane einen Deutschen von einem amerikanischen Soldaten unterscheiden? Die Tarnuniformen ähneln sich zum Verwechseln, und Berichte liegen vor, dass immer wieder CIA-Agenten, um den relativen Schutz der deutschen Staatsembleme zu genießen, schwarz-rot-goldene Wimpel über ihren Fahrzeugen flattern lassen und sogar deutsche Nummernschilder verwenden.

Der Fall el-Masri hat die brutalen Methoden der »Counter-Insurgency« auch in Deutschland plötzlich publik gemacht. Endlich nehmen die Berliner Politiker, die bislang von »Friedensstiftung« und »Aufbauhilfe« schwafelten, zur Kenntnis, dass sie die Bundeswehr in einen gnadenlosen Kleinkrieg hineinschlittern lassen, in einen »asymmetric war«, der die Befolgung ritterlicher soldatischer Richtlinien extrem schwierig macht. Bleibt die Hoffnung auf einen Sinneswandel, das heißt auf den Präsidentenwechsel in Washington. Der Blick richtet sich bereits auf den republikanischen Senator John McCain, der während seiner Kriegsgefangenschaft in Nordvietnam grausamen Foltern ausgesetzt war und der heute von Bush verlangt, dass er dem unerträglichen Treiben seiner Geheimdienste ein Ende setzt.

DAS JAHR DES HUNDES
2006

Geblendet in Gaza

9. JANUAR 2006

Wer hätte noch vor ein paar Jahren gedacht, dass weite Teile der internationalen Öffentlichkeit dem durch schwerste Hirnblutungen aus der aktiven Politik ausgeschiedenen Ariel Sharon nachtrauern würden? Der Mann verfügte über ungewöhnliche Qualitäten. Aber bevor er mit der ihm eigenen Durchsetzungskraft die Räumung des Gazastreifens von sechstausend jüdischen Siedlern erzwang, hatte er der arabischen Umwelt ein ganz anderes Bild geboten. Sharon war der eigentlich Verantwortliche für den desaströsen Libanon-Feldzug im Jahr 1982, und ihm haftet weiterhin die Schuldzuweisung am Massaker unter den Palästinensern in den Flüchtlingslagern von Sabra und Schatila an. Sharon war es auch, der im Jahr 2000 durch seinen provozierenden Ausflug auf den Tempelberg von Jerusalem die zweite Intifada des palästinensischen Widerstandes auslöste.

Andererseits erinnert man sich daran, dass es der General Ariel Sharon war, der in der extrem kritischen Phase des Jom-Kippur-Krieges von 1973 auf eigene Faust und mit unterlegenen Kräften zur entscheidenden Einkesselung der 3. ägyptischen Armee am Suezkanal ausholte und damit die Schlacht zugunsten des Judenstaates wendete. »Arik, Melech Israel – Ariel, König von Israel«, hatten ihm damals seine Soldaten zugejubelt.

Als Ministerpräsident hat Ariel Sharon Standfestigkeit und Klugheit demonstriert. Aus strategischen Gründen war ein Verbleib der jüdischen Siedler im engen, von mehr als einer Million Palästinensern übervölkerten Gazastreifen nicht länger zu vertreten. Zwei israelische Divisionen waren zu deren Schutz ständig aufgeboten. Die Preisgabe weit vorgeschobener zionistischer Kolonistendörfer auf dem palästinensischen Westjordanufer hatte Sharon ebenfalls vorprogrammiert. Er hatte begriffen, dass eine Einverleibung Judäas und Samarias auf Dauer eine für Israel verhängnisvolle demographische Belastung darstellen würde und dass die eigene Bevölkerung sich auf eine zusätzliche Expansion nicht mehr einlassen wollte.

Um eine klare Abgrenzung zwischen Arabern und Juden zu ziehen, ließ Sharon jene Anlage errichten, die man den »Sicherheitszaun« nennt, die in den entscheidenden Abschnitten jedoch die Form einer acht Meter hohen Mauer annimmt. Der Terrorismus der Palästinenser ist seitdem eingeschränkt worden, aber der Verlauf dieser Abschirmung reicht weit in arabisches Siedlungsgebiet, verletzt die ohnehin obsoleten Bestimmungen des Osloer Vertrages und dehnt sich östlich von Jerusalem fast bis zum Jordan aus. Damit wird das zweigeteilte Territorium der palästinensischen Autonomie zusätzlich auseinandergerissen. Wie auf dem verbleibenden Flickenteppich auch ein nur halbwegs glaubwürdiger Palästinenserstaat entstehen soll, bleibt rätselhaft.

Ende März 2006 soll in Israel das Parlament, die Knesset, neu gewählt werden. Ob sich die von Sharon gegründete Kadima- oder Vorwärtspartei nach seinem Abgang aus der Politik gegen die »Hardliner« des Likud-Blocks behaupten kann, die unter Führung des ehemaligen Regierungschefs Netanjahu jede Konzession ablehnen, ist noch nicht entschieden. Aber selbst im Falle eines massiven Erfolges von Likud könnte Netanjahu gezwungen sein, auf eine Linie einzuschwenken, die dem Vorgehen des ehemaligen Falken und Annexionisten Sharon zum Verwechseln ähnlich sähe. Von einem politischen Vakuum in Jerusalem zu sprechen ist deshalb verfehlt.

Zutiefst beunruhigend hingegen ist die Entwicklung, die sich im geräumten Gazastreifen vollzieht. Dort hat der palästinensische Präsident Mahmud Abbas jede Autorität verloren. Seine Fatah-Bewegung wird von ihrem militanten Flügel, den Al-Aqsa-Brigaden, terrorisiert. Die Korruption der aus dem Exil zurückgekehrten Politiker von Fatah schreit ohnehin zum Himmel, und schon befürchtet man, dass bei den anstehenden Wahlen in den Autonomiegebieten die radikal islamistische, aber relativ »tugendhafte« Hamas-Truppe ein entscheidendes Mitspracherecht gewinnt. Das Wort »Friedensprozess« entspricht leider nicht der traurigen Realität im Heiligen Land.

Das Vordringen der Gotteskrieger

6. Februar 2006

So hatten sich die Amerikaner die Erfüllung ihres Programms für Demokratie und freie Wahlen im arabisch-islamischen Raum gewiss nicht vorgestellt. Die Palästinenser durften sich politisch entscheiden, und sie haben mit erdrückender Mehrheit für die Hamas gestimmt, eine Bewegung, die durch soziale Fürsorge und Bekämpfung der landesüblichen Korruption bei der lokalen Bevölkerung des Gazastreifens und der Westbank an Ansehen gewonnen hatte, die jedoch gleichzeitig ihrem Namen – zu Deutsch »Eifer« – alle Ehre machte, indem sie zahlreiche Bombenattentate gegen jüdische Einrichtungen und Siedlungen durchführte. Von Washington ist Hamas vor geraumer Zeit zur »verbrecherischen Organisation« deklariert worden. Plötzlich präsentieren sich diese unerbittlichen Gotteskrieger als die vom palästinensischen Volk berufenen Gesprächspartner des Westens.

Schon versucht man den Schaden kleinzureden. Die Hamas sei durch Androhung von Wirtschaftssanktionen in die Knie zu zwingen, durch Kündigung sämtlicher Kredite und Finanz-Zuschüsse, die vor allem aus der Europäischen Union flossen. Doch die atlantischen Verbündeten sollten allmählich gelernt haben, dass man mit Blockade und Repressalien vor allem die Armen und Elenden in zusätzliche Verzweiflung treibt. Der Konflikt würde noch mehr angeheizt, und es muss damit gerechnet werden, dass islamische »Schurkenstaaten« – gemeint ist der Iran – in die Bresche springen und durch solidarische Zuwendung versuchen, Einfluss auf die brodelnde Situation im Heiligen Land zu gewinnen.

Die neuen Führer von Hamas, die noch unlängst im Untergrund operierten und jetzt plötzlich auf der Verhandlungsbühne stehen, sind auf sehr begrenzte Zugeständnisse eingeschworen, die ihnen von ihrem religiösen Inspirator Scheikh Ahmed Yassin vorgezeichnet wurden. Yassin ist zwar einem israelischen Raketenangriff zum Opfer gefallen, aber seine Forderungen an den Staat Israel bestehen fort. Gemäß einer rigorosen Auslegung der koranischen Rechtslehre können Muslime mit »Ungläubigen«, die ein Territorium des »Dar-ul-Islam« unter ihre Herrschaft brachten, keinen Frieden schließen. Die äußerste Konzession wäre ein unbegrenztes Waffenstillstandsabkommen, eine »Hudna«, die die profunden Gegensätze in der Schwebe ließe.

Ariel Sharon hatte sich bis zu seiner tragischen Erkrankung mit allen Kräften bemüht, die israelischen Siedlungssprengsel auf dem Westufer des Jordans so auszuweiten, dass sie fast das Jordantal erreichen. Das politische Autonomiegebiet wurde dadurch vollends in einen kaum mehr kontrollierbaren Flickenteppich verwandelt. Die demokratische Utopie des amerikanischen Präsidenten George W. Bush hat sich nicht nur in Palästina wie ein Bumerang gegen ihren Verkünder ausgewirkt. Auch im Irak hat Ayatollah Sistani es geschafft, dass er mit seiner Forderung »one man, one vote« der schiitischen Mehrheit zur beherrschenden Stellung im Parlament von Bagdad verhalf. Schon zeichnet sich dort das Entstehen eines islamischen Gottesstaates schiitischer Prägung ab, oder das Zweistromland zerfällt in einen grauenvollen Bürgerkrieg der verfeindeten Konfessionen.

Schließlich ist auch Ahmadinejad, der furchterregende Präsident der Islamischen Republik Iran, durch eindeutigen Volksentscheid, durch eine Masse von siebzehn Millionen Stimmen in sein Amt befördert worden. Und es besteht kein Zweifel, dass auch in Ägypten, Algerien, Marokko – um nur diese zu nennen – der Wunsch Washingtons nach Einführung von »free elections« – von freien Wahlen – unweigerlich den islamisch orientierten Parteien zugute käme.

Ein deutsch-amerikanischer Krimi

6. MÄRZ 2006

Amerikas Feind zu sein ist bekanntermaßen gefährlich. Aber Amerikas Freund zu sein ist ebenfalls nicht frei von Risiken. Der Geheimdienststreit, der zwischen Washington und Berlin entbrannt ist, enthält manche Züge einer grotesken Komödie. Doch der Hintergrund ist bitter ernst. Die Regierung Angela Merkels sollte sich fragen, was die amerikanischen Geheimdienste – angeblich gibt es insgesamt 17 davon – bezwecken, wenn sie seit Monaten detaillierte Enthüllungen über die proamerikanische Spionagetätigkeit des deutschen Bundesnachrichtendienstes (BND) in der Presse lancieren. Wem will man schaden? Und schadet man sich am Ende nicht selbst?

Begonnen hatte es mit der Mitteilung des amerikanischen Botschafters Coats in Berlin, er habe zur Zeit der rot-grünen Koalition dem sozialdemokratischen Innenminister Otto Schily über die Entführung des deutschen Staatsangehörigen el Masri nach Afghanistan berichtet, ohne dass Schily, der als engster Befürworter einer proamerikanischen Politik galt, die deutschen Justizbehörden davon benachrichtigt hätte.

Dann wurde ebenfalls aus US-Quellen die Information lanciert, die amerikanischen Militärbasen in Deutschland, die für Zwischenlandungen im Irak unentbehrlich waren und von Soldaten der Bundeswehr geschützt wurden, seien durch die CIA für Transporte von vermeintlichen Terroristen in diverse Verhör- und Folterzentren Osteuropas und des Orients genutzt worden. Schließlich tauchte ein Bericht auf, zwei zu Kriegsbeginn in Bagdad befindliche deutsche BND-Agenten hätten ihren Kollegen von der »Defense Intelligence Agency« präzise Angaben über den Aufenthalt Saddam Husseins in einem bekannten Club von Bagdad geliefert, was die blitzschnelle Reaktion der US Air Force und die verlustreiche Bombardierung eines zivilen Ziels zur Folge hatte. Saddam hielt sich jedoch dort nicht auf.

Schließlich setzte die ansonsten angesehene *New York Times* diesem Treiben die Spitze auf, indem sie eine strategische Skizze veröffentlichte, die angeblich den Verteidigungsplan Saddam Husseins in jener Entscheidungsschlacht um die Hauptstadt Bagdad darstellen sollte, zu der es nie gekommen ist. Diese sensationelle Information sei von deutschen Spionen aufgetrieben worden und durch einen deutschen Verbindungsoffizier im US-Hauptquartier von Qatar dem Oberbefehlshaber der Invasionsarmee überreicht worden. Da Kanzler Schröder, der so energisch gegen jede deutsche Beteiligung am Feldzug »Iraqi Freedom« aufgetreten war und damit 2002 sogar seine Wiederwahl gewonnen hatte, noch zusätzlich die Lieferung von Patriot-Abwehrraketen bewilligt hatte, die an der Nordgrenze des Irak in Ostanatolien installiert wurden, und deutsche Militärs in Awacs-Flugzeugen an der Ziellenkung der US Air Force mitwirkten, kam bei weiten Teilen der deutschen Öffentlichkeit der Verdacht auf, die inzwischen abgewählte Regierung Schröder-Fischer habe ein doppeltes Spiel getrieben und sich insgeheim den Washingtoner Forderungen unterworfen. Natürlich war das ein gefundenes Fressen für die Oppositionsparteien.

Im Visier dieser gezielten Diskreditierungskampagne, so hört man, befänden sich weniger der inzwischen abgetretene Bundeskanzler Gerhard Schröder und dessen grüner Außenminister Joschka Fischer, sondern der neue sozialdemokratische Außenminister der großen Berliner Koalition, Frank-Walter Steinmeier, der unter Schröder als extrem einflussreicher Kanzleramtschef auch für die Koordinierung der Geheimdienste zuständig war. Nun stellt sich bei näherem Zusehen die ominöse Verteidigungsskizze von Bagdad als eine sehr dilettantische und vermutlich irreführende Zeichnung heraus – eine Art Schneckengebilde mit kreisrunden Festungsringen –, die mit nichtssagenden Angaben in arabischer Schrift bekritzelt ist. Da werden die Stellungen der Elite-Divisionen der »Republikanergarde« Saddam Husseins eingetragen, die erfahrene Beobachter an Ort und Stelle als freie Erfindung entlarven.

Die Frage lautet heute: Was bezweckt die Administration Bush mit diesem heimtückischen Spiel? Sollten die herausgefilterten Angaben der Wahrheit entsprechen, so würden damit die deutschen Freunde Amerikas bloßgestellt und lächerlich gemacht, es sei denn, Washington legte es auf den »Abschuss« von Außenminister Steinmeier an, der sich mit seinen kategorischen Dementis stark exponierte. Sollten sich jedoch die genannten Enthüllungen als Fälschungen und Fehlinformation erweisen, müsste George W. Bush mit gesteigertem Misstrauen in Berlin und antiamerikanischer Stimmung rechnen. Was tat sich eigentlich im Umkreis des Weißen Hauses? Gleichzeitig mit der Kompromittierung Deutschlands, das man der heuchlerischen Teilnahme an »Iraqi Freedom« bezichtigt und in den Augen der Muslime in ein dubioses Licht rückt, ist ebenfalls publiziert worden, dass Ägypten sich zu Zwischenlandungen der amerikanischen Bomber bereitfand und dass Saudi-Arabien den Angriffskommandos der »Delta Force« die Nutzung seiner nördlichen Territorien erlaubte. In Zukunft wird man sich reiflich überlegen müssen, in welchem Maße der transatlantische Partner noch vertrauenswürdig ist.

Die »Gas-Prinzessin« von Kiew

3. April 2006

Welche Begeisterung hatte doch die Orange Revolution der Ukraine ausgelöst. Die westlichen Medien überschlugen sich in hoffnungsvollen Erwartungen. Die Bush-Administration machte keinen Hehl daraus, dass eine Erweiterung des Atlantischen Bündnisses bis zum Don ihren Wünschen entsprach. Von den Europäern erwartete man wohl in Washington, dass sie die Republik von Kiew ebenso bereitwillig in ihre Union aufnehmen und finanziell subventionieren würden wie Polen oder die baltischen Staaten.

Das Ergebnis der jüngsten Volksbefragung war jedoch ernüchternd. Die »Partei der Regionen«, die die enge Anlehnung an Russland forderte und aufgrund ihrer ethnischen Zusammensetzung die Exklusivität des Ukrainischen als einziger Amtssprache bekämpft hatte, ist als stärkste politische Fraktion aus den Urnen hervorgegangen. Der Führer dieser Bewegung, Janukowitsch, der vor allem im industriellen Osten der Ukraine, im »Donbass«, und im Süden über die weitaus größte Anhängerschaft verfügt, wurde noch unlängst als Wahlfälscher entlarvt. Nunmehr verfügt er über 30 Prozent der Stimmen. Das ist kein großartiges Ergebnis, aber Präsident Viktor Juschtschenko, in dem man vor Jahresfrist noch die Lichtgestalt der demokratischen Erneuerung sah, muss sich mit etwa 15 Prozent begnügen. Wird Juschtschenko nun mit seiner einstigen Verbündeten und späteren Intimfeindin, mit der in blonder Schönheit strahlenden Julia Timoschenko, die mit ihrem »Block Julia« weit besser abgeschnitten hat als die Partei »Unsere Ukraine« des Staatschefs, eine Versöhnung inszenieren und sie gar als Regierungschefin berufen?

Die unvermeidliche Koalitionsbildung von Kiew könnte den jungen ukrainischen Staat vor eine Zerreißprobe stellen. Wenn der Glanz der Orangen Revolution so schnell verblasst ist, so lag es im Wesentlichen daran, dass sich unter dem Deckmantel von Demokratie und Meinungsfreiheit die bereits allgegenwärtige Korruption noch gewaltig steigerte, die industrielle Produktion schrumpfte und die Lebensbedingungen des durchschnittlichen Ukrainers sich verschlechterten. Selbst die attraktive Julia Timoschenko wird ja als »Gas-Prinzessin« bespöttelt und den Oligarchen zugerechnet, während der Sohn des Präsidenten Juschtschenko durch seinen extrem aufwändigen Lebensstil von sich reden machte.

Niemand weiß, ob der russische Staatschef Wladimir Putin die verworrene Situation nutzen kann. Er entscheidet über die Preisgestaltung der Gas- und Öllieferungen, die über die ukrainischen Pipelines nach Westen fließen. Es liegt wohl nicht im Interesse Moskaus, dass die sich vertiefenden Gegensätze zwischen den ukrainischen Nationalisten, die vor allem im überwiegend griechisch-katholischen Galizien und rund um die Hauptstadt Kiew stark sind, in einen erbitterten Konflikt mit den russischsprachigen Regionen um Charkow und Odessa abgleiten. Jedenfalls wird die NATO nicht so weit und so schnell auf Kosten Moskaus nach Osten ausgreifen, wie die amerikanische Russlandexpertin Condoleezza Rice sich das wohl vorstellt. Die Europäische Union schreckt ohnehin vor jeder Ausdehnung zurück, seit sie sich mit der Koordinierung von 25 Mitgliedstaaten abstrampeln muss und in ihren Entscheidungen gelähmt ist.

In diesem Zusammenhang erscheinen die Entrüstungsstürme ziemlich töricht, die über die Präsidentenwahl in der benachbarten Republik Weißrussland im Europaparlament von Straßburg und in den Kanzleien der NATO-Staaten aufbrausten. Gewiss, in Weißrussland – Belarus, wie man dort sagt – hat Staatschef Alexander Lukaschenko, der 1994 mit breiter Zustimmung Staatspräsident wurde, sich inzwischen zum Diktator entwickelt. Seine Wiederwahl, die er vor kurzem erzwungen hat, wurde auf mehr als 80 Prozent der Stimmen hochmanipuliert. Vermutlich hätte dieser ehemalige Sowchosen-Direktor, der in Minsk die in den übrigen Nachfolgestaaten der Sowjetunion grassierende Korruption erfolgreich bekämpfte, die Renten der alten Leute, ein Fünftel der Bevölkerung, pünktlich auszahlen lässt und sogar den Lebensstandard seiner Untertanen steigerte, auch ohne sein Propaganda-Monopol und seine Einschüchterungsmethoden auf etwa 60 Prozent Zustimmung kommen können.

Bis auf Weiteres ist also die Absicht des Pentagon, seine Bündnisstrukturen bis an die Tore von Smolensk, das heißt in die Nachbarschaft Moskaus, vorzuschieben, gescheitert. Der Westen hat sicher dringlichere Aufgaben zu bewältigen, als mit subversiven Methoden fragwürdige Regime zu stürzen, in deren Nachfolge Chaos und zusätzliche Verarmung drohen. Dem Regime Weißrusslands wird aufgrund seiner autoritären Führung die Teilnahme an den europäischen Institutionen von Straßburg verweigert. Die Despoten des Südkaukasus hingegen, der Republiken Georgien oder Aserbeidschan, um nur diese zu nennen, sind dort weiterhin hochwillkommen. Die Demokratie droht am Ende an der Heuchelei ihrer Prediger zu ersticken.

Die friedliche Völkerschlacht

26. Juni 2006

Den Deutschen wurde der Mut zum Patriotismus zurückgegeben. Vor Beginn dieser Monsterveranstaltung war das Schlimmste befürchtet worden: Massendemonstrationen von Neonazis, Hetzjagd auf farbige Ausländer, eventuell sogar Bomben orientalischer Terroristen. Vielleicht ist es zu früh zum Jubeln. Bei der Olympiade in München, die so glanzvoll begonnen hatte, stand am Ende der Horror des Massakers an israelischen Sportlern durch palästinensische Attentäter.

Aber in diesem Falle sollte niemand mit düsteren Warnungen hausieren gehen. Die Versammlung von einer halben Million Menschen zwischen dem Brandenburger Tor und der Siegessäule von Berlin, die auf einem riesigen Bildschirm die Spiele verfolgen, Fahnen schwenken und das Deutschlandlied singen, würden böse Erinnerungen an die Reichsparteitage von Nürnberg wecken, so hatten ein paar Schwarzmaler geunkt. Stattdessen fand ein Fest internationaler Brüderlichkeit statt, wie es weder die Vereinten Nationen noch der Europarat zustande brächten. Es stimmt tröstlich, dass insbesondere die Fußballmannschaften aus Schwarzafrika – aus Ghana, Togo oder Elfenbeinküste – von der Masse mit besonderer Sympathie begrüßt wurden. Plötzlich schien die Welt – für ein paar Tage wenigstens – farbenblind geworden zu sein, und die weiblichen Fans aus Südkorea – in ihrer Begeisterung nicht zu zügeln – gaben die graziösesten Randfiguren ab. Niemand störte sich daran, dass sich die französische Mannschaft überwiegend aus Sportlern afrikanischer Herkunft zusammensetzt und dass die besten Torschützen der Deutschen Polen sind, die sich mit ihren ehemaligen Landsleuten von der Gegenseite noch in ihrer Muttersprache unterhielten.

Das Entfalten zahlloser deutscher Flaggen unterscheidet sich in keiner Weise von jener Praxis, die in den USA, in England oder Frankreich längst üblich ist. Schwarz-Rot-Gold kommt für die Deutschen einem politischen Bekenntnis gleich. Es war die Fahne der Weimarer Republik, und Hitler hatte nichts Eiligeres zu tun, als dieses Demokratiesymbol durch das Hakenkreuz zu verdrängen. Was die Nationalhymne betrifft – nur die dritte Strophe wird noch gesungen – so unterscheidet sich ihr Verlangen nach »Einigkeit und Recht und Freiheit« doch sehr vom martialischen Text der Marseillaise, die »die Äcker Frankreichs mit dem unreinen Blut seiner Feinde netzen« möchte.

Der Fußball hat in Deutschland die Politik verdrängt, was auf die Mehrheit der Bevölkerung wie eine Befreiung wirkt. Egal, wie die Spiele ausgehen, das Nationalbewusstsein ist – so paradox es klingt – geläutert aus dieser friedlichen »Völkerschlacht« hervorgegangen. Ein Sieg der schwarz-rot-goldenen Mannschaft würde zwar ein enthusiastisches Delirium auslösen, aber Aggressivität wäre auch in diesem Fall mitnichten zu erwarten. Es war ein rauschendes Fest, dem sich keiner entziehen konnte, aber auch eine Veranstaltung, die zeitlich begrenzt ist. Die Deutschen könnten sich nach dieser völkerverbindenden Demonstration in der Vorstellung wiegen, dass die düsteren Kräfte, die rund um den Erdball einen mörderischen Konflikt nach dem anderen anstiften, überwunden wären, dass die Fußball-Euphorie der globalen Politik einen Schub in Richtung einer besseren Welt verliehen hätte. Die Illusion mag wieder aufkommen, der Mensch sei von Natur aus gut.

Die Abgeordneten des Bundestages werden das anders sehen. Es drängen sich unüberwindliche Probleme der Wirtschaft und der

Finanzen nach vorn. Die europäische Einigung scheint moribund. Dazu kommen die Begehren an Deutschland zur militärischen Unterstützung, nicht in der europäischen Nachbarschaft, wohl aber in jenen fernen Einsatzgebieten, in die immer neue Bundeswehrkontingente verschickt werden. Die deutschen Soldaten am Hindukusch entdecken plötzlich, dass der Krieg in Afghanistan erst in seinem Anfangsstadium steht, dass die wirklichen Prüfungen noch bevorstehen. Es ist zu keinen schweren Verlusten gekommen, aber es sollte – nach Ende der fröhlichen Feiern in den Stadien der Heimat – doch ernsthaft darüber nachgedacht werden, warum die Wadenzerrung des deutschen Mannschaftskapitäns Michael Ballack die heimischen Medien unendlich intensiver beschäftigt hat als die Verwundungen, die zur gleichen Zeit Bundeswehrsoldaten beim Beschuss durch afghanische Aufständische im fernen Faizabad erlitten. Am Ende wird sich erweisen, dass sich wahrer Patriotismus nicht durch »Tor-Geschrei« vor dem Bildschirm äußert, sondern durch Solidarität und Sorge um jene Söhne des Vaterlandes, die ohne überzeugendes strategisches Konzept in exotischen Gefilden für Feldzüge eingesetzt werden, die mit den wirklichen deutschen Interessen wenig zu tun haben.

Die Fußball-WM 2006 hat bei den Deutschen die schmerzlichen Komplexe der Vergangenheit gelockert. Sie hat ihnen das Gefühl zurückgegeben, dass sie einer hochgeachteten Nation angehören. Dass innerhalb der obsoleten NATO-Struktur des Atlantischen Bündnisses die Gleichstellung mit den amerikanischen Alliierten in keiner Weise realisiert ist, ja dass die Souveränität Berlins weiter nur in Bruchstücken existiert, dessen müssen sich Bürger, Politiker und auch die angepassten Medien erst noch bewusst werden.

Hizbullah siegt im Libanon

Im Südlibanon wurde ein Stellvertreterkrieg geführt. Vordergründig standen sich die Streitkräfte Israels – »Zahal« genannt – und die Partisanentruppen der Hizbullah, der schiitischen »Partei Gottes«, gegenüber. In Wirklichkeit wurde hier der Zusammenprall der Vereinigten Staaten von Amerika mit der Islamischen Republik Iran geprobt.

Das Ergebnis dieses vierwöchigen Kampfes ist für die USA alles andere als ermutigend. Der auslösende Zwischenfall an der Nordgrenze von Galiläa war keineswegs sensationell. Eine Patrouille der Hizbullah hatte auf israelischem Gebiet ein Panzerfahrzeug zerstört und zwei Soldaten als Geiseln genommen. Mag sein, dass dieser Übergriff darauf hinzielte, der im Gazastreifen hart bedrängten Palästinenser-Miliz Hamas Entlastung zu verschaffen. Denkbar ist auch, dass der Führer der libanesischen Schiiten, Scheikh Nasrallah, der in den vergangenen Wochen in der gesamten islamischen Welt gewaltig an Prestige gewonnen hat, seinen engen Freunden von Teheran einen Gefallen erweisen wollte. Iran wurde offiziell vom Weltsicherheitsrat aufgefordert, bis zum 31. August seine Anreicherung von Kernenergie einzustellen. Komplikationen im Libanon sollten vielleicht die breite Öffentlichkeit von diesem ultimativen Termin ablenken.

Tatsache ist, dass die Führung Teherans, deren höchste geistliche Autorität Ayatollah Khamenei sowie vor allem der hitzköpfige Präsident Ahmadinejad, sich auf den Text des »Non-Proliferation-Vertrags« beruft, um ihre Nuklearexperimente weiterzuführen. Wenn sie dabei versichern, es gehe ihnen lediglich um die Erzeugung von Energie zu friedlichen Zwecken und man denke gar nicht daran, eine Atombombe zu bauen, dann sind ernsthafte Zweifel erlaubt.

Im Südlibanon hat im vergangenen Monat eine sensationelle strategische Wende stattgefunden. Israel fühlte sich durch die militärische Aktivität der Hizbullah zweifellos in seiner Existenz bedroht. Deshalb haben die Generale, über die Ministerpräsident Ehud Olmert als Zivilist nur eine begrenzte Autorität ausübt, beschlossen, die »Partei Gottes« physisch auszulöschen. Sie betrachteten ihre Luftwaffe, die mit modernsten amerikanischen Präzisionswaffen aufgerüstet ist, als das geeignete Instrument, um jenseits ihrer Nordgrenze Tabula rasa zu machen. Aber die gigantische Bombardierung, die in keinem Verhältnis zu der Entführung von zwei Soldaten stand und die von US-Präsident Bush zweifellos abgesegnet war, hat zwar grauenhafte Verwüstungen und hohe Verluste unter der Zivilbevölkerung des Libanon bewirkt, das erwartete militärische Resultat blieb jedoch aus. Die Hizbullah-Miliz war auf diese Form des Krieges bestens vorbereitet, entfaltete eine kämpferische Begabung, die ihr die wenigsten zugetraut hatten. Als Panzer und Infanterie der Zahal nach Norden vorstießen, um die letzten Widerstandsnester der Schiiten auszuräumen, stießen sie auf einen unerwartet heftigen Widerstand und erlitten erhebliche Verluste.

Die israelische Bodenoffensive kam nicht vom Fleck, obwohl das Aufgebot an Panzerkräften die Ausmaße der Schlacht von Kursk im Zweiten Weltkrieg erreichte. Der vielgerühmte israelische Nachrichtendienst Mossad hatte auf verblüffende Weise versagt und gar nicht wahrgenommen, dass die Hizbullah in unmittelbarer Grenznähe Verteidigungsbunker und Stollen ausgebaut hatte, die die Zeitungen von Tel Aviv mit der französischen Maginot-Linie verglichen. Dazu gesellte sich die Fähigkeit der Schiiten, jeden Tag Hunderte von Katjuscha-Raketen auf Galiläa niedergehen zu lassen, deren militärische Wirkung zwar begrenzt, deren psychologischer Effekt auf die dort lebenden Juden jedoch beachtlich war.

Die Kriegführung Israels im Südlibanon war ein Fehlschlag, ja sie kommt einer Niederlage nahe. Die Auswirkungen dieses Versagens, das auf die Anwendung amerikanischer Kampfmethoden zurückzuführen ist, müssen sehr hoch veranschlagt werden. Im Pentagon und bei den amerikanischen Neokonservativen drängen die »Falken« nämlich darauf, zu einem vernichtenden Schlag gegen die Nuklearindustrie der Islamischen Republik Iran auszuholen. Im Licht der ernüchternden Ergebnisse des israelischen Luftkrieges warnen die Experten jedoch eindringlich davor, sich nach dem Fehlstart im Libanon auch noch in ein persisches Abenteuer zu stürzen.

Mit Luftschlägen allein ist ein Krieg nicht zu gewinnen. Das haben die maßlosen Verwüstungen im Libanon gezeigt. Infanteristisch bestehen für die US Army keine Chancen gegen eine Islamische Republik mit 70 Millionen Menschen. Es wäre also ein Gebot elementarer Vernunft, auf eine kriegerische Kraftprobe mit Iran zu verzichten. Nur besteht leider keine Gewissheit, dass solche Vernunft im Weißen Haus von Washington beheimatet ist.

Zwischen Hass und Trauer –
Eine Bilanz nach fünf Jahren Krieg

1. September 2006

Nie erschien Amerika stärker, beliebter, größer als in der Stunde seiner Prüfung. Als die Nachricht von der Vernichtung des World Trade Centers in Europa eintraf, versammelten sich die Massen vor dem Brandenburger Tor. Sie wollten ihre brüderliche Verbundenheit mit der Supermacht bekunden, der die Deutschen so viel verdanken. Der deutsche Bundeskanzler stellte sich resolut auf die Seite des großen Verbündeten. Die NATO erklärte laut Artikel 5 ihrer Satzung den Kriegszustand und engagierte sich im Kampf gegen den Terrorismus.

Erste Aufgabe der westlichen Verbündeten war es, den heimtückischen Gegner in seiner zentralen Bastion zu treffen, in den afghanischen Ausbildungslagern der Taleban. Dort, so war man überzeugt, wurden die Terroristen geschult und im Sinne eines koranischen Fanatismus indoktriniert. Als zentrale Figur der Verschwörung, als Anstifter, als Verkörperung des Bösen wurde der Partisanenführer Osama Bin Laden zur Liquidierung freigegeben.

Jenseits der zerklüfteten Gebirgswelt des Hindukusch richteten sich die Blicke der Nachrichtendienste jedoch auf konspirative Kreise in Saudi-Arabien, von wo die meisten Attentäter von Nine/Eleven kamen. Schließlich entstammt Osama Bin Laden einer der reichsten und angesehensten Familien dieses Königreichs. Die Strafaktion ist wie ein Gottesgericht über die Taleban hereingebrochen. Mit Unterstützung Russlands und der zentralasiatischen GUS-Staaten machte sich die sogenannte Nordallianz auf den Marsch nach Kabul. Getragen wurde dieser Gegenschlag vor allem vom Volk der Tadschiken.

Das Unternehmen Enduring Freedom, dauerhafte Freiheit, war von den amerikanischen Stäben meisterhaft geplant. Vor allem die ausländischen Freischärler, die der Organisation Al Qaida zugerechnet wurden und die sich dem weit überlegenen Gegner frontal entgegenstellen wollten, wurden in kürzester Frist aufgerieben. Die schwer angeschlagenen Taleban flüchteten ins unwegsame Gebirge. Niemand zweifelte mehr an dem strahlenden Sieg, den Präsident Bush am Hindukusch errungen hatte. Diverse NATO-Staaten, vor allem auch die Deutschen, stellten die sogenannte ISAF-Truppe zusammen, die im Auftrag der UNO Stabilität und Sicherheit herstellen sollte. Beunruhigend blieb die Situation lediglich im äußersten Süden, längs der pakistanischen Grenze. Dort stifteten Überreste der Taleban, Stammeskrieger und Eiferer von Al Qaida weiterhin Unruhe. Osama Bin Laden war der Verfolgung entkommen. Vergeblich gingen die Monsterbomben der US Air Force über seinem angeblichen Versteck im Tora-Bora-Gebirge nieder.

Das Ende des Kalten Krieges hat die NATO ihres Feindbildes beraubt und vielleicht auch ihres Sinns. Aber Präsident Bush hat einen neuen Gegner gefunden, den internationalen Terrorismus, und es bedurfte der Aussage des Sicherheitsberaters Präsident Carters, Brzezinski, um festzustellen, dass der Terrorismus kein Feind sein kann, sondern eine Form des Kampfes. Der Terrorismus ist die Strategie der Schwachen. Es stand ja auch von Anfang an fest, dass George W. Bush weit größere Ziele verfolgte als die Niederwerfung der Taleban. Er hat neuerdings eine Erklärung abgegeben, die auch die Europäer stutzig machen sollte. Er hat gesagt, dass es gilt, den islamischen Faschismus als Feind der Freiheit zu vernichten. Und diese Aussage dürfte bei 1,3 Milliarden Muslimen rund um die Welt als Herausforderung und als tiefe Beleidigung empfunden werden.

Irak

Als Erster geriet Saddam Hussein, der Diktator des Irak, in die Schusslinie Amerikas. Dieser babylonische Despot stand im Verdacht, über Massenvernichtungswaffen zu verfügen. Obwohl Saddam Hussein einer säkularen und nationalarabischen Partei, der Baath, vorstand, wurde ihm Komplizenschaft mit den Islamisten von Al Qaida unterstellt.

Präsident Bush und die Neokonservativen in Washington wollten mit martialischen Sprüchen in Mesopotamien einen Leuchtturm der Demokratie errichten. Man versprach sich davon einen Dominoeffekt auf die übrigen Staaten des Orients gemäß den amerikanischen Vorstellungen von Freiheit und Menschenrechten. Doch dieses Mal gelang es den USA nicht, ihre Verbündeten einheitlich für den Krieg im Irak zu mobilisieren.

Der amerikanische Präsident und sein gefügiger Gefolgsmann, der britische Premierminister Tony Blair, waren zum Feldzug entschlossen und schlugen alle Warnungen der eigenen Geheimdienste in den Wind. Außenminister Colin Powell führte im Weltsicherheitsrat angebliche Laboratorien für bakteriologische Kriegführung vor, von denen er später schamvoll bekannte, dass sie gefälscht waren.

Ohne Mandat des Weltsicherheitsrates begann im März 2003 die Operation »Iraqi Freedom«. Wieder einmal holten die amerikanischen Streitkräfte zu einem erstaunlichen Blitzkrieg aus. Trotz schwerster Wüstenstürme erreichten sie binnen drei Wochen die irakische Hauptstadt. Seltsam berührt waren die Militärexperten von der Tatsache, dass die irakische Armee, sogar die Prätorianergarde Saddam Husseins, sich dem Kampf verweigerte. Ihre Divisionen lösten sich sang- und klanglos auf.

Der Triumph und der Jubel im Westen überschlugen sich, als die US Marines Bagdad besetzten und eine Anzahl von Exilpolitikern als ihre Statthalter einsetzten. Vor allem hatten sich die großen Ölkonzerne der USA den exklusiven Zugriff auf die ungeheuren Petroleumreserven des Irak gesichert. Das Erwachen aus diesem schönen Traum war brutal. Auf einen Schlag brach in Bagdad das Chaos aus. Nicht nur der irakischen Hauptstadt bemächtigte sich die hysterische Raserei der Massen, eine Welle wahlloser Plünderung und Verwüstung. Das ganze Land versank in Anarchie.

Die amerikanischen Besatzer, deren Aufgabe es gewesen wäre, über die Ordnung zu wachen, sahen diesem Sturz in den Abgrund tatenlos, beinahe hämisch zu. Die bislang passive Haltung der arabischen Bevölkerung, die der enthemmten Kriminalität schutzlos ausgeliefert war, schlug plötzlich in Feindschaft und Wut um.

Ein verbissener Widerstand, mit dem im Pentagon wohl niemand gerechnet hatte, brach völlig überraschend bei den Sunniten aus. Handelte es sich um letzte Anhänger des Saddam-Regimes? Waren es islamistische Fanatiker? Oder lehnte sich das Volk in nationaler Abwehr gegen die Fremden und ungläubigen Besatzer auf? Die Sunniten des Irak, die nur 20 Prozent der Gesamtbevölkerung ausmachen und durch Saddam Hussein begünstigt wurden, fürchteten zudem um ihre privilegierte Sonderstellung.

Die Schlacht um die Stadt Faluja wurde zum Symbol einer strategischen Wende. Vergeblich versuchten die US Marines diese Hochburg sunnitischen Widerstandes dauerhaft zu erobern. Am Todesmut der islamischen Gotteskrieger, die nunmehr die Führung des Dschihad übernahmen, kam der Mythos amerikanischer Unbesiegbarkeit zu Schaden. Die mit modernster Technologie ausgerüsteten GIs sahen sich den Tücken des asymmetrischen Krieges ausgesetzt.

Die Soldaten aus den USA begegneten den Ehrbegriffen der muslimischen Bevölkerung, ihren Sitten und Tabus mit Unverständnis und Brutalität. Ein unüberbrückbarer Gegensatz der Kulturen tat sich auf. Es waren nicht nur die abscheulichen Folterszenen und sadistischen Exzesse durch das amerikanische Wachpersonal von Abu Ghraib, die in der ganzen islamischen Welt unbändigen Hass und den Wunsch nach Vergeltung schürten. Die tägliche Demütigung, die sich in den entsetzten Gesichtern der Frauen und Kinder spiegelte, verlangte nach Blutrache. Selbst die europäischen Alliierten waren zutiefst geschockt durch diesen Verrat der westlichen Führungsmacht an ihren eigenen Idealen.

In mystischer Undurchdringlichkeit vollzog sich unterdessen die politische Entwicklung der schiitischen Glaubensgemeinschaft, die mehr als 65 Prozent der irakischen Bevölkerung ausmacht. In ihren heiligen Stätten von Nedjef und Kerbela trauern die Gläubigen der Partei Alis, der Schiat Ali, um ihre ermordeten Imame. Seit Jahrhunderten wurden sie unterdrückt durch die sunnitische Herrscherschicht und fanden Zuflucht im Kult eines kollektiven Martyriums. Der schiitische Klerus verfügt im Gegensatz zu den Sunniten über eine strikte Hierarchie. Im Irak liegt die letzte geistliche und wohl auch politische Entscheidung bei Großayatollah Ali Sistani, der sich von der Öffentlichkeit fernhält und alles andere als ein Revolutionär ist. Die List Sistanis und seiner Ratgeber bestand darin, nicht gegen die verabscheuten amerikanischen Eindringlinge den Heiligen Krieg auszurufen, sondern sie mit ihren eigenen Waffen zu schlagen. Sistani forderte die Anwendung der demokratischen Spielregeln des Westens, das heißt freie Wahlen nach dem Prinzip »one man, one vote«.

In Washington hatte offenbar niemand damit gerechnet, dass bei einem solchen Urnengang die schiitische Wählerallianz die eindeutige Mehrheit erringen würde. Von nun an entstand im Parlament von Bagdad eine klare Vorherrschaft der schiitischen Abgeordneten, und diese hegen die Absicht, einen islamischen Gottesstaat zu gründen. Im Irak wurde die Büchse der Pandora geöffnet. Unversehens geht es nicht nur um den Kampf gegen die amerikanischen Eroberer und Kreuzzügler, wie man sie nennt. Auf Grund der sich häufenden Selbstmordattentate verschanzen sich die US-Streitkräfte mehr und mehr in ihren ohnehin festungsähnlichen Basen. Der uralte Gegensatz zwischen Sunniten und Schiiten steigerte sich gleichzeitig zu einem mörderischen Bürgerkrieg, der sich jeder Kontrolle entzieht. Seitdem watet der Irak im Blut der Sektierer.

Anfangs hatte in der großen südlichen Hafenstadt Basra das britische Kontingent für relative Ordnung gesorgt und Kontakt zu den Einheimischen gehalten. Heute wird auch diese petroleumreiche Region von religiöser Unduldsamkeit und kriminellen Übergriffen heimgesucht. Am Schatt-el-Arab hat selbst die koloniale Erfahrung der Engländer versagt.

Mit großem Propagandaaufwand versprach die amerikanische Administration, durch den Aufbau einer irakischen Nationalarmee und starker Polizeikräfte die verzweifelte Lage in den Griff zu bekommen. Diese Rekrutierungsszenen gaben zumindest gute Bilder für das Fernsehen ab. In Wirklichkeit stellen diese Hilfskräfte unter Führung ehemaliger Offiziere Saddam Husseins ein zusätzliches Risiko dar. Von der Bevölkerung gefürchtet sind vor allem jene Sicherheitsorgane, die aus gutem Grund nur maskiert auftreten. Kriminelle Übergriffe dieser Ordnungshüter sind an der Tagesordnung.

In dem jungen Kleriker Muqtada el-Sadr ist der schiitischen Glaubensgemeinschaft eine kämpferische Führungsgestalt erstanden. Vor allem bei den Jugendlichen und den Armen sammelte er seine Gefolgschaft. Parallel zur Mehdi-Miliz dieses Sohnes eines hochverehrten Großayatollah greifen die schiitischen Badr-Brigaden ein, wenn es gilt, den Übergriffen sunnitischer Killerbanden, die bislang unter Anleitung des Bandenführers Zarqawi operierten, mit gleicher Härte entgegenzutreten.

Ein schicksalhafter Kampf um die Zukunft des Islam zwischen Afghanistan und dem Mittelmeer zeichnet sich hier ab. Der schiitische Widerstand ist eindeutig auf die Islamische Republik Iran ausgerichtet, während ihre sunnitischen Todfeinde der Salafiya in Saudi-Arabien Unterstützung finden.

Beglückwünschen können sich die Amerikaner lediglich zur Situation in Irakisch-Kurdistan. Dort hat sich seit 1992 de facto eine Abspaltung vom Irak vollzogen, mit eigener Regierung unter Präsident Massud Barzani und einer eigenen Armee. Im Regierungssitz Arbil, wo keine irakische Flagge mehr wehen darf und kein irakischer Soldat zugelassen wird, zögert Massud Barzani jedoch, die volle Unabhängigkeit zu proklamieren: »Wir als Kurden werden keinen Anlass zum Auseinanderbrechen und zur Teilung des Irak liefern. Aber wenn andere Gruppen im Irak Anlass zu dieser Teilung geben, dann werden wir diese Brücke überqueren, und wir werden unsere Entscheidung treffen. Doch momentan besteht unsere Entscheidung darin, eine föderale Lösung für dieses Land zu unterstützen.«

Diese Aussage erklärt sich im Wesentlichen durch die Befürchtung, ein radikaler kurdischer Separatismus könne die übermächtige türkische Armee auf den Plan rufen.

Schon die kurdische Kadettenanstalt von Zakho, unmittelbar an der Grenze zur Türkei, erweckt in Ankara tiefes Misstrauen. Die Überfälle der Aufstandsbewegung PKK haben in Ostanatolien wieder zugenommen, seit der kurdische Nordirak sich verselbstständigt. Die Erben Atatürks, die mit den 15 Millionen Kurden im eigenen Territorium nicht zurechtkommen, bangen um die Zukunft ihres zentralisierten Nationalstaates. Dass Amerika mit den Kurden von Arbil und Suleimaniyeh sympathisiert, ja im Irak auf sie angewiesen ist, hat zwischen Washington und Ankara tiefe Gräben aufgerissen.

Brennpunkt in diesem zusätzlichen Kapitel der irakischen Tragödie ist die Stadt Kirkuk mit ihren immensen Erdölvorkommen. Um den Besitz von Kirkuk ist der Kampf längst entbrannt. Unterhalb der Zitadelle toben sich die Meuchelmorde und Sprengstoffanschläge zwischen irakischen Kurden, Arabern und Turkmenen aus. In der Parteizentrale der Demokratischen Partei des Präsidenten Barzani herrscht angespannte Alarmstimmung. Die Amerikaner wiederum zögern, die Kontrolle über dieses Petroleumzentrum ihren kurdischen Freunden zu überlassen, weil mit dem massiven Einmarsch der türkischen Armee zu rechnen wäre.

Wer heute Kirkuk besucht, lässt sich am besten von bewaffneten kurdischen Peschmerga begleiten, denn diese Stadt wird von Kurdistan beansprucht, und die überwiegende Bevölkerung hier ist kurdisch, obwohl Saddam Hussein einen großen Teil davon vertrieben hatte und durch Araber zu ersetzen suchte. Es gibt auch noch eine turkmenische Minderheit, die die Unterstützung Ankaras genießt. Da sich hier in der Region bis zu 40 Prozent der Erdölreserven des Irak befinden, kann man sich vorstellen, welche Konflikte noch bevorstehen.

Iran

In ihrer selbst verschuldeten Bedrängnis versucht die Bush-Administration neuerdings die Verantwortung für das eigene Debakel im Irak den Mullahs von Teheran zuzuweisen. Seit der schiitische Eiferer und Sozialrevolutionär Mahmud Ahmadinejad 2005 mit massiver Mehrheit zum Präsidenten der Islamischen Republik Iran gewählt wurde, gilt er in Washington als der gefährlichste Brandstifter im ganzen Orient. Das alte Persien wird wieder von einem Mann regiert, der sich auf die kämpferische Doktrin des Ayatollah Khomeini beruft. Auch wenn er in letzter Instanz der gebieterischen Weisung, der Fatwa, des höchsten geistlichen Führers, des Ayatollah Ali Khamenei, untergeordnet bleibt.

Seit das Regime von Teheran auf die ihm völkerrechtlich zustehende Anreicherung von Uran nicht verzichten will, ist die berechtigte Befürchtung des Westens, die Iraner strebten die Atombombe an, zur Zwangsvorstellung geworden. Das Pentagon arbeitet fieberhaft an Offensivplänen, um die schiitische Regionalmacht in Schach zu halten. Im Weltsicherheitsrat wäre die gebotene Einstimmigkeit für einen Waffengang zweifellos nicht vorhanden.

Der Blick über das endlose Häusermeer von Teheran mit seinen 13 Millionen Einwohnern illustriert die Unmöglichkeit, einen Staat in die Knie zu zwingen, der 70 Millionen Menschen auf schwierigem Gelände vereint. Die auf den Heiligen Krieg eingeschworenen Revolutionswächter, aus deren Reihen Ahmadinejad hervorgegangen ist, verfügen gegenüber den USA über ein ganzes Arsenal furchterregender Gegenmaßnahmen. Heute schon verfügen die persischen Streitkräfte über weitreichende und präzise Raketen und Lenkwaffen. Das Eindringen persischer Pasdaran in den Irak könnte die dort befindlichen amerikanischen Garnisonen vollends isolieren, ja zu Geiseln machen.

Mit größter Sorge blicken die Strategen des Pentagon auf den Persischen Golf und die Meerenge von Hormuz. Durch diese schmale Fahrrinne bewegt sich der maritime Erdöltransport, nicht nur des Irak, sondern des Iran, der Emirate, Kuweits und vor allem Saudi-Arabiens. Mit dem Einsatz bewaffneter Schnellboote und Kampfschwimmer, mit der Anlage von Minenfeldern, ergänzt durch tief eingebunkerte Raketenstellungen wäre das iranische Oberkommando in der Lage, die Enge von Hormuz zu sperren und die für den Westen unentbehrlichen Riesentanker wären ein leichtes Ziel. Im Extremfall lägen sogar die wichtigsten Erdölreserven, Raffinerien und Verschiffungsanlagen Saudi-Arabiens bei Dahran in Reichweite iranischer Lenkwaffen. Mit verbaler Einschüchterung und halbherzigen Sanktionen wird der Westen bei Ahmadinejad wenig ausrichten können.

»Der Weg nach Jerusalem führt über Bagdad.« Das war die Losung, die in den 80er-Jahren der Ayatollah Khomeini an seine Truppen ausgegeben hatte, als sie im Gegenangriff gegen die Festungen und Giftschwaden Saddam Husseins in Richtung auf das Heilige Land vorstürmten. Damals ist der Versuch misslungen. Aber heute haben die Amerikaner die Bahn frei gemacht, indem sie die Strukturen der irakischen Republik zerstörten. Und jenseits der syrischen Wüste befindet sich zudem ein wichtiger Pfeiler der schiitischen Revolution, die Hizbullah im Südlibanon, die unmittelbar an Israel grenzt.

Eine gewaltige Mauer, teilweise acht Meter hoch, wurde in Israel hochgezogen, um die Terrorattentate auf die jüdischen Siedlungen zu verhindern. Tatsächlich sind seitdem die Selbstmordanschläge im Heiligen Land selten geworden. Die Mauer versperrt auch den Palästinensern den Ausblick auf den Felsendom und die El Aqsa Moschee, die zum nationalen und religiösen Symbol ihres Widerstandes wurden.

In den Autonomiegebieten wurden freie Wahlen veranstaltet. Wie die israelische Regierung, die über die besten Geheimdienstberichte verfügt, zu der Annahme kam, der gemäßigte Präsident Mahmud Abbas, der sich hier in die schwarz-weiße Keffiyeh Yassir Arafats hüllt, könnte mit seiner Fatah-Bewegung den Sieg davontragen, bleibt völlig unerklärlich. Stattdessen hat die Islamische Hamas-Bewegung einen erdrutschähnlichen Erfolg errungen. Vor dem Meer von grünen Fahnen, die als Zeichen des koranischen Kampfes hochgehalten werden, kommt man zu dem Schluss, dass wirklich freie Wahlen in den arabisch-islamischen Ländern unweigerlich zur Machtergreifung streng religiöser Formationen führen. Im Orient ist die Demokratie eben ein zweischneidiges Schwert.

Wer redet heute noch von einer Friedenslösung im Heiligen Land? Die jüdischen Siedlungen haben sich östlich von Jerusalem fast bis an das Jordantal herangeschoben. Sie bewirken eine zusätzliche Zerstückelung jener Territorien, auf denen ein hypothetischer Palästinenserstaat entstehen soll. Die rigorosen Straßensperren, die die arabische Bevölkerung einer permanenten Kontrolle unterwerfen, illustrieren die ständige Spannung, die auf der Westbank vorherrscht. Hinzu kommt die hermetische Abkapselung gegenüber dem Königreich Jordanien, auf die Israel niemals verzichten wird. Dadurch werden die Palästinenser zur Isolierung gegenüber der arabischen Welt verurteilt.

Im Norden dieser undurchdringlichen Sperrzone am Jordan weitet sich der See Genezareth. Wer beherzigt heute noch die Seligpreisung Christi in der Bergpredigt: »Selig, die keine Gewalt anwenden, denn sie werden das Land erben.« Plötzlich ist an der Nordgrenze zum Libanon der Krieg ausgebrochen. Durch eine Provokation der schiitischen Hizbullah-Miliz wurde er ausgelöst. Das israelische Oberkommando, in Übereinstimmung mit dem Pentagon, nutzte den Anlass, um ein tödliches Exempel zu statuieren.

Hier fand eine Generalprobe statt für die große kriegerische Auseinandersetzung zwischen den USA und der Islamischen Republik Iran. Es war ein Stellvertreterkrieg, der mehr als vier Wochen lang zwischen dem Judenstaat und der proiranischen Partei Gottes des Libanon ausgetragen wurde. Wider Erwarten hat die schiitische Miliz dem israelischen Ansturm standgehalten. Durch massive Bombardierungen mit bunkerbrechenden Waffen wurden nicht nur die Stellungen der Hizbullah, sondern auch die Infrastruktur der ganzen Zedernrepublik zerstört. Es war eine amerikanische Strategie, die sich ausschließlich auf Luftwaffe, schwere Panzer und Technologie stützte. Aber im Ringen um das Dorf Bint Jbeil, das immer wieder den Besitzer wechselte, kam es zum Nahkampf, Mann gegen Mann.

Niemand hatte wohl in Jerusalem damit gerechnet, dass die Hizbullah in der Lage wäre, mit Tausenden von Katjuscha-Raketen ganz Galiläa und die Hafenstadt Haifa zu beschießen. Nicht nur das israelische Oberkommando musste am Ende eine ernüchternde Bilanz ziehen. Das ganze strategische Konzept der amerikanischen Supermacht und ihrer Atlantischen Allianz war nunmehr in Frage gestellt. Um zusätzliche Verluste zu vermeiden, traten die israelischen Soldaten Schritt für Schritt den Rückzug auf ihre Ausgangsstellungen an.

Plötzlich wurde in Washington und Jerusalem die verpönte UNO zum letzten Rekurs. Ausgerechnet französische Soldaten aus dem alten Europa sollten die Überwachung einer prekären Waffenruhe am Rande ihres einstigen Mandatsgebietes übernehmen. Doch die Blauhelme, die dort stationiert werden, dürften kaum reüssieren, wo die israelischen Elitetruppen versagten.

Inzwischen ist den arabischen und insbesondere den schiitischen

Massen des Orients ein neuer Held erstanden. Scheikh Hassan Nasrallah, der Kommandeur der Partei Gottes, dessen Prestige den Mythos Osama Bin Ladens bereits weit übertrifft. Die Revolution des Ayatollah Khomeini hat am Rande des Mittelmeeres ein unerwartetes, mächtiges Echo gefunden. Frivol dagegen wirkt das muntere Strandleben, das unbeschadet der Tragödie, die sich in Galiläa abspielte, am Strand von Tel Aviv andauert. Ist man sich dort der Tragik der Stunde und der Unlösbarkeit der existenziellen Probleme nicht bewusst?

Die Stadt Tel Aviv ist bisher verschont geblieben. Zwar sind hier im ersten amerikanischen Golfkrieg ein paar Scud-B-Raketen Saddam Husseins eingeschlagen, aber die haben wenig ausgerichtet. Die Situation hat sich jedoch total verändert seit dem misslungenen Feldzug im Südlibanon. Die Hizbullah hat bewiesen, dass sie zumindest den Norden Israels und die Stadt Haifa mit ihren Katjuschas massiv beschießen kann. Und jedermann fragt sich natürlich, über welches ballistische Potenzial die Hizbullah und darüber hinaus die Islamische Republik Iran noch verfügen. Diejenigen, die geglaubt haben, die gemeinsame Aktion Washingtons und Jerusalems im Nahen und Mittleren Osten würde den jüdischen Staat konsolidieren und absichern, haben sich getäuscht. Das Gegenteil ist der Fall.

Afghanistan

Werfen wir einen nüchternen Blick auf Afghanistan. Selbst dieses zentralasiatische Land, wo die westlichen Optimisten bereits glaubten, die Partie gewonnen zu haben, ist wieder zum Kampffeld geworden. Wer behauptet, fünf Jahre westlicher Truppenpräsenz hätten in Kabul das Elend der Massen gelindert, der sollte sich die erbärmlichen Unterkünfte der meisten Stadtbewohner ansehen. Wer behauptet, die Emanzipation der Frauen sei vorangekommen, der beachte aufmerksam die Straßenszenen in dieser angeblich vom religiösen Fanatismus befreiten Stadt.

Wer weiß denn schon in den NATO-Stäben, was wirklich in der

Masse von 4,5 Millionen Menschen vor sich geht, die sich in dieser riesigen Talmulde zusammendrängen. An Neubauten fallen vor allem die Betonkuppeln gewaltiger Moscheen und eine islamische Hochschule auf, die nur darauf wartet, neue Koranschüler, neue Taleban heranzuzüchten. Die grotesken Paläste, die sich die Opiumhändler, die Warlords und Kriegsgewinnler im Viertel Sherpur bauen lassen, vertiefen nur die Wut der Bevölkerung gegen die krasse soziale Ungerechtigkeit.

Der Krieg in Afghanistan steht erst in seiner Anfangsphase, sagen die Experten. Schon sind die Straßen der Süd- und Ostprovinzen den Überfällen immer neuer islamischer Widerstandsgruppen ausgesetzt. Die Amerikaner und ihre Verbündeten, die ihre Strategie mehr und mehr auf Selbstverteidigung ausrichten, sprechen bereits von einer Irakisierung des Kampfes am Hindukusch. Noch vor kurzem wurde Präsident Karzai in den westlichen Medien als Hoffnungsträger dargestellt. Inzwischen ist dieser Sohn einer angesehenen Paschtunen-Sippe, der oft in Begleitung des berüchtigten Usbeken-Kommandeurs Dostom auftritt, isoliert, ja verhasst.

Der eigentliche Held bleibt in der Erinnerung des Volkes der tadschikische Partisanenführer Ahmed Schah Massud, der unmittelbar vor der Kampagne »Enduring Freedom« ermordet wurde. Aber seine ehemaligen Gefolgsleute, die ihm heute nachweinen, fühlen sich durch den Opportunismus der amerikanischen Politik beiseitegedrängt, ja verraten. In Regierung und Parlament geben heute die skrupellosen Warlords, die Drogenbarone, bestochene Taleban-Führer, ehemalige Kommunisten und heimgekehrte Emigranten den Ton an.

In den nördlichen Provinzen zwischen der chinesischen Grenze im Wakhan-Tal und der persisch geprägten Provinz Herat ist es bisher nur zu vereinzelten Anschlägen gekommen. Diese Zone steht unter deutschem Kommando. Aber auch die deutschen Stäbe verfügen über geringe Kenntnis der tatsächlichen Stimmung in der ethnisch gemischten Bevölkerung der Stadt Mazar-e-Scharif. Dort, am angeblichen Heiligtum des vierten Kalifen Ali, hat wohl erst ein Teil der Bevölkerung wahrgenommen, dass das ursprüngliche Stabilisierungsprogramm der UNO dem NATO-Kommando zugeordnet wurde und somit einem amerikanischen Oberbefehl.

Die deutsche Garnison baut ihre Stellungen abseits der einheimischen Wohnviertel am Rande des Flugplatzes von Mazar aus, am Rande der Tatarenwüste. Wenn die Patrouillen in die trostlosen Dörfer der Umgebung aufbrechen, fragen sich Offiziere und Soldaten, welche Aufgaben ihnen wirklich gestellt sind und welche Abzugsmöglichkeiten im Notfall zu Verfügung stehen, falls der Aufstand der Stämme gegen die bewaffnete Präsenz der Ungläubigen sich auch gegen das bislang beliebte deutsche Kontingent richten sollte.

Von Nation building jedenfalls kann keine Rede mehr sein. Die Deutschen konnten in ihrem Sektor nicht verhindern, dass blindwütige Fanatiker neu gebaute Schulen, vor allem Mädchenschulen, verwüsteten. 240 dieser Lehranstalten sind in Afghanistan innerhalb der letzten sechs Monate zerstört worden. »Wenn ihr die Opiumpflanzen nicht vernichtet, wird das Opium euch vernichten«, steht auf den Regierungsplakaten. Aber in weiten Teilen des deutschen Kommandosektors blühen die Mohnfelder, im gesamten Land ist im vergangenen Jahr die Opiumernte von gut 6000 auf über 8000 Tonnen angestiegen. Wer dagegen mit militärischen Mitteln vorginge, müsste sich auf einen aussichtslosen Kampf gegen eine allmächtige Drogenmafia einlassen.

Der Gouverneur der Provinz Balq, wo sich Mazar befindet, Mohammed Atta, hatte einst wacker gegen die Taleban gekämpft. Aber auch er kann seine Enttäuschung nicht mehr verhehlen. »Ich denke, die Regierung sollte die Mudschahidin nicht ignorieren, die einst gegen die Sowjets Widerstand geleistet haben. Es käme Afghanistan nicht zugute, wenn man sie ignorieren würde.«

In dem nahen Städtchen Balq bewegen sich die deutschen Soldaten von Mazar-e-Scharif auf uraltem historischem Boden. Hier hatte Alexander der Große seinen zentralasiatischen Herrschaftssitz errichtet. Hier verkündete rund 500 Jahre vor Christus der Religionsstifter Zarathustra seine Lehre vom ewigen Kampf zwischen Licht und Finsternis.

Blicken wir doch in die verzückten, aber unglaublich harten Gesichter der Korangläubigen der Freitagsmoschee von Kabul. Noch wird nicht der Heilige Krieg in der Hauptstadt gepredigt. Aber die Stimmung hat sich zutiefst verändert, seit vor fünf Jahren die westliche Allianz sich um die in ihrem Stolz und in ihrem Ansehen getroffene Weltmacht Amerika scharte und ihre Solidarität bekundete. Bei minimaler Kenntnis von Geschichte und Völkerkunde hätte der amerikanische Präsident von Anfang an wissen müssen, dass sein Abenteuer am Hindukusch auf Dauer zum Scheitern verurteilt war, dass die Einführung amerikanischer Demokratiebegriffe und Sitten dort als Gotteslästerung empfunden würde und das Ehrgefühl der Stämme verletzt.

Von ihrer asiatisch-islamischen Umgebung weitgehend abgeschnitten, stellen sich die Soldaten der Bundeswehr, die in Afghanistan Dienst tun, mehr und mehr die Frage, ob Deutschland tatsächlich am Hindukusch verteidigt wird. Mit bösen Ahnungen nehmen sie zur Kenntnis, welche Kundgebungen des Hasses und der tödlichen Feindschaft sich im ganzen Dar-ul-Islam gegen den Hegemonialanspruch Amerikas entladen. Dabei ist es zum Ritual der Eiferer geworden, das Sternenbanner symbolisch zu verbrennen. Man kann nur hoffen, dass die schwarz-rot-goldene Fahne der Bundesrepublik, die den Deutschen so lieb geworden ist, eines Tages nicht ein ähnliches Schicksal erleidet.

Die erzürnten Generale von Ankara

18. SEPTEMBER 2006

In der Türkei mehren sich die Attentate. Das ist schlecht für den Tourismus, denn gerade die großen Erholungszentren an der Küste sind Hauptziele der Anschläge. Die Feriengäste sind ein unentbehrlicher Aktivposten im türkischen Nationalbudget. Dieses neue

Aufflackern einer Aufstandsbewegung, die sich zur kurdischen Unabhängigkeit bekennt, wirft noch ganz andere Fragen auf. In Ankara bringt man diese subversiven Aktivitäten – ob sie nun im Namen der verbotenen Organisation PKK ausgeführt werden oder nicht – in Zusammenhang mit der katastrophalen Entwicklung im benachbarten Irak.

Bekanntlich haben sich die Kurden des Nordirak, die unter der Tyrannei Saddam Husseins furchtbar gelitten hatten, schon seit dem ersten amerikanischen Golfkrieg 1991 konsequent der Autorität Bagdads entzogen und die eigene Autonomie ausgebaut. Heute hat diese sich auch dank amerikanischer Förderung so stark konsolidiert, dass man de facto von einem quasi unabhängigen Kurdenstaat sprechen kann, dessen Hauptstadt die Ortschaft Arbil ist. Unlängst noch hat der Regierungschef dieses nordirakischen Territoriums, Massud Barzani, proklamiert, dass er das Hissen irakischer Flaggen verbieten und keine Präsenz irakischer Soldaten dulden würde.

Der kurdische Nordirak verfügt längst über eine eigene Armee, die aus den Partisanentruppen der Peschmerga hervorgegangen ist. Diese Truppe ist die einzige bewaffnete Formation des Irak, auf die sich das amerikanische Oberkommando bislang verlassen konnte. Kurden sollen es auch gewesen sein, die Saddam Hussein aufspürten und gefangen nahmen, bevor die US-Propaganda diese Festnahme als eigenen Erfolg inszenierte. Die Frage stellt sich heute, ob Präsident Bush, der weiterhin die Regierung von Ankara als verlässlichen Bestandteil der Atlantischen Allianz lobt, es sich im Irak leisten kann, eine prokurdische Politik zu praktizieren, die auch den Untergrundkämpfern im türkischen Anatolien zugute kommt. Die Regierung des Ministerpräsidenten Tayyip Erdoğan, der mit seiner AKP-Partei über die Mehrheit im Parlament von Ankara verfügt, hat zwar versucht, den fünfzehn Millionen Kurden, die in seinem Staat eine beachtliche Minderheit bilden, zumindest auf kulturellem Gebiet entgegenzukommen. Auf viel Gegenliebe ist er dabei nicht gestoßen, und die türkischen Nationalisten, die sich einst als »Graue Wölfe« bezeichneten und nach vorne drängen, schreien Verrat.

Die Bush-Administration stellt mit Sorge fest, dass das Verhältnis zur Türkei schwereren Schaden genommen hat, als öffentlich eingestanden wird. Ministerpräsident Erdoğan mag ein pragmatischer und gemäßigter Muslim sein, aber die religiöse Verankerung seiner Person und seiner Partei im koranischen Glauben ist profund. Mit den Prinzipien einer rigorosen Laizität, mit der antiislamischen Grundeinstellung, auf der der Staatsgründer Atatürk nach dem Ersten Weltkrieg seine moderne Republik etablierte, lässt sich der heutige Kurs Ankaras nicht mehr vereinbaren. Das langsame Abgleiten dieses Staates, der sich offiziell als Bestandteil Europas bezeichnet, in Richtung einer islamischen Republik wird zurzeit noch durch den resoluten Widerstand der hohen Militärs aufgehalten, die sich weiterhin dezidiert als »Kemalisten« zur säkularen Doktrin Atatürks bekennen und im nationalen Sicherheitsrat über eine entscheidende Machtposition verfügen. Diese Einflussnahme der Offiziere ist allerdings mit einem demokratischen System, wie es die Aufnahme in die Europa-Union verlangt, nicht zu vereinbaren.

Die Generale von Ankara, die befürchten müssen, von Erdoğan und seiner islamischen Gefolgschaft an den Rand gedrängt zu werden, sehen in den inneren Wirren der neu aufgeflammten Kurdenfrage eine Chance, weiterhin dem türkischen Staat ihre Linie vorzuschreiben. Nahezu 300 000 Soldaten wurden an den Grenzen zum Irak massiert, und die Eingliederung der Erdölstadt Kirkuk in das kurdische Autonomiegebiet, die von den dortigen Führern gefordert wird, könnte zum Auslöser für eine Intervention der türkischen Streitkräfte werden.

An einen Beitritt der Türkei zur EU glaubt ohnehin kein seriöser Politiker mehr. Die Verhandlungen haben sich so sehr in die Länge gezogen, die Einwände aus Brüssel wurden mit so viel Heuchelei vorgetragen, dass in Anatolien die Stimmung bereits umgeschlagen ist. Eine Volksabstimmung würde das deutlich zutage bringen. Nun hatte Washington hartnäckig versucht, die Aufnahme Ankaras mit allen Mitteln zu erzwingen, in der törichten Annahme, eine »Europäisierung« der Türkei würde dem aufkommenden Islamismus einen Riegel vorschieben. Man hielt an der

Illusion fest, die Republik Atatürks könne eine Brücke zur Welt des Islam schlagen, und war sich bei dem Vorschlag, türkische Soldaten als Friedenswächter an die libanesisch-israelische Grenze zu entsenden, gar nicht bewusst, dass die Erben des Osmanischen Reichs bei den Arabern der Levante seit der tyrannischen Herrschaft der Sultane und Kalifen zutiefst verhasst sind.

Das Wettrüsten geht weiter

16. OKTOBER 2006

Die diplomatischen und strategischen Folgen der Explosion einer nordkoreanischen Atombombe sind heute noch nicht kalkulierbar. Die internationalen Börsen haben mit Gelassenheit reagiert, und für die Europäer sind eventuelle Kräfteverschiebungen am Rande des Pazifischen Ozeans natürlich weit weniger aufregend als die Gewitterstimmung am Persischen Golf. Eines steht im Hinblick auf Nordkorea und seinen bizarren Diktator Kim Jong Il fest: Militärische Aktionen sind von amerikanischer Seite zurzeit nicht geplant und können mit Rücksicht auf das ungeheure Gewicht der Volksrepublik China in diesem Raum auch gar nicht durchgeführt werden.

In Peking zeigt sich das kommunistische Führungskollektiv unter Präsident Hu Jintao zwar verärgert über den nordkoreanischen Alleingang, aber ganz ungelegen wird ihm diese Entwicklung nicht kommen. Sympathie und Freundschaft haben zwischen Chinesen und Koreanern im Laufe der Geschichte niemals bestanden. Zwar hat Mao Zedong mit seiner massiven Intervention in den Jahren 1950 bis 1953 das Regime Kim Il Sungs, des Vaters des jetzigen Machthabers, vor dem Untergang gerettet und die bereits zur mandschurischen Grenze vorgerückten amerikanischen Divisionen auf die heutige Demarkationslinie am 38. Breitengrad zurückgeworfen, aber in Pjöngjang erinnert man sich sehr wohl daran, dass die sukzessiven koreanischen Königreiche – bis zur Eroberung der Halbinsel durch Japan – als Vasallen des Reiches der Mitte galten. Es ist also nicht die enge Solidarität von »Lippen und Zähnen«, wie man in Ostasien sagt, die die Diplomatie Pekings weiterhin auf einen Kurs relativer Versöhnlichkeit drängt, sondern das wohlverstandene eigene Interesse. Sollte in Nordkorea Anarchie ausbrechen oder ein politisches Vakuum entstehen, dann bestünde die Gefahr, dass sich dort ähnlich wie heute in Vietnam der amerikanische Einfluss ausbreitet und die von Washington betriebene Einkreisung Chinas um eine zusätzliche Position am Yalu-Fluss ergänzt würde.

Kim Jong Il ist für Peking das geringere Übel. Man wird diesen unberechenbaren »Steinzeit-Kommunisten« zwar tadeln, aber die Sanktionen gegen Nordkorea nicht auf die Spitze treiben. Je mehr der »starke Mann« von Pjöngjang sich selbst in die Isolation bringt, desto abhängiger wird er vom riesigen Nachbarn. Im Übrigen dürfte die nukleare Aufrüstung Nordkoreas von Hu Jintao eingeplant worden sein. In Amerika und Europa wird heute davor gewarnt, dass das Kaiserreich Japan, das sich in Reichweite der nordkoreanischen Raketen befindet, sich nun ebenfalls entschließen könnte, aus Gründen der Selbsterhaltung und Abschreckung nuklear aufzurüsten. In Fernost ist dieses Argument nicht sonderlich stichhaltig. Wer Gelegenheit hatte, sich in Peking und Pjöngjang umzuhören, erhielt dort die gleichlautende Antwort: Japan sei mit seiner massiven Produktion von Atomenergie für zivile Zwecke längst in der Lage, auch die militärische Variante herzustellen. Lediglich zwei Monate, so schätzt man, würde Tokio benötigen, um über eigene nukleare Sprengköpfe zu verfügen.

Unmittelbare Auswirkungen dürfte die nordkoreanische Atomexplosion auf die Islamische Republik Iran ausüben. In Teheran wird Präsident Ahmadinejad sehr sorgfältig beobachten, welche Entscheidungen im Weltsicherheitsrat gefällt werden. Seit die nukleare Proliferation, die in Israel, in Indien und Pakistan längst stattgefunden hat, nunmehr auch auf die koreanische Halbinsel ausgreift, dürfte die letzte Hemmschwelle für das Mullah-Regime beseitigt sein. Angesichts des US-Debakels im Irak und des israelischen Fehlschlags im Südlibanon lässt es sich schwer vorstellen, wie Washington die Regionalmacht Iran militärisch einschüchtern könnte. Die Befürchtung besteht deshalb am Persischen Golf, dass die Bush-Administration versucht sein könnte, mit taktischen Atomwaffen gegen die persischen Nuklearanlagen vorzugehen. Dann täte sich allerdings der Abgrund auf.

Es wäre auch höchste Zeit, einen kritischen Blick auf Pakistan zu werfen. Der dortige Staatspräsident General Musharaf hat unlängst enthüllt, unter welch ultimativem Druck er im Afghanistan-Konflikt auf die Seite Amerikas gepresst wurde. Beziehungen zwischen Washington und Islamabad sind extremen Belastungen ausgesetzt. Die Wut der islamistisch angeheizten Massen richtet sich bereits unversöhnlich gegen einen US-Präsidenten, der dem indischen Erzfeind Pakistans auch auf dem Gebiet nuklearer Weiterentwicklung fördernd zur Seite steht.

Schon spekulieren die Nachrichtendienste, welche zusätzlichen Länder sich auf den Weg der atomaren Aufrüstung begeben könnten. Da ist die Rede von Brasilien und Argentinien, die über alle technischen Voraussetzungen verfügen, aber auch von Saudi-Arabien, der Türkei, Ägypten und Algerien. Hatte nicht der amerikanische Politologe Huntington in einem Schreckensszenario die Explosion einer algerischen Atombombe über Marseille an die Wand gemalt?

Was Frankreich betrifft, so hatte es sich längst in den Kreis der international erkannten Atommächte hineingedrängt. Aber die Frage wird sich für das übrige Europa, insbesondere für die Mittelmeerstaaten Spanien und Italien sowie unweigerlich auch für Deutschland, stellen, ob nicht in absehbarer Zeit der Zwang, über eine eigene »Dissuasion«, eine eigene Abschreckung, zu verfügen, alle moralisierenden und pazifistischen Gegenargumente entkräften wird. Wer möchte – angesichts der Unfähigkeit George W. Bushs gegenüber der Provokation des nordkoreanischen »Pygmäen« – sein eigenes Schicksal noch bedingungslos den Ratschlüssen des Weißen Hauses anvertrauen?

Irakisierung am Hindukusch

Die »Irakisierung« Afghanistans ist in vollem Gange. Wer das hartnäckig leugnet, erbringt eine zusätzliche Bestätigung dieses mittlerweile unumkehrbaren Vorgangs. Auch im Irak hatten die zuständigen Strategen der USA sich geweigert, der Realität ins Auge zu sehen. Für die Deutschen liegt der nationale Skandal nicht darin, dass ein paar junge Dummköpfe in Uniform mit Totenköpfen ein makaberes Ritual veranstalteten, sondern in der systematischen Fehldarstellung der Situation durch Bundesregierung und Parlament.

Spätestens seit dem Jahr 2003 liegen in Berlin Berichte der deutschen Kommandeure und des Bundesnachrichtendienstes vor, die vor einer fatalen Entwicklung warnen. Im Süden Afghanistans, wo Briten, Kanadier und Niederländer sich in ihren Festungen einbunkern, wird die zunehmende Aggressivität der Taleban – wie der Sammelbegriff für extrem unterschiedliche Widerstandsgruppen lautet – nur durch massiven Einsatz der US-Luftwaffe mühsam in Schach gehalten.

Diese Flächenbombardements verursachen jedoch Verluste unter der Zivilbevölkerung, die wiederum die Pflicht zur Blutrache der dortigen Stammeskrieger zusätzlich motivieren. Über den zerklüfteten Osten Afghanistans, über Nuristan, haben die amerikanischen Special Forces, die den Mudschahidin des Kriegsveteranen Hekmatyar gegenüberstehen, ohnehin die Kontrolle verloren.

Der unverantwortlichen Schönfärberei muss ein Ende gesetzt werden. Im Norden, im deutschen Befehlsbereich, ist die Lage zwar vergleichsweise ruhig. Stabil ist sie längst nicht mehr. Der Unterschied in dieser Region besteht darin, dass hier Tadschiken leben, die gegen die überwiegend den Paschtunen angehörenden Taleban bis zum Eingreifen der Amerikaner 2001 Widerstand geleistet und sich in der Nordallianz dem Unternehmen Enduring Freedom angeschlossen hatten.

Neuerdings werden jedoch diese kampferprobten Verbündeten des Westens aus den einflussreichen Posten, die ihnen Präsident Hamed Karzai ursprünglich eingeräumt hatte, durch paschtunische Warlords, gekaufte Taleban-Führer, skrupellose Drogenbarone, frühere kommunistische Verbündete der Russen und Emigranten verdrängt, die sich ihrer Heimat im Exil entfremdeten.

Jederzeit könnte es auch im Norden zum großen Aufstand kommen. Dann wäre die isolierte Garnison Faizabad zur Kapitulation, die in Kundus und Mazar-e-Scharif stationierten Kräfte wären zum verzweifelten Durchbruch zur usbekischen oder tadschikischen Grenze gezwungen.

Die wahren Kräfteverhältnisse lassen sich daran ermessen, dass die NATO-Kontingente sich hüten, gegen die steigende Produktion von Opium und Heroin vorzugehen, um nicht in einen »asymmetrischen Krieg« gegen die Opiumfabrikanten verwickelt zu werden. Was die »Demokratisierung« dieser archaischen Stammesgesellschaft betrifft, können nur noch Narren oder Lügner diesen Begriff im Munde führen.

Seit die Wahlen in Algerien, Palästina und im Irak dem militanten Islamismus zugute kamen, ist man sogar in Washington vom »Stimmzettel-Fetischismus« abgerückt. Offenbar ist niemand fähig, aus der Geschichte zu lernen. Die Briten hätten sich an 1841 erinnern müssen, als 16 000 Untertanen Ihrer Majestät beim Rückzug aus Kabul der Wut der Stammeskrieger zum Opfer fielen. Der sowjetische Eroberungsfeldzug endete im totalen Fiasko. Auch das NATO-Unternehmen am Hindukusch sollte als »mission impossible« erkannt werden.

Das Ende der Hypermacht

Noch ist es zu früh, als Folge der Wahlniederlage George W. Bushs im Senat und im Repräsentantenhaus eine deutliche neue Perspektive für die Vereinigten Staaten aufzuzeichnen. Amerika hat zu sich selbst zurückgefunden – so können die Europäer hoffen –, zur Tradition einer verantwortungsbewussten Macht, zu einer angemessenen internationalen Partnerschaft. Aber der US-Botschafter in Bagdad, ein gebürtiger Afghane namens Khalilzad, hat die Iraker bereits gewarnt, dass der Präsident auch gegenüber einem von Demokraten beherrschten Kongress seine Zuständigkeit als Gestalter der Außenpolitik und als Oberbefehlshaber der Streitkräfte beibehält Es ist also noch nicht entschieden, ob George W. Bush sich während der letzten zwei Jahre seiner Amtszeit als »lame duck«, als »lahme Ente«, verhalten wird.

Die bisherige Bilanz der Bush-Administration und ihrer neokonservativen Ideologen ist verheerend. Der jetzige Präsident war nach dem Abgang Bill Clintons an die Spitze der »Hypermacht« getreten, die ihresgleichen nicht hatte und nach der Auflösung der Sowjetunion die Aufgabe beanspruchte, mit ungeheuerlicher militärischer Überlegenheit eine weltweite »Pax Americana« zu errichten. Von diesen großen Erwartungen ist nichts übrig geblieben. Washington sieht sich mit einer multipolaren Welt konfrontiert, in der die Volksrepublik China sich allmählich als ebenbürtiger, vielleicht am Ende sogar als überlegener Widerpart erweisen könnte. Statt die Schwäche Russlands zu nutzen, wurde Wladimir Putin von der US-Diplomatie und ihren europäischen Trabanten durch einen »überflüssigen Drang nach Osten« der NATO so sehr provoziert, dass die New Yorker Kommentatoren feststellen, Moskau betrachte heute wieder – wie zu Zeiten des Kalten Krieges – die Vereinigten Staaten als seinen gefährlichsten Gegner. Was nun die Europäer betrifft, die durch die überstürzte Erweiterung ihrer Union in zusätzliche Abhängigkeit von Washington gerieten, so hat bei ihnen

– seit der begeisterten Solidarisierungsstimmung nach dem schändlichen Attentat von New York – eine an Bitterkeit grenzende Ernüchterung stattgefunden. Die Verhör- und Foltermethoden, die an angeblichen Terroristen durch US-Bewacher verübt und durch das Weiße Haus ausdrücklich gedeckt wurden, haben Zweifel geweckt an einem Verbündeten, der bislang als »Leuchtturm« der Menschenrechte und Demokratie bewundert wurde.

Die wirkliche Tragödie der Ära Bush war nicht jener Septembertag »Nine Eleven« des Jahres 2001, als das World Trade Center gesprengt wurde. Damals kam in den USA eine Hysterie auf, die einer beherrschenden Weltmacht, die sich unweigerlich den Anschlägen ihrer Feinde ausgesetzt sieht, nicht würdig war. Die wirkliche Wende fand in einer trostlosen Stadt des »sunnitischen Dreiecks« im Irak, in Faluja, statt, wo die US Army nach einem brillant geführten Blitzkrieg gegen Saddam Hussein sich plötzlich als unfähig erwies, den Herausforderungen des Partisanenkrieges, den man heute als »asymmetric war« bezeichnet, zu begegnen. Von ein paar tausend arabischen Freischärlern wurde die gewaltige Streitmacht Donald Rumsfelds in die Defensive und eine auf Dauer unhaltbare Situation gedrängt. Im Treibsand des Orients ist das militärische Prestige der USA wohl unwiderruflich – weit mehr als seinerzeit in Vietnam – zu Schaden gekommen.

Inzwischen wurde Verteidigungsminister Rumsfeld von seinem Präsidenten, der ihn noch ein paar Tage zuvor als unverzichtbaren Strategen gepriesen hatte, aus dem Pentagon vertrieben. Der Mann, der auf dem Höhepunkt seiner Hybris den erschlafften »alten Europäern« – Deutschen und Franzosen – als strahlendes Vorbild ausgerechnet die Albaner und Rumänen entgegenhielt, ist von der politischen Bühne abgetreten und hat einem früheren Vertrauten des ersten Präsidenten Bush, dem ehemaligen CIA-Chef Robert Casey, Platz gemacht.

Die siegreichen Demokraten, die allen Grund haben zu triumphieren, sollten sich dennoch vor unziemlichem Übermut hüten. Keiner von ihnen hat bisher einen praktikablen Vorschlag gemacht, wie Amerika sich aus dem irakischen Schlamassel lösen kann, ohne dass der gesamte Orient im Chaos versinkt. In Deutschland verweisen die Experten darauf, dass die Demokraten in Washington an ihre europäischen Verbündeten mit höheren Forderungen herantreten werden, als das die Republikaner – im trügerischen Bewusstsein ihres Machtmonopols – zu tun pflegten. Niemand in Berlin scheint auf die Idee zu kommen, dass man einem allzu nachdrücklichen amerikanischen Wunsch auch mit einem eindeutigen Nein begegnen kann, falls er den nationalen deutschen Interessen widerspricht. Wirklich glücklich wird am Tage der politischen Niederlage George W. Bushs im Kongress vor allem der venezolanische Staatspräsident Hugo Chávez gewesen sein, der im Plenarsaal der UNO an der Stelle, wo der US-Präsident gesprochen hatte, eine groteske Teufelsaustreibung vornahm.

Putin im Zangengriff

13. NOVEMBER 2006

Deutschland steht vor der Wahl, mit Russland eine vielversprechende ökonomische Partnerschaft, ja Symbiose einzugehen oder sich im Namen einer obsoleten NATO-Struktur in einen neuen Kalten Krieg hineinzerren zu lassen. Man mag die Behauptung Gerhard Schröders belächeln, er habe in Wladimir Putin einen »lupenreinen Demokraten« erkannt, aber bei seinem betonten Kooperationswillen mit Moskau hat der Ex-Kanzler eine Richtung gewiesen, von der seine Nachfolgerin nicht abweichen sollte.

In der deutschen Öffentlichkeit gehört es zum guten Ton, sich über den Regierungsstil des russischen Präsidenten zu entrüsten. Zweifellos hat sich im Kreml der traditionelle Zug zur Autokratie wieder durchgesetzt. Aber wer wünschte sich schon jene pseudodemokratische Ära der Perestroika zurück, als das Sowjetimperium ohne äußeren Zwang auseinanderfiel, als die Reichtümer des Landes skrupellosen Spekulanten ausgeliefert waren und die Straßen Moskaus ein chaotisches Bild des Massenelends boten.

Die deutschen Politiker sollten es sich ohnehin abgewöhnen, in sämtlichen Kontinenten mit erhobenem Finger die Wahrung der Menschenrechte anzumahnen, die durchzusetzen sie gar nicht in der Lage sind und auf deren Respektierung sie schamvoll verzichten, wenn die Großwetterlage es verlangt. Gewiss, es geschehen unerträgliche Übergriffe der Sicherheitsorgane in den Weiten der Russischen Föderation, doch es war bestimmt nicht Wladimir Putin, der am Vorabend seines Deutschlandbesuchs die Ermordung der Journalistin Anna Politkowskaja in Auftrag gab.

Was die grauenhafte Unterdrückung der Tschetschenen betrifft, so sind diese Exzesse auf die Befürchtung Putins zurückzuführen, der ethnische und islamistische Aufstand könne auf sämtliche autonomen Republiken des Nordkaukasus, vor allem auf Dagestan, übergreifen, längs der Wolga nach Norden vordringen und auch den Separatismus der Tataren und Baschkiren anheizen. Es leben insgesamt mehr als 20 Millionen turkstämmige Muslime im Land, deren hohe Geburtenrate krass mit dem demographischen Verfall des russischen Staatsvolkes kontrastiert, bei dem der Bevölkerungsschwund 800 000 Seelen pro Jahr beträgt. Im Übrigen lebt Russland weiterhin in der traumatischen Erinnerung an das Tatarenjoch der Goldenen Horde, das fast 300 Jahre lang die Herrschaft des Halbmondes bis zu den Pripjet-Sümpfen ausdehnte.

In den deutsch-russischen Beziehungen unserer Tage geht es vorrangig um Gas und Öl. In den Medien werden Krokodilstränen über das Schicksal jener Oligarchen vergossen, die sich durch extreme Cleverness, aber vor allem mit räuberischen Methoden der Ressourcen des Landes bemächtigten und im Begriff standen – wie das in der Ukraine tatsächlich geschah – auch die staatliche Macht sowie die Herrschaft über die Medien an sich zu reißen. Wladimir Putin, der zu dem Vorbild Peter dem Großen aufblickt, versucht diese neuen »Bojaren« in die Zucht zu nehmen. Zumindest ein Dutzend von ihnen – wenn sie denn erfolgreich operieren und Steuern entrichten – ist vor den Nachstellungen dieses ehemaligen

KGB-Offiziers verschont geblieben. Bedingung war, dass sie, anders als Michail Chodorkowski, auf politischen Einfluss sowie auf den Ankauf von Fernsehstationen und die suspekte Zusammenarbeit mit US-Konzernen verzichteten.

Ist es wirklich so verwunderlich, dass das mächtige Gazprom-Kombinat von den Ukrainern und Georgiern die Entrichtung angemessener Preise für die unentbehrlichen Gaslieferungen fordert, nachdem sich in Kiew und Tiflis neben dem unbändigen Unabhängigkeitswillen auch eine präferenzielle Ausrichtung auf Washington durchsetzte, die in dem Wunsch gipfelt, dem Atlantischen Bündnis beizutreten?

Hier liegt der Hase im Pfeffer. Die Atlantische Allianz hatte den Präsidenten Gorbatschow und Jelzin feierlich, wenn auch ohne vertragliche Absicherung versprochen, sie werde nach der deutschen Wiedervereinigung ihren Bündnisbereich nicht bis zu den Grenzen der ehemaligen Sowjetunion vorantreiben – und schon gar nicht das in Europa stark verkleinerte Territorium der Russischen Föderation zusätzlich reduzieren. Stattdessen hat die NATO zu einem »Drang nach Osten« angesetzt, wie ihn bereits der Sicherheitsberater des US-Präsidenten Carter, Zbigniew Brzezinski, angekündigt hatte. Der Eindruck entstand, Amerika und seine folgsamen europäischen Verbündeten wollten die Erben des Zarenreichs und des Sowjetimperiums auf eine Linie Smolensk-Rostow zurückwerfen, was bei den Russen düstere Erinnerung an den Zweiten Weltkrieg weckt. Die Expansion der NATO »out of area« hat in Osteuropa – aus der Perspektive des Kreml – geradezu aggressive Züge angenommen. War es wirklich notwendig, die jüngste Sitzung des Atlantischen Bündnisses in Riga, also gewissermaßen im Vorhof von Sankt Petersburg, abzuhalten? Schon sind amerikanische Offiziere dabei, die ukrainischen und die georgischen Streitkräfte auf NATO-Standard umzustrukturieren. Sie werden dabei von deutschen Militärexperten unterstützt.

Das Problem in diesem Raum – man könnte noch weitere Teile von Nahem und Mittlerem Osten bis zum Hindukusch hinzuzählen – besteht nicht in der Existenz des Nordatlantischen Bündnisses, das für Amerikaner und Europäer unentbehrlich und eine Herzenssache bleiben sollte. Es besteht in der obsoleten Struktur der Organisation der Allianz – North Atlantic Treaty Organization –, die während des Kalten Krieges zwangsläufig dem amerikanischen Oberbefehl untergeordnet war, die jedoch den Erfordernissen einer seit Ende des Ost-West-Konfliktes total veränderten Welt in keiner Weise mehr Rechnung trägt. Gerade im Hinblick auf Russland ist es an der Zeit, eine souveräne Außenpolitik und Strategie für Europa zu definieren und – falls sich das aufgrund der maßlosen Ausweitung der EU auf 27 Mitglieder als unmöglich erweist – wenigstens für Deutschland und vielleicht den karolingischen Kern des Abendlands einen unabhängigen Standpunkt zu vertreten.

Da taucht das Wort »Finnlandisierung« auf, und es werden künftige Erpressungen an die Wand gemalt, der sich die Bundesrepublik aufgrund eines russischen Quasimonopols für Energiebelieferung ausgeliefert sähe. Es geht heute jedoch weder um Tauroggen noch um Rapallo. Auch von »bismarckscher Rückversicherung« kann nicht die Rede sein. Wer wünscht sich schon einen Rückfall in die Epoche, als die Entwicklung Preußens »sous l'œil de la Russie«, unter dem wachsamen Auge Russlands, stattfand. Das kleine Finnland hatte sich übrigens im Winterkrieg des Jahres 1939 mit außerordentlicher Bravour und recht erfolgreich gegen die Generaloffensive Stalins zur Wehr gesetzt.

Die Wirtschaftsverflechtungen zwischen Russland und Westeuropa – Polen und das Baltikum wären aus verständlichen Gründen kaum dafür zu gewinnen – müssten auf gegenseitiger Abhängigkeit fundiert sein. Zwar ist der geografische Raum zwischen Smolensk und Wladiwostok furchterregend weit, doch die Einwohnerzahl Russlands ist auf 145 Millionen geschrumpft, darunter eine Vielzahl allogener Völker. Allein ein operativer Zusammenschluss zwischen Deutschland und Frankreich würde eine vergleichbare Bevölkerung aufweisen – und ein erheblich größeres Wirtschaftspotenzial.

Es besteht also keinerlei Anlass, gegenüber Moskau Minderwertigkeitskomplexe zu züchten. Das ungeheuerliche Atomarsenal aus Sowjetzeiten taugt nicht mehr zur Durchsetzung politischer oder wirtschaftlicher Dominanz. Der amerikanische Bündnispartner sollte, auch im eigenen Interesse, darauf verzichten, gegen eine westeuropäische und deutsche Weigerung, am ungezügelten NATO-Drang nach Osten teilzunehmen, zu polemisieren oder gar Berlin und Paris des »Verrats« oder »appeasements« zu bezichtigen. In Washington beherzigt man längst den Satz Nietzsches aus dem »Zarathustra«, wonach die Staaten die »kältesten aller Ungeheuer« sind. Es ist Zeit, dass die Deutschen ein nationales Konzept entwerfen, das man in Italien zu Zeiten Cavours als »sacro egoismo« bezeichnet hätte.

Agentenmord in London

11. DEZEMBER 2006

Als Drehbuch für einen Spionagefilm wäre die Story des in London ermordeten ehemaligen KGB-Agenten Alexander Litwinenko vermutlich abgelehnt worden. Die abenteuerlichen Vorgänge rund um den Überläufer des russischen Geheimdienstes übertreffen bei Weitem die Fantasie eines John Le Carré. Sie stecken voller Ungereimtheiten und grotesker Winkelzüge. Das radioaktive Material vom Typ Polonium 210, das in kleinen Mengen in Russland produziert wird, kostet pro Gramm etwa zwei Millionen Dollar. Acht Gramm dieses extremen Giftes, das zudem sehr leicht zerfällt, werden zu wissenschaftlichen Zwecken monatlich in die USA exportiert. Es handelt sich nicht um irgendwelche Überreste aus der Zeit des Kalten Krieges. Bei der minimalen Menge Polonium, die der Agent Litwinenko – vermutlich in einer Sushi-Bar am Piccadilly Circus – verschluckte, handelte es sich um »frische Ware«, die möglicherweise ein paar Monate alt war.

Natürlich richtet sich der Verdacht auf die Befehlszentrale in Moskau, wo der Geheimdienst FSB in die Fußstapfen des gefürchteten KGB getreten ist. Dieser Monsterapparat habe angeblich rund drei Millionen Beamte beschäftigt. Unter ganz speziellem Verdacht steht der russische Präsident Wladimir Putin, der seine Karriere als KGB-Offizier – zuletzt im Rang eines Obersten – überwiegend zu DDR-Zeiten in Dresden absolvierte. Der »Verräter« Litwinenko wurde beinahe zwangsläufig zur Zielscheibe eines Liquidierungsauftrages. Zumal er über die Interna seiner ehemaligen »Firma« bestens informiert war und Putin die Sprengung ganzer Häuserblocks in Moskau anlastete, um einen Vorwand für die brutale Niederwerfung der tschetschenischen Rebellen im Nordkaukasus zu haben. Nun ist es auch bei westlichen Geheimdiensten üblich, dass man allzu intrigante Überläufer beseitigt. Die bevorzugte Methode ist dabei ein perfekt inszenierter Autounfall. Aber wer kommt auf die Idee, eine gewaltige Summe Geld in Polonium zu investieren, wenn heute Auftragskiller zu geringen Preisen zu finden sind und Alexander Litwinenko in England über keinen speziellen Personenschutz verfügte.

Dieser jüngste Mordfall reiht sich in eine ganze Serie von Liquidierungen russischer Oppositioneller, hoher Beamter, von Finanzmagnaten, Journalisten und Emigranten, die dem Regime Putin nicht genehm waren. Doch die tödlichen Schüsse, denen die Tschetschenien-Kritikerin Politkowskaja zum Opfer fiel, wurden wohl kaum auf Befehl Putins abgefeuert, der gerade im Begriff stand, eine propagandistisch und wirtschaftlich programmierte Reise nach Deutschland anzutreten. Im Gegenteil entsteht die Vermutung, es hätten gewisse Kreise den russischen Staatschef durch diese brutale Exekution bei seinen westlichen Verhandlungspartnern diskreditieren wollen. Wer käme für eine solche finstere Konspiration in Frage? An Verdächtigen ist kein Mangel. Da denkt man eventuell an den derzeitigen Regierungschef Kadyrow der autonomen Republik Tschetschenien, einen früheren Bandenführer, der nur aus opportunistischen Gründen mit Moskau kollaboriert. Darüber hinaus existieren Mafia-Strukturen und kriminelle Gangs ehemaliger KGB-Offiziere und -Agenten, die nach ihrer Pensionierung in relativ frühem Alter mit erbärmlichen Renten von 200 Euro pro Monat abgefunden wurden und auf einen Nebenjob angewiesen sind.

Eine gewichtige Rolle in diesem undurchsichtigen Spiel nehmen insbesondere jene Oligarchen, jene milliardenschweren Nutznießer der chaotischen Perestroika-Jahre und der Günstlingswirtschaft unter Boris Jelzin ein, die rechtzeitig die Flucht ins Ausland antraten und von dort aus mit allen Mitteln versuchen, den autokratischen Machtanspruch Wladimir Putins zu untergraben. Der Präsident hatte bei Amtsantritt einen unvorstellbaren Augiasstall von Korruption und Wirtschaftsverbrechen vorgefunden. Heute kommen Zweifel auf, ob der ehemalige KGB-Offizier Putin über eine ausreichende Kontrolle über den eigenen FSB-Dienst verfügt, auf den seine Sanierungspläne, ja seine Regierungsausübung angewiesen ist. Als Todfeind Putins profiliert sich im Exil der skrupelloseste aller Oligarchen und ehemalige Jelzin-Freund Boris Beresowski, der zu der Erkenntnis gelangt war, dass »Demokratie mit der Herrschaft des Geldes gleichzusetzen« sei. Beresowski und seine Kumpane wissen natürlich, dass Washington die ökonomische und politische Annäherung zwischen Deutschland und Russland, die sich unter Bundeskanzler Schröder vertiefte, mit abgrundtiefem Misstrauen verfolgte und mit allen Mitteln zu konterkarieren suchte.

Hinter dem Tod Litwinenkos zeichnete sich eine zusätzliche Horror-Perspektive ab. Ein paar Gramm Polonium würden ausreichen, falls sie etwa in die Wasserversorgung einer Großstadt getröpfelt würden, um ein Massensterben unter den Konsumenten von Trinkwasser zu verursachen. Mit diesem radioaktiven Material stünde den skrupellosen Terroristen unterschiedlichster Orientierung ein apokalyptisches Instrument zur Verfügung, neben dem die Vernichtung des World Trade Centers in New York zur Banalität verblassen würde.

DAS JAHR DES SCHWEINS
2007

Die Äthiopier erobern Somalia

8. Januar 2007

Der »Krieg gegen den Terror« reißt immer neue Fronten auf. Jetzt ist das Horn von Afrika an der Reihe. Die dortige Republik Somalia hatte sich in ein anarchisches, mörderisches Chaos aufgelöst. Wer erinnert sich noch an das Unternehmen »Unosom«, das im Jahr 1993 durch massiven Einsatz von 30 000 Soldaten – darunter 1800 deutsche – das durch blutrünstige Warlords in Anarchie und Elend gedrängte Land mit etwa neun Millionen Menschen auf den Weg westlich orientierter Demokratie und kapitalistischer Marktwirtschaft führen, notfalls auch zwingen sollte? Die Blamage der »Nation Builder« konnte nicht schlimmer sein. Die Somalier, ein hamitisches Nomadenvolk, das seit langem zum Islam bekehrt ist und pro forma der Araberliga angehört, haben sich damals gegen diese fremde Truppenpräsenz aufgebäumt. Es reichte aus, dass bei einem waghalsigen Kommando-Unternehmen 18 US-Soldaten erschossen und als Leichname nackt durch die Straßen der Hauptstadt Mogadischu geschleift wurden, um den überstürzten Abbruch dieses Feldzugs zu bewirken. Nachdem die Amerikaner geflüchtet waren, hasteten auch die anderen UNO-Kontingente zur Küste des Indischen Ozeans und zu den rettenden Schiffen.

Seitdem schmorte Somalia im eigenen Saft. Die Republik teilte sich auf in das noch halbwegs stabile ehemals britische Somaliland im Norden, in das vage Gebilde »Puntland« und die umfangreiche Südregion der einst italienischen Kolonie. In diesem Niemandsland der Räuberbanden drohte – so sahen es die USA – ein neues Afghanistan zu entstehen. Die totale Auflösung, so befürchtete Washington, würde den versprengten Verschwörern von Al Qaida Zuflucht und Ausbildungsstätten für Terrorgruppen bieten. Im benachbarten Kenia wurde mit Hilfe der USA eine Übergangsregierung ins Leben gerufen, die ebenso wenig repräsentativ war wie die irakischen Emigranten, die einst der amerikanische Prokonsul Paul Bremer in die Ministersessel von Bagdad hievte. Ganz im Norden, in dem Flecken Baidoa, hatte sich diese Phantom-Regierung mit Unterstützung der regionalen Vormacht Äthiopien provisorisch etablieren können.

Da vollzog sich jedoch in Mogadischu und in den weiten Steppen eine Form der staatlichen Wiedergeburt, eine Rückwendung zu strenger religiöser Gesetzlichkeit, mit der niemand gerechnet hatte. Es war eine Gruppe von Koranpredigern, die sich an die Spitze der sogenannten Union islamischer Gerichte stellte und binnen kurzem das Wunder vollbrachte, unter Anwendung der Scharia, der muslimischen Gesetzgebung, die Warlords auszumerzen und erträgliche Zustände herzustellen. Plötzlich herrschte wieder Sicherheit in Somalia, und diese neu gegründete islamische Republik stützte sich auf die rigorosen Vorschriften und Tugenden, die Prophet Mohammed seinen Gläubigen vorgegeben hatte. Diese politisch religiöse Erneuerung, die von der drangsalierten Bevölkerung mehrheitlich wie eine Erlösung empfunden wurde, stand im Begriff, die disparaten Kriegerhaufen der Übergangsregierung, in die sich inzwischen die berüchtigtsten Killerbanden integriert hatten, zu zerschlagen und über die äthiopische Grenze abzudrängen. In der äthiopischen Hauptstadt Addis Abeba, aber auch in Washington, dem wohlwollenden Verbündeten des äthiopischen Regierungschefs und Diktators Meles Zenawi, schrillten jetzt die Alarmglocken. Nichts fürchtete die Administration Bush so sehr wie die Konsolidierung eines islamistischen Regimes an der strategischen Meerenge des Bab el-Mandeb am Zugang des Roten Meers. Die Äthiopier boten sich als bereitwillige Verbündete der USA an, befindet sich dieses massive Gebirgsland doch unter der Führung einheimischer koptischer Christen, die sich schon seit dem vierten Jahrhundert zur Lehre des Jesus von Nazareth bekehrten.

Äthiopien verfügt über eine mit Panzern, Hubschraubern und Artillerie modern ausgerüstete Armee, die von US-Instrukteuren trainiert wird. Mit ihrer gewaltigen Übermacht war es für diese Streitkräfte ein Leichtes, die schlecht bewaffneten Milizen der somalischen Islamisten in die Flucht zu jagen und binnen zweier Wochen deren Bastionen Mogadischu und Kisimayu zu besetzen. Die somalischen Gotteskrieger lösten sich fast kampflos auf. Jetzt warten sie auf die Stunde, in der die verhassten Christen aus Äthiopien ihre somalische Eroberung unter internationalem oder auch internem Druck wieder räumen müssen. Die bewaffneten Horden der somalischen Übergangsregierung werden dann eine leichte Beute für die im Partisanenkrieg geübten muslimischen Nomaden.

Zwischen Äthiopien und Somalia, die sich seit Jahrzehnten um die Provinz Ogaden erbitterte Gefechte liefern, besteht seit Menschengedenken eine ethnisch und vor allem religiös begründete Todfeindschaft. Der äthiopische Staat, der nur zur knappen Hälfte christianisiert ist, sieht sich dem Aufbegehren diverser Fremdrassen und einer überaus starken muslimischen Gemeinschaft ausgesetzt. Er könnte durch seine imperiale Verwicklung in die somalischen Wirren auf eine existenzielle Krise zutreiben. Der Ausbruch dieses neuen Konflikts zwischen Halbmond und Kreuz, der aus Amerika gesteuert wird, droht zudem auf die geographische Nachbarschaft – auf Eritrea, den Sudan, Kenia und sogar auf den konfessionell gespaltenen Koloss Nigeria – überzugreifen. Die gesamte Sahelzone Afrikas bewegt sich am Rande des Abgrunds.

Das Eis schmilzt – die Konflikte kochen

Niemals zuvor wurden im Fernsehen so viele Bilder von Eisbären, Pinguinen und anderem Polargetier gezeigt. Den bedrohlichen Hintergrund dafür bilden riesige Eismassen, die tosend auseinanderbrechen, um sich Scholle um Scholle in der Weite der Ozeane aufzulösen. Eine ähnlich betrübliche Erscheinung lässt sich – wenn auch in bescheidenerem Ausmaß – seit geraumer Zeit an den Gletschern der Alpen feststellen.

Das alles scheint einen unheimlichen Klimawandel anzukündigen. Schon wird in den Medien die apokalyptische Befürchtung erwogen, dass eine durch die moderne Menschheit verschuldete Verschmutzung und Verseuchung der Atmosphäre binnen 50 Jahren den gesamten Erdball zutiefst verändern könne. Küstenmetropolen würden dann in der steigenden Flut der Meere ersaufen, blühende Landschaften sich in Steppe umwandeln, während sich anderenorts – wer weiß? – trostlose Wüstenzonen in tropischen Dschungel verwandeln.

Man sollte dabei allerdings bedenken, dass nicht der gigantische Ausstoß von Kohlendioxid für grundlegende klimatische Umwälzungen in früheren Jahrtausenden verantwortlich zu machen war. Immer wieder wurde der Globus von Eiszeiten und Hitzewellen heimgesucht, denen der Homo sapiens und dessen Vorläufer nur dank einer bemerkenswerten Vitalität widerstanden. Selbst in jüngerer Vergangenheit hat es begrenzte Schwankungen gegeben. So stieß der Isländer Erik der Rote, der – aus seiner Heimat vertrieben – mit einer Rotte von Wikingern die blinde Segelfahrt nach Westen angetreten hatte, in dem von ihm entdeckten Grönland auf ausgedehnte Weiden und Wiesen am Rande der dreitausend Meter dicken Eisschicht. Infolge einer Mini-Eiszeit rückte das Eis jedoch wieder bis zur Küste vor und beraubte die Zuwanderer aus Island jeder Überlebenschance. Lediglich die Ureinwohner Grönlands, die Eskimos oder »Inuit«, wie sie sich selbst nennen, waren durch ihre

Pelzkleidung, Iglus und ihre polare Jagderfahrung diesem Kälteeinbruch gewachsen.

Was heute in Grönland passiert, wo der gigantische zentrale Eisblock an den Enden zu schmelzen beginnt, hat in der breiten Öffentlichkeit kein sonderliches Aufsehen erregt. Hingegen gibt es ganz andere Naturkatastrophen, die mehr und mehr die Schlagzeilen beherrschen: verheerende Orkane und Tsunamis. Aber es gibt noch weit bedenklichere Warnsignale, die heute schon nicht nur klimatische und ökologische, sondern auch hochpolitische Konsequenzen nach sich ziehen. So sieht die Menschheit entgeistert zu, wie der größte Teil von Bangladesch mit rund 100 Millionen Einwohnern in absehbarer Zeit von den kombiniert ansteigenden Wassermassen des Brahmaputra-Stromes und des Indischen Ozeans zur Flucht in die bereits übervölkerte Nachbarschaft des indischen Teilstaates West-Bengalen gezwungen werden. Die Völkerwanderung ist bereits im Gang. Die Tatsache, dass die hinduistischen West-Bengalen den muslimischen Bangladeschern in erbitterter Feindschaft gegenüberstehen, könnte auf dem Subkontinent gewalttätige, ja kriegerische Verwicklungen nach sich ziehen.

Zitieren wir ein anderes Beispiel. Die blutigen Unruhen in der sudanesischen Provinz Darfur, die von Washington voreilig als »Völkermord« gebrandmarkt werden, beunruhigen nicht nur die humanitären Hilfsorganisationen, sondern zusehends auch die große Weltpolitik. Die USA bezeichnen die riesige afrikanische Republik Sudan als »Schurkenstaat«. Wenn es in Darfur seit der Jahrtausendwende zu Massakern und Vertreibungen kommt, so ist das jedoch nur sehr bedingt auf die Gegnerschaft der dort lebenden Stämme zurückzuführen. Es geht in Darfur auch nicht um einen konfessionellen Konflikt zwischen Muslimen, Christen und Animisten, denn sämtliche Einwohner dieser trostlosen Steppenregion sind längst zum Islam bekehrt.

Die wirkliche Ursache der Tragödie von Darfur besteht darin, dass sich hier seit Jahrzehnten, ja Jahrhunderten eine allmähliche, aber unerbittliche Verödung vollzieht, während die Zahl der Menschen und des Viehs rapide ansteigt. Die Wüste dehnt sich immer weiter nach Süden aus und beraubt die dort lebenden Herden- und Nomadenstämme ihres unentbehrlichen Weidelandes. Eine Serie von Trockenperioden hat diese Entwicklung noch beschleunigt, so dass die Viehzüchter mit bewaffneten Horden über die Ackerbau treibenden, sesshaften Ethnien von Zentral- und Süd-Darfur herfallen und sie aus ihren Dörfern vertreiben. Ein grausamer Bürgerkrieg ist seit spätestens 2002 in Darfur im Gange, und diese afrikanischen Wirren werden von gierigen Nachbarstaaten, aber auch von den im Sudan an Bodenschätzen interessierten Großmächten auf die Ebene der hohen globalen Politik und Strategie erhoben.

Darfur ist kein Einzelfall. Die ganze afrikanische Sahelzone zwischen Senegal und Somalia ist einer ähnlichen Versteppung und Versandung ausgesetzt. Die Krisen in diesem breiten geographischen Raum weiten sich zu einem überdimensionalen, internationalen Problem aus. Während die Pole einer extrem bedrohlichen Eisschmelze ausgesetzt sind, findet im afrikanischen Sahel – und nicht nur dort – eine fatale Ausdörrung der Savanne statt. Bei all seinen hochtechnologischen Errungenschaften steht der moderne Mensch diesen kosmischen Vorgängen rat- und hilflos gegenüber.

US-Raketen gegen Teheran?

12. MÄRZ 2007

Wer hätte im Jubelgetöse des Jahres 1990, als der Kalte Krieg zu Grabe getragen wurde, damit gerechnet, dass zu Beginn des Jahres 2007 jede Friedenseuphorie verflogen wäre. Der geplante Ausbau eines amerikanischen Raketen- und Radarsystems in Polen und Tschechien versetzt die Europäische Union in eine gravierende Spannung. Das Argument der Bush-Administration, sie wolle das Territorium der USA durch diese Abfanganlage an Weichsel und Moldau gegen Raketenüberfälle aus der Islamischen Republik Iran oder gar Nordkorea abschirmen, klingt unglaubwürdig und geradezu bizarr.

Kein Wunder, dass Wladimir Putin eine solche Waffenentfaltung an seiner Westgrenze als Provokation empfindet und sich anschickt, adäquate Gegenmaßnahmen einzuleiten. Der »Drang nach Osten«, dem das Atlantische Bündnis und – in dessen Gefolge – die EU verfallen sind, nimmt abenteuerliche Formen an. Mit einem Schlag befindet sich unser Kontinent wieder im Zentrum einer Kraftprobe zwischen Ost und West, der er endgültig entronnen zu sein glaubte. Die iranischen Trägerwaffen sind allenfalls in der Vorstellung von Paranoikern in der Lage, den amerikanischen Kontinent zu erreichen. Europa hingegen könnte binnen weniger Jahre durchaus in den Radius des rapide anwachsenden ballistischen Arsenals der Mullahs von Teheran geraten. Was bloß als Schutz der USA dargestellt wird, gestaltet sich in Wirklichkeit zur handfesten Gefährdung nicht nur Polens und Tschechiens, sondern sämtlicher Mitglieder der EU. Wie würde wohl die amerikanische Öffentlichkeit reagieren, wenn russische Techniker ihre Boden-Luft-Raketen in Venezuela, in Nicaragua oder gar in Kuba in Stellung bringen würden?

Die strategischen Absprachen der Bush-Administration mit den Regierungen in Warschau und Prag haben stattgefunden, ohne dass die übrigen NATO-Partner – insbesondere Deutschland und Frankreich – informiert oder konsultiert worden wären. Das burschikose Vorgehen könnte von Berlin und Paris als Verletzung, ja als Bruch der atlantischen Solidarität gedeutet werden. Es erweist sich einmal mehr, dass die NATO den Erfordernissen der totalen Umschichtung aller geostrategischen Gewichte seit Ende des Kalten Krieges in keiner Weise gerecht wird. Mit der Verstrickung in einen Phantomkrieg gegen den internationalen Terrorismus – gemeint ist der von Präsident Bush verabscheute. »Islamo-Faschismus« – begibt sich die Allianz, wie das Irak-Debakel beweist, auf extrem unsicheres Terrain und sprengt mit ihrer Aktion »out of area« den ihr ursprünglich vorgeschriebenen geographischen Rahmen.

In Berlin hat man mit Befremden festgestellt, dass die amerikanische Planung neuerdings für eine Ausweitung der Atlantischen

Allianz auf den Pazifischen Ozean plädiert und dort Australien, Neuseeland wie auch Japan und Südkorea als zusätzliche NATO-Partner gewinnen möchte. Eine solche Expansion würde in Peking zwangsläufig als Bestreben gedeutet, den westlichen Einkreisungsring um China auszubauen. Die Europäische Union liefe Gefahr, in eine Koalition gegen das Reich der Mitte hineingezerrt zu werden. Dass bislang kein Politiker in Brüssel oder Straßburg gegen eine solche Denaturierung der Atlantischen Allianz Protest einlegte, enthüllt die beschämende Vasallisierung, mit der sich der alte Kontinent in seinem Verhalten zum transatlantischen Hegemon abgefunden hat.

Vielleicht sollte man diese ostasiatisch-pazifischen Eskapaden Washingtons nicht allzu ernst nehmen. In spätestens zwei Jahren dürfte der Nachfolger George W. Bushs im Weißen Haus der Tatsache Rechnung tragen müssen, dass die Supermacht USA sich mit ihrem weltumspannenden Dominanz-Anspruch übernommen hat, dass sie einer maßlosen Expansion erliegt, an der in der Vergangenheit fast sämtliche Imperien gescheitert und zugrunde gegangen sind. In der Zwischenzeit könnte jedoch der noch amtierende Präsident, der alle Einwände des Kongresses gegen die zusätzliche Truppenentsendung in den Irak ebenso vom Tisch fegte wie den vernünftigen Vorschlag, das direkte Gespräch mit Teheran und Damaskus zu suchen, noch einiges Unheil anrichten. Ungeachtet der katastrophalen Situation in Mesopotamien hält sich im Umkreis des Weißen Hauses die Vermutung, George W. Bush beabsichtige, im Verbund mit Israel vernichtende Schläge gegen die nuklearen Aufbereitungsanlagen im Iran anzuordnen und damit auch seinen Nachfolger in eine Entscheidungsschlacht gegen die »Kräfte des Bösen« hineinzuzwingen.

Die Islamische Republik Iran bereitet sich auf diesen Schicksalskampf vor. Die finstere Perspektive eines »Armageddon« sollte den Europäern endlich vor Augen führen, wie überholungsbedürftig die bisherigen Strukturen des Atlantischen Bündnisses sind und wie unzureichend das eigene Mitspracherecht ist.

Gefangene in bester Form

Schlimme Befürchtungen drängten sich auf, als im Schatt-el-Arab, wo der Zusammenfluss von Euphrat und Tigris in den Persischen Golf mündet, fünfzehn britische Marinesoldaten von iranischen Revolutionswächtern aufgebracht und festgenommen wurden. Relativ bescheidene Streitigkeiten zur See können verheerende Konsequenzen nach sich ziehen. Der Zwischenfall in den Grenzgewässern zwischen Irak und Iran weckte die Erinnerung an den angeblichen Beschuss amerikanischer Zerstörer in der Tonking-Bucht durch nordvietnamesische Schnellboote, der – von Washington maßlos aufgebauscht – den Luftkrieg und im Jahr 1965 die massive Truppenlandung der USA in Vietnam rechtfertigen sollte. Erst sehr viel später enthüllten die sogenannten »Pentagon Papers«, dass die kriegerische Provokation zur See von der amerikanischen Marine und nicht von den Matrosen Ho Chi Minhs angezettelt worden war.

Heute ist glücklicherweise eine ähnliche kriegerische Ausweitung – dieses Mal zwischen Großbritannien als Verbündetem der USA und der Islamischen Republik Iran – vermieden worden. Um gegen die Nuklearanlagen Teherans loszuschlagen, was manche immer noch befürchten, wird sich George W. Bush anderer Argumente und Vorwände bedienen müssen. Zur Beruhigung der Gemüter hatten Iraner und britische Gefangene gemeinsam beigetragen. Es mag gegen die üblichen Regeln verstoßen, wenn das iranische Fernsehen Bilder von britischen Soldaten in ihrer Haft vorführt, aber man wünschte sich, die amerikanischen Fernsehanstalten könnten ähnliche Szenen von den bei ihnen eingekerkerten Verdächtigen publizieren. Die Engländer wurden nämlich in bester physischer Form, ja bei guter Laune beim Verzehren einer üppigen Mahlzeit vorgeführt, und danach soll nicht nur die einzige Frau unter ihnen, die robuste Marine-Soldatin Faye Turney, erklärt haben, ihre Festnahme durch die iranischen Pasdaran sei tatsächlich in iranischen Gewässern erfolgt. Tatsache ist, dass die Grenzziehung, die die Fluten des Schatt-el-Arab in zwei Hälften teilt und die noch von Schah Mohammed Reza Pahlevi mit dem damaligen irakischen Diktator vereinbart wurde, niemals präzis definiert werden konnte. Man fragt sich auch, warum die britische Fregatte »Cornwall«, die das Schlauchboot mit einem kleinen Commando von Royal Marines zur Untersuchung eines verdächtigen Schiffes ausgeschickt hatte, nicht mit ihrer weit überlegenen Feuerkraft und Tonnage intervenierte, um ihre Landsleute den Iranern zu entreißen.

Es fiel ohnehin schwer, den Anschuldigungen zu glauben, wonach die Erklärungen der gefangenen Briten über ihre Präsenz in persischen Gewässern sowie die von Faye Turney an die britische Regierung gerichtete Forderung, den sinnlosen Kampfeinsatz im Südirak zu beenden, unter Drohung und Folter zustande gekommen seien. Dafür wirkten die Häftlinge zu unbekümmert. Unter ihnen befanden sich zudem zwei Offiziere der Elitetruppe Royal Marines – ungefähr das soldatisch Beste, was Großbritannien aufzubieten hat –, und die werden bei ihrer Ausbildung auf die Eventualität härtester Verhörtechnik durch den Gegner intensiv trainiert. Im Gegensatz zu Premierminister Tony Blair, der schon wieder im Einklang mit seinem Intimfreund George W. Bush herausfordernde Töne anschlug, verhielt sich das Foreign Office extrem zurückhaltend und arbeitete an einem friedlichen und halbwegs honorablen Ausweg aus der Sackgasse.

Haben die iranischen Pasdaran aus eigener Initiative gehandelt, oder führten sie einen sorgsam kalkulierten Plan ihres Oberkommandos oder des Präsidenten Ahmadinejad aus? Anfang Februar 2007 war der iranische Diplomat Jalal Sharafi auf Anweisung amerikanischer Dienste von irakischen Milizionären gekidnappt und in ein Geheimverlies verbracht worden. Vor wenigen Tagen ist Sharafi plötzlich wieder aufgetaucht und nach Teheran zurückgereist. Eine andere Gefangennahme durch die Amerikaner bleibt jedoch weiterhin ungeklärt. Anfang des Jahres hatte eine amerikanische Einsatztruppe in der nordirakischen Stadt Arbil, wo der kurdische Regionalherrscher Massud Barzani seine Hauptstadt eingerichtet hat, fünf iranische Konsularbeamte in einer Blitzaktion festgenommen unter der Anklage, sie würden die schiitischen Milizen des Irak mit modernsten Waffen beliefern. Seitdem pocht der Iran auf deren Entlassung, und das Gerücht ging um – trotz der gegenteiligen Beteuerungen des US-Präsidenten –, ein diskreter Austausch zwischen britischen und persischen Gefangenen bereite sich vor.

Auf die sich zuspitzende Krisensituation hatte der iranische Staatspräsident Ahmadinejad mit einem Sensationscoup geantwortet. Am Ende einer langatmigen Pressekonferenz, in der er den westlichen »Liberalismus« geißelte und die islamischen Tugenden pries, nachdem er die iranischen Offiziere, die am Schatt-el-Arab operierten, mit Orden dekoriert hatte, gab er unvermittelt bekannt, dass die fünfzehn britischen Soldaten begnadigt worden seien und nach England zurückgeschickt würden. Er beklagte, dass Tony Blair ausgerechnet eine Frau und Mutter, nämlich Faye Turney, solchen kriegerischen Gefahren ausgesetzt habe, und beschwor den britischen Premierminister, dass er die Gefangenen nach ihrer Rückkehr in die Heimat nicht bestrafe, weil sie im Iran die Wahrheit über den Zwischenfall enthüllt hätten. Der »Irre von Teheran«, wie ein paar reißerische Blätter des Westens den iranischen Staatschef bezeichnen, zeigte sich besonders geschickt, als er die Freilassung mit dem Datum des Geburtstages des Propheten Mohammed und des bevorstehenden christlichen Osterfestes in Verbindung brachte. Man wird diesen Mann in Zukunft ernster nehmen müssen.

»Condy« gegen den Kreml

7. MAI 2007

Wer in führenden Zeitungen Deutschlands und Frankreichs blättert, könnte meinen, der Kalte Krieg zwischen den USA und Russland sei wieder ausgebrochen. Hatte man wirklich in Washington oder in Berlin geglaubt, der Kreml würde den systematischen

»Drang nach Osten«, den die Atlantische Allianz und in deren Gefolge die Europäische Union ausgelöst hatten, auf die leichte Schulter nehmen? In aller Objektivität sollte man feststellen, dass die Einrichtung eines Raketenabwehrsystems in Polen und einer mächtigen Radaranlage in Tschechien, die vom Pentagon beschlossen wurde, auf eine Provokation Wladimir Putins hinausläuft. Von der US-Außenministerin Condoleezza Rice, die als ausgewiesene Russland-Spezialistin gilt, hätte man mehr Umsicht und Klugheit erwartet.

Nun hat »Condy« Rice in ihrer jüngsten Erklärung an die russische Adresse die Einwände Moskaus als lächerlich dargestellt. Wenn Russland, das über Tausende von Nuklearsprengköpfen, über Atom-U-Boote und Interkontinental-Raketen verfügt, sich durch die Aufstellung von zehn amerikanischen Abwehrlenkwaffen an der Weichsel bedroht fühlt, so könne sie das in keiner Form nachvollziehen. Diese Boden-Luft-Raketen seien ja nicht gegen das Imperium Putins gerichtet, sondern dienten dem Zweck, Nuklearschläge gegen Amerika oder auch Europa abzuwehren, die durch die Islamische Republik Iran ausgelöst werden könnten.

Ursprünglich war sogar von einer parallelen atomaren Bedrohung aus Nordkorea die Rede, bis man in Washington beim Blick auf den Globus feststellte, dass der nordkoreanische Diktator Kim Jong Il, falls er denn wirklich auf eine solche wahnwitzige Angriffsidee verfiele, seine Geschosse bestimmt nicht über die Landmasse Europas gegen die USA steuern würde, sondern über den Pazifischen Ozean.

Was nun den nuklearen Albtraum George W. Bushs im Hinblick auf den Schurkenstaat Iran betrifft, so wird es noch einige Zeit dauern, bis Teheran über eine einsatzfähige Atombombe und vor allem über Trägerwaffen verfügt. Ob das für Polen vorgesehene Abwehrsystem tauglich ist, ist noch nicht erwiesen. Aber dieses Teufelswerk könnte auf dem Boden der europäischen Verbündeten der USA, vornehmlich Polens und des benachbarten Deutschland, niedergehen und Verseuchung und Unheil anrichten. Darüber ist offenbar gar nicht gesprochen worden. Auf jeden Fall handelt es sich bei der jüngsten Initiative der Bush-Administration, die im Alleingang mit Warschau und Prag vereinbart wurde, um eine flagrante Verletzung der atlantischen Solidarität. Ja vielleicht – wie manche Schwarzseher meinen – um einen zusätzlichen Versuch Washingtons, einen Keil zwischen das »Alte Europa« und jene neuen Mitgliedstaaten im Osten des Kontinents zu treiben, deren Politik und Strategie einseitig auf Amerika ausgerichtet sind.

Die Leitartikler in Berlin und Paris mögen zunehmend Anstoß daran nehmen, dass Wladimir Putin seine riesige, aber relativ dünn besiedelte Föderation im klassischen Stil der russischen Autokratie regiert. Wenn sie sich jedoch dazu versteigen, den eben verstorbenen Präsidenten Boris Jelzin, der seine Heimat in Chaos und Elend stürzte, als »aufrechten Demokraten« zu feiern, so sollten sie sich doch daran erinnern, dass auf dessen Befehl das demokratisch gewählte Parlament Russlands durch Panzerraketen beschossen und zur Kapitulation gezwungen wurde.

Im Übrigen herrscht offenbar selbst bei den militärischen Planungsstäben der NATO eine fatale Fehleinschätzung des iranischen Bemühens vor, als Reaktion auf die nukleare Proliferation in seinen Nachbarstaaten über ein bescheidenes eigenes Nuklear-Arsenal zum Zweck der Abschreckung, der »Dissuasion«, zu verfügen. Wer wirklich davon ausgeht, dass Präsident Ahmadinejad, der in den letzten Entscheidungen übrigens der Autorität des höchsten geistlichen Führers, Ali Khamenei, untersteht, zwei oder drei Atomraketen in Richtung USA abfeuern wird, vernachlässigt die Tatsache, dass die Mullahs von Teheran sich einem solchen selbstmörderischen Irrsinn entgegenstellen würden, der die Auslöschung ihrer gesamten Islamischen Republik zur Folge hätte. Die ungeheuerliche nukleare Kapazität der USA würde Iran umgehend in eine radioaktive Wüste verwandeln.

Im Übrigen deutet das Beispiel Nordkoreas darauf hin, dass es sich durchaus lohnt, über eine begrenzte Zahl eigener Atomwaffen und ein paar weitreichende Raketen zu verfügen. Seit die erste Detonation in irgendeinem Schacht Nordkoreas stattfand, ist Amerika plötzlich – entgegen allen früheren Beteuerungen – zu Direktgesprächen mit Pjöngjang bereit. Die US-Behörden haben die in Macao eingefrorenen Finanzguthaben Nordkoreas freigegeben, und Kim Jong Il – hier ist wirklich ein Gipfel des Zynismus erreicht – wurde sogar von Washington aufgefordert, die äthiopischen Verbündeten der USA bei ihrer Niederkämpfung der somalischen Islamisten mit Panzern und Artillerie zu beliefern. Hier erübrigt sich jeder Kommentar.

Deutsche Kriegsopfer

25. MAI 2007

Der Tod dreier deutscher Soldaten in Afghanistan – zwei sind schwer verletzt – sollte niemanden überraschen. Die meisten von uns erinnern sich an die vier toten und 29 verletzten Deutschen vom Juni 2003, als in Kabul ein Selbstmordattentäter einen Bundeswehr-Bus sprengte. Tatsächlich aber gab es ständig Angriffe auf die Truppe. Als ich das letzte Mal Kundus besuchte, war kurz zuvor eine Granate in den leeren Aufenthaltsraum der deutschen Garnison eingeschlagen. Noch wenige Minuten zuvor war der Raum mit Soldaten gefüllt. Dem Zufall war es zu verdanken, dass es nicht zu schweren Verlusten kam, die weit über die des jüngsten Anschlags hinausgegangen wären.

Wenn nun vorgeschlagen wird, die Soldaten sollten sich künftig nur noch in Panzerfahrzeugen bewegen, sollte man bedenken, dass auch deren Schutz nur begrenzt ist. Das gepanzerte Patrouillenfahrzeug »Dingo« der Bundeswehr hält den russischen RPG7-Panzerfäusten, über die die Aufständischen in großer Zahl verfügen, nicht stand. Außerdem würde durch diese Schutzmaßnahme der Kontakt zur Zivilbevölkerung fast völlig unterbunden. Allerdings sollte man diesen auch nicht überbewerten: Intensiv ist er ohnehin nicht. Schon vor Jahren bestätigten mir deutsche Soldaten, während sie zu Beginn von afghanischen Kindern mit erhobenen Daumen begrüßt worden seien, sähen sie jetzt mehr und mehr gesenkte Daumen. Tatsache ist, dass gegen Terror kein Kraut gewachsen ist. Wer das nicht glaubt, der blicke nach Israel.

Der Bundeswehrverband fordert nun eine »neue Strategie« für den Einsatz. Man fragt sich: Welche Strategie soll da gewechselt werden? Bislang gab es gar keine! Was die Bundeswehr angeht, so gibt es im Land lediglich drei deutsche Festungen: In Masar-e-Scharif, Kundus und Faisabad. Mehr als zwanzig Kilometer entfernen sich die Patrouillen nur in seltenen Fällen von ihren Basen. Als wir über den strategisch extrem wichtigen Salang-Pass zwischen Kabul und Mazar-e-Scharif fuhren, konnten wir keinen einzigen ISAF-Soldaten erspähen. Ein nennenswerter Wiederaufbau des Landes findet lediglich in der Phantasie unserer Politiker statt. Aber auch eine »neue Strategie« würde nichts an der Tatsache ändern, dass dieser Krieg nicht zu gewinnen ist. Wann begreifen wir, dass – auch wenn wir uns selbst nur als Aufbauhelfer betrachten – die Afghanen uns als Besatzer sehen und US-Luftangriffe mit zivilen Opfern, eventuell unterstützt durch deutsche Aufklärer, die ohnehin bestehende Feindseligkeit der Bevölkerung in Hass verwandeln? Was tun wir eigentlich, wenn es im Lande einmal zu einem umfassenden Aufstand der Stämme kommt, wie ihn die Russen erlebt haben? Während in den USA bereits offen über einen Abzug aus dem Irak diskutiert wird, versuchen hierzulande eine Vielzahl von Politikern die endlich aufkeimende Debatte über den Sinn des Afghanistan-Einsatzes abzuwürgen. Vermutlich wird das Thema leider erneut versanden – bis die nächsten Deutschen sterben.

Windmühlen an der Ostsee

Der »kreißende Berg gebar eine Maus«, so spottete man im Altertum, wenn eine gewaltige Veranstaltung nur winzige Resultate erbrachte. Der Spruch wird sich aller Voraussicht nach auf die internationale Gipfelversammlung anwenden lassen, die dieser Tage im Ostsee-Kurort Heiligendamm zusammenkommt. Schon der Auftakt war wenig verheißungsvoll. In Hamburg hatten sich die sogenannten Asem-Staaten, »Asian and European Meeting«, in Kompaniestärke durch ihre Außenminister vertreten lassen. Alle Mitglieder der Europäischen Union sowie 16 asiatische Nationen – darunter China und Indien – waren in die Hansestadt gekommen. Das Resultat war kaum nennenswert, es sei denn, man nähme die Abschlusserklärung, die vor allem Amerika zur Nachgiebigkeit in Sachen Klimaschutz aufforderte, für bare Münze. Das Treffen gab den Globalisierungsgegnern sowie der in massiven Hundertschaften angerückten Polizei Gelegenheit, ihre Kräfte zu messen. Es war, wie manche befürchteten, auf beiden Seiten eine Generalprobe für Heiligendamm.

In Potsdam wurde noch eine Minikonferenz der G8-Außenminister eingeschaltet, um den Fahrplan für den Gipfel festzulegen. Einstimmigkeit, ja ein Minimum an Kohäsion konnte auch dort nicht erzielt werden. Die Interessen der hochindustrialisierten G8-Länder sind offenbar nicht auf einen Nenner zu bringen. Bei der Begegnung in Heiligendamm werden auch fünf Schwellenländer – China, Indien, Brasilien, Südafrika und Mexiko – zugelassen, um über die ökologische Rettung des Erdballs zu debattieren. Auf das Thema des Klimaschutzes richtet sich ohnehin das Hauptaugenmerk dieses Gipfels, zumal sich die akuten internationalen Krisenherde infolge der Verschlechterung der Beziehungen zwischen Washington und Moskau kaum abbauen lassen. Wer hofft schon auf eine russische Zustimmung zur Unabhängigkeit des Kosovo oder auf eine gemeinsame Haltung der »Großen« im Irak-Konflikt? Das

Streitobjekt des in Polen stationierten US-Raketensystems ruft sogar Erinnerungen an den Kalten Krieg wach.

Die deutsche Öffentlichkeit entrüstet sich unterdessen über die ungeheuerlichen und höchst aufwändigen Sicherheitsmaßnahmen, die an der Ostsee getroffen werden. Ein riesiges Areal wurde abgezäunt. Tausende von Polizisten und Soldaten der Bundeswehr sind im Einsatz. Vor dem Strand von Heiligendamm kreuzen bewaffnete Schnellboote. Das Ausmaß dieser Vorkehrungen gegen Demonstranten und mutmaßliche Terroristen geht wohl auf die Anforderungen aus dem Weißen Haus zurück, aber mancher fragt sich, ob diese Staats- und Regierungschefs, die ihre jungen Landsleute in fragwürdige Kriegseinsätze schicken und deren Leben aufs Spiel setzen, sich nicht mit einem bescheideneren Aufwand hätten begnügen können.

Offenbar wollte die deutsche Bundeskanzlerin den G8-Gipfel, der in ihrer mecklenburgischen Heimat stattfindet, als Höhepunkt ihrer Tätigkeit als Vorsitzende der Europäischen Union zelebrieren. In einem Monat wird sie diese Funktion turnusgemäß abgeben. Für die Verschlechterung der deutsch-russischen Beziehungen ist eine Äußerung Präsident Putins aufschlussreich, wonach er sich auf die Übernahme der Führungsrolle in der EU durch die anstehende portugiesische Präsidentschaft freue. Angela Merkel hat in der Erkenntnis, dass die großen geostrategischen Fragen in Heiligendamm letzten Endes nicht gründlich behandelt werden können, das Schwergewicht auf »Klimaschutz« gelegt. Damit ist sie, die bislang als willige Verbündete George W. Bushs galt, in eine Konfrontation mit den USA geraten.

Mit ihren ökologischen Vorstellungen stehen jedoch weniger die Amerikaner als die Deutschen ziemlich allein da. Washington wird weiterhin als der große Umweltsünder angeprangert, der das Kioto-Abkommen sabotierte. Aber die USA konnten mit dem Argument aufwarten, dass ihre Priorität auf die wissenschaftliche Innovation gerichtet sei. Mit dem Bau von zahllosen riesigen Windmühlen, die die Landschaft verschandeln, hat der deutsche Umweltminister Gabriel wenig Anhänger gefunden. Da die Große Koalition von Berlin auf den Bau neuer Kernkraftwerke verzichtet und stattdessen an die Nutzung ihrer Braunkohlelager herangeht, gerät sie automatisch in Widerspruch zu all jenen Staaten, die im Ausbau von nuklearen Ressourcen das kleinere Übel sehen. Frankreich bezieht inzwischen 80 Prozent seines Elektrizitätsbedarfs aus seiner Atomindustrie und fordert ganz andere ökologische Bemessungswerte als die Naturschützer der Bundesrepublik. Auch Russland bewegt sich auf dieser Schiene. Es ist bezeichnend für das vorprogrammierte Scheitern der gewaltigen Werbeveranstaltung an der Ostsee, dass die Hoffnung der Teilnehmer sich bereits auf eine neue Weltklimakonferenz richtet, die am Ende des Jahres auf der Insel Bali in Indonesien stattfinden soll.

»Der Islam bietet die Lösung«

2. JULI 2007

Die Vorstellung fällt schwer, dass vor vierzig Jahren im Nahen Osten jener Sechstagekrieg stattgefunden hat, der dem Staat Israel nach einem fulminanten Sieg über seine arabischen Nachbarn – Ägypten, Syrien, Jordanien – das endgültige militärische Übergewicht verschaffen und seine Sicherheit auf unbegrenzte Zeit verankern sollte. Seitdem ist das Einflussgebiet des Judenstaates, wenn man von der fortschreitenden zionistischen Besiedlung des Westjordanlandes absieht, wie ein Chagrin-Leder geschrumpft. Auf die Rückgabe der Sinai-Halbinsel an Kairo und territoriale Konzessionen auf den Golanhöhen an Damaskus folgte im Jahr 2000 die Preisgabe des israelischen Sicherheitsgürtels im Südlibanon. Schließlich traf Ariel Sharon die Entscheidung, seine Streitkräfte auch aus dem Gazastreifen abzuziehen, was sich nachträglich als fataler Irrtum erweisen könnte. Im Orient werden nämlich Gesten der Konzilianz stets als Zeichen der Schwäche gedeutet.

Nie war die Situation verworrener und hoffnungsloser im Heiligen Land. Mochten ein paar israelische Politiker anfangs gehofft haben, dass der zum Bürgerkrieg ausgeuferte Konflikt zwischen den Palästinenserparteien Fatah und Hamas zur Splitterung und Schwächung ihrer arabischen Gegner führt, so sind die Illusionen verflogen. Wie konnte nur der israelische Geheimdienst – als er auf freie und international kontrollierte Wahlen in den palästinensischen Autonomiegebieten pochte – ignorieren, dass sich die radikalislamische Hamas-Bewegung, zumindest im Gazastreifen, als der weitaus stärkere Faktor erweisen würde? Wusste man in Jerusalem denn nicht, dass der amtierende Präsident Mahmud Abbas und seine engere Umgebung den Kontakt zu den verarmten, elenden Massen längst verloren hatten, dass sie im Ruf einer skandalösen Korruption, ja der heimlichen Komplizenschaft mit Amerikanern und Juden stehen?

Nicht nur der gesamte Palästina-Komplex muss neu überdacht werden. Nachdem die Bush-Administration in Washington die Abhaltung freier Wahlen als Voraussetzung eines jeden Friedensfortschritts im »Broader Middle East« angepriesen hat, bringt sie sich selbst und den gesamten Westen um ihre Glaubwürdigkeit, wenn sie das Resultat einer solchen Volksbefragung verwirft, sobald das Resultat des Urnenganges nicht den eigenen Voraussagen und Interessen entspricht. Die ganze Demokratie-Theorie wird über den Haufen geworfen und jedes Gespräch mit den wirklich repräsentativen einheimischen Kräften verweigert. Vorsicht ist offenbar geboten, wenn man sich anschickt, im gesamten islamischen Raum dem breiten Volkswillen durch freiheitliche Wahlen Rechnung zu tragen. Die Frage stellt sich allerdings, ob ein radikal-islamisches Regime, wenn es einmal die Macht übernommen hat, jemals bereit sein wird, diesen Vorteil wieder preiszugeben.

Der Sechstagekrieg von 1967 erscheint im Rückblick als historische Wende, aber in einem ganz anderen Sinne, als die Sieger dieses phänomenalen Feldzuges es sich vorgestellt hatten. Die Israeli, die – mit Ausnahme der orthodoxen Juden – einer überwiegend säkularen Staatsdoktrin anhängen, haben in jener Stunde des absoluten Triumphes die segnende Hand ihres Gottes Jahwe über ihren Heerscharen verspürt. Von nun an war der Weg frei für die fortschreitende Besitznahme arabischen Landes in Judäa und Samaria. Die abrahamitische Verheißung an die Kinder Israels schien sich zu erfüllen.

Auf der arabischen Seite waren die Konsequenzen noch weit schwerwiegender. Bislang hatte man in der islamischen Welt geglaubt, die Rückständigkeit und mangelnde Kampfkraft der eigenen Staatswesen könnte überwunden werden, wenn man sich die Technologie des Westens und auch dessen fortschrittliche Regierungsformen zu eigen machte. Selbst der ägyptische Präsident Gamal Abdel Nasser, der bis zu seiner Niederlage im Sommer 1967 zwischen Marokko und dem Persischen Golf als »batal«, als Held der arabischen Wiedergeburt, als Hoffnung der panarabischen Einigung gefeiert wurde, blieb mit seinen nationalistischen und sozialistischen Vorstellungen zutiefst im westlichen Gedankengut verhaftet, auch wenn er den Suezkanal verstaatlichte und Washington den Fehdehandschuh zuwarf.

Der »Rais« Nasser war ein frommer Muslim. Die islamischen Extremisten sperrte er jedoch in Konzentrationslager. Ihren fanatischen Wortführer Sayid Qutb ließ er kurzerhand hinrichten. Nachdem der Nasserismus und damit das unislamische Konzept einer »arabischen Nation« auf dem Schlachtfeld des Sinai kläglich zerbrochen war, besannen sich die arabischen Massen darauf, dass für die wahren Korangläubigen nur eine einzige weltweite Gemeinschaft gelten darf, nämlich die islamische »Umma«.

Seitdem findet die theologisch vorgeschriebene Einheit von »Religion und Staat«, ja der Vorrang der Religion über den Staat, massive Anhängerschaft. Noch stemmt sich der Palästinenserpräsident Mahmud Abbas mit vielerlei Tricks und mit Gewalt gegen den Durchbruch der Eiferer von Hamas auf der Westbank. Doch auch in Nablus, Jenin, ja sogar in der gemäßigten Stadt Ramallah wird der Ruf immer stärker: »El Islam hua el hall« – der Islam bietet die einzige Lösung!

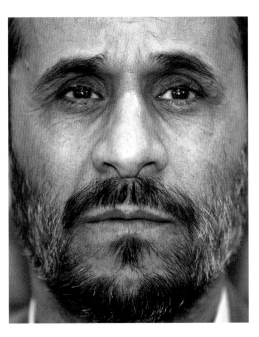

30 Der iranische Präsident Ahmadinejad löst im Westen mit seinen hitzigen Parolen ernste Befürchtungen aus. Aber als »Irren von Teheran« sollte man ihn nicht bezeichnen.

31 Die höchste Autorität in der Islamischen Republik Iran bleibt Großayatollah Ali Khamenei.

32 Pakistan ist bislang die einzige islamische Atommacht.

33 Der endlose und blutige Kampf um Kaschmir, der zwischen Indien und Pakistan andauert, wird im Westen oft unterschätzt.

34 Die Mohnfelder Afghanistans bereichern mit ihrem Opium nicht nur die Taleban, sondern auch viele Warlords, die der Regierung Karzai nahestehen.

35 Die Irakisierung Afghanistans ist in vollem Gange.

36 Bundeswehrsoldat auf einsamer Wacht am Hindukusch.

37 Der Autor mit einer Bundeswehr-Patrouille im Raum Mazar-e-Scharif.

38 Am 29. August 2008 löste der georgische Präsident Saakaschwili mit seinem Angriff auf Süd-Ossetien eine weltweite Krise aus.

39 Russische Panzer durchqueren den Tunnel Roki, um von Wladikafkas unter dem Kaukasus hindurch nach Georgien vorzustoßen.

40 Die Herrscher des neuen Russland, Präsident Medwedew und Regierungschef Putin, haben zur einst bekämpften orthodoxen Frömmigkeit zurückgefunden.

41 So präsentiert sich Barack Hussein Obama, der »neue Kennedy«.

42 Der Republikaner John McCain hat sich mit der Nominierung Sarah Palins
als Vizepräsidentin weltweites Kopfschütteln eingehandelt.

43 »Die klügste Finanzexpertin der Welt.«

44 Blick in die Wall Street, wo die gegenwärtige Finanzkrise ihren Ausgang nahm.

Erdoğan – Hoffnung und Dilemma zugleich

30. Juli 2007

Mit geradezu lyrischen Tönen besingen die europäischen und amerikanischen Medien den Wahlsieg des Ministerpräsidenten Recep Tayyib Erdoğan und seiner Partei für Gerechtigkeit und Entwicklung (AKP). Tatsächlich hat der türkische Volkswille bei diesem Urnengang seinen authentischen Ausdruck gefunden. Erdoğan hat sich als begabter, zielbewusster Staatsmann erwiesen. Seine Persönlichkeit ist dennoch durch eine Spaltung gekennzeichnet, die manches Rätsel aufgibt, aber auch manche Hoffnung wecken könnte.

Die AKP, die 47 Prozent der Stimmen erhielt, gilt als gemäßigt islamische Partei. Sie hält sich streng an die islamischen Gebote, legt jedoch auch eine erstaunliche Toleranz an den Tag. Kemal Atatürk, legendärer Begründer der modernen Türkei, der sowohl das osmanische Sultanat als auch das islamische Kalifat abschaffte, um eine moderne, nach Europa ausgerichtete Republik zu gründen, ist noch immer sehr präsent. In ihrem patriotischen Übereifer haben die Atatürk-Anhänger die ethnische Gruppe der Kurden, die mindestens 15 Millionen Menschen zählt und ein indoeuropäisches Idiom spricht, kurzerhand zu sogenannten »Bergtürken« deklariert und ihre kulturelle Assimilation zu erzwingen versucht.

Die Kemalisten, deren Partei heute im Parlament von Ankara als Opposition vertreten ist, bekennen sich weiter zu ihrem Grundprinzip der »Laizität«, das heißt zur strikten Trennung von Staat und Religion. Dabei können sie sich auf die mächtige Einflussgruppe der türkischen Generale stützen, die den Kandidaten Erdoğans für das Amt des Staatspräsidenten, den derzeitigen Außenminister Abdullah Gül, mit dem Argument aus dem Rennen warfen, dass seine Frau – wie übrigens auch die Gattin des Regierungschefs – stets mit Kopftuch auftritt. Gegenüber den wenigen Christen, die in der Türkei nach Massakern und Vertreibungen übrig geblieben sind, wurde eine extrem schikanöse Politik verfolgt, so dass diese Konfession sich von der zunehmenden Hinwendung der Türkei zur islamischen Überlieferung, wie Erdoğan und seine AKP sie anstreben, sogar eine gewisse Lockerung ihrer Diskriminierung verspricht. Absurderweise hat nämlich die reine Lehre des Kemalismus nicht verhindern können, dass der Islam, den Atatürk aus dem öffentlichen Leben verbannt hatte, eine phänomenale Wiedergeburt in Anatolien und auch in der kosmopolitischen Metropole Istanbul verzeichnen kann. In den zwei letzten Jahren schossen zahllose islamische Gotteshäuser aus dem Boden. Die Verschleierung der Frauen, die ursprünglich strikt verboten war, beherrscht in den Provinzen wieder das Straßenbild. Der populäre Ministerpräsident Erdoğan hat eine spezielle Schulung in einem Imam-Hatip-Institut absolviert, einer Ausbildungsanstalt für muslimische Vorbeter und Prediger.

Sollten die hohen Militärs ihre Vorzugsstellung im Nationalen Sicherheitsrat tatsächlich einbüßen, wie das die AKP fordert und wie das der Europarat im Namen der Demokratie verlangt, dann würde allerdings nach dem Fall dieses letzten Bollwerks der »Laizität« die Bahn offenstehen für die schrittweise Umwandlung der Türkei in eine islamische Republik. Wenn eine solche Entwicklung dem Mehrheitswillen der Bevölkerung entspricht, wäre dagegen nichts einzuwenden, zumal die Türken – verglichen mit den fanatischen Glaubensexzessen mancher Araber – als pragmatische und besonnene Muselmanen gelten. Doch die Europäische Union hätte es dann mit einem Kandidaten zu tun, dessen Bevölkerungsmasse – heute 70, morgen 100 Millionen – das Schwergewicht des Kontinents eindeutig nach Kleinasien verlagern würde.

Die Kurden haben etwa ein Dutzend eigene Abgeordnete ins Parlament geschickt. Sehr viele unter ihnen haben jedoch die AKP gewählt, von der sie sich kulturelle Autonomie und eine Abschirmung gegen den Chauvinismus jener türkischen Superpatrioten versprechen, die sich in einer Nachfolgebewegung der sogenannten »Grauen Wölfe« sammeln. Die Regierung Erdoğan wird jedoch weiterhin mit dem kurdischen Problem konfrontiert bleiben. Die Aufstandsbewegung PKK, die immer noch den inhaftierten Rebellen Öcalan verherrlicht, ist nämlich wieder mit Anschlägen und

Überfällen aktiv geworden. Diese Rebellen können sich heute auf die nordirakische Kurdenregion stützen, die sich im lockeren Verbund des chaotischen Irak einer fast totalen Selbstständigkeit erfreut. Die Generale von Ankara würden am liebsten zu einer massiven Offensive ausholen, um dieses »kurdische Piemont« in ihrer irakischen Nachbarschaft auszuschalten. Davon möchte Erdoğan, obwohl auch er ein türkischer Patriot ist, Abstand nehmen. Aber die kurdischen Irredentisten sorgen ja selbst für eine zunehmende Unruhe in den anatolischen Ostprovinzen, erheben die Forderung nach politischer Selbstständigkeit und drohen, das Land in eine gefährliche Krise zu manövrieren, die auch die europäischen Befürworter eines Beitritts Ankaras zu ihrer Union stutzig machen könnte.

Wie fit ist Frankreich?

27. August 2007

Eines hat Nicolas Sarkozy in seiner kurzen Amtszeit bewirkt: Frankreich wird in den internationalen Medien wieder erwähnt, steht manchmal gar in den Schlagzeilen. Unter seinem Vorgänger Jacques Chirac hatte sich in Paris eine gewisse Lethargie eingestellt, die Fünfte Republik schien alle Ambitionen auf Weltgeltung und »Grandeur« vergessen zu haben, auf die sie ihr Gründer Charles de Gaulle einst ausrichten wollte.

An Widersprüchlichkeit lässt Sarkozy es nicht fehlen. Das begann schon unmittelbar nach seiner Wahl zum Präsidenten. Damals hatte das erbaute Publikum angenommen, dieser dynamische Tausendsassa, der es geschafft hatte, als ungarischer Emigrantensohn in schwindelerregendem Aufstieg den Elysée-Palast zu erobern, werde sich nach seinem Triumph zur Meditation in ein Kloster zurückziehen. Stattdessen entdeckte man ihn bald auf der Luxusjacht eines Milliardärs in den Gewässern vor Malta.

Der Mann hat dennoch viel bewegt und legt eine Dynamik an den Tag, die der französischen Innenpolitik neues Leben einhaucht und die Karten völlig neu verteilt. Von den französischen Kommunisten, die einmal ein Drittel der Wählerschaft für sich verbuchen konnten, ist ohnehin kaum noch die Rede. Aber auch der ultrarechte Front National des Polterers Jean-Marie Le Pen ist zur Bedeutungslosigkeit geschrumpft. Am schlimmsten hat es wohl die Sozialisten getroffen, die zeitweise unter François Mitterrand mit allen Attributen der Macht ausgestattet schienen. Auf den spröden Charme Ségolène Royals, die sich ein paar Wochen lang als Wiedergeburt der Jeanne d'Arc fühlen konnte, sind erbitterte Fraktionskämpfe gefolgt. Sarkozy ist der Streich gelungen, einige der markantesten Figuren der »gauche caviar«, der Kaviar-Linken, wie man in Paris spottet, für das eigene Lager abzuwerben, darunter Bernard Kouchner, den neuen Außenminister.

Dem neuen Staatschef war zu Beginn seiner Amtszeit eine Welle breiter Sympathie entgegengeschlagen. Die Erwartungen sowohl des Bürgertums als auch der kleinen Leute waren hoch gespannt, zu hoch vielleicht. Seine dringend nötigen Reformprojekte stoßen auf eine Wirtschaftssituation, die wegen der Immobilienkrise in den USA alles andere als rosig ist. Der Besuch seiner Ehefrau Cécilia in Libyen und die Befreiung der bulgarischen Krankenschwestern aus der Willkür des Obersten Ghadafi haben Kritik ausgelöst. Schließlich hatte sich der deutsche Außenminister Steinmeier in Tripolis bereits stark ins Zeug gelegt. Dass Sarkozy mit Ghadafi, einem notorischen Verantwortlichen für internationalen Terror, umfangreiche Geschäfte abschloss, kann man ihm allerdings schwer verübeln, führt ihm die amerikanische Diplomatie doch jeden Tag vor Augen, wie man die eigene Prinzipientreue über Bord wirft.

Aufsehen erregt hat unlängst die Stippvisite Sarkozys beim vollzählig versammelten Familienclan der Bush-Dynastie in Kennebunkport. Schon sieht die satirische Zeitung *Le Canard Enchaîné* im neuen Staatschef Frankreichs einen Ersatz für den aus dem Amt geschiedenen britischen Premierminister Tony Blair als »Pudel Amerikas«. Doch in diese Rolle wird er sich mit Sicherheit nicht drängen lassen, sondern Frankreich in den Beziehungen zu Washington aus dem Schmollwinkel herausmanövrieren, in den es nach der verdienstvollen, aber schroffen Absage Chiracs an das amerikanische Irak-Abenteuer geraten war. Sein wirklicher Gesprächspartner im Weißen Haus wird ab 2008 ohnehin Hillary, Obama oder wie auch immer heißen. Doch jeder neue amerikanische Präsident wird schwer unter dem Schlamassel in Mesopotamien leiden, das ihm George W. Bush hinterlassen wird. Wenn also Außenminister Kouchner nach Bagdad aufbricht, so gewiss nicht, um an der Kriegstreiberei einiger Hardliner teilzunehmen, sondern um unabhängig von den heutigen Verwerfungen das nützliche Gespräch mit sämtlichen Fraktionen des irakischen Bürger- und Konfessionskriegs zu suchen.

»Mein größtes Problem ist Cécilia«, hat Nicolas Sarkozy mit entwaffnender Offenheit geäußert. Seine kapriziöse Ehefrau hatte sich beim zweiten Wahlgang, dem ihr Mann sich stellte, der Stimme enthalten, und auch einer Grillparty der Bush-Familie blieb sie mit fadenscheiniger Entschuldigung fern. Trotzdem scheint diese Gattin, ein früheres Model von Schiaparelli, eine erhebliche politische Rolle zu spielen – ein gefundenes Fressen für die geschwächte französische Opposition. Man wird mit Spannung beobachten, wie die Beziehungen zwischen den beiden Kernländern Europas – Deutschland und Frankreich – sich nunmehr entwickeln. Noch ist keineswegs entschieden, ob der führende Politiker beziehungsweise die führende Politikerin beiderseits des Rheins weiterhin auf eine Schicksalsgemeinschaft zusteuern oder sich auf höchst bedenkliche Weise entfremden. Nicolas Sarkozy, so sagen seine Getreuen, habe das Zeug zu einem neuen Napoleon Bonaparte. Böse Kritiker sehen in diesem Erfolgsmenschen jedoch einen zum höchsten Staatsamt aufgerückten »Zigeuner-Baron«. Jedenfalls ist die französische Politik wieder interessant geworden.

Moskauer Rätselraten

Wladimir Putin, Ex-Oberstleutnant des KGB, ist zu intensiv durch die Schulen der Geheimdienste gegangen, als dass man seine wirklichen Absichten aus dem Mienenspiel erraten könnte. Zur Stunde hat seine Taktik der Geheimhaltung allerdings einen Stand erreicht, der die Bevölkerung Russlands allmählich nervös macht. Denn im kommenden Frühjahr muss ein neuer Staatschef durch das Volk designiert werden.

Zwei Amtszeiten hat Wladimir Putin hinter sich gebracht. Die große Mehrheit seiner Landsleute bescheinigt ihm eine positive Bilanz. Aus einem Abgrund von Anarchie und Elend, die in der Ära Gorbatschow-Jelzin das Heilige Russland im Namen einer pervertierten Demokratie und eines gnadenlosen Raubtier-Kapitalismus heimgesucht hatten, ist es ihm gelungen, wieder Boden zu gewinnen und eine Großmacht zu zimmern. Gestützt auf ein durchaus autoritäres Regiment, hat er seinen Landsleuten das Gefühl zurückgegeben, dass sie nicht mehr jeder ausbeuterischen Willkür ausgesetzt sind, dass die Ehre ihres Vaterlandes nicht länger in den Schmutz getreten wird.

Über wirkliches Charisma verfügt dieser verschlossene Mann aus Petersburg nicht. Aber es hat imponiert, wie die schier unerschöpflichen Finanzquellen, die der »Rodina« plötzlich durch die steil ansteigenden Weltmarktpreise für Erdöl und Erdgas zuflossen, vom Präsidenten genutzt wurden, um den Wohlstand im Innern zu mehren und eine Anzahl auswärtiger Gegner in ihre Schranken zu weisen. Wenn er zur Wahl stünde, würde Putin laut zuverlässiger Meinungsumfrage mit 65 Prozent der Stimmen wieder zur höchsten Würde im Kreml berufen. Nun schreibt aber die Verfassung der Russischen Föderation die Begrenzung der Präsidentschaft auf zwei sukzessive Amtsperioden kategorisch vor.

Wer kommt überhaupt als Erbe in Frage? Immer wieder werden die Namen von zwei stellvertretenden Premierministern genannt:

Sergej Iwanow und Dmitri Medwedew. Der Erste ein hochrangiger Beamter des Geheimdienstes, der zuletzt die neue Härte Russlands im Umgang mit der Atlantischen Allianz demonstrierte, der Zweite ein erfahrener Ökonom und Technokrat. Beide stammen aus jenem Leningrader Clan, mit dem Putin, selbst dort gebürtig, sich umgeben hat. Doch um die Beliebtheit dieser beiden Favoriten ist es nicht sonderlich gut bestellt. Ihre derzeitigen Wahlchancen werden mit 18 bis 19 Prozent beziffert. Vor kurzem hat der in Intrigen erfahrene Präsident noch zusätzliche Verwirrung ins Spiel gebracht, indem er kurzfristig und ohne jede Vorankündigung den Regierungschef auswechselte.

In seinen öffentlichen Auftritten pflegt Wladimir Putin sein Image. Als »lahme Ente« will er nicht erscheinen. Er tritt mit ungewohnter Jovialität und betonter Gelassenheit auf. Dabei hütet er sich vor allzu deutlichen Erklärungen zur Lage. Angeblich steht ihm neuerdings ein amerikanischer Berater für »Public Relations« zur Seite. So erklärt sich wohl, dass er sich als geübter Reiter, als Jäger mit nacktem, muskulösem Oberkörper im Altai-Gebirge oder beim Joggen fotografieren lässt. Er liebkost auch Hunde und Katzen, und bei einer landwirtschaftlichen Besichtigung tätschelte er sogar Kühe. Sein Ruf als exzellenter Karate-Sportler, als Skiläufer und Präzisionsschütze ist ohnehin etabliert. Von einem solchen geballten, aber verhaltenen Bündel an Dynamik kann niemand erwarten, dass er mit 50 Jahren den Weg in Untätigkeit und Bedeutungslosigkeit antritt. Aber wer kann schon garantieren, dass er – wenn er die Schlüssel zur höchsten Macht aus der Hand gibt – auch weiterhin als Einflüsterer oder Koordinator im Hintergrund noch erwünscht bleibt?

Winston Churchill hatte schon zu Zeiten Stalins über die politischen Vorgänge innerhalb des Moskauer Kremls gesagt, es handele sich da um ein unlösbares Rätsel, das sich in ein Enigma hülle. Zu einem gewissen Grad hat sich diese Undurchsichtigkeit erhalten. Dennoch ist Russland bislang in keine unsichere Schwebe geraten. Den Herausforderungen der US-Administration, die im Begriff stand, die Ukraine, Georgien und auch Belarus ins Atlantische Bündnis hinüberzuziehen, hat er einen Riegel vorgeschoben. Im

Verbund mit den Chinesen drängt er die bis nach Tadschikistan vorgeschobenen US-Militärbasen wieder aus Zentralasien heraus. Den Ausbau eines absurden US-Raketenabwehrschirms in Polen könnte er mit der Aufstellung eigener Lenkwaffen im Distrikt Kaliningrad beantworten. Weltweit kreisen die mit Atombomben ausgestatteten Tupolew-95-Maschinen wieder am Himmel, wo sie den amerikanischen Bombern vom Typ B-52 Paroli bieten. Auf dem Meeresgrund des Nordpols ließ Putin die russische Flagge durch ein U-Boot als Zeichen der Besitznahme der dort georteten riesigen Petroleum- und Gasvorkommen verankern. Die deutsche Kanzlerin, die geglaubt hatte, dem neuen Zaren in Sachen Demokratie und Menschenrechte die Leviten lesen zu können, lässt er spüren, dass die enge Bindung zwischen Moskau und Berlin, die zu Zeiten Gerhard Schröders existierte, der Vergangenheit angehört. Wie wird Russland auf einen solchen Mann verzichten können?

Atommacht am Abgrund

19. November 2007

Die Islamische Republik Pakistan droht zu zerbrechen oder im Chaos zu versinken. Was in diesem Nachfolgestaat des Britischen Empire auf dem indischen Subkontinent mit etwa 170 Millionen Menschen vor sich geht, könnte weit bedrohlichere Folgen haben als die fortschreitende Irakisierung des benachbarten Afghanistan. Der Militärdiktator von Islamabad, General Pervez Musharaf, wird weltweit kritisiert, weil er den Ausnahmezustand proklamierte. Aber was blieb ihm anderes übrig?

Man lasse sich durch die Filmbilder nicht täuschen. In dem zutiefst muslimischen Land, wo die koranische Lehre als Staatsräson herhalten muss, wird der Aufruhr einer Hundertschaft von Anwälten, die für ihre Protestaktion schwarzen Anzug, weißes Hemd und schwarze Krawatte angelegt haben, mit Sicherheit nicht den Ausschlag geben. Auch die aufsässigen Studenten werden keinen entscheidenden Auftrieb des einen oder anderen Oppositionspolitikers bewirken, zumal die Kameraführung, wie so oft, eine gewaltige Menschenmenge vortäuscht, wo es sich doch nur um ein paar Dutzend Demonstranten handelt.

Was nun die Gegenspieler von Präsident Musharaf betrifft, der sich auf die Armee stützt, wie das in Pakistan seit der Staatsgründung üblich ist, so befinden sie sich in einer Zwickmühle. In gewohnter Unkenntnis der Realität des Terrains mehren sich die Stimmen im Westen, die eine Rückkehr zur Demokratie und eine Machtbeteiligung der ehemaligen Regierungschefs Benazir Bhutto und Nawaz Sharif fordern. Als ob es in Pakistan je eine Demokratie gegeben hätte!

Nawaz Sharif hat sich während seiner Amtszeit hemmungsloser Korruption schuldig gemacht. Was nun die rednerisch begabte und recht couragierte Ex-Ministerpräsidentin Benazir Bhutto betrifft, die schon bei ihrer Rückkehr aus dem Exil nur knapp dem Tod durch ein Sprengstoffattentat entkam, so versteht sie es zweifellos, eine beachtliche Zahl von Gefolgsleuten und Klienten zu mobilisieren, vor allem in der Provinz Sind, wo ihre Familie über riesige Latifundien verfügt. Doch auch ihr haftet die Erinnerung an eine miserable Amtsführung an. Ihr Mann, der aus dem Punjab stammt, ist im Sumpf der Bestechlichkeit noch tiefer abgesackt als der Rivale Nawaz Sharif. In Washington war man offenbar übereingekommen, die schwindende Macht und das schrumpfende Ansehen des für Amerika unentbehrlichen General Musharaf zu stabilisieren, indem man ihm Benazir Bhutto mitsamt ihrer straff organisierten Pakistan People's Party zur Seite stellte. Aber diese von Ehrgeiz zerfressene Politikerin hat sich mit der unentbehrlichen Armeeführung heillos überworfen. Hier herrscht sogar Todfeindschaft, seit ihr Vater, der brutale Ex-Präsident Zulfikar Ali Bhutto, durch den putschenden General Zia ul-Haq wegen angeblichen Landesverrats zum Tode verurteilt und gehängt wurde. Vater Bhutto war damals aufgrund seiner selbstherrlichen Auftritte weithin als »Bhuttolini« bezeichnet worden.

Die wirkliche Gefahr für Pervez Musharaf ist in ganz anderen Kreisen zu suchen. Er ist zur Zielscheibe der religiösen Fanatiker geworden und schwebt ständig in Lebensgefahr, seit er auf Druck der Amerikaner die Terrorismusbekämpfung, das heißt die Maßnahmen gegen die revolutionär-islamistischen Kräfte, forcierte, die »Gotteskrieger«, die sich in der Roten Moschee von Islamabad verschanzt hatten, zusammenschießen ließ und seine Armee in jene Stammesgebiete längs der afghanischen Grenze schickte, denen schon die britischen Kolonialherren – im Bewusstsein der eigenen Ohnmacht – weitgehende Autonomie zugestehen mussten.

Die Republik Pakistan ist zutiefst gespalten. In den Nordwest-Territorien siedelt das gleiche Gebirgsvolk der Paschtunen wie im südlichen Afghanistan. Die an Iran grenzende, öde Provinz Belutschistan suchte sich von Anfang an dem Einfluss von Islamabad zu entziehen. Hier werden die Regionalparlamente von islamistischen Parteien beherrscht, die in ihrem Glaubenseifer von den afghanischen Taleban kaum zu unterscheiden sind. Doch weit bedrohlicher sind die internen Spannungen, die offenbar auf die Kommandostrukturen der Streitkräfte übergegriffen haben. Von ihnen hängt das Wohl und Wehe des Landes ab. In den USA fragt man sich ziemlich ratlos, was geschehen würde, falls ein islamistisch inspirierter Coup der Generalität stattfände. Pakistan verfügt nämlich als einziger muslimischer Staat über Atombomben und weit entwickelte Trägerwaffen. Sollte zwischen Islamabad und Karatschi Anarchie und Bürgerkrieg ausbrechen, würde von diesem Teil des Subkontinents eine apokalyptische Gefährdung ausgehen, an der gemessen die Mullahs von Teheran relativ berechenbar erscheinen.

»Großmacht ja, Weltmacht nein«

INTERVIEW, 30. NOVEMBER 2007*

Herr Scholl-Latour, Russland hat unter Präsident Putin einen ungeahn-ten Wiederaufstieg erlebt. Was ist sein Geheimnis?
SCHOLL-LATOUR: Putin hat auch Glück gehabt, die Gas- und Öl-preise sind phänomenal in die Höhe gegangen. Damit hat Moskau wieder die Mittel, um Großmachtpolitik zu treiben – und auch die Reformen im Inneren voranzubringen, auch wenn dies von außen nicht so zu sehen sein mag.

Putin, nur ein Profiteur der Umstände?
SCHOLL-LATOUR: Nein. Russland ist stets autokratisch regiert wor-den. Wer heute behauptet, die Russen würden zur Demokratie stre-ben, der hat nur mit russischen Intellektuellen und Außenseitern gesprochen. Den Russen ist die westliche Demokratie unter Gor-batschow und die westliche Marktwirtschaft unter Jelzin vorgeführt worden, und das hat sie beinahe in die Katastrophe geführt: Russ-land stand in den neunziger Jahren am Rande des Abgrunds. Es hat damals eine Verelendung erlebt, die die relative Armut der Sowjet-union weit übertroffen hat.

Was ist aus dem angeblich dafür verantwortlichen »Erbe der Sowjet-union« geworden?
SCHOLL-LATOUR: Es war die Politik Jelzins, die die nationalen Reichtümer Russlands an Spekulanten verschleudert hat. Die Oli-garchen gibt es zwar immer noch, daran kann auch Putin nichts än-dern, aber er sorgt dafür, dass sie die russischen Staatsinteressen wahren.

Russland ist marode, korrupt, potenziell politisch instabil. Wird all das nur geschickt überdeckt, oder hat das Land an Substanz gewonnen?
SCHOLL-LATOUR: Die Russen verschweigen ihre Schwächen nicht, etwa dass sich die Infrastruktur in einem erbärmlichen Zustand be-

---

* Mit der *Jungen Freiheit*

findet, dass die Korruption unerträglich ist. Natürlich ist Russland in gewisser Weise ein Koloss auf tönernen Füßen – genährt von den Exporterlösen aus den Rohstoffverkäufen. Aber das sind heute alle Großmächte, einschließlich der USA – mit Ausnahme Chinas, das auf sehr solider Basis zu stehen beginnt.

Kehrt Russland also in Zukunft auch als Supermacht zurück?

SCHOLL-LATOUR: Großmacht ja, Weltmacht nein; denn die eigentliche Schwäche liegt in seiner Demographie. Die Zeiten der »Dampfwalze Russland« sind vorbei. Das größte Flächenland der Erde hat heute nur noch rund 140 Millionen Einwohner – nicht mehr als Deutschland und Frankreich zusammen! Und jedes Jahr verliert es 800 000 Menschen: Die Russen sterben vergleichsweise früh, und die Geburtenrate ist extrem niedrig. Wer sich dagegen deutlich vermehrt, sind die Turkvölker an den Rändern des Landes, die aber wohl kaum Träger der russischen Staatsidee sind.

Die Türken stehen vor einer gewaltigen Bevölkerungsentwicklung, die bald die 100-Millionen-Einwohner-Grenze durchbricht. Wird die Türkei also in Zukunft bevölkerungsreicher sein als Russland?

SCHOLL-LATOUR: Noch hat das Land etwa 72 Millionen Einwohner, aber Sie haben recht, die Prognosen gehen in diese Richtung. Dennoch wird die Türkei keine Bedrohung für Russland werden. Eher wird ihre Bevölkerungsexplosion zur Gefahr für Europa, sollte man sie in die EU lassen.

Die Putin-Mehrheit für die Duma-Wahl am Sonntag ist sicher. Was wird die Wahl bringen, und was wird aus Putin?

SCHOLL-LATOUR: Was Putin bezüglich der eigenen politischen Karriere plant, weiß keiner. Wir sprachen mit ihm bei meinem letzten Russland-Aufenthalt 2007 über drei Stunden. Wir haben wirklich versucht, ihn in dieser Frage auszupressen: ohne Erfolg. Die Wahl selbst wird mit ihrem absehbaren Ergebnis Russland Kontinuität bringen. Die Autokratie ist seit jeher der Regierungsstil Russlands gewesen. Der Zar bot immer einen gewissen Schutz gegen die Willkür der Bojaren, und so bietet heute Putin Schutz gegen die Willkür der Oligarchen.

Die von Putin etablierte »Demokratur«, wie Kritiker sie nennen, hat bei uns, ob der Menschenrechts- und Grundrechtsverletzungen, eine denkbar schlechte Presse.

SCHOLL-LATOUR: Ja, aber dahinter steckt natürlich auch eine systematische Kampagne gegen Russland, und es ist ja klar, welchen Zwecken sie dient.

Nämlich?

SCHOLL-LATOUR: Die USA haben kein Interesse daran, dass sich die Europäer mit Russland allzu sehr vernetzen und damit einerseits eine größere Unabhängigkeit von Washington gewinnen, andererseits Moskau stärken. Erstaunlich dabei ist, dass die deutsche Presse die amerikanische Position unisono übernimmt.

Sie sehen »Russland im Zangengriff«, wie der Titel Ihres Buches lautete, nämlich zwischen dem Islam, China und der NATO, sprich den USA.

SCHOLL-LATOUR: Es ist ein monumentaler Fehler – und Ausdruck der totalen Ignoranz – der Bush-Administration, Moskau nicht zu signalisieren, dass die USA und Russland gemeinsame Interessen und gemeinsame potenzielle Gegner haben. Nämlich zum einen den revolutionären Islamismus – der Russland vom Kaukasus bis nach Tatarstan durchdringt. Zum anderen China. Denn außer seiner kaukasischen und zentralasiatischen Grenze zum Islam ist die andere Schwachstelle Russlands der Ferne Osten, der russischerseits kaum bevölkert ist. Diesseits des Ussuri, also auf russischer Seite, leben nur noch etwa fünf Millionen Einwohner, und wer kann, zieht weg. Währenddessen leben in der angrenzenden chinesischen Mandschurei 120 Millionen Menschen, die Städte wachsen und nagelneue achtspurige Autobahnen werden durch die Steppe gebaut.

Derzeit scheinen sich Russen und Chinesen allerdings eher nahezustehen.

SCHOLL-LATOUR: Eben wegen der kurzsichtigen, konfrontativen Politik der USA gegenüber beiden Ländern. Es gab inzwischen sogar mehrere russisch-chinesische Militärmanöver. Offiziell zur Abwehr des Terrorismus, tatsächlich aber vor allem zur Abwehr des US-Vordringens in Zentralasien.

Dennoch dürfte es sich doch eher um Schauveranstaltungen handeln als um die Anbahnung eines Bündnisses mit großer Zukunft.

269

Scholl-Latour: Im Wesentlichen wird die Politik der USA über Dauer und Intensität dieses Bündnisses entscheiden. Solange die USA mit Hilfe der NATO und der EU versuchen, Russland hinter die Wolga zurückzudrängen, mit ihren Aufklärungsflugzeugen zum Beispiel in Estland stehen, also in direkter Nachbarschaft zu Sankt Petersburg, oder versuchen, die Ukraine und Georgien in die NATO zu holen – welchen Sinn soll das eigentlich haben, wollen wir denn Krieg gegen die Russen führen? –, so lange ist Russland darauf angewiesen, ein möglichst enges Verhältnis zu China zu finden. Und China geht es nicht anders: Peking wird von uns immer wieder deutlich gemacht, dass es bezüglich seiner nationalen Interessen eher Kritik als Partnerschaft zu erwarten hat. Die deutsche Politik und die deutsche Presse segeln auf diesem fatalen Kurs ganz vorne mit: Unsere Politiker und Journalisten sorgen dafür, dass Deutschland in Chinas Augen eine antichinesische Haltung einnimmt. Wie unlängst beim Besuch des Dalai Lama in Berlin.

Was würden Sie also der Bundeskanzlerin und dem Außenminister empfehlen?

Scholl-Latour: Deutschland sollte auf keinen Fall den unseligen US-Feldzug gegen Russland länger mitmachen! Offiziere der Bundeswehr befinden sich bereits in der Ukraine und Georgien, und wir leisten Zuarbeit bei der Vorbereitung, beide Länder in die NATO und die EU aufzunehmen. Wir scheinen vergessen zu haben, dass die Sowjetunion bzw. Russland seit der Zeit der Wende in Osteuropa bereits ungeheure Konzessionen gemacht hat. Russland befindet sich in einem Trauma wie Deutschland nach Versailles. Es ist heute auf die Grenzen des Zwangsfriedens von Brest-Litowsk von 1918 zurückgedrängt – historisch eine Stunde der tiefsten Erniedrigung für die Russen. Wie damals hat man heute wieder die Ukraine verloren – dabei ist Kiew die Mutter aller russischen Städte. Wären die amerikanisch-europäischen Winkelzüge gelungen, wäre auch Weißrussland vollständig aus der russischen Sphäre herausgebrochen worden, dann stünde die NATO heute wie weiland die Wehrmacht gar bei Smolensk.

Ist der Traum von der »Sammlung der russischen Erde« ausgeträumt, oder spielt die Heimholung etwa der Ukraine noch eine ernsthafte Rolle im politischen Denken der Russen?

SCHOLL-LATOUR: Dieser Gedanke entspricht durchaus der nationalen Gesinnung der meisten Russen auch heute noch. Allerdings wissen sie, dass derzeit dazu keine politische Möglichkeit besteht. Nachdem auch im Osten der Ukraine, der fast rein russisch bevölkert ist, zwar eine Anlehnung, aber kein Anschluss an Russland erstrebt wird, ist Letzterer wohl vorerst nicht mehr zu erwarten. Was wir im Westen vergessen, ist, dass sich Russland seit den neunziger Jahren um fast 1000 Kilometer zurückgezogen hat – und zum Dank dafür vom Westen noch enger »belagert« wird. Die Frage der Stationierung von US-Raketen in Polen wird als Provokation empfunden. Das hätte die deutsche Presse ruhig einmal beim Namen nennen können. Man fragt sich: Wozu das Ganze? Wozu etwa einen Putsch in Georgien anstiften, der eine so dubiose Figur wie Michail Saakaschwili an die Macht bringt, der jetzt mit dem Ausnahmezustand regieren muss und eine ähnliche Diktatur ausübt wie Eduard Schewardnadse zuvor. Wozu einen Putsch in Kirgisien einfädeln, der zu nichts weiter führt, als das Land an den Abgrund eines neuen Bürgerkrieges zu bringen? Diese Politik ist mir völlig unverständlich, und dass Berlin das kritiklos mitmacht, noch mehr.

Was vermuten Sie als Grund?

SCHOLL-LATOUR: Wir Deutsche machen seit dem Zweiten Weltkrieg fast alles mit, was die Amerikaner machen. Glauben Sie, es war ein Zufall, dass der Dalai Lama jüngst fast gleichzeitig im Weißen Haus und im Bundeskanzleramt empfangen wurde? Im Übrigen ist es wie mit dem Klimawandel: Solche Temperaturschwankungen hat es stets gegeben. Wissenschaftlichen Erkenntnissen zufolge sind sie nur zu einem geringen Teil von Menschen verursacht. Dennoch legt sich die Bundesregierung hier ganz außerordentlich ins Zeug. Warum? Das sind so Modethemen, mit denen man sich bei uns beliebt macht und von den wahren Problemen ablenkt.

Sie sehen die deutsche Außenpolitik also weder am eigenen nationalen Interesse noch an den geopolitischen Realitäten orientiert?

SCHOLL-LATOUR: Es gibt gar keine konsequente deutsche Außenpolitik – ebenso wenig wie es eine strategische Verteidigungskonzeption gibt.

Warum ist das so?

SCHOLL-LATOUR: Offenbar ist Deutschland immer noch nicht souverän. Nach der Wiedervereinigung hat man geglaubt, jetzt sei die Nachkriegszeit überwunden. Aber wir haben den Mentalitätswandel zu einer normalen Nation nicht geschafft. Erstaunlich dabei ist, welcher ungeheuren Arroganz wir uns dennoch befleißigen. Es gibt bei uns einen neuen Wilhelminismus, den wir aber diesmal von den Amerikanern übernommen haben: Wir wähnen uns insgeheim der übrigen Welt moralisch überlegen und glauben ihr ergo sagen zu können, wie man es machen muss. Kurz, wir sind wieder bei dem Motto »An unserem Wesen soll die Welt genesen!« angekommen. Und zu dieser Torheit kommt obendrein noch Heuchelei: Denn wenn dann etwa in der muslimischen Welt bei freien Wahlen Islamisten die Mehrheit bekommen, lehnen wir diesen Volksentscheid ab und verlieren schlagartig das Interesse an der Demokratie dort.

Sollte Deutschland Rapallo wieder als außenpolitische Option entdecken?

SCHOLL-LATOUR: Um Gottes willen! Keine Rapallo- und keine Tauroggen-Spiele!

Warum nicht?

SCHOLL-LATOUR: Deutschland ist in der westlichen Allianz gut aufgehoben. Der Knackpunkt ist, dass die NATO, die einst gegründet wurde, um Westeuropa zu verteidigen, heute Krieg in Afghanistan führt. Das ist einer der Widersprüche, die behoben werden müssen!

Gewönne Deutschland mit einer Anlehnung an Russland nicht mehr Spielraum gegenüber den USA? Immerhin hätten uns diese 2003 – bei einer CDU-Regierung in Berlin – sogar in den Irak-Krieg verwickelt.

SCHOLL-LATOUR: Wenn Deutschland wieder eine Schaukelpolitik beginnt, wäre das der Anfang vom Ende. Mit der amerikanischen Freundschaft könnte es dann nämlich ganz schnell vorbei sein.

In Ihrem neuen Buch »Zwischen den Fronten. Erlebte Weltgeschichte« kritisieren Sie als zentrales Problem das Erlöschen des Willens zur europäischen Selbstbehauptung.

SCHOLL-LATOUR: Zu den Stärken des neuen Russland zählt eine Wiedergeburt der orthodoxen Kirche. Die Frömmigkeit der Russen ist echt. Die finden Sie freilich nicht bei den Intellektuellen in Moskau, aber im Volk ist sie wieder fest verwurzelt. Der orthodoxe Klerus steht fast geschlossen hinter Putin. Als den eigentlichen Vordenker des neuen Russland könnte man vielleicht Alexander Solschenizyn mit seiner christlich-orthodoxen Volksverbundenheit betrachten. Unser Problem ist aber nicht Russlands neue Stärke, sondern unsere eigene Schwäche. Deshalb sollten wir aufhören mit der ewigen deutschen Angst vor Russland. Moskau plant kein militärisches Vorgehen im Westen. Es widersetzt sich nur dem weiteren Vordringen der NATO nach Osten. Ich habe bei meinen Russland-Reisen nicht nur Putin, sondern auch den Ex-Verteidigungsminister Sergej Iwanow getroffen. Der hat es auf den Punkt gebracht: Russland wird sich nie wieder dem Irrsinn der ehemaligen Sowjetunion hingeben und vierzig Prozent seines Budgets für Rüstung verpulvern.

Das Klima und der liebe Gott

17. DEZEMBER 2007

Der große Klima-Rummel von Bali ist zu Ende. Das Resultat ist mager. Es wurde bereits als eine Heldentat empfunden, dass der deutsche Umweltminister Sigmar Gabriel die Vereinigten Staaten von Amerika, die die weitaus größten Produzenten von Kohlendioxid sind, aufgefordert hat, doch endlich dem Kioto-Abkommen über Klimaschutz beizutreten. Die Vertreter Washingtons haben das rundum abgelehnt. Die Hoffnung, dass der Nachfolger des jetzigen Präsidenten George W. Bush sich in diesem Punkt wesentlich nachgiebiger verhalten wird, stützt sich zwar auf ein wachsendes ökologisches Bewusstsein in den USA. Aber man sollte die Kraft der transatlantischen Industrie-Lobbys nicht unterschätzen. Den salbungsvollen Predigten des ehemaligen Vizepräsidenten Al Gore, dem man wider alle Vernunft den Friedensnobelpreis zusprach, mangelt es eben doch an der nötigen Sachkenntnis und Überzeugungskraft.

Deutschland sonnt sich in dem Bewusstsein, in Sachen Klimaschutz eine Vorbildfunktion einzunehmen. In Berlin überschätzt man wohl die eigene Einwirkungsmöglichkeit. An der Erfindung von Ersatzenergien für Erdöl wird in Japan wesentlich intensiver gearbeitet als in Deutschland. Zudem weist die Absicht der Regierung Merkel – da Kernenergie ja weiterhin zwischen Rhein und Oder ein Tabu bleibt –, neue Braunkohlekraftwerke auszubauen, wohl nicht den richtigen Weg. Die Verschandelung der Landschaft durch zahllose hässliche Windmühlen zur Stromerzeugung erweist sich als extrem kostspielig und wenig effizient. Irgendwie erinnern die deutschen Öko-Fantasten, die sich von rigorosen Maßnahmen so viel versprechen, an jenes Bäuerlein, über das man im Dritten Reich während des Zweiten Weltkrieges spottete. Vor einem Globus stehend, ließ er sich die Aufteilung der Welt in die Besitzungen des britischen Empires, die riesigen Weiten der Sowjetunion und die Landmasse der USA erklären. »Und wo bleibt das Großdeutsche Reich?«, fragte der Mann vom Lande. Als man ihn auf einen kleinen Fleck im Herzen Europas verwies, soll er gefragt haben: »Weiß der Führer das?«

Wenn die Industriegiganten von morgen – China und Indien – ihre Bereitschaft bekunden, den wachsenden Schadstoff-Ausstoß ihrer Länder in Zukunft zu reduzieren, entsprechen sie damit einem Gebot der Hygiene zugunsten der eigenen Bevölkerung. Niemand wird aber dem Durchschnitts-Chinesen ausreden können, dass er das gleiche Recht auf den Besitz und die Nutzung eines eigenen Autos besitzt wie ein Amerikaner oder Europäer.

Man sollte die Begriffe »Klimaschutz« und »Klimawandel« säuberlich auseinanderhalten. Letzterer entspricht offenbar einem Naturphänomen, auf das die Menschen nur geringen Einfluss ausüben. So weit man zurückdenken kann, unser Planet ist stets von unterschiedlichen Phasen der Erwärmung und der Erkaltung heimgesucht worden. Noch im späten Mittelalter eignete sich Grönland für die Viehzucht und den Ackerbau der Wikinger, bis eine Mini-Eiszeit über die Arktis hereinbrach und nur den perfekt angepassten Eskimos ein Überleben erlaubte.

Die heutige Eisschmelze auf Grönland dürfte nur sehr partiell die Folge menschlichen Fehlverhaltens sein. Ähnliches lässt sich von der Sahara berichten. Dort ist die ständige Ausweitung der Wüste nach Süden seit mindestens 3000 Jahren im Gange. Diese Katastrophe, die neuerdings die Darfur-Nomaden ihrer Weidegründe beraubt, hatte begonnen, bevor von CO_2 überhaupt die Rede war. Eine Hitze-Explosion auf unserer Sonne ist von Ökologen überhaupt nicht errechenbar, ganz zu schweigen von eventuellen Meteoriten-Einschlägen, wie sie in der Vergangenheit das plötzliche Aussterben der Dinosaurier verursachten, die die Erde viel länger beherrscht hatten als die menschliche Spezies.

Wie will Berlin die Afrikaner am Kongo, die Indianer am Amazonas dazu bringen, sich klimakonform zu verhalten, wenn es bei ihnen weiterhin ums nackte Überleben geht? Die Verarbeitung von Mais, Soja und anderen Nährstoffen zu neuen Energiequellen für den Antrieb von Maschinen steigert den Preis der Lebensmittel, droht den Waldbestand durch Monokulturen zu ersetzen und bringt die Ärmsten der Armen um ihr tägliches Brot oder ihren täglichen Reis. Der Tag wird kommen, an dem wir uns endlich von der Tyrannei der Petroleumproduktion befreien können. Dem menschlichen Genius werden am Ende gewiss völlig neue Formen der Energieerzeugung einfallen.

Diese Arbeit vollzieht sich in der Stille der Laboratorien und nicht auf den Massenveranstaltungen der Wichtigtuer von Bali. Wenn jedoch Angela Merkel die globale Temperatur kurzfristig um zwei Grad senken möchte, dann sollte sie sich lieber auf die Gnade Gottes verlassen als auf die Vernunft der Erdbewohner.

DAS JAHR DER RATTE
2008

Stammesfehden in Kenia

7. JANUAR 2008

Es ist in diesen Tagen blutiger Unruhen in Kenia mehr zerstört worden als eine Touristenidylle und ein vermeintliches Ferienparadies. Noch vor kurzem hatte man diese ehemalige britische Kolonie als hoffnungsvolles Beispiel demokratischer Stabilität in Afrika gerühmt. Eine Vielzahl europäischer Politiker und Publizisten hatten tatsächlich geglaubt, in Nairobi habe sich ein Ableger des Westminster-Parlamentarismus erhalten und das politische Schicksal dieses Landes würde sich in fairen, international überwachten Wahlen entscheiden. Das Erwachen aus dieser Illusion ist schmerzlich. Was sich heute in Kenia abspielt, ist afrikanische Wirklichkeit. Die politischen Parteien, die sich dort gegenüberstehen, unterscheiden sich nicht durch ideologische oder gesellschaftliche Programme. Ihre Gegnerschaft wurzelt einzig und allein in ihrer jeweiligen Stammeszugehörigkeit. Etwa vierzig unterschiedliche Völkerschaften siedeln in diesem ostafrikanischen Staat. Tonangebend war von Anfang an die Ethnie der Kikuju. Ihr gehört der bisherige Staatspräsident Mwai Kibaki an, der trotz einer extrem fragwürdigen Stimmenauszählung fest entschlossen ist, weiterhin als Staatschef zu fungieren.

Die Kikuju bilden mit 22 Prozent der Gesamtbevölkerung die relativ stärkste ethnische Gruppe. Das reicht natürlich nicht aus, um eine parlamentarische Mehrheit ohne Verbindung mit anderen, kleineren Stämmen zustande zu bringen oder gar den Urnengang eindeutig zugunsten des eigenen Präsidentschaftskandidaten zu entscheiden. Doch die Kikuju können sich darauf berufen, dass sie in den 50er-Jahren des vergangenen Jahrhunderts den Aufstand gegen die britische Kolonialherrschaft auslösten, auch wenn sich in Europa nur die wenigsten an die Mau-Mau-Guerilla erinnern. Die Engländer haben damals die Mau-Mau in den Dschungel des Mount Kenia getrieben und ihren Widerstand vorübergehend gebrochen. Am Ende mussten sie jedoch Jomo Kenyatta, den Vorkämpfer, den Propheten dieses afrikanischen Freiheitskampfes, aus seiner Haft entlassen und als ersten Staatschef Kenias anerkennen.

Es wäre müßig, die rabiaten Machtkämpfe zu schildern, die nach dem Tod Kenyattas zwischen den Kikuju, den Kalenjin und den Luo – letztere Stammesgruppen kommen jeweils auf annähernd 13 Prozent – ausgetragen wurden. Heute steht Raila Odinga, die führende Häuptlingsgestalt der Luo, an der Spitze einer Stammeskoalition, die offenbar über mehr Rückhalt verfügt als der bislang amtierende Präsident Kibaki. Niemand kann voraussagen, wie lange sich die Massaker, die Überfälle und Gewalttaten fortsetzen, die von einem Tag zum andern das leichtfertig verklärte Kenia in einen Hexenkessel verwandelten.

Der Absturz Kenias in die Anarchie bringt nicht nur den äußerst einträglichen Urlauberstrom der Safari-Liebhaber und Sonnenanbeter aus Europa zum Erliegen. Die Wirren von Nairobi erschüttern die politischen Strukturen ganz Ostafrikas, soweit solche dort überhaupt existieren. Die amerikanische Strategie droht einen Verbündeten zu verlieren, von dessen Boden aus man im chaotischen Bürgerkrieg Somalias intervenieren konnte. Der Nachbarstaat Uganda ist nunmehr von seinem Zugang zum Indischen Ozean abgeschnitten und leidet bereits unter Benzinmangel. Auch die Situation im Südsudan wird unkontrollierbar. Die im Blut ertrinkenden Ostprovinzen des Kongo werden vollends zum »Herz der Finsternis«.

Die vom Westen angeforderte demokratische Staatsführung wurde in Kenia wieder einmal als Stimmzettel-Fetischismus entlarvt. Die Bildung verschiedener politischer Parteien artet unweigerlich zu tribalistischen oder konfessionellen Konflikten aus, von denen kein einziger afrikanischer Staat verschont blieb. Sogar im ehemaligen Kaiserreich Äthiopien rüttelt die Kenia-Krise an den Grundfesten eines Vielvölkerstaates, wo sich christliche Tigriner und Amharen sowie – auf der anderen Seite – muslimische Oromo und Somali für die brutale Konfrontation rüsten. Im Lichte der despotischen Ansprüche der Kikuju und Luo von Kenia erscheint sogar das im Westen als Schurkenstaat gescholtene Simbabwe unter seinem Diktator Robert Mugabe nicht länger als betrüblicher Ausnahmefall der Tyrannei. Den Bürgern der Südafrikanischen Union wiederum, zumal den Weißen, die der Einparteienherrschaft des African National Congress ausgeliefert sind, erscheinen die Stammesfehden von Kenia wie ein bedrohliches Menetekel.

Für das Atlantische Bündnis, das sich seit dem Treffen von Heiligendamm einer humanitären und politischen Verantwortung für den Schwarzen Erdteil bewusst zu werden schien, sind die Ereignisse im »Musterland« Kenia eine peinliche Blamage. Der Verdacht bestand ohnehin, dass die plötzliche Anteilnahme von Amerikanern und Europäern am Schicksal der Afrikaner weit mehr durch die erfolgreiche wirtschaftliche Entfaltung der Volksrepublik China zwischen Pretoria und Algier motiviert wurde als durch das Gebot der Nächstenliebe. Und dennoch ist nicht alles negativ. Ein Hoffnungsstrahl ist für Kenia plötzlich aufgeleuchtet. Einer seiner Söhne, der amerikanische Präsidentschaftskandidat Barack Obama, dessen Vater rein kenianischer Abstammung war, hat in Iowa die Zustimmung und das Vertrauen einer breiten weißen Wählerschaft gewonnen und damit das politische Antlitz der USA gründlich und positiv verändert.

Ein »schwarzer Kennedy«?

Hätte vor fünfzig Jahren jemand vorausgesagt, dass im Präsidentschaftswahlkampf von 2008 eine Frau und ein Afro-Amerikaner die entscheidende Rolle spielen, er wäre für einen Fantasten gehalten worden. Damals wurden die schwarzen US-Bürger bei Erreichen der Grenze der ehemaligen Südstaaten in den Greyhound-Bussen auf die hinteren Sitze verwiesen. Toiletten und Gasträume waren nach Rassen streng getrennt. Frauen mochten seinerzeit eine gewichtige Rolle gespielt haben wie etwa Eleanor Roosevelt. Als »Commander in Chief« hätte man sie sich in Washington schwer vorstellen können. Amerika mag am Ende der Bush-Ära von vielfältigen Belastungen heimgesucht werden – aber dieses riesige Land verfügt über eine atemberaubende Dynamik, um die die Europäer es beneiden sollten.

Noch sind die Würfel nicht gefallen. Der Vorsprung, den Hillary Clinton ausgerechnet in den bevölkerungsstarken, liberalen und intellektuell aufgeschlossensten Staaten über Barack Obama errang, sichert ihr noch längst nicht den Sieg. Bei den Republikanern hat sich nämlich allen Unkenrufen zum Trotz der 71-jährige Senator John McCain durchgesetzt. Schon wird gemutmaßt, wer ihm am Tage der endgültigen Wahl auf Seiten der Demokraten am erfolgreichsten entgegentreten könnte. Die Vorstellung, dass das politische Schicksal der USA vornehmlich durch die Wählermasse der Weißen entschieden würde, gehört der Vergangenheit an. Der Politologe Samuel Huntington hat in seiner Studie *Who are we?* (»Wer sind wir?«) auf die tiefgreifende Veränderung verwiesen, der die Vereinigten Staaten durch den massiven Zustrom vorwiegend mexikanischer Einwanderer ausgeliefert sind – darunter mindestens 13 Millionen illegale Migranten. Diese »Latinos« oder »Hispanics« haben in Kalifornien und New York, wo sie besonders zahlreich sind, offenbar zu zwei Dritteln für Hillary Clinton gestimmt. In vielen Südstaaten haben die Afro-Americans dem Newcomer

Obama ihr Vertrauen geschenkt, obwohl dessen Vater nicht zu den Nachkommen der schwarzen Sklaven zählt, sondern aus Kenia eingewandert war. Der Gerechtigkeit halber sei festgestellt: Präsident George W. Bush duldete – ähnlich übrigens wie sein Vorgänger Bill Clinton – keinerlei rassische Vorurteile. Er berief einen farbigen Immigrantensohn aus Jamaika, den General und späteren Außenminister Colin Powell, zu höchsten Staatsämtern und schätzt die derzeitige Chefin des Außenministeriums, Condoleezza Rice, als engste Vertraute. Was die Latinos betrifft, berief Bush den General Ricardo Sanchez zum Oberbefehlshaber im Irak. Dem Latino Gonzalez, einem Neubürger rein mexikanischer Abkunft, verlieh er die höchste juristische Autorität des »Attorney General«.

Die Jugend Amerikas, so scheint es, hat sich fast geschlossen für Obama engagiert, in dem sie einen »schwarzen Kennedy« zu erkennen glaubt. Wenn andererseits Hillary Clinton sich behaupten könnte und über seriöse Chancen verfügt, wieder ins Weiße Haus zu ziehen, so ist das angeblich der Zustimmung der weiblichen Wählerschaft zu verdanken, die 55 Prozent der Bevölkerung der USA ausmacht. Das entspricht dem feministischen Trend unserer Zeit. In den Südstaaten könnte sie von der immer noch vorhandenen »Angst vor dem schwarzen Mann« profitiert haben. Die »Verweiblichung der Politik« ist zumindest in den demokratischen Staaten des Westens auf Dauer wohl nicht aufzuhalten. Die Briten trauern Margaret Thatcher nach, die Deutschen setzen weiter auf Angela Merkel, und Ségolène Royal ist in Frankreich vor allem an den Intrigen der eigenen sozialistischen Genossen gescheitert. Die Hinwendung zum Matriarchat dürfte uns in Zukunft noch intensiv beschäftigen.

Amerika ist nicht mehr die »unentbehrliche Nation«, von der die ehemalige US-Außenministerin Madeleine Albright schwärmte. Die Welt ist multipolar geworden, seit die Volksrepublik China sich zum wirtschaftlichen und potenziell militärischen Giganten entwickelte und seit Russland sich wieder in die vorderste Reihe drängt. Zu diesem Zweck geht Moskau sogar eine dubiose Zweckallianz mit Peking ein. Die islamische Revolution, die zwischen Marokko und

Indonesien an den bestehenden Hegemonialstrukturen der bisherigen Supermächte rüttelt, äußert sich zwar diffus und chaotisch, wäre jedoch in der Lage, immer neue Krisenherde anzufachen und die amerikanischen Streitkräfte zur Verzettelung ihrer gewaltigen materiellen Überlegenheit zu zwingen.

Die europäische Union bleibt da trotz des hohen Währungskurses des Euro eine durch interne Gegensätze gespaltene Konstruktion. Die Europäer zeigen sich zwar erleichtert über das nahe Ende der verhängnisvollen Ära Bush, aber sie geben sich sträflichen Illusionen hin, wenn sie vom nächsten Präsidenten in Washington Nachgiebigkeit oder Eingehen auf ihre ohnehin verworrenen Vorstellungen erhoffen. Im Gegenteil: Es könnte sein, dass der Druck sich verstärkt und dass die USA ein aktives kriegerisches Engagement in der turbulenten Region zwischen Algerien und Pakistan, im sogenannten »Broader Middle East«, anfordern werden, dem man sich bisher recht erfolgreich entzogen hatte.

Die blutenden Wunden des Balkans

3. März 2008

Statt Deutschland am Hindukusch, also in Afghanistan, zu verteidigen, täten die Europäer gut daran, ihr Augenmerk und ihre militärische Einsatzfähigkeit einer ihnen weit näher gelegenen Region zuzuwenden, nämlich dem Balkan. Die Albaner des Kosovo haben dort die Unabhängigkeit ihres Zwergstaates und die Loslösung von Serbien proklamiert. Eine Reihe westlicher Regierungen hat dieses neue Gebilde bereits völkerrechtlich anerkannt. Der Ausbruch blutiger Zusammenstöße zwischen Belgrad und Priština ist zwar bislang ausgeblieben, doch in diesem explosiven Südostwinkel Europas, für dessen Befriedung der Reichskanzler Otto von Bismarck nicht bereit war, »die Knochen eines einzigen pommerschen Grenadiers zu opfern«, kündigen sich unkalkulierbare Risiken an.

Natürlich ist der jetzige Zustand unhaltbar geworden. Die Serben, die den Kosovo als Geburts- und Weihestätte ihrer Nation zelebrieren, bilden dort nur noch ein Zehntel der Bevölkerung. Mit Ausnahme des nördlichen Bezirks von Mitrovica sind sie über eine Vielzahl winziger ethnischer Enklaven zerstreut. Um dort zu überleben, um vom rabiaten albanischen Mob nicht vertrieben oder massakriert zu werden, sind sie weiterhin auf ein beachtliches Aufgebot internationaler Truppenkontingente (KFOR) angewiesen. Deren strategische Fehldisposition – viele Soldaten sind oft damit beschäftigt, eine einzige serbische Familie zu schützen – verewigt den prekären Ausnahmezustand und führt zur absurden Verzettelung der Kräfte.

Es macht heute wenig Sinn, die Wunden der Vergangenheit wieder aufzureißen. Gewiss, die serbische Staatsmacht unter dem damaligen Präsidenten Milošević hatte sich schuldig gemacht, als sie die planmäßige Vertreibung der albanischen Einwohner des Amselfeldes in Richtung Mazedonien und die Republik von Tirana in Gang setzte. Andererseits muss der Atlantischen Allianz, die das Belgrader Regime in die Knie zwingen wollte, der Vorwurf gemacht werden, dass sie – statt die im Kosovo verschanzte Dritte Jugoslawische Armee zu zerschlagen – ihren Bombenhagel über wehrlose serbische Städte niedergehen ließ und sämtliche Donau- und Vardar-Brücken sowie die Infrastruktur Serbiens vernichtete.

Es war am Ende ein erbärmlicher Sieg, den die NATO über Milošević und seine Gefolgschaft errang. Seitdem ist der juristische Status des Kosovo in der Schwebe geblieben. Die Europäische Union erbrachte wieder einmal den Beweis ihrer Handlungsunfähigkeit, ihres Unvermögens, akute politische Probleme in ihrer unmittelbaren Nachbarschaft zu lösen.

Im Kosovo wäre eine Lösung vorstellbar gewesen, die nur auf den ersten Blick grausam und zynisch erscheint. Auf Dauer macht es nämlich keinen Sinn, durch Einsatz Tausender NATO-Soldaten und schweren Kriegsgeräts das nackte Überleben der isolierten serbischen Bevölkerungsinseln auf dem Amselfeld zu garantieren. Unter Gewährung großzügiger finanzieller Beihilfen wäre diesen ethnischen Splittergruppen weit besser geholfen, wenn ihre Umsiedlung in die Republik Serbien vorgenommen würde, während der kompakte serbische Nordzipfel von Mitrovica an die Republik von Belgrad angeschlossen wäre. Als zusätzliche Kompensation für den Verzicht der Serben auf ihr mythisches »Jerusalem« am Amselfeld könnte die EU der widersinnigen Existenz der »Republika Srpska« innerhalb der bosnischen Föderation ein Ende setzen und deren Vereinigung mit Belgrad konzedieren.

Eine solche resolute und heilsame Entscheidung ist jedoch gar nicht vorstellbar, seit die EU aufgebläht wurde und zur politischen Lähmung verurteilt ist. Schon vertiefen sich die Risse innerhalb der Brüsseler Konstruktion. Die Abspaltung des Kosovo mag in Washington, Berlin, Paris oder Rom als unvermeidliches Fait accompli akzeptiert werden. Für andere Partner der Atlantischen Allianz erscheint diese Loslösung einer bislang autonom verwalteten Provinz als bedrohlicher Präzedenzfall. Man denke nur an Spanien, wo neben den Basken, die seit langem ihre Unabhängigkeit verlangen, auch die Katalanen sich zunehmend von Madrid distanzieren.

Im Weltsicherheitsrat wird es zu heftigem Streit kommen. Russland fühlt sich mit Serbien durch eine alte Solidarität verbunden. Vor allem aber möchte Moskau den Sezessionsabsichten zwischen Tatarstan an der mittleren Wolga und den autonomen Republiken des Nordkaukasus einen Riegel vorschieben. Sogar die Volksrepublik China wird durch den Separatismus der Kosovaren an ihre eigenen Probleme mit Tibet, Ost-Turkestan und vor allem Taiwan gemahnt. Kurzum, die europäischen Kernstaaten täten gut daran, dem Balkan die Priorität einzuräumen, statt sich in den Steppen Zentralasiens zu verirren.

Die Kanzlerin sagt »nein«

7. April 2008

Bis zuletzt ist George W. Bush sich treu. Seine Vorstellung, das Atlantische Bündnis zu einem Instrument globaler amerikanischer Vorherrschaft auszuweiten, hat er auf der Bukarester NATO-Tagung noch einmal nachdrücklich vorgetragen. Indem er die Ausweitung der Allianz auf die Ukraine und Georgien forderte, brüskierte er seine Partner und blamierte seine bislang ergebenste Verbündete, die deutsche Bundeskanzlerin.

Es nutzte nichts: Angela Merkel hatte den amerikanischen Präsidenten eindringlich darauf hingewiesen, dass sie es nicht auf eine Konfrontation mit Russland ankommen lassen will. Bush schert sich nicht darum, dass 65 Prozent der Ukrainer einem NATO-Beitritt ablehnend gegenüberstehen und den russischen Bruder nicht unnötig verprellen wollen. Für ihn spielt es auch keine Rolle, dass die Republik Georgien von ihrem proamerikanischen Präsidenten Saakaschwili auf höchst undemokratische Weise regiert wird.

Die Diplomatie jener Bündnispartner, die der frühere Verteidigungsminister Rumsfeld als »old Europe« abqualifizierte, ist erneut durch das Weiße Haus desavouiert worden. Die Spaltung der EU in Ost und West wurde vertieft. Seit der französische Staatschef Nicolas Sarkozy sich vom gaullistischen Erbe abwendet und sich deutlich atlantisch ausrichtet, hat sich der Einfluss Berlins ohnehin reduziert. Wer erinnert sich noch an das Gipfeltreffen von Heiligendamm, als Angela Merkel in den USA als »mächtigste Frau der Welt« gefeiert wurde? Mag sein, dass Sarkozy die Beziehungen zu Washington und London vor allem deshalb so spektakulär ausbaut, um der sich abzeichnenden deutschen Vorrangstellung in Europa das Wasser abzugraben. Ausgerechnet die deutsche Regierungschefin sieht sich plötzlich gezwungen, den Extravaganzen des scheidenden US-Präsidenten die Stirn zu bieten.

Schon sind Beschwichtigungsmanöver im Gang. Wider alle Vernunft und besseres Wissen scheinen sich die »alten Europäer« nun mit jenem System amerikanischer Abwehrraketen abzufinden, das in Polen aufgestellt werden soll, um angeblich rechtzeitig iranische Interkontinentalraketen und ihre Nuklearsprengköpfe abzufangen. Dass die Mullahs von Teheran ernsthaft darauf hinarbeiten, die USA atomar zu bombardieren und damit die eigene Totalvernichtung in Kauf nähmen – diese Behauptung kommt einer Wahnvorstellung gleich. Doch der scheidende Präsident gefällt sich weiterhin in apokalyptischen Visionen.

Immerhin, die schlimmste Fehlentscheidung ist uns erspart geblieben. Hochgestellte amerikanische Experten gingen davon aus, dass Bush noch in den letzten Monaten seiner Amtszeit einen vernichtenden »preemptive strike« gegen die Nuklearanlagen der Islamischen Republik Iran durchführen wolle. Die Auslösung dieses zusätzlichen Feldzugs, der verheerende Auswirkungen für die US Army im Irak, für die Ölversorgung aus dem Persischen Golf, ja für die Sicherheit der saudischen und kuweitischen Förderanlagen nach sich gezogen hätte, ist durch eine glückliche Fügung verhindert worden.

Es waren amerikanische Nachrichtendienste – 16 an der Zahl – und einflussreiche Kreise des Pentagon, die die Welt mit der Meldung überraschten, Teheran habe seine Bemühungen um eine militärische Nutzung seines Kernenergie-Programms seit 2003 eingestellt. Damit war den Absichten von Bush gewissermaßen der Teppich unter den Füßen weggezogen worden. Die CIA wollte nicht noch einmal, wie im Falle des Unternehmens »Iraqi freedom«, für eine Irreführung der Öffentlichkeit verantwortlich gemacht werden, die in Wirklichkeit im Weißen Haus propagandistisch aufbereitet worden war.

Die Europäer sollten sich aber nicht der Illusion hingeben, das Ende der Präsidentschaft Bush würde sie aus ihren immens ausgeweiteten Bündnisverpflichtungen entlassen. Während in Amerika zwischen den Kandidaten der demokratischen Partei darüber gestritten wird, wie die US Army sich – ohne totalen Prestigeverlust – aus dem Irak-Konflikt lösen kann, konzentriert die Allianz ihre Energie und ihre Kräfte auf den aussichtslosen Feldzug in Afghanistan. Der Druck auf die deutsche Bundeswehr, sich in den aufsässigen Südprovinzen verlustreich zu engagieren, wird in der Nachfolge Bushs erhalten bleiben. Sarkozy hat Angela Merkel einen üblen Streich gespielt, indem er 1000 französische Elitesoldaten zusätzlich in die Kampfzone am Hindukusch schickt. Dem verstärkten Engagement auf diesem sinnlosen Nebenkriegsschauplatz wird sich die Berliner Koalitionsregierung nun auch kaum entziehen können, stößt dabei aber auf Ablehnung in der deutschen Bevölkerung. Für die Linkspartei der Bundesrepublik bietet sich hier die Chance für gewinnbringende Agitation.

Eine gesteuerte Revolte in Tibet

5. Mai 2008

Die öffentliche Meinung und die Medien in Europa, mehr noch als in Amerika, haben es sich mit den Krawallen in Tibet etwas leicht gemacht. So wurden nepalesische Polizisten, die Mönche und Lamas verprügelten, als chinesische Ordnungshüter dargestellt. Dass die Unruhen in der Hauptstadt Lhasa mit Plünderungen und Verwüstungen durch tibetische Randalierer begannen, die sich auf den Dalai Lama beriefen, und dass auch die muslimische Minderheit der Hui unter diesen Ausschreitungen zu leiden hatte, wurde wohlweislich verschwiegen. Die tätlichen Angriffe gegen die olympischen Fackelträger, zumal in London und Paris, waren so präzise organisiert, dass sich der Eindruck einer langfristigen Planung aufdrängte.

Bei den stets misstrauischen Chinesen wurde der Verdacht geweckt, eine internationale Verschwörung sei im Gang, als der tibetische Gott-König von Präsident Bush in Washington mit einer hohen Auszeichnung geehrt wurde, nachdem ihn Angela Merkel in Berlin empfangen hatte. Die Drohung des französischen Staatschefs Sarkozy, er werde der Eröffnungsfeier der Olympischen Spiele nur unter der Bedingung beiwohnen, dass die Volksrepublik sich auf dem »Dach der Welt« zu Konzessionen bereitfände, erinnerte eine Bevölkerungsmasse von immerhin 1,3 Milliarden Menschen an die gar nicht so ferne Epoche des westlichen Imperialismus, als die europäischen Mächte im Begriff standen, das Reich der Mitte aufzuteilen.

Inzwischen haben sich die Dinge zumindest oberflächlich beruhigt. Die Schmähung einer behinderten chinesischen Fackelträgerin in Paris und wohl auch die Boykottdrohungen Pekings gegen jede Form der Zusammenarbeit mit Frankreich haben Nicolas Sarkozy bewogen, drei hohe Emissäre nach Peking zu entsenden, um sich für diesen Übergriff zu entschuldigen. Schon die Ankunft der Fackel in Australien vollzog sich unter ganz anderen Umständen. Dort leben 60 000 Chinesen. Bei der Ankunft des olympischen Symbols wogte ein Meer roter Fahnen, und die relativ geringe Zahl der Tibet-Protestler wurde vom Schauplatz abgedrängt.

In China selbst hatte die patriotische Entrüstung über die vermeintlichen Demütigungen einen solchen nationalistischen Überschwang ausgelöst, dass die hohen Gremien der Kommunistischen Partei, die seit der maoistischen Kulturrevolution und dem Studentenaufruhr am Platz des Himmlischen Friedens unkontrollierbare Massenkundgebungen mit Vorsicht genießen, sich sehr schnell bemühten, die fremdenfeindlichen Exzesse in Grenzen zu halten. Um die bevorstehenden sportlichen Wettkämpfe, denen das eigene Volk entgegenfiebert, trotz allen Turbulenzen mit gewaltigem Pomp und in einer Atmosphäre der Brüderlichkeit durchführen zu können, hat sich Staatspräsident Hu Jintao sogar bereit erklärt, Sendboten jenes Dalai Lama zu empfangen, den man vor kurzem noch als »reißenden Wolf in der Mönchskutte« beschimpfte.

Der Westen zeigt sich über diese unerwartete Konzession hoch befriedigt. Dass hier ein Täuschungs- und Hinhaltemanöver praktiziert wird, ist keineswegs auszuschließen. Im Ernst dürften die Entscheidungsträger der Volksrepublik gar nicht daran denken, den Tibetern, deren große Mehrzahl den Dalai Lama weiterhin als quasi göttliche Inkarnation ihrer ethischen und religiösen Identität verehrt, eine reale Autonomie zuzugestehen. Das chinesische Staatsvolk der Han, das selbst in dem Jahrhundert seiner Knechtung und Ausbeutung durch den Westen ein tief verwurzeltes Gefühl eigener kultureller Überlegenheit bewahrte, empfindet die diversen Fremdvölker, die dem Reich der Mitte einverleibt wurden, immer noch als rückständige Barbaren. Was Tibet betrifft, so haben die roten Mandarine von Peking sich seit den grauenhaften Verwüstungen, die die Rotgardisten Mao Zedongs in den Lama-Klöstern anrichteten, mit gewaltigem Aufwand bemüht, dieses unzugängliche Hochland mit einer modernen Infrastruktur auszustatten. Überall entstehen heute Autobahnen. Die Bahnlinie aus Xian erklettert sogar die Höhe von mehr als 5000 Metern. Die Aufforstung der endlosen, kahlen Flächen ist in vollem Gang. Überall entstehen Fabriken. Das Lebensniveau der Tibeter hat sich unter der Okkupation der Han erheblich verbessert, was nicht sonderlich verwundert, lebte doch die Masse der Untertanen des Dalai Lama zur Zeit ihrer prekären Unabhängigkeit als bettelarme Leibeigene unter der strengen Fuchtel ihrer Lamas und Feudalherren. Die Theokratie von Lhasa war alles andere als ein paradiesisches Shangri-La.

Den Chinesen ist es dennoch nicht gelungen, die im tibetischen Buddhismus verankerte Renitenz der Tibeter gegen die hochmütige Bevormundung aus Peking zu überwinden. Doch am Ende wird die Demographie, das erdrückende Übergewicht der Han, den Ausschlag geben. In der Autonomen Region Mongolei ist die Zahl der Einheimischen auf 10 Prozent gefallen. Den Tibetern, deren Hauptstadt Lhasa bereits zu 60 Prozent von Chinesen bewohnt ist, droht ein ähnliches Schicksal der Überfremdung, auch wenn in ihren Klöstern – zur Erbauung des anschwellenden Touristen-Stroms – weiterhin die Buddha-Anrufung »om mani padme hom« erklingen wird.

Deutschlands heißer Wahlsommer

Eine bemerkenswerte Verlagerung der politischen Gewichte vollzieht sich in der Bundesrepublik Deutschland. Es geht dabei nicht um Bundeskanzlerin Merkel, die ursprünglich von den meisten unterschätzt wurde, ihre Spitzenposition in der CDU durch Ausschaltung aller potenziellen Rivalen jedoch zu zementieren verstand und sich einer erstaunlichen Beliebtheit erfreut. Im Parteienspektrum Berlins kündigen sich für das kommende Wahljahr 2009 gravierende Veränderungen an. Als drittstärkste Partei hat sich nämlich völlig unerwartet »Die Linke« durchgesetzt. Diese sozialistische Formation, die in den neuen Bundesländern, das heißt in der ehemaligen DDR, über das stärkste Stimmenpotenzial verfügt, war ursprünglich aus der Sozialistischen Einheitspartei hervorgegangen. Sie hat jedoch inzwischen in der alten Bundesrepublik dank ihrer Allianz mit dem hochbegabten Volkstribun Oskar Lafontaine und dessen Gefolgschaft einen kräftigen Partner gefunden.

Seit die Linke auch in die westlichen Landtage einzieht und wachsende Zustimmung bei der Masse derjenigen findet, die sich trotz eines realen wirtschaftlichen Aufschwungs an den ärmlichen Rand der deutschen Wohlstandsgesellschaft gedrängt fühlen, ist die Lage unübersichtlich und jede neue Koalitionsbildung fragwürdig geworden.

Die sogenannten großen Volksparteien, Christdemokraten und Sozialdemokraten, die einstigen Säulen der Bonner Republik, sehen sich einem bedenklichen Wählerschwund ausgesetzt, und daran kann die Popularität Angela Merkels offenbar auch nichts ändern. Sogar die bayerische CSU muss in München um ihr bisheriges Machtmonopol fürchten. Am schlimmsten trifft es die SPD. Deren Vorsitzender Kurt Beck stammt zwar wie Helmut Kohl aus der urwüchsigen Pfalz, kann es jedoch mit der politischen Fortüne des Altkanzlers nicht aufnehmen. Die Sozialdemokraten leiden unter einer fatalen Auszehrung. Sie werden von den Christdemokraten und den Liberalen der FDP zudem verdächtigt, mit der Linken ein Rotes Bündnis im Bundestag anzustreben. Ein quasi kommunistisches Schreckgespenst wird dort von den Bürgerlichen an die Wand gemalt.

Die Gegensätze innerhalb der zurzeit regierenden großen Koalition von CDU und SPD haben sich verschärft, seit selbst die Wahl des neuen Bundespräsidenten, die am 23. Mai 2009 stattfindet, in den Parteienstreit hineingezerrt wurde. Das Staatsoberhaupt der Bundesrepublik verfügt über keine exekutive Gewalt und wird von einer Bundesversammlung ohne direkte Volksbeteiligung gekürt. Aber unter dem jetzigen Bundespräsidenten Horst Köhler, der ursprünglich als blasse Erscheinung auftrat, hat das Amt an Gewicht gewonnen. Köhler ist nicht davor zurückgeschreckt, die »politique politicienne« der meisten Abgeordneten zu tadeln und die verantwortungslosen Großbanken als »Monstren« zu bezeichnen.

Trotz des Ansehens, das dieser höchste Repräsentant des Staates genießt, hat die SPD, der es an charismatischen Persönlichkeiten bitter mangelt, eine eigene Gegenkandidatin aufgestellt. Mit der Berufung Gesine Schwans ist eine zugkräftige, kämpferische und sympathische Person in die Arena getreten, die – obwohl sie bei der Abstimmung auf die Unterstützung der Linken angewiesen sein wird – stets einen kompromisslos antikommunistischen Kurs vertreten hat. Ihre Familie hatte sich zudem mit großem Mut von den Nazis distanziert. Gesine Schwan, die gelegentlich wegen ihres extravaganten Haarschopfes belächelt wird, ist eine bemerkenswerte Akademikerin. Seit ihrem Studium in Paris spricht sie perfekt Französisch. Ihre spätere Promotion an der Hochschule von Krakau bescherte ihr auch die Kenntnis des Polnischen. Besondere Verdienste um das schwierige Verhältnis zwischen Warschau und Berlin erwarb sie durch Gründung und Leitung einer deutsch-polnischen Universität in Frankfurt an der Oder.

Gesine Schwan, die schon einmal die Berufung zur Bundespräsidentin knapp verfehlte, ist mit Elan und Gelassenheit in die politische Schlacht gezogen. Nachdem Angela Merkel mit List und Geschick alle männlichen Rivalen in den eigenen Reihen zu neutralisieren und auszuschalten verstand, könnte sie es in Zukunft mit der Konkurrenz einer hochbegabten, dynamischen Frau auf Seiten der SPD zu tun haben. Die Deutschen – so scheint es – finden zu ihrer Nibelungen-Tradition zurück, als sich Brunhilde und Krimhilde kämpferisch gegenüberstanden. Nicht weniger als 15 Urnengänge stehen den Bürgern der Bundesrepublik in den kommenden zwölf Monaten bevor, wenn man die kommunalen und Landtagswahlen zusammenrechnet. Es wird spannend werden in Berlin, aber auch in einer so peripheren Landschaft wie dem Saarland, wo Oskar Lafontaine, den manche als deutschen Jakobiner bezeichnen, Chancen besitzt, die Funktion des Ministerpräsidenten zurückzugewinnen, die er einst in Saarbrücken erfolgreich ausübte. Die Formation der Linken steht neuerdings im Mittelpunkt der nationalen Kontroverse Deutschlands.

Das Pulverfass am Kap

13. Juni 2008

Die Welt ist selten so intensiv belogen worden wie über den Zustand Südafrikas. Der Westen hat sich eine Idylle gezaubert, ausgerichtet auf die versöhnliche und zweifellos bewundernswerte Figur eines Nelson Mandela. Doch die Wirklichkeit sah und sieht ganz anders aus. Die Öffentlichkeit in Europa und Amerika wurde zwar durch die Ausschreitungen gegen die schwarzen Einwanderer aus Simbabwe und aus Mosambik aufgeschreckt. Doch über die ermordeten weißen Farmer, mehrheitlich Buren – im Jahr 2001 waren es offiziellen Angaben zufolge 1200 –, erfährt man nichts.

Sicher, die Buren hätten eigentlich mit solchen Reaktionen rechnen müssen. Ihr Apartheid-Regime, das sich in den letzten Jahren vielleicht etwas abgemildert hatte, war über lange Jahrzehnte wirklich abscheulich für die dort lebenden Menschen und eine unnötige permanente Demütigung. Doch hatten sie nicht angekündigt, einen grandiosen Widerstand zu leisten, falls es zu einer schwarzen Machtergreifung kommt? Sie wollten auf der Wagenburg sterben und haben dann doch gekuscht, als es zur Entscheidung kam. Ein Kenner der dortigen Situation hätte das alles voraussagen müssen.

Noch erstaunlicher ist die Tatsache, dass die Zahl der Toten in Simbabwe, die unter den dortigen weißen Farmern höchstens ein Dutzend beträgt, ständig im Vordergrund steht. Von den mehr als tausend Weißen, die seit der ANC-Machtübernahme 1994 in Südafrika umgebracht wurden, ist hingegen nie die Rede.

Warum ist das so? Zum einen existiert dort das blühende Touristengeschäft, das allerdings in streng abgesicherten Bahnen verläuft und über das Privatgesellschaften – nicht die südafrikanische Polizei – wachen. Alles ist strikt programmiert: die Ankunft in Johannesburg, die Unterbringung in einem Regenbogen-Hotel, der Besuch in der strikt kontrollierten Location Soweto und im videoüberwachten Viertel für Ausländer in Kapstadt. Am Ende bestaunt man die Löwen im Krueger-Park. Ergebnis: In Deutschland entstand ein völlig falsches Bild Südafrikas.

Nicht nur die Tourismusbranche ist an dem guten Image Südafrikas interessiert, auch die deutsche Industrie wacht hier über ihre Investitionen. Sie hat sich in Südafrika stark engagiert und möchte verhindern, dass die Wahrheit an die Öffentlichkeit dringt. Hinzu kam noch eine Ideologie, die dem globalen Wunschbild von Demokratie und Kapitalismus in Afrika unbedingt einen großen Erfolg bescheren wollte. Die Person Nelson Mandelas, die in der heutigen Politik keine Rolle mehr spielt, war hierfür trefflich geeignet.

Zurück in die Gegenwart: Im Moment spielt man die Frage Simbabwe, die in Afrika eine drittrangige ist, in den Vordergrund. Simbabwes Robert Mugabe, der ein Tyrann ist, aber bestimmt nicht schlimmer als andere Tyrannen in Afrika, wird als Monstrum gezeichnet, um zu verhindern, dass die Verhältnisse in Simbabwe sich in Südafrika wiederholen. In Wirklichkeit ist die Lage zwischen Transvaal und dem Kap viel explosiver. Nur wird dies totgeschwiegen. – Viel Spaß bei der Fußball-Weltmeisterschaft in Südafrika 2010!

Das Nein der Iren

1. JULI 2008

Dass ausgerechnet die Grüne Insel des heiligen Patrick den Europavertrag per Volksabstimmung abgelehnt hat, wurde in Brüssel mit Entrüstung aufgenommen. Wenn irgendein Staat vom Beitritt zur Europäischen Union profitierte und aus einer Zone relativer Armut den Weg ins Wirtschaftswunder fand, dann war das die Republik Irland. Schnöden Undank haben manche Brüsseler Funktionäre der irischen Wählermehrheit vorgeworfen. Dabei vergessen sie, dass bereits der erste Basisentwurf einer europäischen Verfassung von Franzosen und Holländern in einem Plebiszit verworfen wurde. Hätten die übrigen Mitglieder des kontinentalen Zusammenschlusses – statt den Schleichweg einer vorprogrammierten Zustimmung der Parlamente zu betreten – ebenfalls ihr konstitutionelles Projekt einem Referendum der Bürger überlassen, so wäre es zwischen Warschau und Madrid möglicherweise auf eine ähnliche Ablehnung gestoßen, wie das bei den gescholtenen Iren geschah.

Bei diesem keltischen Volk am Rande des Atlantiks hat stets ein starker Eigensinn vorgeherrscht. Nachdem es unter fürchterlichen Opfern die Zwangsherrschaft der britischen Krone abgeschüttelt hat, überlegt man es sich in Dublin zweimal, ehe man die teuer erkaufte Souveränität einem anonymen Gremium von Eurokraten in Brüssel ausliefert. Als besonders schockierend wird nicht nur von den Iren empfunden, dass die überstürzte, für den Zusammenhalt verhängnisvolle Ausweitung der Union nach Osten und Südosten praktisch ohne jede Konsultation und Mitbestimmung der Gründerstaaten durchgepeitscht wurde. Die Schweizerische Eidgenossenschaft hat das freie Volksbegehren in ihrer Verfassung eingebaut, und sie ist gut damit gefahren. Nun ist die historische Situation in Osteuropa eine ganz andere, und die praktische Vernunft, die in den Schweizer Kantonen am Ende doch meist den Ausschlag gibt, kann man den Rumänen, Litauern oder Slowaken nicht ohne Weiteres zutrauen.

Man sollte das Votum der Iren nicht überbewerten. In den Jahrzehnten nach dem Zweiten Weltkrieg hat der Zusammenschluss des Alten Kontinents wahre Wunder der organischen Zusammenarbeit und der Völkerversöhnung vollbracht. Seit die ehemaligen Satelliten der Sowjetunion hinzukamen, knirscht es zwar heftig im Gebälk. Im Ganzen gesehen wurden jedoch auch hier beachtliche Fortschritte erzielt. Bleibt eine profunde Diskrepanz zwischen dem »alten« und dem »neuen« Europa. Die Weigerung der Iren, sich dem bürokratischen Prozedere, der Routine anzuschließen, zu der die Kommission von Brüssel und auch das Parlament von Straßburg verurteilt scheinen, zwingt jetzt die verantwortlichen Politiker zu der Einsicht, dass das diffuse Monstergebilde von 27 Staaten, das manche noch um die Ukraine, die Kaukasusrepublik Georgien, die Türkei und Belarus erweitern möchten, total unfähig wäre, politische oder strategische Entscheidungen zu treffen.

Eine differenzierte Struktur der EU, die von der deutschen Bundeskanzlerin vehement abgelehnt wird, ein Europa »à plusieurs vitesses«, wie man in Paris sagt, erscheint heute als einziger Ausweg aus der Sackgasse. So neu ist diese Ungleichheit ja nicht, denn eine ganze Reihe von Vereinbarungen – man denke nur an das Schengen-Abkommen oder den sensationellen Durchbruch des Euro zur Leitwährung – werden bislang längst nicht überall akzeptiert. Mag sein, dass nach dem herrischen Führungsanspruch der USA unter George W. Bush unter dessen Nachfolger eine gewisse Bereitschaft aufkommt, die Europäische Union als zweiten Pfeiler des Bündnisses ernst zu nehmen. Doch die europäischen Regierungen stehen sich ja selbst im Wege, wenn sie durch Rivalitäten und durch die Einengung ihrer Rüstungsbudgets sich selbst den Weg zur gleichrangigen Partnerschaft mit Amerika verbauen und in Bedeutungslosigkeit versinken.

Die Europäische Union leidet darunter, dass sie auch nach der Selbstauflösung der Sowjetunion mit der Atlantischen Allianz so eng verkoppelt bleibt wie siamesische Zwillinge. Am deutlichsten wird das beim heillosen Koalitionseinsatz in Afghanistan, wo das Oberkommando und die politische Lenkung eindeutig von amerikanischen Offizieren und Beamten wahrgenommen werden. Wie lange wird es noch dauern, bis in den Kanzleien und Parlamenten die Erkenntnis reift, dass der Kontinentalzusammenschluss in Fragen der Außenpolitik und der Strategie einem aktionswilligen, eng koordinierten »Kern-Europa« übertragen werden muss. Sollte es nicht dazu kommen, wäre unser Kontinent zu Ohnmacht verurteilt und würde am Ende auch wirtschaftlich Schaden nehmen. In diesem Sinn war das Nein aus Irland ein durchaus nützliches, aufrüttelndes Signal.

Ist Obama gut für Europa?

1. JULI 2008

Die »Obamamania«, die Begeisterung für den afro-amerikanischen Kandidaten der Demokratischen Partei, habe sich der Deutschen bemächtigt, heißt es sogar in amerikanischen Medien. Ungewöhnlich wäre das nicht, ist hierzulande die Heilserwartung doch stets hochgeschraubt, wenn eine charismatische Persönlichkeit auftaucht, sei es John F. Kennedy, Michail Gorbatschow oder unlängst der Dalai Lama, dem Germania in einem mystischen Rummel huldigte. Auch der Senator von Illinois beabsichtigt angeblich, am Brandenburger Tor eine werbewirksame Show abzuziehen. Aber bei Barack Obama geht es um weit mehr. Die Wahl des amerikanischen Präsidenten bleibt für die Bundesrepublik wichtiger als die Kür des eigenen Bundeskanzlers. Dazu gesellt sich ein Gefühl der Erlösung, endlich von den Irrläufen und Torheiten der Bush-Ära befreit zu werden, die die transatlantischen Beziehungen aufs Äußerste strapazierten. Falls Obama ins Weiße Haus einzieht, wie wird er es mit Europa, wie wird er es mit den Deutschen halten? Kaum jemand weiß darauf eine Antwort, denn um eine schlüssige Auskunft haben sich Berlin und auch Paris bislang vergeblich bemüht. Eine zusätzliche Ungewissheit tut sich bei der Beurteilung dieses Mannes auf.

Mit dem politischen Durchbruch Barack Hussein Obamas – ob er am Ende Präsident wird oder nicht – hat sich möglicherweise ein noch gründlicherer Wandel eingestellt. Wer im Jahr 1950 Amerika im Greyhound-Bus durchquerte und bei Erreichen der Staatsgrenze von Oklahoma erlebt hat, wie die Schwarzen, die man damals »negroes« nannte, auf die hinteren Sitzbänke, in den Raststätten auf getrennte Toiletten und Imbisstheken verwiesen wurden, kann über die heutige Situation gar nicht genug staunen. Was sich in den USA vollzieht, ist eine Art Kulturrevolution. Gewiss, diese Entwicklung zur rassischen Toleranz ist nicht neu. Die Civil Rights wurden von Lyndon B. Johnson in den renitenten Südstaaten *manu militari* durchgesetzt. Die Präsidenten Clinton und Bush galten als »farbenblind« und besetzten die höchsten Posten in Staat und Armee mit qualifizierten Afro-Americans und Hispanics. Was immer man George W. Bush vorwerfen kann, Rassismus ist ihm fremd.

In ihrer ethnischen Zusammensetzung stehen die USA im Begriff, »another country« zu werden. Daraus, so meinen bereits manche engagierte Amerika-Freunde im Bundestag, könnte sich eine folgenschwere Umorientierung der US-Diplomatie und -Strategie ergeben. Bislang galt in Washington die Devise »Europe first«, an der Franklin D. Roosevelt sogar festhielt, als er nach Pearl Harbor gegen das ostasiatische Kaiserreich Japan zu Felde zog. Bei allen bisherigen Präsidenten bestand eine Affinität zu Europa, eine Verwandtschaft, die sich auf die gemeinsamen »kaukasischen« Ursprünge, wie es im Immigrationsjargon hieß, zurückführen ließ.

Mit Barack Obama haben wir es nun mit einem potenziellen Staatschef und Commander-in-Chief zu tun, dem diese atlantische Bindung von Hause aus abgeht. Er wurde im Bundesstaat Hawaii als Kind einer weißen Mutter aus Kansas geboren. Sein Vater stammte aus Kenia, gehörte dem nilotischen Stamm der Luo an und war zweifellos Muslim, was durch die Namensgebung seines Sohnes Barack Hussein belegt wird. Aufgewachsen ist der Kandidat der Demokraten in Indonesien, wo seine Mutter in zweiter Ehe mit einem Malaien verheiratet war. Durch hohe Intelligenz und ein beachtliches Durchsetzungsvermögen gelang es dem jungen Barack, der als Mulatte automatisch dem schwarzen Bevölkerungsteil der USA zugerechnet wurde, sich an den Elite-Universitäten der Ostküste auszuzeichnen. Später hat er Sozialarbeit bei den unterprivilegierten Afro-Americans von Chicago geleistet, geriet sogar unter den religiösen Einfluss des Weißen-Hassers Jeremiah Wright, bevor der Staat Illinois ihm zur Würde eines Senators verhalf. Ob dieser brillante Redner und Tribun, der sein Publikum mit geschliffener Rhetorik, mit der tänzerischen Eleganz seiner Gestik zu faszinieren versteht, die präferenzielle Bindung an die Europäer aufrechterhält, bleibt ungewiss, zumal das Schwergewicht des weltpolitischen Geschehens sich ohnehin vom Atlantik weg in den asiatisch-pazifischen Raum verlagert.

Vermutlich wird Obama die Erfolgsformel Bill Clintons beherzigen müssen: »It's the economy, stupid.« Angesichts einer drohenden Rezession ist kein Raum für Sentimentalität in den Wirtschaftsbeziehungen zu den europäischen Partnern, die sich der aus Wallstreet herüberschwappenden Finanzkrise erwehren und mit ihrem Euro den schrumpfenden Dollar als Leitwährung abzulösen drohen. Der »new deal«, an den sich Obama heranwagen muss, wird – entgegen der Absicht Angela Merkels, den atlantischen Wirtschaftsraum eng zu verflechten – zu protektionistischen und dirigistischen Maßnahmen jenseits des Ozeans zwingen, zu gezieltem »deficit spending«. Dazu käme die längst überfällige Einführung einer dezenten Kranken- und Altersversorgung für seine Bürger. Das erwarten zumindest jene weißen »blue collar workers« in den teilweise desolaten Industriegebieten, die den »Newcomer aus Kenia« mehrheitlich ablehnen und über die Ähnlichkeit der Namen »Obama« und »Osama« witzeln.

In seiner Autobiografie »Dream of my father« beschreibt Obama mit großer Offenheit den traumatischen Zwiespalt, der ihn belastet, aber seine Karriere auch positiv motiviert hat. Seine künftige Beziehung zu den von Washington bislang privilegierten britischen »Vettern« könnte durch die Tatsache getrübt sein, dass seinesgleichen es zur Glanzzeit des Empire bestenfalls bis zum Rang eines Sergeanten der King's African Rifles gebracht hätte. In seiner Auseinandersetzung mit dem republikanischen Rivalen John McCain, einem kriegserprobten Veteranen des Vietnam-Konflikts, wird der »schwarze Kennedy« nicht umhinkönnen, in Fragen der globalen Strategie und des von Bush ausgelösten Krieges gegen den Terror eindeutig Stellung zu beziehen. Gerade in diesem Punkt sollte man sich in Berlin keinen Illusionen hingeben. Wenn Barack Obama seine Bereitschaft proklamiert, mit allen möglichen Repräsentanten der »Schurkenstaaten« – von Raoul Castro bis Mahmud Ahmadinejad – ein direktes Gespräch, ja Verhandlungen aufzunehmen, durchbricht er zwar endlich das Tabu einer töricht restriktiven Außenpolitik. Doch eines ist sicher: Er wird sich hüten, als Commander-in-Chief in den Ruf des »Appeasers«, des Beschwichtigers, zu geraten. Bei seinen Kontakten mit den Bösewichten der »axis of evil« muss er einen harten Stand beziehen. Wie sich das vereinbaren lässt mit dem feierlichen Versprechen, den Kriegsschauplatz Irak binnen kürzester Frist zu evakuieren, bleibt dahingestellt. Noch weniger Sinn macht seine Drohung, den Taleban und Al Qaida notfalls auch auf pakistanischem Territorium nachzustellen. Der Senator von Illinois wird sehr bald feststellen müssen, dass es den USA an Bodentruppen mangelt, um sich aus dem »overstretch« ihres derzeitigen Globalengagements honorig zu lösen. Er wäre auf die Mitwirkung seiner atlantischen Partner angewiesen.

Die längst fällige Aufwertung der Europäischen Union, die Rücksichtnahme auf deren strategische und diplomatische Eigenständigkeit, könnte der neue Präsident getrost konzidieren, sind es doch die 27 Staaten der EU selbst, die dem Aufbau eines unabhängig operierenden Militärpotenzials durch ihre Eifersüchteleien und die exzessive Reduzierung ihrer Rüstungsbudgets im Wege stehen. Bliebe also für das Pentagon am Ende nur der Rückgriff auf überwiegend nationale Interventionskontingente aus »old Europe«. Für Berlin und Paris wäre es sehr viel schwieriger, einem extrem populären US-Präsidenten Obama eine verstärkte Beteiligung zu verweigern, als das bei seinem diskreditierten Vorgänger der Fall war. Niemand weiß präzise, wer Obama in seinem Allianzverhalten und in seinem Umgang mit Deutschland beraten wird oder ob er sich eventuell an den Ratschlag hält, den Charles de Gaulle einst dem jungen Kennedy zuraunte: »N'écoutez que vous-même – Hören Sie nur auf sich selbst!«

Den meisten Deutschen ist wohl nicht bewusst, dass sich in Amerika – unabhängig von der Wahl des neuen Staatschefs – eine quasi biologische Mutation vollzieht. Gleichzeitig drängt sich die Erkenntnis auf, dass die parlamentarische Demokratie, die für die atlantischen Staaten unverzichtbar bleibt, keinen Anspruch mehr auf globale Gültigkeit erheben kann, dass andererseits die hemmungslosen Auswüchse des spekulativen Kapitalismus der USA sogar in Europa auf wachsenden Widerspruch stoßen. Darüber hinaus malen amerikanische Kommentatoren ein schauerliches Menetekel an die Wand. Als Sohn eines muslimischen Vaters ist Barack Hussein Obama – auch ohne feierliche Rezitation der Schahada, des islamischen Glaubensbekenntnisses – von Geburt her Angehöriger der patrilinearen islamischen Umma. Sein dezidiertes und überzeugtes Bekenntnis zum Christentum könnte von koranischen Fanatikern als »ridda«, als Abfall vom Glauben des Propheten, gedeutet werden, und auf diesen Frevel steht laut Scharia die Todesstrafe. Allzu oft wird Obama mit John F. Kennedy oder Martin Luther King verglichen. Um deren tragischem Schicksal zu entgehen, wird Barack Obama des Segens Allahs bedürfen, der »Baraka«, wie man im Maghreb sagt, das heißt, eines göttlichen Segens gegen die Kugeln und Bomben der Meuchelmörder.

Der Mensch ist das schlimmste Raubtier

INTERVIEW, 3. JULI 2008*

In den USA stehen wir wegen der anstehenden Präsidentschaftswahlen vor einer Wende. Wie beurteilen Sie im Nachhinein die acht Jahre der Bush-Administration?

SCHOLL-LATOUR: Die Vorstellungen sind ziemlich eindeutig und einstimmig; selbst die Amerikaner sagen, dass Bush der schlechteste Präsident war, den sie je hatten. Vielleicht haben sie schon dümmere gehabt, das mag sein; aber der amerikanische Präsident hat heutzutage eine derartige Wichtigkeit, dass es am meisten ins Gewicht fällt, wenn er versagt.

Hat sich in den USA die Erkenntnis durchgesetzt, dass der sogenannte Krieg gegen den Terrorismus überhaupt nichts gebracht hat – außer dem Gegenteil dessen, was man bezweckt hat?

SCHOLL-LATOUR: Diese Ansicht hat sich meines Erachtens in den USA noch nicht eingestellt. Mehrheitlich glaubt man weiterhin, den Krieg gegen den Terrorismus führen zu müssen, was natürlich Unsinn ist, denn man kann ja keinen Krieg gegen den Terrorismus führen. Der Terrorismus ist eine Methode des Kampfes und kein klarer Gegner, aber innerhalb eines Krieges muss man den Gegner genau definieren können. Einfach nur von Islamofaschismus zu reden, reicht nicht aus.

Inwieweit ist der Terrorismus im Irak und auch weltweit durch den amerikanischen Einmarsch in den Irak und die anschließende Besatzung verstärkt worden?

SCHOLL-LATOUR: Im Moment wird offizieller Optimismus in Bezug auf den Irak verbreitet. Vielleicht hat sich die Situation ein wenig beruhigt, was aber auch damit zusammenhängt, dass die sunnitischen und schiitischen Wohnviertel Bagdads durch hohe Mauern getrennt worden sind. Außerdem warten die Menschen im Irak

---

* Mit Wolfgang Weihrauch, Chefredakteur der *Flensburger Hefte*

wie auch anderswo darauf, dass Bush abtritt, um zu sehen, was dann der neue Präsident macht.

Von iranischer Seite hat man nichts unternommen: Man hat nicht interveniert, sondern sich zurückgehalten. Im Gegenteil zu den offiziellen Beschwichtigungen befürchtet man ja immer noch, dass Bush in seinen letzten Tagen den Israeli grünes Licht gibt, die Nuklearanlagen im Iran zu bombardieren.

Sind die Bevölkerungsgruppen bzw. Religionsgruppen im Irak – Sunniten, Schiiten und Kurden – durch den amerikanischen Einmarsch überhaupt erst in die Gegensätze gekommen, in denen sie heute stehen?

SCHOLL-LATOUR: Auf jeden Fall. Diese Gegensätze gab es in dieser heutigen Form, vor allem in Bagdad, überhaupt nicht. In Bagdad lebten Sunniten und Schiiten friedlich nebeneinander, ähnlich wie damals in Bosnien, wo auch die orthodoxen Christen relativ friedlich mit den Muslimen zusammenlebten. Die wirkliche Veränderung heute besteht darin, dass die Schiiten zwischen Afghanistan und dem Mittelmeer mittlerweile die stärkste und geballte Fraktion darstellen, obwohl sie in der gesamten islamischen Umma nur etwa 15 Prozent ausmachen. Der Iran ist schiitisch, im Irak sind die Schiiten in der Mehrzahl, und auch im Libanon sind es zwischen 40 und 50 Prozent und nicht etwa 30 Prozent, wie immer wieder behauptet wird. Natürlich haben die Schiiten auch ihre inneren Spaltungen, vor allem im Irak. Die internen Veränderungen in dem gesamten Raum des Nahen und Mittleren Ostens sind wahrscheinlich viel gravierender als die amerikanische Präsenz im Irak.

Wie sehen Sie die Zukunft im Irak? Wird es eine Dreiteilung geben müssen, oder ist der Hass mittlerweile so groß, dass man hier überhaupt keine Hoffnung mehr für einen einheitlichen Staat haben kann? Inwieweit können die Amerikaner überhaupt noch aus dem Irak abziehen – bzw. was geschieht, wenn sie abziehen?

SCHOLL-LATOUR: Diese Frage stellt man sich auch in Amerika selbst: Was passiert, wenn wir aus dem Irak rausgehen? Aber irgendwann müssen die Völker einmal über sich selbst bestimmen. Natürlich werden sich nach einem amerikanischen Abzug viele blutige Zwischenfälle ereignen, aber das können wir nicht aufhalten. Der Westen kann nicht fortwährend als Richter und gleichzeitig Sanitäter auftreten, genauso wenig aber als Protektor oder Hegemon. Auf jeden Fall herrschen im Irak heute noch teilweise neokolonialistische Zustände. Aber das wird auf Dauer nicht möglich sein.

Voraussichtlich wird im November 2008 Obama zum Präsidenten der USA gewählt. In Europa wird dies mehrheitlich begrüßt. Aber was kommt damit auf die europäischen Länder zu, wenn Obama den Unilateralismus aufgibt und die internationale Staatengemeinschaft mehr mit einbeziehen wird, zum Beispiel im Irak oder in Afghanistan oder in anderen Krisenregionen?

SCHOLL-LATOUR: Zunächst einmal ist es noch nicht sicher, dass Obama gewählt wird. Es gibt doch erhebliche Teile der amerikanischen Bevölkerung, die gegen ihn sind. Zum Beispiel gibt es in der weißen Arbeitnehmerschaft noch mehr Rassenvorurteile als in der Oberschicht, vor allem auch weil diese Arbeitnehmer die Farbigen als Konkurrenz ansehen. Dann gibt es Anhänger von Hillary Clinton, die aus feministischen Gründen für Hillary waren und nicht unbedingt ihre Stimmen auf Obama übertragen. Dann gibt es noch die Gruppe der Latinos, die mehrheitlich für John McCain sind. Diese Latinos sind zwar auch farbig, meistens sind es Mestizen, also eine spanisch-indianische Bevölkerungsgruppe. Sie wollen aber nicht mit den Schwarzen verwechselt werden. Insofern distanzieren sie sich von Obama. Die Wahl ist noch nicht gelaufen.

Die internationale Staatengemeinschaft ist für mich ein ziemlich dummer Begriff, denn wir haben ja noch nicht einmal eine europäische Staatengemeinschaft, wie sich jetzt gerade wieder herausstellt. Europa ist vollständig handlungsunfähig. Wie kann man aber von einer internationalen Völkergemeinschaft reden? Trotzdem glaube ich, dass sowohl Obama als auch McCain den Europäern eine größere Entscheidungskraft einräumen werden, auch innerhalb des Bündnisses. Sie werden nicht den absoluten Vasallenstatus, der im Moment noch zwischen den USA und den anderen Staaten vorherrscht, verewigen wollen. Auf der anderen Seite sind die Europäer mit ihrem lächerlichen Rüstungsbudget nicht in der

Lage – vor allem weil sie ihre militärische Stärke nicht koordinieren –, eine glaubwürdige Armee aufzustellen. Außerdem sind die Europäer untereinander viel zu sehr gespalten. Die Polen sind beispielsweise Washington näher als Brüssel. Die Europäer stehen sich also selbst im Wege.

Sie waren im letzten Jahr in den USA. Gibt es dort überhaupt islamischen Fundamentalismus?

SCHOLL-LATOUR: So groß ist die Zahl der Muslime dort nicht, außerdem sind sie scharf überwacht. Aber sie dürfen zum Beispiel in den Universitäten ihr Kopftuch tragen, was in der Türkei verboten ist. Ich wurde sogar von einer Frau mit Kopftuch kontrolliert, als ich in New York abflog. Worauf man auch hinweisen sollte, ist, dass es bei den beiden Attentaten auf New York und das Pentagon am 11. 9. geblieben ist und die Serie von Attentaten, die man angekündigt hatte, ausgeblieben ist. Außerdem waren die Attentäter keine Afghanen, sondern Saudis. Unter den internationalen Terroristen befindet sich kein einziger Afghane. In den letzten Monaten sind wir ohnehin von irgendwelchen Attentaten der Islamisten verschont geblieben.

Und wie stark ist der religiöse christliche Fundamentalismus noch in den USA? Wie haben Sie bei Ihrem letzten Besuch den christlichen Fundamentalismus erlebt?

SCHOLL-LATOUR: Meines Erachtens hat der christliche Fundamentalismus seinen Höhepunkt überschritten. Die gesamten Erweckungsbewegungen sind nicht mehr ganz so ausgeprägt, wie dies eine Zeitlang unter Bush der Fall gewesen ist. Aber eins ist sicher: Der amerikanische Patriotismus ist zutiefst religiös motiviert.

Was ist eigentlich mit Bush damals geschehen, als er – ich glaube, es war zu Beginn seiner ersten Amtszeit – verkündete, sich Gott zugewandt zu haben bzw. den Weisungen Gottes zu folgen? War das Ernst, oder war das Wahn?

SCHOLL-LATOUR: Aus seiner Sicht hat er eine Art Sauluserlebnis gehabt, und leider war das sehr ernst. Dieser Mann glaubt wirklich daran, dass er die Welt vom Bösen befreien muss; gleichzeitig glaubt er daran, dass die Demokratie und die freie Marktwirtschaft die Allheilmittel für die gesamte Welt seien. Daran glaubt er wirklich! Deshalb bestand die Befürchtung, dass er noch vor seinem Abtreten einen Schlag gegen den Iran führt.

In diesen acht Jahren hat Bush keinen wirklich bleibenden positiven Eindruck hinterlassen; war er lediglich eine Marionettenfigur für diejenigen, die eigentlich an den Schaltzentralen der Macht sitzen? Ist Dick Cheney der eigentlich mächtige Mann in der US-Regierung?

SCHOLL-LATOUR: Cheney ist der Mann der amerikanischen Erdölkonzerne, denn früher war er Direktor bei Halliburton. Als Vizepräsident ist er einer der mächtigsten Vizepräsidenten in der amerikanischen Geschichte überhaupt. Man braucht zum Beispiel nur an Truman zu denken – als Präsident tat er das Richtige, aber als Vizepräsident von Roosevelt trat er praktisch überhaupt nicht in Erscheinung. Dagegen hat Cheney in diesen vergangenen acht Jahren eine gewaltige Rolle gespielt und einen über die Maßen starken Einfluss ausgeübt. Insofern ist er einer der verhängnisvollsten Figuren der amerikanischen Regierung, und er brennt natürlich darauf, aus welchen Gründen auch immer, noch schnell einen Schlag gegen den Iran zu initiieren. Dann würden die Erdölpreise ins Unermessliche steigen.

Haben die Rüstungsindustrie der USA, die Ölindustrie und Firmen wie das Bauunternehmen Bechtel enorm vom Irakkrieg profitiert, oder erweist sich dies mittlerweile für diese Firmen auch schon als Bumerang?

SCHOLL-LATOUR: Mit dem irakischen Feldzug ist gewaltiges Geld verdient worden, denn so gut wie alle Aufträge für den Krieg und die anschließende Besatzung sind an amerikanische Firmen gegangen; ebenso prosperieren die amerikanischen Erdölfirmen. Sie können auf riesige Gewinne zurückschauen. Es gibt immer Menschen und Firmen, die erheblich vom Krieg profitieren.

Was ist im Rückblick aus den Neo-Cons und ihren illusorischen Lügengebilden von der Vorherrschaft der USA und dem Sieg über die Achse des Bösen usw. geworden? Welche Rolle spielen heute noch Perle, Wolfowitz, Kristol, Bolton, bzw. wie muss man sie im Nachhinein beurteilen?

SCHOLL-LATOUR: Auf jeden Fall werden sie weder bei Obama noch bei McCain die entscheidende Rolle spielen. Im Grunde waren dies

Halbverrückte, nicht weit vom Faschismus entfernt. Sie betrachteten sich als eine Elite, die die Interessen des Landes und der Industrie vertreten wollten.

Müsste man sie nicht alle wegen Menschenrechtsverletzungen anklagen?

SCHOLL-LATOUR: Hier offenbart sich die ganze Schwäche unserer Welt. Die Amerikaner sind gegen den Internationalen Strafgerichtshof, und auch ich sehe ihn kritisch, wenn auch aus ganz anderen Gründen. Vor diesen Gerichtshof werden ja nur irgendwelche schwarzen Potentaten gezerrt, wenn sie denn einmal gestürzt sind; oder Kroaten und Serben, die Menschenrechtsverletzungen begangen haben. Aber es wird niemals ein verantwortlicher Amerikaner, Brite, Franzose, Russe oder Chinese vor diesem Gerichtshof erscheinen. Insofern hat diese Einrichtung eine sehr große Schwäche und ist zudem auch noch schädlich, wenn man zum Beispiel an Präsident Mugabe von Simbabwe denkt. Wenn man ihm sagen würde, er bekäme eine Villa an der Côte d'Azur, und dafür solle er sich aus dem politischen Leben zurückziehen, wäre die Sache sehr viel besser geregelt, als wenn der Mann weiß, dass er in dem Moment, in dem er die Macht verliert, ins Gefängnis wandern muss. Die Idee des Internationalen Gerichtshofs war sicherlich sehr idealistisch, aber in der Praxis sieht das anders aus.

Warum hat es in den USA bis heute keine breite Protestbewegung gegen den Irakkrieg bzw. die Besatzung im Irak gegeben, zumindest nicht in der Weise wie damals während des Vietnamkrieges?

SCHOLL-LATOUR: Die große Protestbewegung ist ausgeblieben. Darüber habe ich mich mit vielen Amerikanern unterhalten, der wesentliche Unterschied ist der, dass die Verluste im Irak keineswegs so erheblich sind wie die während des Vietnamkrieges. Vor allem aber kommt hinzu, dass es zur Zeit des Vietnamkrieges eine wehrpflichtige Armee gab, die in Vietnam gekämpft hat; jetzt aber haben wir eine Berufsarmee. Vom Vietnamkrieg war praktisch jede amerikanische Familie betroffen, es sei denn, sie hatte so viel Einfluss, dass sie ihren Sohn aus der Wehrpflicht herausziehen konnte, wie das für den derzeitigen Präsidenten Bush der Fall gewesen ist. Auch Dick Cheney war nicht in Vietnam. Aber ansonsten ist die Masse der amerikanischen jungen Männer nach Vietnam eingezogen worden. Insofern war ein viel größerer Bevölkerungsanteil betroffen.

Die derzeitigen Soldaten im Irak, nicht die Offiziere, gehören dagegen zu den untersten Bevölkerungsschichten. Es sind sehr viele Schwarze darunter, sehr viele Latinos und andere Neueinwanderer, die die amerikanische Staatsbürgerschaft erwerben wollen. Außerdem gibt es Zehntausende von sogenannten Contract workers, also spezialisierte Söldner, die von kommerziellen Firmen rekrutiert und hoch bezahlt werden. Diese dubiosen Elemente finden bei der Bevölkerung keinen nennenswerten Anklang.

Trotzdem: Es gab strategische Fehlentscheidungen, der Krieg selbst war gegen das Völkerrecht, die Menschenrechte wurden im Irak mit Füßen getreten, in den USA wurden die zivilen Rechte beschnitten, in Guantánamo wurde ein rechtsfreier Raum gebildet – aber sind dies nicht alles Gründe, mit der Regierung abzurechnen und eine breite Protestbewegung zu initiieren?

SCHOLL-LATOUR: Selbstverständlich, aber die Realität sieht leider anders aus.

Es wundert mich wirklich, dass es in den USA keine breitere Protestbewegung gegen den Irakkrieg gab, schon gar nicht gegen die jahrelange Besatzung danach.

SCHOLL-LATOUR: Das ist in der Tat zutiefst bedauerlich. Die USA waren für uns einmal die Verkörperung des Rechtsstaates, der Gerechtigkeit und des internationalen Anstands, aber das ist nun leider nicht mehr der Fall. Guantánamo existiert weiterhin, und ich bin sicher, dass seitens der USA auch weiterhin gefoltert wird, zum Beispiel in Afghanistan, zumal in Bagram und ähnlichen Orten.

Die Immobilienblase hat Hunderttausende von Amerikanern ruiniert, der Dollar ist schwach, die Chinesen, Russen und die Saudis besitzen Billionen von Dollars. Wie sehen Sie die USA in den nächsten Jahrzehnten? Werden die USA ihre Spitzenstellung verlieren?

SCHOLL-LATOUR: Noch ist es offen, ob die USA auf dem Wege des Niederganges sind oder ob sie sich noch einmal aufraffen. Das ist wahrscheinlich noch nicht entschieden – aber die einzige Supermacht, die sie seit den Neunzigerjahren ja waren, werden sie in Zukunft nicht mehr bleiben. Wir werden eine multilaterale Welt bekommen. Zwar sind die USA in Bezug auf die Navy und die Luftwaffe noch allen anderen weit überlegen; aber immer dann, wenn es zum Bodenkrieg kommt, haben sie sich als erstaunlich unfähig erwiesen. Der Irak ist ein bescheidener Konflikt, Afghanistan ist ein Nebenkriegsschauplatz – trotzdem werden sie mit beiden Ländern nicht fertig. Seit dem Zweiten Weltkrieg, den die USA brillant gewonnen haben, haben sie keinen Krieg mehr gewonnen. Auch der Koreakrieg endete in einer Pattsituation, der Vietnamkrieg konnte schon gar nicht gewonnen werden, und alle anderen kleineren Aktionen, die sie in Mittelamerika unternommen haben, waren alles andere als professionell.

Das Außenhandelsbilanzdefizit der USA ist gewaltig, und mittlerweile werden die meisten Waren des Billigsektors in China produziert. Welche Folgen wird dies langfristig für die Beziehung beider Länder haben?

SCHOLL-LATOUR: Hier muss man sich auch fragen, welche Folgen das für uns haben wird, denn es hat sich herausgestellt, dass sich die Immobilienkrise nicht nur in den USA fatal ausgewirkt hat, sondern auch bei uns. Unsere Banken haben sich im Vertrauen auf die Unverwundbarkeit der amerikanischen Wirtschaft fast schon auf blödsinnige Weise engagiert und stehen jetzt vor dem Scherbenhaufen ihrer Fehlspekulationen.

Die Amerikaner sind im Grunde mehr als die Europäer an Wirtschaftskrisen gewöhnt, denn wenn man sich die amerikanische Geschichte anschaut, wird man feststellen, dass es in periodischen Abständen immer mal wieder eine Wirtschaftskrise gegeben hat, teilweise sogar erheblichen Ausmaßes. In den USA ist die ganze Staats- und Wirtschaftsphilosophie eine andere als in Europa, denn ursprünglich gab es die calvinistische Vorstellung, dass das Wohlergehen und der Reichtum der Menschen die Bestätigung seiner göttlichen Auserwähltheit sei.

Diese Gefühle und Philosophie haben wir in Europa nicht. Der Katholizismus war zum Beispiel eher kapitalfeindlich eingestellt. Wenn bei uns in Europa die wirtschaftliche Situation so wäre wie derzeit in den USA, wo es ja eine große Armut in weiten Teilen der Bevölkerung gibt, hätten wir schon längst eine ganz andere Stimmung. Das Handelsbilanzdefizit zeigt, dass die Amerikaner seit langem weit über ihre Verhältnisse leben. Die Arbeitsplätze werden abgebaut. Die Produktion im Billigwarensektor wird zum Beispiel nach China verlagert, und die Chinesen horten die Dollars.

Sie haben im vergangenen Jahr auch New York besucht, unter anderem Chinatown. Welchen Eindruck hatten Sie von den Chinesen in den USA? Haben sie sich assimiliert, oder bauen sie eine eigene Welt auf?

SCHOLL-LATOUR: Das ist das Eigenartige. Richtig assimilieren tut sich in den USA eigentlich niemand mehr, die Geschichte des »melting pots« ist vorbei. Vorübergehend sprach man auch von der »salad bowl«, der Salatschüssel, aber auch das stimmt nicht mehr ganz. Samuel Huntington hat ein sehr lesenswertes Buch geschrieben, *Who are we?* In diesem Buch beschreibt er die massive Einwanderung von Latinos bzw. Hispanics, die vor allem von Mexiko in die USA kommen. Die ethnische und religiöse Zusammensetzung der USA verändert sich. Ursprünglich waren die weißen angelsächsischen Protestanten maßgeblich, auch wenn sie nicht die Mehrheit darstellten; sie haben im Grunde die ganze Staatsphilosophie geprägt. Nun kommen zunehmend andere Menschen in die USA herein. Die meisten von ihnen sind katholisch, viele von ihnen treten in Sekten ein, werden brave US-Bürger – aber sie haben eine ganz andere Mentalität als die WASPs (White Anglo-Saxon Protestants). Dadurch sind die USA heute ein anderes Land geworden als noch vor einigen Jahrzehnten. 1950 bin ich zum ersten Mal in den USA gewesen, und als ich mit dem Bus an die Grenze von Oklahoma fuhr, erlebte ich, dass die Schwarzen in den hinteren Teil des Busses mussten und an den Raststätten getrennte Toiletten hatten. Wenn man dagegenhält, dass jetzt ein Schwarzer bestrebt ist, Präsident der USA zu werden, so erlebt man darin den ungeheuren Wandel der amerikanischen Gesellschaft. Das ist nicht mehr das gleiche Land wie nach dem Zweiten Weltkrieg.

Ein großes Verdienst daran hatte der viel verschmähte Präsident Lyndon B. Johnson, der nach Kennedys Ermordung den Civil Rights

Act von 1964 – ein Bürgerrechtsgesetz, das unter anderem die Rassentrennung in öffentlichen Gebäuden aufhob – sogar mit Hilfe der Armee durchsetzte. Er war da sehr viel engagierter als alle anderen Präsidenten.

Gibt es untergründige Spannungen zwischen den in die USA eingewanderten Hispanics und der übrigen Bevölkerung der USA, zum Beispiel vor dem Hintergrund, dass einst große Teile der USA zu Mexiko gehörten? Ist von diesen ursprünglichen Spannungen heute noch viel zu spüren?

Scholl-Latour: Das ist das Eigenartige, dass diese Spannungen vorhanden sind, solange die Hispanics in Mexiko bleiben; aber sobald sie in die USA einwandern, werden sie zu glühenden Patrioten und überzeugten Bürgern. Sie sind dort merkwürdigerweise auch sehr viel tüchtiger als in Mexiko selbst, wo vielerorts wirtschaftliches Chaos herrscht und eine hohe Kriminalität. Sobald sie in den USA sind, arbeiten sie sich nach oben, allerdings nicht im gleichen Maße wie die asiatischen Einwanderer, nach denen Sie gefragt haben.

Es gibt zwei Gruppen in den USA, die ganz stark nach oben streben: Das sind einerseits die Inder, die aber kein politisches Problem darstellen. Andererseits sind es die Chinesen, die meist die besten Examina ablegen, die auch große Grundstücke aufkaufen. Chinatown in New York hat sich mittlerweile gewaltig ausgedehnt. Hinzu kommt, dass die Chinesen an Zahl zunehmen, sich aber nicht in den USA assimilieren und trotz allem Chinesen bleiben. Wenn früher ein Chinese in die USA zog und dort sein Examen ablegte, dann blieb er auch in den USA. Heute ist es meist so, dass die Chinesen in großer Zahl aus der Volksrepublik China nach Amerika kommen und nach ihrem Examen zurück nach China gehen.

Wie beurteilen Sie die Entwicklung in der Türkei derzeit: auf der einen Seite die Hinwendung zu Europa und das geplante Verbot der Regierungspartei AKP, auf der anderen Seite die zunehmend stärkere Hinwendung zum Islam?

Scholl-Latour: Ich fürchte, dass sich die Türkei auf dem Wege zu einer islamischen Republik befindet. Was wir jetzt erleben, ist ein

310

letztes Aufbäumen der Kemalisten gegen diese Richtung. Allerdings glaube ich nicht, dass sich die Kemalisten damit durchsetzen können, die AKP zu verbieten, denn die Mehrheit der Bevölkerung hat für die AKP gestimmt. Ministerpräsident Erdoğan ist kein radikaler Islamist, aber er ist ein sehr frommer Muslim. Wenn sich die AKP letztendlich in der Türkei durchgesetzt haben wird, wird das Leben in der Türkei sehr islamisch sein. Dann wird sicherlich eine Sittenordnung herrschen, die zwar nicht der ursprünglichen Scharia entspricht, aber der koranischen Gesetzgebung sehr nahekommt. Man braucht nur heute die vornehmen Viertel von Istanbul, Ankara oder Izmir zu verlassen und auf das Land zu gehen, dann wird man bemerken, wie stark islamisch dieses Land geprägt ist. Dann wird man auch sehen, dass die vielen verschiedenen religiösen Bruderschaften, die Sufi- und Derwisch-Orden oder Tarikat überall gewaltig an Einfluss zunehmen. Mit dem geplanten Verbot der AKP liefern die Kemalisten nur Rückzugsgefechte.

Und welche Auswirkungen wird das auf die EU haben?

SCHOLL-LATOUR: Die Dummheit der Europäischen Gemeinschaft liegt ja darin, dass sie glaubt, den Einfluss der Militärs, der in den vergangenen Jahren exorbitant war, zurückdrängen zu müssen, um die Demokratie zu retten. Mit Hilfe der Demokratie wird aber eine islamische Partei herrschen, wie auch jetzt schon – ob sie nun AKP heißt oder sich demnächst einen anderen Namen geben muss. Es wird auch nicht unbedingt undemokratisch in der Türkei zugehen, aber unsere Lebensform wird es nicht sein. Es wird eine starke Hinwendung zum Islam stattfinden.

Warum protegieren die USA so stark den EU-Beitritt der Türkei?

SCHOLL-LATOUR: Weil sich die Amerikaner falsche Vorstellungen machen. In der Türkei gibt es mittlerweile eine starke antiamerikanische Stimmung, was man in den USA noch nicht so richtig wahrgenommen hat. Andererseits wissen die USA um das Abdriften der Türkei in eine islamische Richtung, und sie möchten die Türkei in Europa einbinden. Sie bedenken aber nicht, dass man, wenn die Türkei Mitglied der Europäischen Union wäre, auch den Kurden zumindest eine kulturelle, eigentlich auch eine politische Auto-

nomie geben muss – doch daraus würde in der Türkei wahrscheinlich ein Bürgerkrieg. Das ist die Kurzsichtigkeit der amerikanischen Politik. Die Deutschen sind da nicht besser. Sie hampeln hier
herum, und wenn man Verheugen hört, der für vielerlei Unglück in
Europa verantwortlich ist, dann vernimmt man mit Erstaunen, wie
stark er immer noch bestrebt ist, die Türkei in die EU zu integrie-
ren.

*Was ist der Hintergrund der schiitischen und sunnitischen Selbstmord-
anschläge, die in den letzten Jahrzehnten verstärkt auftreten?*

SCHOLL-LATOUR: In der Vergangenheit gab es eigentlich nur von
Seiten der Schiiten Selbstmordanschläge, die weit in die Vergangenheit zurückreichen, und zwar bis in die Zeit der Kreuzritter.
Damals gab es eine Gruppe, die sich Haschischin nannte bzw.
Assassinen und die ursprünglich im persischen Alamut, später im
Ansarieh Gebirge Syriens lebte. Diese Haschischin dienten dem
»Alten vom Berge« und überzogen etwa 200 Jahre lang den Orient
mit selbstmörderischen Anschlägen. Der Alte vom Berge führte
seine Selbstmordtrupps sowohl gegen christliche Ungläubige als
auch gegen Muslime, die seiner Ansicht nach vom rechten Wege
abgekommen waren.

Im Gedächtnis geblieben ist noch das Suizid-Unternehmen von
Beirut im Herbst 1983, bei dem ein paar Schiiten einen Anschlag
auf US-Marines und französische Fallschirmjäger unternahmen,
von denen ein paar zu Tode kamen. Aber das waren Schiiten. Das
Neue ist, dass jetzt auch Sunniten, vor allem in Palästina und im
Irak, Selbstmordanschläge verüben. Der Beginn war in Palästina,
und dann hat es sich in den Irak fortgepflanzt, teilweise auch nach
Afghanistan.

*Ein besonders erschütterndes Ereignis war es auch, als Tausende von Kin-
dern im ersten Golfkrieg zwischen dem Iran und dem Irak mit Begeisterung in den Märtyrertod zogen. Was waren damals die Hintergründe?*

SCHOLL-LATOUR: Das waren keine Selbstmordkommandos. Das
war etwas Ähnliches wie unter den deutschen Soldaten während des
Ersten Weltkrieges bei Langemark, als sie, das Deutschlandlied sin-
gend, Nietzsches *Also sprach Zarathustra* im Tornister, aufrecht in

das britische Maschinengewehrfeuer liefen. Das war falsch verstandenes Heldentum. Ähnlich war es mit den Kindern an der irakischen Grenze; natürlich betrachteten sich alle Beteiligten als Märtyrer. Ich habe das selbst an der Grenze beobachtet. Diese Kinder wollten sich nicht umbringen, aber sie liefen in die irakischen Minen hinein und wurden zerfetzt.

Man hat ihnen sogar vorgegaukelt, dass sie dem Zwölften Imam im Heldentod begegnen würden.

Der zwölfte Imam spielt bei den Schiiten eine sehr große Rolle, aber auch hier gibt es innerhalb der schiitischen Theologie verschiedene Interpretationen. Khomeini hat eine neue Bedeutung des zwölften Imams geschaffen, des verborgenen Imams, indem er die Wilayat-el-Faqih eingeführt hat, die Statthalterschaft eines tugendhaften, gottgefälligen und vom Volke getragenen Rechtsgelehrten, der den geheimen Absichten des verborgenen Imams gerecht wird. Diese Wilayat-el-Faqih wurde als der fünfte Artikel in die Verfassung Irans aufgenommen. Der verborgene Imam entkam vor über tausend Jahren in der irakischen Stadt Samara seinen Verfolgern. Er wurde als Kind entrückt und leitet im Glauben der Schiiten bis heute die Geschicke der Welt. Insofern war Khomeini – heute ist es Kahmenei – der Interpret des verborgenen Imam. Khomeini übte im Namen des Zwölften Imam die Macht aus und deutete seine Weisungen.

Es gibt noch eine andere Gruppe von Schiiten, die ebenfalls fest an die Messiasgestalt des zwölften Imam glauben. Aber sie erwarten erst seine Ankunft, wenn es auf Erden völlig unerträgliche Zustände gibt. Das entspricht etwa dem Wüten des Antichrist im christlichen Glauben, bevor der Messias kommen kann. Bei den Schiiten gibt es also unterschiedliche Strömungen. Bei den Schiiten im Libanon, bei der Hizbullah, ist man voll auf die revolutionären Verlautbarungen von Khomeini ausgerichtet. Im Irak ist die quietistische Haltung stark vertreten. Man muss Leid ertragen in Erwartung der Parusie des verborgenen Imam. Das ist größtenteils wohl auch die Haltung des Ayatollah Sistani. Er hat niemals zum Heiligen Krieg gegen die Amerikaner aufgerufen.

313

Noch einmal zurück zu den iranischen Kindern im iranisch-irakischen Krieg: Was waren damals Ihre Eindrücke, als Sie diese Kinder an der Front Richtung irakisches Minenfeld ziehen sahen?

SCHOLL-LATOUR: Das hatte etwas von einem Kinderkreuzzug, und unter den Kindern gab es eine riesengroße Begeisterung. Alle hatten eine Kalaschnikow bei sich, und sie haben die Iraker geschlagen. Sie haben Khorramschar, das zu einer unglaublichen Festung ausgebaut war, gestürmt, und sie gingen mit ihren Sprengsätzen auf die irakischen Panzer los – vielleicht ähnlich wie in der Eiszeit die ersten Menschen auf die Mammuts. So haben sie Hunderte, wenn nicht Tausende von irakischen Panzern geknackt. Dadurch brachten sie die irakische Offensive, die militärisch weit überlegen war, zum Stehen. Aber der Gegenangriff der Iraner, der eigentlich hätte durchbrechen müssen, wurde dann durch das irakische Gas erstickt. Dieses Gas wurde von den Russen und genauso vom Westen, teilweise auch aus Deutschland, geliefert.

Israel feiert in diesem Jahr sein 60-jähriges Bestehen, andererseits haben wir gerade 41 Jahre nach dem Sechstagekrieg. Welchen Einschnitt brachte der Sechstagekrieg für Israel und die arabische Welt?

SCHOLL-LATOUR: Nach wie vor sehe ich für den israelisch-palästinensischen Konflikt keinen Ausweg. Die Osloer Verträge gehören der Vergangenheit an. Ich habe ohnehin nie an sie geglaubt. Die A-, B- und C-Zonen waren für die Palästinenser im Westjordanland überhaupt nicht erträglich, die jetzige Situation ist auch nicht akzeptabel. Die sogenannte Road map ist nur ein vages Gespinst. Trotz aller gegenteiligen Zusicherungen, die die Israeli immer wieder gemacht haben, geht der Siedlungsbau unvermindert weiter. Selbst wenn die Israeli in wesentlichen Punkten nachgeben würden, sogar auf die Grüne Linie von 1967 zurückgingen, dann würde ihnen das von den Arabern wahrscheinlich nicht gedankt werden, da das als Zeichen der Schwäche gedeutet würde. Also dort herrscht eine völlig aussichtslose Situation.

In Bezug auf den Iran rasselt man ja schon mit den Säbeln – werden die Israeli die iranischen Atomanlagen bombardieren?

SCHOLL-LATOUR: Außerdem weiß man nicht genau, wo sich alle

Anlagen befinden. 1981 zerstörten die Israeli einen Atomreaktor im Irak, Osirak genannt. Diesen Ort habe ich mir angesehen. Das war ein riesiger aufgeschütteter Trichter. Die Israeli haben ihre Bomben wie beim Basketball in den Korb geworfen. Das war ein sehr geschicktes Manöver, und Osirak wurde total zerstört. Aber so einfach ist es nicht, die iranischen Atomfabriken zu treffen. Viele von ihnen sind in die Felsen hineingebaut, und ob die Israeli Bomben haben, um in diese Tiefen vorzudringen, ist keineswegs sicher.

Die Iraner sind zudem 70 Millionen Menschen in einem unendlich schwierigen Terrain, so dass es fast unmöglich ist, gegen dieses Land und gegen dieses Volk anzutreten. Die Hoffnung, dass es bei einem Angriff der Israeli im Iran zu einem Regimewechsel käme, ist illusorisch. Zwar sind die Iraner die Mullahs leid, vor allem in Teheran, aber der iranische Nationalismus ist sehr stark. Als 1980 der Irak unter Saddam Hussein Iran angriff, haben sich die Offiziere des Schah aus dem Gefängnis heraus an die Front gemeldet; etwas Ähnliches würde auch heute passieren, wenn Iran, von wem auch immer, angegriffen würde.

Insofern wäre es von Israel sehr töricht, hier etwas zu unternehmen. Zusätzlich muss man wissen, dass die Iraner eine Vielzahl von Vergeltungsmöglichkeiten haben, und das betrifft keineswegs nur Israel. Israel interessiert die Iraner gar nicht so sehr. Das wird immer falsch dargestellt. Die Amerikaner wollen sie treffen, und zwar im Irak. Außerdem können die Iraner den Amerikanern im Persischen Golf zusetzen, in der Straße von Hormuz. Durch diese Meerenge läuft der gesamte Erdölverkehr der Region. 40 Prozent der Gesamtproduktion kommen aus dieser Gegend. Wenn dieser Transport unterbrochen würde, bekämen wir einen drei- oder vierfach höheren Erdölpreis.

Im letzten Jahr waren Sie wiederum in China, unter anderem auch bei dem Himmelstempel Tiantan in Peking, und haben die friedliche und stille Stimmung von einst vermisst. Was ist dort geschehen?

SCHOLL-LATOUR: Dort herrscht jetzt eine Art Kirmesatmosphäre. In der Tat ist eine beachtliche Amerikanisierung im Gange. Vorwiegend sieht man alte Leute, die aber nicht mehr ihre Tai-Chi-Übungen vollführen, sondern sich eher zu Rockmusik, noch mehr zu Walzer und Tango bewegen.

Waren Sie auch in Tibet?

SCHOLL-LATOUR: Ja. Man sollte nicht meinen, dass China durch die Unruhen in Tibet in den letzten Monaten entscheidend geschwächt wäre. In Tibet wird das geschehen, was in der Inneren Mongolei geschehen ist, nämlich ein demographischer Wandel. Als ich vor etwa zehn Jahren in der inneren Mongolei war, gab es dort noch etwa 17 Prozent Mongolen; heute sollen es nur noch 10 Prozent sein. So groß ist der demographische Druck der Chinesen.

Etwas Ähnliches ist auch bereits in Bezug auf Tibet im Gange. Die Chinesen werden zunehmend nach Tibet einwandern. Die Tibeter haben nicht viele Kinder, obwohl sie mehr als die Chinesen haben dürfen. Sie unterliegen nicht der Ein-Kind-Vorschrift.

Trotzdem muss man festhalten, dass der tibetische Aufstand in diesem Jahr von außen organisiert war, denn als ich letztes Jahr Lhasa besuchte, hatte ich keineswegs den Eindruck, dass dort bereits eine Revolte brodelte. Das Ganze wurde im Zusammenhang mit den Olympischen Spielen in Gang gesetzt.

War die Einreise nach Tibet problematisch für Sie?

SCHOLL-LATOUR: Nein, ich bin ganz einfach als Tourist eingereist. Auch heute ist es wieder möglich, als Tourist nach Lhasa zu reisen. Als Europäer fällt man dort natürlich auf. Die Polizeikontrollen waren nicht strenger als im übrigen Land. Ich durfte lediglich nicht an die chinesisch-indische Grenze bei Sikkim fahren, weil es sich um eine militärische Sperrzone handelte. Man will dort große Autobahnen und eventuell auch eine Eisenbahnlinie von Lhasa in Richtung Indien bauen. Allerdings weiß ich nicht, ob die Inder hier mitspielen werden.

Vor zwei Jahren war ich auch in Sikkim. Dort sind die indischen Soldaten nicht nur in der Nähe der buddhistischen Klöster stationiert wie in Lhasa. In Sikkim halten sich die indischen Soldaten sogar im Innern der Klöster auf. Sikkim war auch einmal unabhängig, ist aber von den Indern besetzt und annektiert worden.

China, das sich offiziell ja immer noch kommunistisch nennt, macht seit

*einigen Jahren eine atemberaubende Entwicklung in Richtung Kapita-
lismus. Wie vereinbaren die Chinesen den Kommunismus und die Ideen
von Mao mit der marktwirtschaftlichen Öffnung und den Reformen von
Deng Xiaoping?*

SCHOLL-LATOUR: Das ist eine politische und wirtschaftliche Entwicklung, die zwar nicht der unsrigen entspricht, die aber wahrscheinlich für die Länder der Dritten Welt sehr viel praktischer und
vielleicht auch nützlicher ist als unsere Form des Parlamentarismus.
Der Parlamentarismus in Afrika führt dort zu Stammeskriegen. In
Simbabwe – das erzählt ja kein Mensch – herrscht eigentlich ein
Stammeskrieg zwischen den Schona, dem Mehrheitsstamm von
Mugabe, und den Ndebele, einem Zulu-Stamm, zu dem die Oppositionspolitiker gehören. In Kenia gab es einen ähnlichen Stammeskrieg. Wegen dieser ethnischen Fehden kann man unseren west-
europäischen Parlamentarismus nicht einfach nach Afrika oder
nach China übertragen. Wenn in China unsere Demokratie oder
die Perestroika von Gorbatschow angewandt worden wäre, dann
hätten sie dort das gleiche Unheil angerichtet, das Gorbatschow
und Jelzin über Russland gebracht haben. In China bedarf es einer
straffen Führung samt einer gewissen wirtschaftlichen Liberalität.
Aber die politische Kontrolle darf auf keinen Fall ausbleiben.

*Würde China zerbrechen, wenn man dort die Demokratie einführen
würde?*

SCHOLL-LATOUR: Wenn sich die Studenten 1989 auf dem Platz des
Himmlischen Friedens durchgesetzt hätten, wäre wahrscheinlich
ein Bürgerkrieg mit fünf Millionen Toten gefolgt.

*Bisher galt China für die global players als Billiglohnland, mittlerweile
ist aber auch hier eine andere Entwicklung zu beobachten, nämlich die
Bewegung, dass China von diesem Etikett des Billiglohnlandes wegkom-
men möchte; sogar die bisher massenhaft zur Verfügung stehenden Wanderarbeiter gehen der Industrie aus bzw. erhalten auch schon höhere
Löhne als bisher. Was bedeutet das für China?*

SCHOLL-LATOUR: Es ist typisch, wie der Westen darauf reagiert.
Man hat sich im Westen wegen der niedrigen Löhne in China empört, gleichermaßen über das entsetzliche Schicksal der Wanderar-

beiter. Nun aber stellt man fest, dass die Löhne zwar immer noch sehr gering sind, aber zu steigen beginnen, und dass die Wanderarbeiter teilweise in ihren Containern besser leben als früher in ihren Dörfern. Und nun empört man sich darüber.

Es ist doch klar, dass China darauf hinzielt, dass die eigene Bevölkerung besser leben kann, und darüber reden die Chinesen auch ganz offen. Wenn Sie zum Beispiel in ein chinesisches Ministerium kommen, dann spricht man ganz offen darüber, dass man noch etwa 400 Millionen extrem armе Menschen im Lande hat und dass das eine der Schwächen Chinas sei. Man gesteht auch ein, dass die Armee noch nicht richtig organisiert, die Infrastruktur noch nicht richtig entwickelt ist, obwohl man hier gewaltige Fortschritte gemacht hat.

Durch das Erdbeben und im Zuge der Vorbereitungen der Olympiade hat sich China gegenüber dem Ausland und in Bezug auf die Pressefreiheit ein wenig gewandelt. Ist dieser Wandel echt?

SCHOLL-LATOUR: Im Grunde hätte die Olympiade dazu führen können, dass es zwischen China und dem Westen zu einer gewissen Vertrautheit gekommen wäre, dass man sich mehr kennenlernte. Das wäre ein realer Gewinn gewesen.

Wenn man wie ich in China herumreist, ist man natürlich immer wieder mit dem Übersetzer zusammen, der auch ein Aufpasser ist. Darüber sollte man sich keinen Illusionen hingeben. Aber nach drei Wochen hat man sich angefreundet, und man beginnt, sehr offen miteinander zu reden. Im psychologischen Sinne ist die Verträglichkeit zwischen Chinesen und Europäern sehr viel größer als die zwischen Europäern und Japanern. Die Japaner sind in sich abgekapselt.

Wie wird sich die Konkurrenz zwischen den USA und China in den nächsten Jahrzehnten entwickeln? Kann es sein, dass es irgendwann zu einer militärischen Auseinandersetzung kommen wird?

SCHOLL-LATOUR: Noch sind die Amerikaner militärisch weit überlegen; aber wer in der Lage ist, Astronauten rund um die Erde zu schicken, wäre auch fähig, Interkontinentalraketen auf die USA zu schießen. Insofern gibt es ein nukleares Patt. Man braucht auf Seiten Chinas nicht 5000 Nuklearraketen wie die Russen, um zu einem nuklearen Patt mit den USA zu kommen. Die Vorstellung, dass drei große amerikanische Städte in Kalifornien von chinesischen Atomraketen zerstört würden, dürfte die Amerikaner für alle Zeiten daran hindern, jemals gegen China Krieg zu führen.

Abgesehen davon, wer in Vietnam den Krieg verloren hat, der steht China vollkommen hoffnungslos gegenüber. Man sieht auch mittlerweile, dass die Taiwanesen so schlau geworden sind, nicht mehr die Kriegstrommeln zu rühren, dass sie eine Art von Einverständnis mit Peking suchen. Zwar will man nicht den Anschluss an China, so weit ist man noch längst nicht, aber die Beziehungen glätten sich zunehmend.

Der Ölpreis steigt und steigt. Vermutlich wird er auch niemals mehr oder nur noch kurzfristig sinken. Welche Folgen wird das für die ölabhängigen Länder haben, zum Beispiel auch für Deutschland?

SCHOLL-LATOUR: Hier beginnt eine fürchterliche Entwicklung, nämlich dass man mittlerweile dabei ist, Getreide – also Nahrungsmittel – zu Biosprit zu verarbeiten. Und dies geschieht zu einem Zeitpunkt, da es in großen Teilen der Erde einen Mangel an Nahrungsmitteln gibt. Eine solche Situation hat es früher nicht gegeben. Im Grunde galt immer die These, dass die Erde rund zehn Milliarden Menschen ernähren kann. Erinnern Sie sich an die Zeiten, in denen es noch Butterberge gab und die Bauern in Deutschland dafür bezahlt wurden, dass sie Felder brachliegen ließen. Nun tritt mit einem Mal Mangel auf, vor allem in der Dritten Welt. In einem Land wie Angola herrscht Hunger, und das ist ein Skandal. Denn dieses Land ist fruchtbar. Es muss nur richtig bearbeitet werden. Im Sudan gibt es riesige Sümpfe. Wenn dort nicht Sudanesen leben würden, sondern Chinesen oder Vietnamesen, würden sich dort endlose Reisfelder erstrecken. In Äthiopien treten immer wieder Hungersnöte auf, vor allem im Norden. Aber im Süden, dem größeren Teil des Landes, befinden sich extrem fruchtbare Gebiete. Es will jedoch keiner in diese Gegend umziehen, um dort zu arbeiten.

Nun ist man dabei – und das ist der Wahnsinn –, Nahrungsmittel zu Biosprit zu verarbeiten, indem man Rapsfelder anlegt oder

Mais anbaut, der für die Ernährung der Bevölkerung unentbehrlich wäre. Man verwendet dieses Nahrungsmittel zur Herstellung von Benzin. Das ist ein Skandal, der zum Himmel schreit!

Und die Nahrungsmittelpreise steigen weiter, vor allem durch die Biospritproduktion, aber auch durch Spekulationen an der Börse und durch den wachsenden Konsum der Chinesen und Inder. Wie sehen Sie die Entwicklung in den nächsten Jahren?

SCHOLL-LATOUR: Die Nahrungsmittelpreise werden weiter steigen. Ich erinnere mich noch an die Wirtschaftskrise von 1929, als ich ein kleiner Junge war. Damals regte man sich darüber auf, dass man in Brasilien die Kaffeebohnen dafür benutzte, die Lokomotiven anzuheizen. Diesen Zustand haben wir jetzt in anderer Form erreicht. Es ist eine abgrundtiefe Schande, dass man einerseits die Nahrungsmittel zu Biosprit verarbeitet, andererseits die Atomkraftwerke stilllegt und den Atomstrom aus dem Ausland bezieht. Natürlich sind Atomkraftwerke gefährlich. Aber eine große Anzahl von Reaktoren befindet sich in unserer unmittelbaren Nachbarschaft im Ausland. Wenn es zum Beispiel bei vorherrschendem Westwind in Frankreich zu einem Gau käme, wären wir direkt betroffen. Als Tschernobyl hochging, wurde weniger die Ukraine verstrahlt als Weißrussland, da gerade Ostwind vorherrschte.

Selbstverständlich müssen wir Ersatz für das Petroleum finden. Aber Lebensmittel in Benzin umzuwandeln ist eine unverzeihliche Sünde.

Ich habe gestern mit zwei Ägyptern gesprochen, die mir erzählten, dass die Nahrungsmittelpreise in Ägypten in den letzten Monaten um 100 Prozent gestiegen sind.

SCHOLL-LATOUR: Genau, und das ist in fast jedem Entwicklungsland gleichermaßen der Fall. Das liegt aber nicht daran, dass die Bevölkerung so stark zugenommen hat, sondern dass die Bepflanzungen der Felder in großen Teilen der Welt nicht mehr auf die Ernährung der Völker ausgerichtet sind, sondern auf die Produktion von Energie.

Ich komme gerade aus Ost-Timor, einem der sogenannten »failed states«, wo die UNO viel Unfug angerichtet hat. Dort habe ich beobachtet, dass man zunehmend landwirtschaftliche Flächen, die früher dem Reisanbau dienten, mit Kokospalmen bepflanzt, weil man daraus später Energie gewinnen will.

War Ost-Timor das einzige Land der Welt, das Sie noch nicht besucht hatten?

SCHOLL-LATOUR: Ja, damit habe ich alle Länder der Welt besucht.

Sind Sie oft in Ihrem Leben ganz konkret mit hungernden oder verhungernden Menschen konfrontiert worden?

SCHOLL-LATOUR: Oft, ja. Vor allem im Kongo.

Was haben Sie in einer solchen Situation empfunden?

SCHOLL-LATOUR: Das ist eine furchtbare Situation, aber unmittelbar helfen kann man meist nicht. Unter den NGOs gibt es fabelhafte Organisationen wie zum Beispiel Caritas, Brot für die Welt und viele andere. Auch Rupert Neudeck schätze ich sehr, denn er hat sehr viel bewegt und auch sehr viel riskiert, vor allem als es um die Rettung der Boat people im Südchinesischen Meer ging.

Dann aber gibt es viele NGOs, die reine Schmarotzer und Aasgeier sind, die geben vor, eine humanitäre Tat zu vollbringen, indem sie Getreide, von irgendwelchen Staaten finanziert, umsonst in den Hungergebieten verteilen. So etwas findet gerade in Afghanistan statt. Ein afghanischer Bauer wird kein Getreide mehr anbauen, denn welchen Preis bekäme er noch dafür? Dann baut er eben Mohn an für die Opiumproduktion und verdient das Vielfache.

Wie sehen Sie die Welt in den nächsten zehn Jahren? Welche Entwicklungen wird es geben?

SCHOLL-LATOUR: Ich kann zwar die jetzige Situation einigermaßen gut analysieren, aber im Kaffeesatz lesen will ich nicht. Es kommt darauf an, was alles noch geschieht. Beispielsweise könnte ja auch ein Meteorit einschlagen. Bleiben wir ernsthaft: Den Untergang der Menschheit sehe ich nicht in der nächsten Zeit. Die Menschen sind eine ungeheuer zähe Gattung. Wer die Eiszeit überlebt hat, der kann auch anderes überleben.

Man redet ja heute sehr viel von der Kinderarmut in Deutschland. Zwar ist das ein nicht zu unterschätzendes Problem. Trotzdem kann jedes Elternpaar dafür sorgen, dass seine Kinder satt werden. Die eigentliche Kinderarmut besteht oft in dem übertriebenen Anspruchsdenken, wenn alle die gleichen teuren Markenklamotten tragen wollen. Es tut einem Kind weh, wenn es sich gewisse Labels nicht leisten kann und sich ausgeschlossen fühlt. Kinderarmut besteht darin, dass sich ein großer Teil der Bevölkerung Luxusartikel leisten kann, der andere aber nicht. Früher war dies vielleicht einmal ein Fahrrad, was man haben wollte, aber nicht bekam.

Sie haben in Ihrem Leben unzählige Menschen kennengelernt. Gibt es unter ihnen auch Vorbilder, oder sind Sie grenzenlos ernüchtert in Bezug auf die menschliche Natur?

SCHOLL-LATOUR: Ich gehe nicht davon aus, dass der Mensch gut ist. Der Mythos der sogenannten Erbsünde hat einen tiefen Sinn. Der Mensch ist von Natur aus böse. Aber er kann durch Erziehung, teilweise auch durch Zucht und durch Religion, in seinen schlimmsten Instinkten gebremst und zu einer gewissen Güte erzogen werden. Trotzdem – von sich aus ist der Mensch nicht gut. Er ist das schlimmste Raubtier, das es jemals gegeben hat.

Vorbilder habe ich nicht. Doch es gibt Menschen, die mehr aus dem Durchschnitt herausragen als andere. Einer von ihnen wäre zum Beispiel General de Gaulle. Er war eine große Erscheinung, nicht nur, weil der Befreier Frankreichs in einer scheinbar ausweglosen Situation sich gegen die Kapitulation Pétains aufgelehnt hat und mehr noch, weil er den Algerienkrieg beendete. Das ist ihm nicht leichtgefallen.

Wir kommen auch nicht umhin, Mao Zedong als große Gestalt unserer Zeit zu erwähnen. Im Zuge der Erdbeben und Überflutungen, die in diesem Jahr China heimsuchten, hat etwas Revolutionäres stattgefunden. Bei diesen ungeheuren Naturkatastrophen hat es in der chinesischen Gesellschaft mit einem Mal einen ganz ungewohnten Elan nationaler Solidarität gegeben. Ich denke dabei nicht so sehr daran, dass die Armee mit einer halben Millionen Soldaten angerückt ist und dass die Regierung an Ort und Stelle präsent war. Das wahre Ereignis besteht darin, dass die kleinen Leute massiv gespendet und persönliche Opfer gebracht haben. Diese Haltung war bisher völlig unchinesisch. In der konfuzianischen Gesellschaft existierte kein aktives Mitgefühl für Mitmenschen außerhalb der eigenen Sippe und Familie. Diese neue Solidarität hat der Maosimus zustande gebracht. Er hat die Chinesen gelehrt, dem Nächsten beizustehen. Das sollte man nicht geringschätzen.

Provokation am Kaukasus

25. AUGUST 2008

Man stelle sich vor, die Kaukasusrepublik Georgien sei am 9. August 2008 bereits vollgültiges Mitglied der NATO gewesen. Auf Grund der Unklarheit, die über den Ausbruch der Kämpfe zwischen Russen und Georgiern anfangs bestand, und des rasanten Vorrückens russischer Panzertruppen weit über Süd-Ossetien hinaus in die Stadt Gori, zum strategischen Hafen Poti am Schwarzen Meer sowie in die Reichweite der Hauptstadt Tiflis, hätte Präsident Michail Saakaschwili sich auf den Artikel V des Vertrages der Atlantischen Allianz berufen und den militärischen Beistand seiner Verbündeten anfordern können. Was niemand mehr für möglich hielt: Ost und West hätten unmittelbar am Rand nicht nur des Wiederauflebens des »Kalten Krieges« gestanden, wie wir es heute erleben, sondern NATO und Russland wären – der Bündnis-Logik folgend – auf eine »heiße« kriegerische Konfrontation zugesteuert. Wer jetzt noch ernsthaft dafür plädiert, den »Drang nach Osten«, der von Amerika geführt und von seinen europäischen Vasallen gefördert wird, weiter fortzusetzen, und wie Bundeskanzlerin Merkel sowohl den Georgiern als auch den Ukrainern weiterhin Hoffnung auf Beitritt zur Allianz macht, ist sich der ungeheuerlichen Gefahr wohl nicht bewusst, die er damit heraufbeschwört.

Der russische Präsident Medwedew hat sich mit dem derzeitigen

Vorsitzenden der Europäischen Union, Nicolas Sarkozy, auf ein Sechspunkteprogramm geeinigt, das in seinen Ausführungsbestimmungen ziemlich vage bleibt, aber am Ende doch als Grundlage einer prekären Beruhigung der Situation am Kaukasus dienen könnte. Es geht ja nicht nur um Süd-Ossetien, dessen knapp 80 000 Menschen zählende Bevölkerung schon im 19. Jahrhundert stets unverbrüchlich auf Seiten des Zaren von St. Petersburg stand. Es geht auch um die autonome Republik Abkhasien, wo nach der Unabhängigkeitsproklamation Georgiens ein regelrechter Bürgerkrieg wütete, der zur Vertreibung von 200 000 dort siedelnden christlichen Georgiern durch die islamische Ethnie der Abkhasen führte. Den Abkhasen standen damals nicht nur russische Soldaten zur Seite, sondern auch Freiwillige aus den Autonomen Republiken der Russischen Föderation im Nordkaukasus, die sich überwiegend zum Islam bekennen. In dem provisorischen Abkommen mit Sarkozy ist zudem von Sicherheitszonen die Rede, die über die Grenzen von Süd-Ossetien in rein georgisches Territorium hineinragen würden. Die Vorhuten Russlands würden dort Stellung beziehen.

Der georgische Staatspräsident Saakaschwili, der durchaus nicht jener vorbildliche Demokrat ist, als den ihn die westlichen Medien schildern, sondern ein unberechenbarer, paranoider Hitzkopf, hatte für seine gescheiterte Rückeroberung Süd-Ossetiens den Zeitpunkt gewählt, an dem die Welt fasziniert auf die Olympiade von Peking blickte und sein amerikanischer Gönner George W. Bush in Washington noch die Macht ausübt. Bedenklich an dem Überfall auf das ossetische Städtchen Zchinvali, der unmittelbar nach Einsatz des russischen Gegenschlages zur schmählichen Kapitulation der georgischen Streitkräfte führte, ist die Tatsache, dass die amerikanischen Militärberater – etwa 140 an der Zahl –, die die Georgier ausbilden, über das dilettantisch geplante Unternehmen ihrer Schützlinge voll unterrichtet sein mussten.

Inzwischen ist eine gezielte Propagandakampagne gegen Russland in Gang gekommen. Im Kreml kann man sich heute gut ausmalen, was der NATO noch zusätzlich eingefallen wäre, wenn Moskau die gewaltsame Rückeroberung Süd-Ossetiens durch Tiflis reaktionslos hingenommen hätte. Die Atlantische Allianz hätte die Integration der Ukraine, deren Hauptstadt Kiew als »Mutter der russischen Städte« bezeichnet wird, ebenfalls eingeleitet. Mit allen Mitteln hätte die CIA einen Umsturz in Weißrussland herbeizuführen gesucht und auch auf Aserbeidschan ausgegriffen. Sogar der NATO-Beitritt Kasachstans wäre vermutlich nur eine Frage der Zeit und der Opportunität gewesen, hatten amerikanische Agenten doch bereits im fernen Kirgisien versucht, ein ihnen ergebenes Regime herbeizuputschen.

Während sich der holländische Generalsekretär der NATO, de Hoop Scheffer, wie ein Kampfhahn aufführt, hat Condoleezza Rice in Warschau das Abkommen unterschrieben, das die Einrichtung eines amerikanischen Raketensystems in Polen besiegelt. Um es deutlich zu sagen: Es handelt sich dabei um eine flagrante und törichte Provokation Moskaus. Die Behauptung, diese Aufrüstung diene der Abwehr iranischer oder – man höre und staune – nordkoreanischer Interkontinentalraketen, die auf Amerika oder seine Verbündeten gerichtet wären, klingt grotesk. Natürlich wird Russland dieses Projekt als unmittelbare Bedrohung seiner eigenen nuklearen Abschreckung werten und dürfte mit der Aufstellung atomarer Lenkwaffen auf dem Gebiet der verbündeten Republik Belarus oder der annektierten Oblast Kaliningrad, früher Königsberg, nicht auf sich warten lassen.

Dass die übrigen Mitglieder der NATO und der Europäischen Union, die bei dem Sonderweg Washingtons und Warschaus überhaupt nicht konsultiert wurden, aber nun unmittelbar dadurch betroffen sind, keinen Protest erhoben haben, ist ein erbärmliches Signal ihrer Ohnmacht. Dem Duo Medwedew-Putin stehen im Übrigen eine Vielzahl von Optionen offen, die feindselige Aktion der USA zu kontern. Man denke nur an Iran, an Afghanistan, an Nordkorea, Syrien oder eine lückenlose militärische Verzahnung mit der neuen Weltmacht China. Wie würde man übrigens in Washington reagieren, wenn Putin auf den Gedanken käme, unter fadenscheinigen Vorwänden in der Karibik oder in Venezuela russische »Raketenschilde« aufzubauen?

Wall Street in Trümmern

22. September 2008

Schlimmer konnte es nicht kommen. Die weltweite Bankenkrise wurde vor allem durch unsinnige Immobilienspekulationen in den USA ausgelöst, aber allzu viele europäische Geldinstitute hatten sich daran beteiligt. Die deutsche Finanzwelt zumal hatte mit unerschütterlichem Glauben auf die amerikanischen Auswüchse des Turbo-Kapitalismus geblickt, der sich kaum noch auf eigene Industrieproduktion, sondern auf das Erzielen von Rekordrenditen um jeden Preis konzentrierte. »Der Markt regelt alles«, hieß es noch unlängst bei jenen Börsen-Gurus, Analysten und Pseudo-Experten, die sich in den seriösesten Gazetten als Künder unfehlbarer Urteile präsentierten. Es ist bezeichnend, dass auch jene liberalen Politiker, die den Staat aus der Wirtschaft verdrängen und ihm jede Regulierungsautorität absprechen wollten, heute nach riesigen Milliardenzuschüssen rufen, die nur der Staat erbringen kann und die aus den Steuergeldern des Durchschnittsbürgers stammen.

Die Ernüchterung ist grausam. Höchst konservative deutsche Blätter warten mit überraschenden Titeln auf: »Wall Street in Trümmern« oder »Sterben an der Wall Street«. Amerikanische Kommentatoren gehen weiter. Über den Zusammenbruch der beiden Immobilien-Giganten Fannie Mae und Freddie Mac, bei denen der öffentliche Haushalt mit enormen Summen einspringen muss, schreibt der Präsident einer angesehenen Money-Management-Firma: »Der Mythos des freien Marktes endete mit der staatlichen Übernahme von Fannie Mae und Freddie Mac.« Zwangsläufig wendet sich Amerika einer Art »New Deal« zu, wie Franklin D. Roosevelt ihn nach dem Crash von 1929 einleitete. Die Finanzthesen des belächelten Predigers einer interventionistischen Politik sowie des »deficit spending«, John Maynard Keynes, finden plötzlich wieder zahlreiche Befürworter.

Welche Auswirkungen diese katastrophale Entwicklung, die zahllose US-Bürger, vor allem die bescheidenen Eigenheimbesitzer, trifft, auf den amerikanischen Präsidentschaftswahlkampf haben wird, ist noch nicht zu ermessen. Der Republikaner John McCain versucht verzweifelt, das Steuer herumzureißen, und geißelt heute mit den Tönen eines Gewerkschafters die unersättliche Gier sowie die Inkompetenz der Wall-Street-Banker. Ob ihm die Anwärterin auf den Posten des Vizepräsidenten, Sarah Palin, die Gouverneurin von Alaska, die sich vor allem durch das Abschießen von Elchen hervorgetan hat und sich selbst als einen »pitbull with lipstick«, also als gefährlichen Terrier mit Lippenstift bezeichnet, mit ihrem hemmungslosen Populismus und ihren ultranationalistischen Parolen wirklich helfen kann, muss sich noch erweisen. Der demokratische Hoffnungsträger Barack Obama, der diese Chance seiner Partei nützen könnte, verharrt in einer seltsamen Passivität und scheint kaum noch fähig zu sein, entscheidende Vorteile aus der für ihn extrem günstigen Situation zu schlagen.

Die Krise der Wall Street ist auch auf Europa übergeschwappt. Sie dürfte sich nachhaltig auf die Rivalität zwischen Angela Merkel und ihrem Außenminister Frank-Walter Steinmeier auswirken, deren Schlacht um die künftige Kanzlerschaft bereits entbrannt ist. Die Bundeskanzlerin, die niemals zögert, die russischen Autokraten oder die roten Mandarine von Peking ins Visier zu nehmen, sie zu demokratischem und marktwirtschaftlichem Verhalten zu ermahnen, hatte unlängst noch eine verstärkte ökonomische Bindung der Europäischen Union an die USA gefordert. Solche Thesen stoßen heute auf resoluten Widerspruch. Die Große Koalition von Berlin, die das liberale Reformprogramm Agenda 2010 ihrer rotgrünen Vorgängerregierung unter Gerhard Schröder voll übernommen hat und weiter ausbauen wollte, stößt auf den wütenden Protest in weiten Schichten der eigenen Stammwählerschaft, ob es sich nun um Anhänger der CDU oder der SPD handelt. Auch in Berlin wird hastig umdisponiert, und jene Christdemokraten, die der Wirtschaft die Priorität vor dem Staat einräumen wollten, müssen ihre Blamage eingestehen.

Der Gewinner dieser deutschen Malaise heißt Oskar Lafontaine, der in seiner saarländischen Heimat bereits vorführt, wie seine fünfte Partei, »Die Linke«, Einfluss und Stimmen gewinnen kann. Die Linke wird zwar von ihren Gegnern weiterhin als Nachfolgepartei der kommunistischen Funktionäre der DDR diffamiert, aber das ist sie längst nicht mehr. Gegen Lafontaine wird zur Stunde in den deutschen Medien und politischen Versammlungen eine maßlose Kampagne geführt. Gewiss hat der saarländische Linkssozialist, der als Vorsitzender der SPD von Gerhard Schröder seinerzeit aus dem Amt gedrängt wurde, seine Schwächen und seine Exzesse. Aber seine Warnrufe, seine Verdammung des Turbo-Kapitalismus haben sich plötzlich als weitgehend berechtigt erwiesen. Hass kommt auf bei den übrigen etablierten Parteien, wenn Lafontaine – im Verbund mit seinem rednerisch hochbegabten Führungsgenossen Gregor Gysi – eine gesellschaftliche Wende, die Einführung sozialistischer Reformen als absolute Priorität einfordert.

Der Saarländer verfügt noch über zusätzliche Trümpfe. Er ist bislang der einzige deutsche Politiker von Rang, der das Engagement der Bundeswehr in Afghanistan und deren Teilnahme an dem globalen Kampf gegen den Terrorismus als strategisch verhängnisvollen Irrweg anprangert. Sehr bald, wenn die Kämpfe am Hindukusch sich auf Pakistan ausweiten sollten, könnte er auch mit seiner Polemik gegen die unterwürfige Rolle der Bundesrepublik Deutschland in der NATO auf wachsende Zustimmung stoßen.

»Pitbull mit Lippenstift«

27. OKTOBER 2008

Die Anhänger Barack Obamas haben allen Grund, mit Zuversicht auf den Wahltag am 4. November zu blicken. Ihr Kandidat verfügt angeblich über einen Vorsprung von rund neun Prozent. Aber insgeheim zittern sie vor dem »Bradley-Effekt«, von dem man seit der

Gouverneurswahl in Kalifornien im Jahr 1982 spricht. Der damalige Bürgermeister von Los Angeles, Tom Bradley, ein Afro-Amerikaner, lag in den Umfragen weit vorn und fühlte sich sicher, den Gouverneursposten mit Abstand vor seinem weißen Rivalen zu gewinnen. Aber die Umfragen erwiesen sich als trügerisch. Bradley zog den Kürzeren.

Die weißen Wähler, von den Meinungsforschern, den »Pollsters«, befragt, hatten sich liberal und unvoreingenommen gegeben und mehrheitlich versichert, der schwarze Kandidat habe ihre Präferenz, weil er ja der weitaus Geeignetere sei. Hinter dem Vorhang der Wahlkabine hatten dann jedoch tief eingefleischte Rassenvorurteile die Oberhand gewonnen. Die meisten Kalifornier stimmten gegen Bradley. Seitdem haben die Statistiker errechnet, dass in vergleichbaren Situationen mindestens sechs Prozent jener Stimmen, die laut Demoskopie einem farbigen Anwärter öffentlich zugesagt werden, vom Endresultat abgezogen werden müssen. Heute ist sich die Gefolgschaft Obamas ihrer Sache durchaus nicht sicher.

In der letzten Phase ist die Präsidentschaftskampagne ziemlich unerquicklich geworden. Gelegentlich artete sie sogar zur Schlammschlacht aus. Wer war denn überhaupt dieser strahlende junge Mann, dieser »schwarze Kennedy«, dessen Vater aus einem »Neger-Kraal« von Kenia stammte? Sogar Kontakte zu terroristischen Kreisen wurden dem demokratischen Anwärter unterstellt. Immer wieder wurde durch den zutiefst reaktionären Fernsehsender FOX die Behauptung kolportiert, Barack Hussein Obama sei in Wirklichkeit ein verkappter Muslim, und wer möchte einem solchen Mann schon das Schicksal der Nation anvertrauen?

Wenn sich dennoch die Chancen des Afro-Amerikaners radikal verbessert haben, so ist das im Wesentlichen der Finanzkrise und der drohenden Rezession zuzuschreiben, die sich als Ergebnis der Ära Bush junior zusammengebraut haben und nun zum katastrophalen Ausbruch kommen. Der Immobilienskandal, der Millionen Amerikanern ihre Eigenheime raubte, die sinkende Produktion, die steigende Arbeitslosigkeit haben »God's own country« heimgesucht. Das Gespenst der großen Depression von 1929, als die Masse der plötzlich verarmten Menschen vor öffentlichen Suppenküchen Schlange stand, taucht wieder auf.

An dieser drohenden Misere gemessen wiegen die kriegerischen Unternehmungen, in die George W. Bush sich im Irak und Afghanistan verstrickt hat und deren propagandistisch gefärbte Fehlbeurteilung dem Kriegsveteranen John McCain, Sohn und Enkel strammer Admirale, zugute gekommen wäre, relativ leicht. Wenn auch Obama selbst über keinerlei militärische und geringe diplomatische Erfahrung verfügt, so steht ihm doch in der Person des potenziellen Vizepräsidenten Joe Biden ein außenpolitischer Experte zur Seite. Zusätzlich würde der frühere Stabschef der US-Streitkräfte, Colin Powell, der aus dem republikanischen in das demokratische Lager überwechselte, einem »Commander-in-Chief« Obama strategische Kompetenz vermitteln.

John McCain hat sich bei manchen Auftritten allzu heftig echauffiert, was seinem cholerischen Temperament entsprach. Wenn er Obama mit dem Hinweis »that one« abkanzelte, so war das wohl kaum Ausdruck einer rassistischen Geringschätzung, sondern ein unkontrollierter Lapsus. Doch dieser Vietnamheld, der trotz aller gegenteiligen Beteuerungen in die ultra-konservative Finanzideologie der republikanischen Kapitalisten-Clans verwoben bleibt, wirkt nicht sonderlich glaubwürdig, wenn er sich den Nöten der kleinen Leute zuwendet.

Die Frage kam auf nach dem Gesundheitszustand der Kandidaten. Der 71-jährige Veteran McCain macht einen relativ anfälligen Eindruck, zumal wenn er neben seiner Mitstreiterin Sarah Palin, der Gouverneurin von Alaska, auftritt, deren aggressive Jugendlichkeit ihn älter erscheinen lässt, als er ist. Vermutlich hat McCain sich mit der Berufung dieses »pitbull with lipstick«, wie sie sich selbst bezeichnet, als potenzielle Vizepräsidentin keinen Gefallen getan. Diese populistische, auf die Grundstimmung des simplen Durchschnittsamerikaners ausgerichtete Frau kommt zwar beim breiten Publikum gut an. Aber diejenigen, die ihr zujubeln, hätten ohnehin republikanisch gewählt. Die unentschiedenen Wähler der gemäßigten Mitte hingegen, auch die ehemaligen Bewunderer Hillary

Clintons, werden durch diese ignorante Provinzpolitikerin eher abgeschreckt. Sarah Palin betrachtet sich zum Beispiel als Russland-Expertin, weil man von der Westspitze Alaskas aus die pazifische Küste Sibiriens erahnen kann. Sie plädiert für die Aufnahme Georgiens in die NATO und erklärt sich bereit, gegen Moskau notfalls zu Felde zu ziehen, falls Putin ihrem präsumtiven Schützling Saakaschwili ein Leid antäte.

Seinerzeit witzelte man darüber, dass das Leben von George W. Bush um jeden Preis geschützt werden müsse, weil sonst sein Vize Dick Cheney, ein hemmungsloser Kriegstreiber und Wirtschaftslobbyist, an seine Stelle träte. Wie viel schlimmer wäre es jedoch, wenn der kränkelnde McCain nach seiner Wahl zum Präsidenten plötzlich ausfiele und eine rabiate Dilettantin zum »Commander-in-Chief« aufrückte, die schon bei ihren Mitschülern den Spitznamen »Barracuda« trug.

EPILOG

Der Schwarze Mann im Weißen Haus

Europa jubelt. Barack Hussein Obama wurde mit beachtlichem Abstand vor seinem republikanischen Rivalen John McCain zum 44. Präsidenten der Vereinigten Staaten von Amerika gewählt. Alle Hoffnungen richten sich jetzt auf diesen Afro-Amerikaner, bei dem man sich immer noch fragt, wie er als exotischer Außenseiter an die Spitze der Weltmacht USA gelangen konnte. Die Ursprünge und der Lebenslauf des siegreichen Senators von Illinois verweisen auf Kenia und Kansas, auf Hawaii und Indonesien, auf die Slums von Chicago und die Elite-Universität Harvard. Widersprüchlicher könnte es nicht sein.

Wer die USA der frühen fünfziger Jahre erlebt hat, als in den Südstaaten, als in Dixieland noch eine kaum verhüllte Apartheid praktiziert wurde, dem erscheint der kometenhafte Aufstieg eines Schwarzen in das Weiße Haus von Washington wie eine gesellschaftliche Revolution oder – wenn man auf darwinistische Begriffe zurückgreift – wie eine genetische Mutation. Die Vereinigten Staaten von Amerika haben eine Schwelle überschritten. Jenseits davon wartet eine ungewisse Zukunft.

»My Name is Nobody«, der Titel dieses Wildwest-Filmes fiel dem Beobachter ein, wenn Barack Obama bei seinen Fernseh-Duellen mit John McCain der Argumentation seines Gegenspielers lauschte. Ein wenig erinnerte er an jenen Unbekannten, oft halb-indianischer Abstammung, der in den Inszenierungen Hollywoods lässig, selbstsicher, ein wenig spöttisch an der Theke des Saloons lehnt und von dem die lärmenden Raufbolde ringsum ahnen, dass er am schnellsten zum Revolver greifen und zielsicher treffen könnte. Als »schwarzer Kennedy« wird Barack Obama gefeiert, vor allem bei den Europäern, die über gewisse Unzulänglichkeiten des »weißen Kennedy«, dieses »Ritters von Camelot« aus der Neuen Welt, gerne hinwegsehen.

Obama wird bei seinem Amtsantritt einer schicksalhaften Bewährungsprobe ausgesetzt sein, an der gemessen selbst die hoch dramatische Kuba-Krise als Episode erscheint. Es geht nicht nur um seine persönliche Fortune. Die Vereinigten Staaten von Amerika sehen sich nach ihrer phänomenalen Entwicklung zur globalen Hegemonialmacht des 20. Jahrhunderts von neuen, unheimlichen und unberechenbaren Kraftzentren umgeben, die sich dem unilateralen Führungsanspruch der »Yankees« verweigern.

Der ehemalige Senator von Illinois wird sich als Afro-Amerikaner sehr einsam fühlen am Steuer seines schwankenden Schiffes. Dass seine Mutter einer kleinbürgerlichen Familie aus Kansas entstammt, die zweifelsfrei der Kategorie der »White Anglo-Saxon Protestants« angehört, dass er also kein Schwarzer im eigentlichen Sinne, sondern ein Mulatte ist, wird allzu selten erwähnt. Die Rassenfrage, die manche Optimisten bereits überwunden glauben, könnte sich sogar an der Figur dieses erfolgreichen Außenseiters neu entzünden. Noch sind nicht alle Prediger verstummt, die sich bei der Geringschätzung ihrer schwarzen Mitbürger auf die Bibel berufen. Ihnen zufolge entlud sich der Zorn Gottes gegen Ham und dessen dunkelhäutige Nachkommen, nachdem dieser Sohn Noahs seinen trunkenen und entblößten Vater verspottet hatte.

Wie solide die Institutionen Amerikas sind, erweist sich an der Tatsache, dass es in Washington keines »dix-huit Brumaire« bedurfte, um diesen sensationellen gesellschaftlichen Durchbruch zu erzwingen, sondern dass er nach strikten konstitutionellen Regeln, im Rahmen der tradierten Demokratie erfolgte. In aller Ruhe und Legalität vollzieht sich der Übergang Nordamerikas zu einer rassischen Mischkultur, eine Entwicklung, die zusehends auch auf Europa übergreift und die Brasilien bereits vorweggenommen hat.

Ob die daraus resultierenden Spannungen sich eines Tages explosiv entladen werden, kann niemand voraussagen.

Mit der Berufung Barack Hussein Obamas zum Präsidenten der USA ist de facto auch der neue »Commander-in-Chief« der Atlantischen Allianz ernannt worden, der Protektor Europas und – wie manche spotten – der heimliche Kanzler der Bundesrepublik Deutschland. Wie fasziniert die Deutschen zu diesem Heilsbringer aufblicken, offenbarte sich bei der Massenkundgebung von 200 000 Berlinern, die sich vor der Siegessäule im Tiergarten versammelten. Jenseits des Rheins hat eine Meinungsumfrage ergeben, daß 93 Prozent der Franzosen für Obama gestimmt hätten, obwohl dort nur zwei von zehn Obama-Fans eine enge Ausrichtung Europas auf die USA akzeptieren. Die Europäer sollten sich vor Illusionen hüten. Sie werden es gar nicht so leicht haben mit diesem Mann aus Kenia und Hawaii, der dem schwer geprüften afrikanischen Kontinent seine besondere Aufmerksamkeit widmen wird und der sich im pazifischen Raum heimischer fühlen dürfte als im atlantischen Umfeld.

In diesem Zusammenhang lohnt es sich, den amerikanischen Kolumnisten John Vinocur zu zitieren, der als langjähriger Korrespondent in Paris und Bonn eine seltsame Aversion gegen Franzosen und Deutsche entwickelte. »Amerika muss zunächst mit seiner eigenen Krise fertig werden«, schreibt Vinocur; »Obama wird den Prioritäten seines Landes Rechnung tragen und sich einem internationalen Engagement erst zuwenden, wenn er mit seinem eigenen Plan für eine nationale Finanzreform auf festem Boden steht. Auch für Obama gilt die Zielsetzung, den Rang Amerikas als mächtigstes Land der Welt zu wahren.«

Der Schwarze Mann im Weißen Haus wird schon sehr bald beweisen müssen, dass er über jene Fähigkeiten eines militärischen Oberbefehlshabers verfügt, die ihm seine Kritiker nicht zutrauen. Er darf auf keinen Fall als »Appeaser« erscheinen. Mehr als einmal hat er sich während seiner Kampagne als »Hardliner« aufgeführt. Mit der Islamischen Republik Iran wäre er zu Gesprächen bereit, ist jedoch keineswegs gewillt, »to take the military option off the table«. Was Georgien und die Ukraine betrifft, so fordert er deren beschleunigte Aufnahme in die Atlantische Allianz. In Afghanistan beklagt er das mangelnde Engagement der Europäer, zumal der Deutschen, wenn es um den Einsatz in harten, verlustreichen Kampfzonen geht. Im Irak schließlich verlangt er, dass »America alone« die dort fälligen Entscheidungen trifft.

Laut einem seiner engsten Wirtschaftsberater beabsichtigt Obama, die »fürchterliche Situation«, in die sich der amerikanische Kapitalismus verirrt hat, durch Maßnahmen zu überwinden, die die schlimmsten Exzesse des Marktes zähmen und eine striktere Regulierung verordnen. Eine ähnlich leichtfertige Zuversicht ist auch in einflussreichen deutschen Finanzkreisen zu vernehmen. Ob es damit getan ist? Die Losung »This country is built on an appetite for risk – Amerika ist aus Lust am Risiko hervorgegangen« hat sich Obama angeblich zu eigen gemacht. Dieser Kraftspruch aus der Wildwest-Erschließung klingt kühn und zukunftsweisend, erweist sich jedoch in der schnöden Gegenwart als obsolet, ja verstaubt.

In dieser Stunde nehmen wir Abschied von George W. Bush, den viele Amerikaner als den verhängnisvollsten Präsidenten ihrer Geschichte verwünschen. Es lohnt sich, den Dokumentarfilm »Being W.« anzusehen, den zwei französische Regisseure der Amtszeit von »Dabbelju« gewidmet haben. Im Gegensatz zu dem polemischen Klamauk, den der Amerikaner Michael Moore gegen seinen Staatschef veranstaltet hat, findet in »Being W.« eine ironische, gelegentlich bissige, aber insgesamt recht ausgewogene Darstellung des sendungsbewussten Farmers von Crawford statt. Es liegt weniger an der recht mediokren Figur dieses gescheiterten Herostraten als an den ungeheuerlichen globalen Auswirkungen einer jeden Fehlentscheidung, die er traf, dass dieses Filmporträt gelegentlich Shakespeare'sche Züge aufweist und beim Zuschauer statt Wut und Entrüstung eine gewisse Perplexität hinterlässt. Der gestrandete Streiter gegen das »Böse«, der die Welt und sein Land in so vielfältiges Unheil verstrickt hat, verfügte ja bei aller Arroganz über durchaus gewinnende Züge, über deftigen Humor und eine entwaffnende Naivität. Zumindest die Ehrlichkeit seiner manichäischen Überzeugungen kann man diesem tragikomischen Helden nicht absprechen. Er wird als Überzeugungstäter in die Geschichte eingehen.

*

Die Erbschaft, die George W. Bush seinem Nachfolger hinterlässt, könnte schlimmer nicht sein. Noch ist der Rang der Vereinigten Staaten von Amerika als stärkste Weltmacht nicht ernsthaft in Frage gestellt. Dieser Bundesstaat von kontinentalen Ausmaßen verfügt über ein wirtschaftliches und militärisches Potenzial, dem seine Gegner oder Partner bislang nichts Gleichwertiges entgegenzusetzen haben. Zudem schlummert in dieser Nation das quasireligiöse Bewusstsein ihrer einzigartigen Berufung.

Jenseits aller Rückschläge, Krisen, ja Desaster, die über die USA in der zweiten Amtszeit des scheidenden Präsidenten hereingebrochen sind, ist jederzeit mit dem kollektiven Aufbäumen dieses Kolosses von 300 Millionen Menschen zu rechnen. Man unterschätze nicht die Fähigkeit der scheinbar gezähmten Nachfahren hartgesottener Pioniere, ihren Führungsanspruch notfalls auch mit der gebotenen Brutalität zu behaupten. Dennoch setzt sich im Innern wie im Äußeren die Wahrnehmung durch, dass der Höhepunkt überschritten ist, dass die USA den exemplarischen Charakter, an dem sich die übrige Welt ein halbes Jahrhundert lang nolens volens orientierte, weitgehend eingebüßt haben.

Welchen geeigneteren Zeitzeugen können wir in dieser Stunde der Verwirrung und der Ängste aufrufen als den Politologen Francis Fukuyama? Dieser amerikanische Wissenschaftler japanischer Abstammung hatte seinerzeit das »Ende der Geschichte« angekündigt und den Extravaganzen der Neokonservativen zusätzliche Argumente für ihre Hybris geliefert. Laut Fukuyama hatte Amerika die Zauberformel gefunden – die Kombination von repräsentativer Demokratie und schrankenloser Marktwirtschaft –, die sich global durchsetzen, dem gesamten Erdball das Vorbild liefern würde. Auf der Basis der Menschenrechte und eines ständig wachsenden Wohlstandes sollte eine »pax americana« anbrechen, die durch unvergleichliche militärische Überlegenheit gegen jeden ideologischen Widerspruch, jede Form von rebellischem Aufbegehren abgeschirmt wäre.

Francis Fukuyama ist ein ehrlicher Mann. Heute gesteht er unumwunden seine Fehleinschätzung ein, die in der euphorischen Stimmung der Ära Reagan-Thatcher – der »Revolution« Reagan-Thatcher, wie er schreibt – entstanden ist. Der schrankenlose Kapitalismus der »Reagonomics« hatte die Basis für ein sensationelles wirtschaftliches Wachstum geschaffen, das mehr als zwei Dekaden andauerte, am Ende allen zugute kam und von der Erfindung völlig neuer Sektoren der Informatik und der Bio-Technologie beflügelt wurde.

Heute findet Fukuyama ganz andere Töne: »Wir müssen uns aus der Zwangsjacke befreien, die uns die Ära Reagan in Form von Steuererleichterungen und Verzicht auf Wirtschaftsregulierung hinterlassen hat.« Der Prophet von »The End of History« nimmt Abschied von der Utopie, dass der Markt sich von selbst regele, und schreckt vor der Feststellung nicht zurück: »Das amerikanische Markenzeichen ist harten Prüfungen ausgesetzt zu einem Zeitpunkt, da andere Modelle – russisch oder chinesisch – an Attraktivität gewinnen.«

In Wirklichkeit lässt sich in Amerika das Scheitern, zumindest die flagrante Unzulänglichkeit des Kapitalismus beobachten. Im Rückblick erscheint die Vernichtung der beiden Kolossaltürme des World Trade Center in Manhattan durch eine Handvoll von Fanatikern wie ein Menetekel. Das ursprüngliche, vom Calvinismus inspirierte Gebot der persönlichen Bereicherung, die als Zeichen göttlicher Erwähltheit, der »predestination«, gedeutet wurde, setzte eine strenge, puritanische Grundhaltung voraus. Die Kreativität dieser Wirtschaftsform, die von Max Weber analysiert wurde, ist spätestens im vergangenen Jahrzehnt durch das frivole Spekulationsfieber der Börsen-Jobber und jener betrügerischen Zocker ersetzt worden, die sich als »Masters of the Universe« aufspielten und die düstere Lehre des Genfer Reformers durch prahlerischen Hedonismus ersetzten.

Der Kommentator Roger Cohen drückt das sehr drastisch aus: »The two M's – Money and Me – became the loadstone of the Zeitgeist and damn these distant wars« – »Die beiden M – Geld und Ich – wurden zum Magnetpol des Zeitgeistes – und zum Teufel mit diesen weit entfernten Kriegen!« Der Verlust der Gründertugenden, die Amerika groß gemacht haben, ist wohl das verhängnisvollste Kennzeichen des Turbo-Kapitalismus. Die auf soziale Absicherung ausgerichtete Marktwirtschaft der frühen Bundesrepublik, der in Frankreich bewunderte »capitalisme rhénan«, wurde hingegen auch von der jungen deutschen Generation der Spekulanten als verstaubtes Gerümpel einer Spießergesellschaft abgetan. Allzu viele eminente deutsche Ökonomisten stimmten in diesen Chor ein, priesen in höchsten Tönen die staatsverneinende Form des angelsächsischen Finanzgebarens. Ein deutscher Topmanager brachte es auf den Punkt: »Ich bin Amerikaner mit deutschem Pass«, während ein anderer Erneuerer exakt zum Zeitpunkt des Crash der Wall Street mit dem Buchtitel aufwartet: »Mehr Kapitalismus wagen!«

Fassungslos mussten die deutschen Finanzexperten, die schon seit dem Wahn der »New Economy« von einer Fehlbeurteilung zur anderen getaumelt waren, feststellen, dass ausgerechnet der britische Premierminister Gordon Brown, der als Finanzminister für eine möglichst weitgehende »deregulation« plädiert hatte, resolut den Primat des Staates über die Wirtschaft wiederherstellte, die von Insolvenz bedrohten mächtigen Bankhäuser kurzerhand nationalisierte und Kontrollmaßnahmen verfügte, die renommierte »Liberale« noch vor kurzem als Akt abscheulicher Kommandowirtschaft marxistischer Prägung verurteilt hätten. Das wirkliche Scheitern des Systems offenbarte sich in der arroganten Hochburg des Weltkapitalismus, wo sich unter George W. Bush ein horrendes Haushaltsdefizit aufgetan hatte und eine an Kriminalität grenzende Manipulation fauler Kredite die radikale Umkehr zu staatlichem Dirigismus erzwang. Das Land, in dem der Verteidigungsminister Charles Wilson einst verkünden konnte: »What is good for General Motors is good for the United States«, sieht sich heute mit dem Bankrott dieses Automobil-Giganten von Detroit konfrontiert.

Noch ist es zu früh, über das Ausmaß der Rezession in der Real-Wirtschaft zu spekulieren, die sich aus dem Zusammenbruch der Hypothekenbanken und der Finanzbastion vor allem in den USA beinahe zwangsläufig ergeben wird. Wenn die Banknoten eines Staates mit dem Spruch versehen sind: »In God we trust«, dann nimmt der Währungsverfall eine beinahe theologische Dimension an. Auf jeden Fall findet ein irreparabler Prestigeverlust statt. Es wird immer schwieriger, weiterhin vom »American dream« zu sprechen. Fukuyama malt bereits ein Schreckensszenario an die Wand: »Ein mächtiger populistischer Zorn kündigt sich in den USA an in dem Maße, wie das Debakel von Wall Street auf ›Main Street‹, das heißt auf die amerikanische Provinz, übergreift.« Wer dächte da nicht an das anklagende Epos John Steinbecks ›The Grapes of Wrath‹, das dem Elend von 1929 gewidmet war. In jener düstersten Prüfung des »American way of life« verlor der Begriff »Sozialismus« seinen Tabu-Charakter und fand Anklang bei einer Vielzahl ratloser Intellektueller.

Franklin D. Roosevelt hatte der »Depression« mit seinem New Deal, mit »deficit spending«, mit staatlichen Konjunkturprogrammen gegengesteuert, nachdem sein Vorgänger Herbert C. Hoover noch bis zuletzt beteuert hatte: »Business as usual, prosperity is around the corner«. Roosevelt gelang es zu Beginn der dreißiger Jahre, die Katastrophe einzudämmen. Sehr dauerhaft war diese Sanierung nicht, und der Rückfall in die Stagnation wurde nur durch das zunehmende Eingreifen der USA in die kriegerischen Wirren Europas, durch die dezidierte Unterstützung Großbritanniens gegen »Nazi-Germany« und die damit verbundene Ankurbelung einer gigantischen Rüstungsindustrie überwunden. Seitdem gilt in Washington offenbar der alte griechische Spruch, wonach der »Krieg der Vater aller Dinge« sei. Die überlegene Spitzenposition, die die USA auf dem Gebiet der High Technology behaupten – während in den übrigen Produktionssektoren eher Stillstand und Rückgang zu verzeichnen sind –, wird durch die massiven staatlichen Subventionen bewirkt, die dem militärisch-industriellen Komplex bei seinen Forschungen zugute kommen.

*

In der Schlussbetrachtung unserer Chronik sollen die diversen militärischen Rückschläge nicht ausführlich beschrieben oder bewertet werden, denen die Streitkräfte der USA seit 1950 fast pausenlos ausgesetzt sind. Zur Stunde wird die Desinformation verbreitet, im Irak hätten die Dinge sich nach dem ominösen »surge«, einer recht belanglosen Verstärkung der dortigen Truppen um 30 000 Mann, zum Guten gewendet. Mit der irakischen Regierung des Schiiten Nuri Kamal el Maliki sollte in der letzten Phase der Bush-Administration die völlige Räumung des Irak durch die amerikanische Armee bis zum Jahr 2011 vereinbart werden.

Der angebliche Waffenerfolg beruft sich auf die Tatsache, dass im »sunnitischen Dreieck« eine Beendigung des Dschihad stattfand und das amerikanische Kommando sich sogar auf die aktive Zusammenarbeit mit den Sahwa-Milizen, den sogenannten »Erweckungskräften«, stützen kann. Diese Kehrtwendung der bislang rebellischen sunnitischen Minderheit lässt sich jedoch damit erklären, dass die Präsenz der US Army nunmehr auf einen Zeitraum von drei Jahren beschränkt wurde, dass die schiitische Bevölkerungsmehrheit des Irak hingegen – gestützt auf die nachbarliche Hilfe ihrer iranischen Glaubensbrüder – sich anschickt, auf unabsehbare Zeit und zum ersten Mal in der Geschichte die Herrschaft über Mesopotamien an sich zu reißen. Die »Schiat Ali« wird von den Sunniten als der weitaus gefährlichere Gegner eingeschätzt. Wenn prekäre Ruhe in die Provinz El Anbar einkehrte, so ist das auf das Einlenken von Stammesführern, die ihre Weisungen aus Saudi-Arabien erhalten, auf die Rekrutierung von ehemaligen Gefolgsleuten Saddam Husseins, ja auf die heimliche Komplizenschaft jener obskuren Kräfte zurückzuführen, die bislang als Terroristen von »Al Qaida« agierten.

Die wahhabitische Sekte, die in Saudi-Arabien eine extrem radikale Auslegung des Islam diktiert und mit Hilfe ihrer üppig finanzierten Missionare und Prediger im Begriff steht, bis Bosnien und Kosovo, bis Senegal und Nord-Sumatra vorzudringen, sieht in der sich abzeichnenden Hegemonie des schiitischen Glaubensflügels zwischen Afghanistan und dem Mittelmeer eine unerträgliche ketzerische Herausforderung, deren Bekämpfung sie alles andere unterordnet. Im Übrigen erinnert das halbherzige Abkommen Washingtons mit dem schiitischen Regierungschef von Bagdad fatal an den Waffenstillstand, den Henry Kissinger nach endlosen Verhandlungen Anfang 1973 mit dem Nordvietnamesen Le Duc Tho zu Papier brachte. In Wirklichkeit besiegelte diese Vereinbarung, die nach dem Abzug der US Army aus Vietnam auch jede Luftunterstützung für die südvietnamesische Nationalarmee beendete, gleichzeitig jedoch die Präsenz von nordvietnamesischen regulären Streitkräften in Stärke von 60 000 Mann auf dem Gebiet der Republik von Saigon legalisierte, das Schicksal des verbündeten Präsidenten Nguyen Van Thieu. Die Eroberung von Saigon durch die Erben Ho Tschi Minhs, die 1975 unter schmählichen Umständen erfolgte, sollte nicht auf sich warten lassen.

Was Afghanistan betrifft, ein im Grunde zweitrangiger Kriegsschauplatz, dem nunmehr Washington die Priorität einräumt, so sollten auch die deutschen Parlamentarier endlich zur Kenntnis nehmen, was der britische General Carleton-Smith, der seine Erfahrungen in der heiß umkämpften Provinz Kandahar sammelte, sowie neuerdings sogar der amerikanische Stabschef Admiral Mike Mullen kundtaten, nämlich dass dieser Krieg nicht zu gewinnen ist. Seltsamerweise haben beide Präsidentschaftskandidaten, Barack Obama und John McCain, sich ebenfalls für diese fatale Gewichtsverlagerung vom Euphrat an den Hindukusch ausgesprochen und sogar für bewaffnete Übergriffe auf die »tribal areas« Nord-Pakistans plädiert. Offenbar sind sie sich nicht bewusst, dass sie sich mit der Einbeziehung der Islamischen Republik Pakistan in den Gespensterkrieg gegen den islamistischen Terrorismus mit einem turbulenten, unkontrollierbaren Staat von 170 Millionen Koranglaubigen anlegen und dass das Regime von Islamabad zudem über Atombomben verfügt.

George W. Bush hinterlässt seinem Nachfolger eine Armee, die seit Abschaffung der Wehrpflicht ihre Soldaten in den bescheidensten Bevölkerungsschichten rekrutiert, vornehmlich bei Farbigen und Neu-Einwanderern. Die US-Militärpräsenz ist zudem auf Tausende hochbezahlter Söldner, sogenannter »contract workers« angewiesen, deren brutale Übergriffe den Hass der einheimischen Bevölkerung schüren. Es ist ein seltsames Phänomen, dass die technisch aufs Höchste perfektionierten Streitkräfte des Atlantischen Bündnisses einem weit verzettelten Gegner ohnmächtig gegenüberstehen, ja ihm Schritt für Schritt weichen müssen, der sich im »asymmetrischen Krieg« wie der Fisch im Wasser bewegt und über ungeahnte Überlebensfähigkeit verfügt. Gewiss werden diese Partisanen niemals eine Schlacht gewinnen, aber die NATO könnte durch Zermürbung und Abnutzung, durch »attrition« zum Einlenken oder gar zur Aufgabe gezwungen werden. Das Scheitern der vorzüglichen Armee Israels bei ihrer Libanon-Offensive des Jahres 2006, als es ihr nicht gelang, die schlecht bewaffneten »Gotteskrieger« der Hizbullah nach Norden abzudrängen, war ein typisches Beispiel für die Unfähigkeit konventioneller Streitkräfte, mit todesmutigen, trickreichen Freischärlern fertig zu werden. Dieses Unternehmen Zahals an der Nordgrenze Galiläas war von vielen Experten als Generalprobe für eine eventuelle amerikanische Militäraktion gegen die Islamische Republik Iran angesehen worden.

Die Militarisierung der amerikanischen Außenpolitik ist in Berlin und Paris – anlässlich des Bagatellstreits um Süd-Ossetien und der damit verbundenen Drohungen an die Adresse Moskaus – mit erstaunlicher Verspätung registriert worden. Schon unterstellt Zbigniew Brzezinski, der ehemalige Sicherheitsberater Präsident Carters, gewissen amerikanischen Senatoren die Überzeugung, die USA befänden sich bereits im Vierten Weltkrieg gegen die »Islamische Welt«. Dabei handelt es sich um ein immenses Schlachtfeld, das sich von Marokko bis Indonesien erstreckt, und um eine koranische Glaubensgemeinschaft von 1,3 Milliarden Menschen. »Al Quaida«, soweit diese Spuk-Formation überhaupt eine organische Struktur besitzt, ist längst nicht mehr auf die Schlupfwinkel am Hindukusch angewiesen, sondern verfügt von den Steppen des afrikanischen Sahel bis zum Dschungel der südlichen Philippinen über eine Vielzahl von Ausweichbasen und Relais-Stationen.

Laut Francis Fukuyama hat Amerika unter Bush junior schlimmere Einbußen erlitten als die sich abzeichnende Wirtschaftsdepression und das Versinken in sinnlosen Regionalkonflikten. Die moralische Integrität von »God's own country« ist in seinen Augen korrumpiert worden, und die großen Ideale, auf die einst die bewundernde Gefolgschaft des Westens eingeschworen war, sind zu Schaden gekommen. »Die Bush-Administration hat viele Menschen davon überzeugt«, so klagt er an, »dass der Ausdruck ›Demokratie‹ nur ein Codewort geworden ist für militärische Intervention und gewaltsamen Regime-Umsturz.« Vielleicht geht er in seiner Enttäuschung zu weit, wenn er behauptet, dass für zahlreiche »Nicht-Amerikaner« das Gefängnis von Guantanamo und der Kapuzen-Häftling von Abu Ghraib die New Yorker Freiheitsstatue als Symbol Amerikas verdrängt hätten.

Es kommt einfach zu viel zusammen: ein kriegerischer Taumel, der sich im »overstretch« und in einer manichäischen Selektion von Freund und Feind verirrt; eine weltweite, menschenverachtende »counter-insurgency«, die im Inland mit Orwell'schen Auswüchsen von Sicherheitshysterie einhergeht; schließlich die fürchterliche Blamage einer im Kapitalismus wurzelnden Gesellschaft, die sich im Betrug des übervorteilten Durchschnittsbürgers, im Crash des Immobilienmarktes und in einer Auslandsverschuldung ungeheuerlichen Ausmaßes äußert. Wenn es stimmt, dass die Volksrepublik China amerikanische Staatsanleihen in Höhe von mehr als einer Billion Dollar gehortet hat, sollte Washington auf böse Überraschungen gefasst sein.

In der *New York Times* findet sich der Satz: »So wie China hat auch Russland der Welt vorgeführt, dass es noch andere Wege zur Schaffung von Wohlstand gibt als freie Wahlen und Markt-Kapitalismus.« Ist nicht ein Gipfel der Absurdität erreicht, wenn die Inselrepublik Island mit 300 000 Einwohnern, bislang eine unentbehrliche Militärbasis der USA im Nordatlantik, die sich in ihrer Finanzpolitik, besser gesagt in ihrem Mangel an Finanzpolitik, auf

die amerikanischen Casino-Konzepte ausgerichtet hatte, sich ausgerechnet an Moskau wandte, um dem drohenden Staatsbankrott
durch eine Anleihe von vier Milliarden Euro zu entgehen? »Wer
wusste schon, dass Island nur ein Hedgefonds mit Gletschern war«,
spottet der Kolumnist Thomas Friedman.

Die Europäer hatten alles mitgemacht. Sie hatten sich zwar anfangs über das kriegerische Abenteuer »Iraqi freedom« empört,
aber schon sammelten sich – zumal in den deutschen Medien – die
üblichen Desinformanten, die das Debakel in Mesopotamien in
einen politischen Sieg des großen Verbündeten umzumünzen suchten. Jeder nüchternen Erkenntnis zum Trotz wird Afghanistan weiterhin als Trutzburg von Al Qaida beschrieben. Das Wort »Krieg«
soll im Deutschen Bundestag nicht erwähnt werden. Man schickt
also die Bundeswehr zu einer angeblichen »Friedensstiftung« aus,
redet von »Nation Building«, rechtfertigt den Einsatz deutscher
Soldaten mit der gelegentlichen Einschulung afghanischer Mädchen, mit ein paar Brunnenbohrungen und mit der Abschirmung
von Pseudo-Wahlen zu einem Parlament in Kabul, in dem Warlords und Drogen-Trafikanten den Ton angeben. Die sich stei-
gernde Zahl ziviler Opfer durch Bombardements der US Air Force,
die Zunahme von »Kollateralschäden«, die angeblich durch die
präzise Aufklärungsfähigkeit deutscher Tornados drastisch hätten
reduziert werden sollen, werden ebenso ignoriert wie die Rekord-
produktion von Opium und Heroin, die ihren heutigen Umfang
erst unter dem Schutz der NATO erzielte.

Das alles nahm die politische Klasse der Bundesrepublik ohne
nennenswerten Widerspruch und mit resigniertem Achselzucken
hin. Aber plötzlich krachten in Wall Street die Banken zusammen,
die Immobilienblase, deren faule Kredite auch bei deutschen In-
stituten profitbesessene Investoren gefunden hatten, platzte mit
lautem Knall. Das von Bretton Woods ererbte Währungssystem
geriet aus den Fugen. Eine Rezession katastrophalen Ausmaßes
kündigt sich an. Auch der bescheidenste Sparer muss um seine Anlagen fürchten, während jene anmaßenden und ignoranten Wirtschaftsgurus und Analysten, die den Casino-Kapitalismus in höchs-

ten Tönen gepriesen hatten, über Nacht ganz andere Positionen beziehen. Gewisse unverantwortliche, ja betrügerische Manager, denen die Medien noch unlängst zu Füßen lagen, faseln von der »Gewinngier« der kleinen Leute und genieren sich nicht, als bevorzugte Gäste von Talkshows neue Fehldiagnosen von sich zu geben. »Aus der Staatsverspottung ist über Nacht eine neue Staatsvergötterung geworden«, heißt es in einem süddeutschen Leitartikel. Paradoxerweise sind es die verantwortungslosen Hasardeure, die dem Staat jene Form von Regulierung verweigern wollten, die heute auf die Milliarden-Subventionen der öffentlichen Hand angewiesen sind, um nicht in den Abgrund zu stürzen.

»Der Durchschnittsdeutsche muss einsehen, dass die Vernünftigkeit seiner wichtigsten Lebensentscheidungen auf einem rein spekulativen System beruht«, liest man plötzlich in einer angesehenen Zeitung, die bislang als Trutzburg hemmungsloser Marktwirtschaft galt und gegen jede dirigistische Maßnahme polemisierte. Dass unter solchen Umständen das verpönte Wort »Sozialismus« neuen Wert gewinnt, dass manche sogar beginnen, in den Kompendien von Karl Marx zu blättern, dass die Kollektivverantwortung an die Stelle strikt individualistischen Eigennutzes tritt, sollte nicht verwundern. Seit langem wurde ja davor gewarnt, dass in unserer Republik der »shareholder« Vorrang vor dem »citoyen« genoss. Vergeblich hatten klarsichtige Mahner Anstoß daran genommen, dass die gefeierte Steigerung der Aktien-Renditen meist mit massiven Entlassungen von Arbeitnehmern einherging. Um es krass auszudrücken: Wenn die Exzesse des Sozialismus Furcht einflößen, so erregen die Exzesse des Kapitalismus Ekel.

*

Womit kaum jemand gerechnet hatte: In der Stunde größter Not haben sich die Bundesrepublik Deutschland und der solide Kern der Europäischen Union zu einer Handlungsfähigkeit, zu einer heilsamen Neuausrichtung der bisherigen Wirtschaftskriterien aufgerafft. Die schmerzlichen, aber unentbehrlichen Kontrollerlasse wurden in bemerkenswertem Tempo durch die Parlamente gepeitscht. Ausgerechnet der Brite Gordon Brown war mit gutem Beispiel vorangegangen. Die Franzosen brauchten auf Grund ihrer colbertistischen Tradition nicht lange überredet zu werden, um der Politik den Vorrang vor der Ökonomie – »l'intendance«, wie de Gaulle verächtlich sagte – einzuräumen.

Der neue amerikanische Präsident wird sich also einem Verbund des »alten Europa« gegenüber sehen, der angesichts des amerikanischen Versagens und Verschuldens zu einem gewissen Selbstbewusstsein zurückfindet. Bis sich eine solche Abkehr von exzessiven transatlantischen Marktmethoden auch auf das Gebiet einer energischen und kontroversen Mitsprache auf den Sektor der Strategie und der Außenpolitik überträgt, dürfte noch geraume Zeit vergehen. Das wird auch weitgehend von der Bereitschaft des neuen Präsidenten Barack Obama abhängen, die Gleichberechtigung des europäischen Partners endlich zu akzeptieren. Man sollte sich in diesem Punkt – angesichts der fortdauernden Divergenzen der 27 Unionspartner der »Alten Welt« – keine allzu großen Hoffnungen machen. Was das Schicksal, ja den Bestand der NATO betrifft, so wird darüber – wie Brent Scrowcroft, der ehemalige Sicherheitsberater von George Bush senior, mutmaßte – der Verlauf und der Ausgang des Afghanistan-Konfliktes entscheiden. Schon heute mehren sich die Stimmen, die in einer substanziellen Kompetenzerweiterung der »Organisation für Sicherheit und Zusammenarbeit in Europa« (OSZE), deren transkontinentaler Bogen sich vom kanadischen Vancouver bis zum ostsibirischen Wladiwostok spannt, einen geeigneteren Garanten für Sicherheit sehen als die in den obsoleten Schablonen der Ost-West-Konfrontation erstarrte Nordatlantische Allianz.

Was die politischen und strategischen Erfordernisse nicht zu bewirken vermochten, das Geld hat es vollbracht. Angesichts des Immobiliensumpfes, der über den Atlantik schwappte, fanden sich die Europäer plötzlich zu Tatkraft und effizienter Koordination zusammen. Auch mit der deutschen Kanzlerin ging in diesen Tagen ein bemerkenswerter Wandel vor. Welches auch immer die tiefenpsychologischen Gründe für ihre sentimentale Präferenz der USA waren – hatte sie sich noch vor kurzem für eine engere Verbindung zwischen dem europäischen und dem amerikanischen Wirtschaftsraum ausgesprochen und war im Jahr 2003 für eine Beteiligung der Bundeswehr an »Iraqi freedom« eingetreten –, jetzt vollzog sie einen radikalen Schwenk, richtete sich auf die breite Missstimmung der Deutschen gegenüber der Bush-Administration aus und widmet der Zusammenarbeit mit Frankreich – temporär zumindest – gesteigerte Aufmerksamkeit.

Zwei günstige Umstände trugen zu den gewaltigen Finanzleistungen bei, die die Kernstaaten Europas – Großbritannien, Deutschland, Frankreich und Italien – unter Inanspruchnahme der eigenen Haushalte, das heißt der Steuergelder, beschlossen, um dem unverantwortlichen Casino-Kapitalismus der Banken, um dem globalen Größenwahn inkompetenter Manager die eherne Staatsräson entgegenzusetzen. Die US-Administration hatte nach dem Bankrott der mit der Bestmarke »Triple A« (AAA) bewerteten Hypothekenbank Lehman Brothers sensationelle Verstaatlichungen vorgenommen, die kurz zuvor noch als »unamerikanisch« geschmäht worden wären. Auf dieser Seite des Ozeans war glücklicherweise der französische Staatspräsident Nicolas Sarkozy an die Stelle des blassen slowenischen Vorgängers als Europäischer Ratsvorsitzender getreten. Man mag von Sarkozy denken, was man mag – viele hegen wenig Sympathie für ihn –, aber in Zeiten akuter Krisen bewährt sich dieser hektische Aktivist mit gebündelter Energie als Fels in der Brandung.

Mit dem brüsken Abbruch des Tanzes um das »Goldene Kalb« des Turbo-Kapitalismus brach sich in breiten Bevölkerungsschichten der Atlantischen Allianz die Erkenntnis Bahn, dass nicht alles am sozialistischen Gedankengut falsch sei, dass man jedenfalls in Zukunft auf eine rigorose Regulierung der wirtschaftlichen Abläufe zurückgreifen müsse. Das gilt insbesondere für die Deutschen ein Jahr vor der anstehenden Wahl zum neuen Bundestag. Angela Merkel, die in einer ersten Phase ihrer Kanzlerschaft dem Neoliberalismus zuneigte und sich von hoch angesehenen Vorstands-

chefs beraten ließ, die inzwischen als »Nieten in Nadelstreifen«
entlarvt wurden, besann sich auf jene Tugenden des »rheinischen
Kapitalismus«, die im Wesentlichen – »horresco referens« – von
der katholischen Soziallehre vorgegeben wurden. Die deutschen
Sozialdemokraten wiederum – von der Linkspartei Oskar Lafon-
taines hart bedrängt – distanzierten sich von ihren unternehmer-
freundlichen Reformen und verbannten den Begriff »Agenda
2010« aus ihren Proklamationen. Der Großen Koalition von CDU
und SPD war es zu verdanken, dass der radikale Stabilisierungser-
lass des Finanzmarktes mit großer Mehrheit, fast ohne Widerspruch die parlamentarische Hürde überwand. Schon fürchten die
Freien Demokraten, dass dieses Bündnis der beiden großen Volksparteien nach bestandener Feuerprobe auch die kommende Legis-
laturperiode dominieren könnte.

Die engsten Kontakte knüpften sich in der Stunde der Not zwischen Berlin und Paris. Immer wieder sah man Nicolas und Angela
eng umschlungen zum Begrüßungskuss auf den Stufen des Elysée-
Palastes. Ob die beiden wirklich Gefallen aneinander finden, ob sie
überhaupt – so egoman der eine, so argwöhnisch die andere – zu
jener präferentiellen Zweisamkeit zurückfinden können, die die
Amtszeit Adenauers und de Gaulles, Helmut Schmidts und Giscard
d'Estaings, Helmut Kohls und François Mitterrands auszeichnete,
ist höchst ungewiss.

Immerhin will ich diese Chronik, diesen Rückblick auf die vergangenen sieben Jahre mit einer Begegnung ausklingen lassen, die
den Beobachter in die Zeit der kühnen Hoffnungen des »karolingischen Traums« zurückversetzt. Zum 50. Jahrestag der ersten
Begegnung zwischen Charles de Gaulle und Konrad Adenauer
haben sich Angela Merkel und Nicolas Sarkozy am Grab des Generals in seinem Dorf Colombey-les-Deux-Églises getroffen. In
den Augen der alten gaullistischen Garde, soweit es noch Über-
lebende gibt, hat der heutige französische Staatschef mit der Vision
Frankreichs, die sich um die mythische Kommandeursgestalt de
Gaulles rankte – »Gesta Dei per Francos« –, herzlich wenig im
Sinn. Noch weniger kann man von der protestantischen Pfarrers-

tochter aus der Uckermark erwarten, dass sie sich den Geist zu eigen macht, der aus dem politischen Testament des großen Galliers, aus seinen »Mémoires d'espoir«, spricht.

Merkel und Sarkozy haben an der schlichten Grabplatte neben der Dorfkirche von Colombey einen Kranz niedergelegt. Sie wurden überragt von dem gigantischen Lothringer Kreuz aus Granit, das am Schnittpunkt Lothringens, Burgunds und der Champagne die düsteren Wälder und die endlosen Schlachtfelder beherrscht. Bei dieser schweigsamen Versöhnungsgeste kam keine sakrale Stimmung auf, wie bei dem feierlichen Te Deum in der Kathedrale von Reims oder beim Bruderkuss, den die beiden alten Männer im Elysée-Palast tauschten. Es fehlte auch die Ergriffenheit, die den Händedruck François Mitterrands und Helmut Kohls auf dem Leichenacker von Verdun verklärte. Doch für die Zukunft Europas wird es von elementarer Bedeutung sein, ob von dieser ländlichen Weihestätte ein neuer Impuls für die organische, unentbehrliche Verbindung zwischen den beiden »Erbfeinden« von einst, den brüderlichen Nachbarn von heute ausgeht oder ob hier lediglich ein tröstlicher Grabgesang angestimmt wurde.

Bildnachweis

Gamma 1
Herald Tribune 43
Laif 42
Cornelia Laqua 5–9, 13, 17, 18, 37
ullstein bild 2–4, 10–12, 14–16, 19–36, 38–41, 44